普通高等教育精品教材

普通高等教育"十一五"国家级规

高等师范院校专业基础课教材

U0615183

教学论

JIAOXUELUN

全国十二所重点师范大学联合编写

裴娣娜　主编

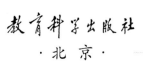

教育科学出版社

·北京·

ⓒ教 育 科 学 出 版 社

版权所有　违者必究

责任编辑　韩敬波

美术设计　王四海

版式设计　郝晓红

责任校对　徐　虹

责任印制　叶小峰

图书在版编目（CIP）数据

教学论/裴娣娜主编；全国十二所重点师范大学联合

编写．—北京：教育科学出版社，2007.8（2023.10 重印）

普通高等教育精品教材

普通高等教育"十一五"国家级规划教材

高等师范院校专业基础课教材

ISBN 978-7-5041-3984-9

Ⅰ．教… Ⅱ．①裴…②全… Ⅲ．教学理论—师范大学—

教材 Ⅳ.G42

中国版本图书馆 CIP 数据核字（2007）第 108146 号

出版发行	**教育科学出版社**			
社　　址	北京·朝阳区安慧北里安园甲 9 号	市场部电话	010-64989009	
邮　　编	100101	编辑部电话	010-64989374	
传　　真	010-64891796	网　　址	http://www.esph.com.cn	
经　　销	各地新华书店			
制　　作	北京鑫华印前科技有限公司			
印　　刷	保定市中画美凯印刷有限公司			
开　　本	720 毫米×1020 毫米　1/16	版　　次	2007 年 8 月第 1 版	
印　　张	25.5	印　　次	2023 年 10 月第 11 次印刷	
字　　数	480 千	定　　价	49.00 元	

如有印装质量问题，请到所购图书销售部门联系调换。

编 委 会

主　　编：北京师范大学教授、博士生导师　　　　　裴娣娜

编写人员：北京师范大学教授、博士生导师　　　　　裴娣娜

　　　　　北京师范大学教授、博士生导师　　　　　郭　华

　　　　　华东师范大学副教授　　　　　　　　　　裴新宁

　　　　　东北师范大学教授、博士生导师　　　　　陈旭远

　　　　　华中师范大学教授、博士生导师　　　　　陈佑清

　　　　　西南大学副教授　　　　　　　　　　　　沈小碚

　　　　　陕西师范大学教授、博士生导师　　　　　陈晓端

　　　　　原华南师范大学、现北京师范大学

　　　　　　研究员、博士生导师　　　　　　　　　王本陆

　　　　　上海师范大学教授、博士生导师　　　　　蔡宝来

　　　　　南京师范大学教授　　　　　　　　　　　徐文彬

　　　　　首都师范大学副教授　　　　　　　　　　张　菁

　　　　　山东师范大学教授、博士生导师　　　　　徐继存

　　　　　原天津师范大学、现华南师范大学

　　　　　　教授、博士生导师　　　　　　　　　　张广君

策　　划：中央教育科学研究所研究员、博士生导师　曾天山

　　　　　教育科学出版社编审　　　　　　　　　　祖　晶

编 写 说 明
BIANXIESHUOMING

　　教学论是高师院校教育专业大学本科学生必修的专业基础课。这门学科在教育科学理论体系中占据着十分重要的地位。该学科所研究的教学理论与实践问题,是当前我国深化教育改革、全面推进素质教育的核心问题,也是世界各国共同关注的热点问题。

　　一个学科理论的发展是根据时代发展提出的新要求,不断对原有理论进行理论批判、选择、创新的过程。基于这一认识,我国的教学论研究工作者们用了近半个世纪的时间对教学论学科的理论进行了改造和重新构建,从而促进了中国教育科学从经验科学向理论科学的转化。

　　目前,面对我国教育现代化发展的迫切要求,教学论学科必须加快自身的发展建设,从而实现对原有学科理论体系、思维方式及研究方法的突破。不仅要回顾和审视历史,同时要研究现实与未来,在历史、现实与理论的三维空间中把握和解决学科发展理论体系科学化问题。

　　现代教学论学科建设的基本思路是:在研究中国教学实践重大问题中形成和完善有独特体系的学说,通过多种学说的孕育、建立和支撑,促进中国教学论学科的建设与发展。

　　有鉴于此,根据教育部高教司有关高师课程改革的精神,全国十二所重点师范大学教育科学学院(教育学院)决定进行高师院校教学论教材的编写工作。在广泛听取专家学者意见的基础上,拟定了《教学论》的编写提纲和编写体系,力图使教材体系新颖、结构合理,内容充分反映时代特点及国外同类教材的优点,科学性、研究性、应用性、实用性和趣味性相结合,有助于提升教学论学科的发展水平。

　　参与《教学论》教材的编写者为各师范大学教育科学学院(教育学院)优秀的中青年学者。全书共12章,即第一章"绪论"(由原华南师范大学、现北京师范大学博士生导师王本陆研究员撰写)、第二章"教学与教学论的历史发展进程"(由北京师范大学博士生导师裴娣娜教授和华中师范大学博士生导师陈佑清教授撰写)、第三章"学习方法与学会学习"(由上海师范大学博士生导师蔡宝来教授撰写)、第四章"教学目标"(由东北师范大学博士生导师陈旭远教授撰写)、第五章"教学过程"(由原天津师范大学、现华南师范大学博士生导师张广君教授撰写)、第六章"教学内容"(由北京师范大学博士生导师郭华教授撰写)、第七章"教学行为"(由陕西师范大学博士生导师陈晓端教授撰写)、第八章"教学组织形式"(由首都师范大学张菁副教授撰写)、第九章"教学媒体"(由华东师范大学裴新宁副教授撰写)、第十章"教学评价"(由南京师范大学徐文彬教授撰写)、第十一章"教学研究"(由山东师范大学博士生导师徐继存教授撰写)、第十二章"现代教学论发展的趋势及其反思"(由西南大学沈小碚副教授撰写)。

　　本教材具有以下特色:

1. 时代性与基础性相结合。强调内容的科学性,密切关注 21 世纪教学论学科发展的新进展,关注研究的热点问题及现状,引介国内外一些最新的研究成果,以体现教材的时代性。

2. 加强学理性。基本概念、要点概括明晰,论证有一定的深度和普适性,观点防止褊狭。在阐明现代教学论基本理论的基础上,力求反映当前学术争论,以加强研究的针对性、批判性;既有对当前研究的新见解、新观点及发展新趋势的把握,又有强的历史感,将问题放在历史发展过程中去剖析其实质。

3. 加强对现实问题的针对性。关注我国新一轮基础教育课程改革提出的新的课程理念,关注教学目标、教学内容、教与学的方式、学习评价等问题所作的探讨,使理论与实际相结合,通过实证分析,加强理论对教学实践的解释力。

4. 体现研究性学习的特点,以培养学生自主学习的意识和主动探究的能力。

5. 语言文字的通俗性。力求摒弃烦琐、冗长、枯燥的叙述,力求遵循实事求是的科学态度和严谨求实的学术规范。文字力求精练和简洁。除文字形式外,还引证一些相关的数据、图表、案例等,以增加教材的可读性。

本教材每一章的写作体例为【内容摘要】【学习目标】【关键词】【正文】【主要结论与启示】【学习评价】【学术动态】【参考文献】。其中,【内容摘要】旨在让学生对本章内容有概观了解,并与之前所学内容相衔接。【学习目标】旨在说明本章学习所要达到的基本指标。【关键词】旨在提炼出反映本章写作脉络的重要词语。【正文】旨在全面、系统、科学、翔实、通俗地阐明各章学习的主要内容。在具体行文过程中,不仅兼顾学科、学生发展、社会需求三者的和谐统一,注意理论性和应用性相结合,而且适当辅以“专栏”形式,对某些要点的内容进行扩展。另外,注意吸收国内外一些最新的研究成果,以体现教材的时代性。除文字外,还引证一些相关的数据、图表等,以增加教材的可读性。【主要结论与启示】旨在概括出本章的精华,强化学生对本章重点内容的掌握,并学会学以致用。【学习评价】旨在帮助学生消化理解本章的主要内容,明确不同教学目标的教学要求,确定重点。【学术动态】旨在提出本领域内正在研究的热点问题及现状,体现研究性学习的特点,以培养大学生自主学习的意识和主动探究的能力。【参考文献】列出了与本章相关的有影响的中外图书及文章,以利于进一步拓宽学习视野、深入研究和思考有关问题。

本教材已被确定为“十一五”国家重点图书出版规划项目,不仅可以作为高等师范院校学生的教材,也可以作为各级各类教育学院、教师进修学校接受继续教育的中小学教师,以及接受研究生课程班、教育学函授班培训的学员的教材。我们期待着这本由全国十二所重点师范大学教育教学、科研骨干力量来共同完成的教学论教材,能较好地反映国内教学与研究的先进水平,满足国内高师院校师生对优秀教材的需求,给国内高师院校教学论学科教学带来新的气息和活力。当然,我们也深知,要使教材达到这样的水平难度是相当大的。我们真诚地欢迎所有使用本教材的老师、学生提出您的宝贵意见。

2008 年 1 月,本书被确定为“普通高等教育‘十一五’国家级规划教材”。2009 年 11 月,本书又被确定为“普通高等教育精品教材”。

编　者

2006 年 10 月于北京

目　录

MU LU

第 一 章

绪 论

【内容摘要】

　　教学论是高师院校教育专业的主要课程，它将引导我们较系统地探究教学活动的价值主张、基本规律和工作策略，获得关于教学工作的专业知识、技能与信念，并由此展开对教学理论和实践问题的独立探索。在这门课上，我们将检视个人的教学经历，将与历代的教育名家对话，将直面当今教学领域的巨大变革与现实矛盾，共同探讨教学改革的前景与出路。

　　作为全书的起点，本章将概要探讨"教学是什么"和"教学论是什么"这两个问题。本章关于教学的一般定义是：教师教学生学习文化知识的教育过程，是学生在教师指导下，掌握文化知识和技能，进而发展能力，增强体质，形成思想品德的过程。教学包含教师、学生、教学内容等多种基本要素，随着社会发展而不断演进，经历了原始教学、古代教学、现代教学等不同的发展阶段。教学论是研究教学问题的专门学科（科学领域），它的主要使命是揭示教学的一般规律，探讨教学价值，优化教学技术（艺）。通过本章的学习，我们将在专业意义上获得关于教学与教学论的第一印象，为在后续章节更深入、更具体、更细致地探究教学与教学论问题奠定基础。

【学习目标】

　　1. 理解教学的基本概念。除了明确教学概念的界定外，还要注意从教学构成要素、教学本质、教学的历史发展等不同维度来丰富和深化对概念的掌握。

　　2. 初步形成对教学论学科的整体印象。要具体了解教学论的多重含义以及这一学科研究的基本问题和基本研究取向。

　　3. 体会思考问题的方法。例如，注意从不同角度来观察、思考同一事物；尝试对各种观点进行归纳、比较和分析；理论联系实际；等等。

【关键词】

　　教学　现代教学　教学论　教学问题

第一节　什么是教学

在日常经验层面上，我们都知道什么是教学，因为我们每个人都经历过许许多多的教学活动。在专业学习中，我们来重新追问这个众所周知的问题，主要是为了超越个人经验，对教学进行理性的分析与概括，从而形成关于教学的科学概念。

一、教学概念的界定

在中外教育史上，关于"教学"一词的用法一直莫衷一是，很难定于一尊。我国学者曾对教学的各种用法进行专门的分析，总结归纳出五种类型：第一种最广义的理解，"教学等同于人的生活实践"；第二种广义的理解，"教学是有计划、有目的的全面影响活动，等同于教育"；第三种狭义的理解，"教学是教育的基本途径，主要是传授和学习知识技能，影响学生身心发展的教育活动"；第四种更狭义的理解，"教学等同于技能训练，在俄语中有此用法"；第五种具体的理解，"是指现实发生的具体的教学，如学校里每天上课"。① 美国学者史密斯（B. O. Simth）在为《国际教育百科全书》所撰写的"教学定义"词条中指出，西方曾经给教学下过多种定义：第一种定义是描述性的，教学即传授知识或技能；教学即成功是第二种定义，强调的是学习者掌握了所教的东西；第三种定义把教学视为有意进行的活动，强调教学的有目的性和明确意图；第四种定义认为教学乃规范性行为，它强调教学要遵循一定的道德规范；如此等等。② 由此可见，在不同时期、不同语境中，教学一词的含义和使用是不尽相同的。

从词源看，教学由教、学两个字组成。按照东汉时期学者许慎《说文解字》的解释，"教，上所施下所效也"；学，原为敩，"觉悟也"；觉悟互训。③ 教侧重于传授和接受的行为，而学则偏重于内心的感受和所得。这样，把教、学两字的含义综合起来，就是传授、仿效而心有所得。在英文中，"教"常用 teaching 表示，学多用 learning 表示，而教学则常用 instruction 表示，其词源含义与中文词源基本接近。

怎样在教学论意义上给教学下个一般定义呢？这涉及定义的方法问题。一般来说，下定义常采用"种概念＋属差"的方法。具体来说，首先要确定它的上位概念，即种概念，以及所处的概念系统；其次要明确它的内涵，即这个事物区别于同一系统中其他事物的属性，这就是属差；最后要划定其外延，即它包含哪些具体东西。其中，如何揭示概念的内涵是关键所在。依据这个思路，在此尝试给

---

① 王策三著：《教学论稿》，人民教育出版社，1985 年版，第 88—90 页。

② 中央教育科学研究所比较教育研究室编译：《简明国际教育百科全书·教学》（下册），教育科学出版社，1990 年版，第 233—240 页。

③ 臧克和、王平校订：《说文解字（新订）》，中华书局，2002 年版，第 205—206、571 页。

出如下定义：教学，即教师教学生认识客观世界并进而促进学生身心发展的教育活动。理解这一定义，需要重点注意如下几点。

第一，教学是教师教学生认识客观世界的活动，这是教学概念的基本内涵。教学是师生双方共同参与的活动，即教师教和学生学相统一的过程。明末清初思想家王夫之对教与学的关系有着很精辟的论述，他说："夫学以学夫所教，而学必非教，教以教人之学，而教必非学。"他又说："推学者之见而广之，以引之于远大之域者，教者之事也。引教者之意而思之以反求于致此之由者，学者之事也。"用现在的话说，学就是学教师所教，教就是教人学习；教须就学者基础不断扩大其见识，学须根据教者引导而自觉思考求索。① 教师所教、学生所学的又是什么呢？这就是课程，是经过选择、组织和加工了的人类文化知识，是主要以文字符号为载体的人们关于自然、社会和人本身的认识成果。教师专门教学生系统学习人类文化知识，这是教学活动区别于其他教育活动的主要特点。

第二，教学是追求和促进学生发展的活动，这是教学的基本价值规定性。教学的立足点和归宿是培养人，即丰富人的知识和技能、拓展人的能力、提升人的品格。历史上，人们提出过各种各样的教育宗旨，如君子、大儒、哲学王、绅士、自然人，可谓不一而足。虽然提法各不相同，但终归是要这样或那样地促进学生由不知向知、由不能向能、由随意向规范、由盲目向自觉转化，即促使学生身心发生积极而健康的变化，实现人的整体完善和自我升华。用专业术语来说，就是促进学生的身心发展。人的发展始终是教学的核心价值追求，教学始终是为人的成长服务的。这是教育活动的基本价值追求，也是教学活动的内在规定性。

第三，教学是教育的基本形式，是一种特殊的教育活动。教育有各种各样的形式，如游戏、社会实践、文体活动、思想训导、学生管理等，而最基本、最主要的形式则是教学。也就是说，通过文化知识的授受进而把人类文化内化为个人的思想和能力，这是培养人的基本途径。尤其是学校教育产生以后，教师教学生学文化，是学校最主要的工作。历史的发展从正反两方面表明，在学校教育中坚持以教学为中心，则教育事业发展比较顺利；反之，教育事业就会蒙受巨大挫折。教学和教育是密不可分的，教学概念应放在教育大系统中来把握和理解。

第四，教学的具体形态是变化发展和丰富多样的。从外延来说，教学概念涵盖了古往今来人类所有的教学形态和教学活动，是对人类所有具体教学活动的观念反映。历史上，教学活动从无到有，从简单到复杂，从单一到多样，经历了曲折的发展历程，具有不同的历史形态。在现实生活中，不同国家、地区、民族的教学活动千差万别，不同类型学校和不同教育阶段的教学活动也各具特色。教学概念是建立在丰富多样的具体教学形态基础上的，是对教学的历史形态和现实形态的一般理论把握。

综上所述，教学乃是教师教学生学习文化知识的教育过程，是学生在教师的

---

① 王策三著：《教学论稿（第二版）》，人民教育出版社，2005年版，第88页。

指导下，掌握文化知识和技能，进而发展能力、增强体质、形成思想品德的过程。

二、教学的基本要素

从教学结构的角度看，教学是由若干要素组成的一个有机系统。在这个系统中，各种要素各司其职，又相互作用、相互联系而成为一个整体。例如，在日常的教学活动中，你可以观察到一些教学要素，如教师、学生、教材、教具等。那么，哪些要素是必不可少的呢？这就涉及了教学的内部结构问题。

（一）关于教学基本要素的不同观点

关于教学究竟有哪些基本要素的问题，人们一直存在着观点分歧。其中，比较有代表性的观点有三要素说、四要素说、五要素说、六要素说、七要素说和三三构成说等。

专栏1-1

教学诸要素说

三要素说　教学是由教师、学生和教学内容三个基本要素构成。
四要素说　教学是由教师、学生、内容和方法四个基本要素构成。
五要素说　教学是由教师、学生、内容、方法和媒体五个基本要素构成。
六要素说　教学是由教学、学生、内容、方法、媒体与目标六个基本要素构成。
七要素说　教学是由教师、学生、目的、课程、方法、环境和反馈七种基本要素构成。

三三构成说　教学是由三个构成要素和三个影响要素整合而成，三个构成要素是指学生、教师和内容，三个影响要素是指目的、方法和环境。

[资料来源] 黄甫全、王本陆主编：《现代教学论学程》，教育科学出版社，1998年版，第78-79页；李秉德主编：《教学论》，人民教育出版社，1991年版，第12-14页；田慧生、李如密著：《教学论》，河北教育出版社，1996年版，第131页。

上述各种观点，有一定的共性，也有一定的差异。大家都承认现实的教学活动有诸多要素，其中有些要素相对来说是更根本的。但是，究竟哪些要素更根本呢？大家的看法就同中有异了。从求同存异来说，学生、教师和内容乃是大家都认可的基本要素。下面试对这三个基本要素进行分析。

（二）教学的基本要素

1. 学生

（1）学生是一种专门的社会角色，是教学活动中的学习者。

在特定的社会历史条件下，谁成为学生，谁有受教育的机会，这主要取决于具体的社会制度和教育制度。在历史上，学生人群曾经历过三次大变化：第一次变化是专门学校的产生，有了在学校里专门学习的学生，这些学生主要是社会的上层子弟；第二次变化是普及义务教育，少数儿童受教育的局面被打破，所有适龄儿童都成为接受义务教育的学生；第三次变化是人类进入了终身教育时代，学生人群扩大到了所有的社会成员，成人、老年人都加入到了学生的行列。社会越进步，学生就越多，这是教育发展的大趋势。就中小学教学来说，学生主要是未成年人，或者说是儿童。但是，儿童和学生是有区别的，儿童是未成年人的自然身份，是一种自然状态；而学生是教育系统中的角色，是一种超越自然状态的社会身份和主体自觉。

（2）学生既是教育对象，又是教学活动的主体。

在教学活动中，学生同时担当着教育对象和教学活动主体的双重身份。一方面，学生是教育系统的培养对象、管理对象和服务对象。学生作为培养对象，意味着他（她）必须接受教育系统的计划安排，努力达到相应的培养要求和规格；学生作为管理对象，意味着他（她）必须遵守教育系统的种种规定，服从教育制度规范；学生作为教育的服务对象，意味着教育系统要为学生创造成长、发展的条件，努力满足学生发展和学习的需要，保障学生作为学习者的利益。另一方面，学生又是教学活动的主体。学生发展是多方面相互作用的过程，各种社会因素、教育因素的影响，最终要转化为学生自身的积极行动才真正发挥了效能。只有学生主动参与教学过程，努力发挥自身的主体性，教学才能真正获得意义，实现价值。

（3）学生具有独特个性，身心不断发展完善。

每个学生都是独特的个体。学生的独特性一方面源于大自然的造化，即独一无二的生理遗传特性和自然禀赋，另一方面更源自社会生活和个体经历，即个人的生活环境、生命历程以及对环境和经历的独特感受。承认和尊重学生的独特性，就必须积极地进行因材施教。同时，学生身心处在不断发展和完善的过程中，通过教学促进学生身心持久、全面、健康地发展，是教学的根本价值诉求。学生身心发展具有内在的规律性。学生生理成熟和心理发展都有一定的顺序性和阶段性，有其内在的机理，生理学、心理学研究已经揭示了不少相关的规律。此外，学生发展也遵循着一定的教育规律乃至社会规律。在教学活动中，只有遵循生理、心理、教育和社会的规律，才能有效促进学生全面发展。

2. 教师

（1）教师是教学活动的主要负责人。

教师即专门带领学生学习的人，是"学校中传递人类科学文化知识和技能，进而进行思想品德教育，把受教育者培养成一定社会需要的人才的专业人员"①。有教师指导，是教学的重要特征，是教学区别于一般学习活动的关键所在。长期以来的教学实践表明，正是由于有教师指导，教学才具有了作为学生认识世界的高速路、快车道的特性；教师水平的高低，直接影响着教学的方向、水平和质量。因此，教师是教学不可或缺的要素。

---

① 顾明远主编：《教育大辞典（增订合编本）》，上海教育出版社，1998年版，第700页。

（2）教师是特殊的专业技术人员。

教师是有较好文化修养的成人，他代表国家、社会、阶级或家族的意志，负责指导学生认识掌握人类文明成果，具体承担设计、组织和管理教学活动的职责。从教育发展的历史进程看，最初的教师主要是巫师或官吏，私学产生后，出现了以教师为职业的一般文化人。到了现代社会，随着义务教育的推进，教师逐渐成为一种专门职业，其身份为专业技术人员，主要依靠专门的师范院校来培养，规模急剧扩大，专业化程度也明显提高。作为现代社会的教师，除了知识广博、人格高尚和身心健康之外，还需要精通一定的教学科目，掌握教育理论和技能。

3. 教学内容

（1）教学内容是师生活动的客体。

教学内容是教学活动的素材，是教师和学生共同活动的对象。我们在学校里学习的不同学科，接触的各种事实、概念、原理、技术和思想观点，或从事的一定的主题活动，这些都是具体的教学内容。教学内容是教学活动不可或缺的要素，它是实现教学功能、展开师生活动的基础和依托。

（2）教学内容代表着人类文明的核心成果。

教学内容就其实质来说是人类文明成果的精华。把人类文明积累起来的文化成果传递给下一代，这是人类社会延续和繁荣、新生一代适应社会和发展自我的重要前提。教学是实现文化传递的基本途径。教学内容就是在人类文化中选择出来的那些对于个体的成长和社会化来说最有价值的、最基本的和最需要的文明成果。这些内容主要包括基本的社会生活规范、科学知识和活动技能等。

（3）教学内容经过了教育化的加工处理。

教学内容是经过专门设计和加工的教育材料。人类文明成果往往以知识体系、技术体系和规范体系（价值体系）的形式存在，不一定能为学生直接理解和掌握。为此，需要依据教育目的和学生身心发展规律，一方面，从总体上进行设计和加工，把人类文明成果转化为供学生学习的课程和教材；另一方面，还需要教师把一般的教材加工转化成适合具体学生学习的内容。通过这两个环节的加工之后，人类文明成果就转化为学生学习的具体对象。

（4）教学内容具有教育价值。

教学内容对学生发展具有重要影响。学生在教学中获得发展，主要是一个掌握教学内容、把教学内容内化为自身的知识和技能，并进而提高能力和思想境界的过程。教学内容的结构、难度、分量和质量，直接制约着学生学习活动的类型、水平和效果，建构着学生的基本知识结构和能力结构，赋予学生特定的价值取向和思想方法，从而整体影响学生身心发展的水平和质量。

综上所述，把教师、学生和教学内容视为教学的基本要素，可以把复杂的教学结构进行简化，使教学的基本关系突出出来。但是，要强调指出的是，在现实生活中，每种教学要素都发挥着作用，都应该给予重视。不应人为地忽视或轻视某些要素的存在，而应努力整体完善教学要素，使其形成良好的结构关系。

三、教学本质及其论争

把握教学的概念，很重要的一点就是找出教学不同于其他活动的本质属性，即教学最内在的稳定的基本特性。历史上，人们曾反复追问过教学本质（或称教学过程的本质、教学活动的本质）究竟是什么的问题，并形成了各不相同的观点。例如，形式教育理论认为教学是促进人的内在官能显现和成长的过程；主知主义教学理论认为教学是知识授受和观念运动的过程，是习得间接经验的过程；行为主义教学理论认为教学是个体亲身探索、操作而获得直接经验的过程；人本主义教学理论认为教学是人性的表达和自我实现；如此等等。这些关于教学本质问题各具特色的理论主张，曾经深刻地影响了教学理论的发展，并导致了教学实践体系的分化和多样化。在这个问题上，我国学者自20世纪80年代以来就做过大量的探索，形成了多种多样的观点，深化和丰富了关于教学的理论认识。

新中国成立以后，我国学习苏联教学理论，在教学本质观问题上基本沿用了凯洛夫教学论的观点，主要把教学视为一个特殊的认识过程。20世纪70年代末，我国教学论工作者开始对教学本质问题进行独立的探索，并掀起了教学本质观的大论争，时至今日论争仍在继续。在教学本质问题的大讨论中，提出了多种多样的教学本质观，呈现出了百家争鸣的生动局面。有学者把各种教学本质观归纳为：特殊认识说、认识发展说、传递说、学习说、实践说、交往说、关联说、认识实践说、层次类型说。

专栏1-2

各种教学本质观

特殊认识说 教学是一个认识过程，又有其特殊性。具体来说，教学是教师教学生认识世界获得发展的特殊认识形式，教育性、间接性和有领导是它区别于其他认识活动的主要特点。

认识发展说 教学是促进学生身心全面发展的过程。

传递说 教学是传授知识经验的过程。

学习说 教学是学生在教师指导下的学习活动。

实践说 教学是一种特殊的实践活动。具体来说，有的把教学视为教师的社会实践，是教师对学生进行指导、转变和塑造的活动；也有的则将其视为师生共同的实践活动。

交往说 教学是一种特殊的交往活动。具体来说，有的把交往视为教学背景，有的把交往视为教学手段和方法，也有的把交往视为教学内容乃至目标。

关联说 教学是教师的教和学生的学的统一活动。

认识实践说 教学是认识和实践统一的过程。

层次类型说 教学是一个多层次、多方面、多形式、多序列和多矛盾的复杂过程，教学过程的本质应该是一个多层次、多类型的结构。

［资料来源］李定仁、张广君：《教学本质问题的比较研究》，《华东师范大学学报（教育科学版）》，1997年第3期。

下面就几种较有代表性的观点略作评析：

第一种较有代表性的观点是特殊认识说。这是国内认同者最多、争议也较大的教学本质观。20 世纪 80 年代中后期，这种观点经系统化发展而成为教学认识论。教学认识论主张教学本质上是学生个体认识活动，它是人类文化传承、知识再生产和学生身心发展相统一的过程，是有别于人类总体认识和一般个体认识的特殊个体认识形式。① 这一学说对教学进行了高度的理论抽象和较为系统深入的理论分析，已成为一种有特色的教学哲学。

第二种较有代表性的观点是认识发展说。促进学生发展是教学的基本目的和重要功能，突出学生发展这个主题，在当今更富有时代意义，从这个角度说，这种观点是有价值的。但是，教学活动未必都能带来实际的发展效果。此外，训导、社会实践、游戏、文体活动等教育活动和教学一样，也都影响着儿童的身心发展。如何更好地说明这些问题，还需要深入研究。

第三种较有代表性的观点是实践说。的确，从教师的角度来说，教学就是帮助学生认识世界和促进学生发展的过程，是教师的社会实践。但是，把教学视为实践，容易忽视和轻视文化学习这一教学的基本规定性，也难以揭示教学与学生发展的关联。此外，历史上曾有过把教学混同于一般实践，学生不学文化专搞劳动的闹剧。这说明，实践说一旦被片面理解，就容易出现否定和取消学校教育的倾向，导致教学背离其基本价值的规定性。

第四种较有代表性的观点是交往说。这种观点强调从关系角度来把握教学本质，突出教学的双边性、互动性和社会性，这的确抓住了教学活动的形式特征，是有意义的。从一定意义上说，没有交往就没有教学。但是，在现实生活中，有人的地方就有交往，教学交往的特殊性在哪里，这才是问题的关键，还需要下大工夫探讨。

综合来看，上述四种较有代表性的观点提供了观察教学本质的三个基本维度：过程、功能和关系。其中，特殊认识说和实践说侧重于教学过程，认识发展说侧重于教学价值和功能，交往说侧重于教学关系。认识实践说、层次类型说等教学本质观，则对不同观察维度进行了组合。应该说，过程、功能和关系都是观察教学本质的可行角度。观点能否成立，关键在于是否合理阐明了教学的特殊性。教学本身是一种活动而不是其他东西，相对来说，从过程角度进行观察就较为方便，有助于充分展示教学的特性。此外，探讨教学本质，不能满足于得到教学本质是什么的抽象结论，更主要的是要通过分析、概括，找到一个全面观察教学特性和规律的基点与视角，在此基础上，系统而具体地发展教学理论，深化认识成果。事实上，不同的教学本质观都从特定的概括出发，对教学的多样联系作了一定阐述，为人们观察教学提供了不同的路标，这对于整体把握教学的规律和机制是有启发和帮助的，因而各有其价值和意义。

---

① 王策三主编：《教学认识论（修订本）》，北京师范大学出版社，2002 年版，第 3—14 页。

四、教学的历史演进

教学是一种动态的社会历史存在，它经历了漫长的历史演进过程。把握其来龙去脉，洞察其历史演进轨迹，这是我们深入领会教学概念的一个重要途径。下面就其基本历史形态，作一概览性描述。

（一）古代教学

人类教学活动最早萌芽于日常生活之中。在原始社会，人们为了生存而结合成为社会。大人带着小孩从事狩猎、采集、捕鱼、祭祀等活动，在集体活动中，大人通过口耳相传和身体示范等途径，帮助小孩掌握这些活动的规则和技巧。这就是最早的广义的教学。在这里，教学即生活，生活即教学。迄今为止，这仍是人们获得社会生产和生活经验的重要形式。不少职业技能和生活技能的授受，通常是依靠师傅带徒弟、父母教儿女的方式，在劳动和日常生活中自然完成的。

专门的教学一般是指学校教学，是伴随学校诞生而出现的。一般认为，学校最早出现于奴隶社会。据文献记载，我国在夏朝就已经有不同类型的学校了。宫廷学校曾经是各文明古国最早的学校类型，它为王公贵族子弟而办，教师多由官吏充任，教学以获得统治术和基本文化为宗旨。后来，随着社会的发展，学校类型、学生和教师日益多样化，教学的内容和方法也逐渐丰富了起来。我国自春秋战国时起，一直到清朝末年，总体上形成了官学和私学并行发展的基本格局。其中，官学多为高等教育性质，私学既有初等教育性质的启蒙教育，也有高等教育性质的书院和专门学（如医学）。官学和私学在教师和学生的来源、资历、待遇等方面有着明显的差异，但教学内容则均以儒家经典为主（专门学除外）。

在西方，古希腊的学校教学堪称典范。古希腊学校的教学以文雅教育为主，文法、修辞、辩证法、数学、几何、天文和音乐是最主要的科目，简称"七艺"。其教学在方法上注重论辩和对话，苏格拉底的"产婆术"就是其代表。古罗马基本沿袭了古希腊的教学体系，但内容方面更注重实用性。从公元 4 世纪到 14 世纪，西欧经历了长达一千余年的中世纪。西欧中世纪的教育总体上是一种宗教教育，《圣经》（Holy Bible）是学校教育最基本的内容，背诵记忆是最常用的方法；也有一些世俗的封建骑士教育，大体属于军事教育类型。14—17 世纪，欧洲兴起了文艺复兴运动，人文主义教育应运而生，它推崇古希腊的教学传统，注意扩大教学内容，强调按照学生天性和兴趣来进行教学，对后世有着重要的影响。

（二）现代教学形成与发展的基本历程

现代教学是与古代教学相对应的教学形态。它最初萌芽于欧洲的文艺复兴和宗教改革运动，在 19 世纪形成基本体系，而后，从西欧和北美传播到世界各地，并逐步分化和多样化，直至今日仍在不断完善和发展。

文艺复兴和宗教改革是现代教学萌芽的两个端点。1632 年，捷克教育家夸美纽斯（J. A. Comenius，1592—1670）发表了《大教学论》（Magna Didactica），第一次对现代教学进行了理论设计。夸美纽斯认为，愉快、迅速和彻底地把一切事物教给一切人的教学，是真正周全、健康的教学形态，这种教学必须按照事物的本性来设计和实施，遵循自然原则，采用班级教学制度。这一理论模型在实践上经历了两百多年的曲折发展，最终在 19 世纪中后期得到了全面实践，形成了现代教学的基本体系。这具体体现在五个方面：一是普及义务教育，扩大了教学对象。义务教育强制要求所有适龄儿童接受初等教育，这使教学规模有了空前的扩张。二是课程体系的变革。打破了神学对教学内容的垄断，民族语言教育和科学教育受到重视，人文学科得到更新，实用知识和技术进入了课程体系。三是师范教育兴起，形成了教师培养的专门渠道。师范院校的举办，不仅使教师队伍有了稳定的来源，更重要的是，提高了教师队伍的专业水平，使教学质量有了根本保障。四是大力发展教育科学。18—19 世纪，涌现了一大批教育家，教育科学得到了较大发展。教育科学的发展，使教学有了可靠的理论支持。五是新的教学方法体系日益成熟。班级教学制度逐步完善并成为各国通用的教学组织管理机制；运用赫尔巴特提出的形式阶段理论，细化了教学过程的程序和环节，提升了教学的规范性；大量采用直观教学、讲授教学、实验教学等新的教学方法；等等。这样，在教学思想、内容体系、过程方法、教师学生、制度规范等诸方面，就形成了具有内在关联的新体系，这就是现代教学体系。

现代教学体系在西欧和北美诞生以后，逐步传播到世界各地。尤其是 20 世纪以来，各殖民地国家纷纷独立，发展中国家加快了工业化的步伐，普及义务教育成为全球性的教育运动，保护和促进儿童的教育权利成为国际共识，现代教学因而得以迅速发展，并呈现出了分化和多样化的新局面。

19 世纪末 20 世纪初，欧洲出现了"新教育"运动，美国出现了"进步主义"教育运动，举办了一些在教育思想、内容体系、过程方法等各方面与常规学校有鲜明反差的新式学校。这些学校反对学生在课堂上学习书本知识，倡导和实践了新的活动教学模式，主要采用让学生进行手工操作和合作探索的方式来教学，注重发挥儿童的主动精神，依据学生兴趣选择教学内容和安排教学进程，鼓励学生个性化的自学和探究。这样，在现代教学的内部就分化出了两种不同的具体形态：一是常规的以学生在课堂学习书本知识为主的班级教学模式，一是以学生在各种活动中获取知识技能为主的活动教学模式。它们相互对立，并各有市场，形成一种两极纷争的局面。这种两极纷争的局面，一直延续到 20 世纪前半叶。

20 世纪 50—60 年代以来，现代教学进入了一个多元化发展的时代。伴随着各国教育改革的不断深入，各种新的教学流派纷纷涌现，出现了多种流派共存共生的教学新格局。不同国家的教学改革，因社会制度、文化传统、经济发展等多方面的差异而表现出不同个性，很难简单归纳。大体来说，有两种基本倾向：美国和英国等国家，原来比较重视直接经验和学生个性，相对忽视教学的统一要求和共同规范，于是，提高教学的质量要求和规范性便成为教学改革的基本方向；日本和苏联（俄罗斯）等国家，原来比较强调教学的统一要求和质量标准，相对忽视学生个性和教学自由，于是，弘扬学生个性和倡导教学民主便成为教学改革的基本方向。总体来看，各国都力求通过教学改革，发扬本国教学的传统优势，改进自身的缺陷，从而整体提升本国教学的国际竞争能力。

（三）我国现代教学体系确立与发展的过程

我国古代教学的历史悠久，并且具有原创性和领先性。但是，我国的现代教学体系却不是自然而然地从我国古代教学体系自主演化出来的，而主要是从国外引进过来的。具体来说，从洋务运动开始，我国才开始个别地开办一些西式学校（学堂）；1902 年、1903 年颁布的《钦定学堂章程》和《奏定学堂章程》，规定我国全面举办现代学校，建立现代学制；1905 年废除科举制度，使学习科学文化的教育目标取代了读书做官的传统。由此，我国现代教学体系初步确立起来。

我国现代教学体系的创建和发展，总体来说是三种力量相互作用的结果。

一是学习借鉴西方现代教学理论和方法。20 世纪初期，我国主要学习和借鉴了德国赫尔巴特的教学体系，推广了班级教学、分科教学和教师讲授等现代教学的基本操作模式。20 世纪 20—30 年代，实用主义教育思想在国内备受推崇，设计教学法、教育测量等风行一时，成为教育界精英的时尚话语。新中国成立后，全面学习苏联，推行凯洛夫教学体系，强化了班级教学制度，强调科学性和思想性相统一，教师主导和学生主动性相结合，重视知识和技能的掌握。改革开放以来，我国广泛介绍了西方各国新兴的教学理论和模式，并有所分析和借鉴。近年的课程与教学改革，试图大力推行建构主义教学理论，仍未脱离全盘照搬的窠臼。

二是中国教育传统的沿袭和扬弃。如何对待中国的教育传统，一直是我国现代教学发展过程中无法回避的问题。对此，存在着不同的态度和做法，有彻底与传统决裂的历史虚无主义，也有迷恋过去的国粹主义。但总体来说，对历史传统采取一分为二的态度，继承优良传统、去除历史糟粕，乃是主流倾向和做法。启发教学、因材施教、言传身教等具有鲜明中国教育特色的命题，不仅内在地融入了中国现代教学体系之中，而且是我国现代教学体系的精髓和灵魂。

三是独立自主的探索和创新。中国现代教学体系的发展，始终离不开我国广大教育工作者的独立探索和自主创新。早在 20 世纪 20—30 年代，不少教育家就做出了许多探索创新的工作，取得了积极成果。20 世纪 80 年代以来，我国出现了教学改革风起云涌的新局面，开展了丰富多彩的教学理论和实践改革探索，为我国现代教学体系的发展做出了积极贡献。通过教学理论和实践的自主探索，获得了关于现代教学发展完善的若干认识：教学改革必须着眼于教学活动的全面优化，坚持学生全面发展的价值追求，遵循教学的基本规律，力求质量和效益相统一；必须坚持教师主导和学生主体相结合，充分发挥师生双方的创造性；必须探索多样综合的教学样式，不断丰富和优化教学过程、方法、手段和形式；如此等等。

当前，我们正处在中华民族全面振兴的历史新时期，面临着全球化的机遇和挑战。在新的历史条件下，我国现代教学体系的发展和完善，总体来说仍需要借鉴学习、反思传统和自主创新；但与以往不同的是，自主创新必须也必将成为新时期我国教育改革发展的主要动力。也就是说，作为和平崛起的世界大国，中国的教育问题最终应主要靠中国人的智慧和力量来解决。面对教育全球化的挑战，我国现代教学体系建设发展的明确目标是：使中国现代教学体系成为21世纪世界教学体系中富有个性、先进性和巨大影响力的主要成员。

第二节　什么是教学论

在了解了教学论的核心概念——"教学"的基础上，接下来主要讨论什么是教学论。也就是说，具体探讨教学论学科的性质、对象、任务等问题，获得关于这个学科本身的基本认识。

一、关于教学论的一般理解

教学论是什么？这是大家首次接触教学论时都会提出的问题。对此，并没有统一的答案，或者更准确地说，不同的提问人需要不同的回答。这是因为，不同的提问人有着不同的背景与不同的信息需求，也就期望获得不同的答案。现在我们从大家已有的经验和知识背景出发，从三个角度来探讨"教学论是什么"的问题。

（一）教学论是一门科学

这是关于教学论是什么的最常见的答案，但也是一个有争议的命题。在现代社会里，存在着种种分门别类的科学，而教学论是科学领域的一个具体学科。这是比较普遍的一种见解。但是，也有人认为教学论不属于科学或批评教学论缺乏科学性的观点。教学论是不是科学的问题，论争还会持续下去。

关于"教学论是一门科学"的命题，关键在于对"科学"一词的理解。根据科学学等学科的研究成果，"科学"一词需要从多角度来把握。首先，科学常常指一种知识体系。例如，《现代汉语词典》就把科学界定为"反映自然、社会、思维等的客观规律的分科的知识体系"。① 这是社会生活中关于科学最流行、最普通的理解。科学作为知识体系，有三个特点：一是真理性即反映客观规律，二是整体性即一种有良好结构的知识系统，三是分科性即有学科边界和特定的问题领域。按照这种理解，教学论作为一门科学，它是一些关于教学的认识，而且这些认识是符合实际的正确认识，是一整套的知识。关于教学论是否是一门科学的论争，要害之处就在于认识的真理性问题，即教学论所提供的那些知识真的正确合理吗？教学领域存在普世真理吗？究竟教学论知识有无真理性，大家不妨边学习边

---

① 中国社会科学院语言研究所词典编辑室编：《现代汉语词典（修订本）》，商务印书馆，1996年版，第711页。

探索，当学完这门课程的时候，或许你就有了自己的答案。

其次，科学意味着一种特殊的社会建制。"科学最有形的方面，在于它是一种社会建制。它涉及不计其数的具体的个人正在按部就班地实施着的具体行为，这种行为又被有意识地协调进更大的框架之中……科学的特殊性在于，知识本身被认为是其主要产品和目的。这不仅仅塑造着它的内部结构以及它在社会中的位置，它还强烈地影响着它实际生产的知识类型。"[①] 把科学理解为一种社会建制，这是从社会系统的角度来理解科学，是现代社会科学发展的新形态。在古代社会，科学探索多为零散无序的自发存在，从某种意义上说处于自生自灭的状态；在现代社会，科学则呈现为有组织、有计划的自觉存在，是社会生活的有机组成部分。作为社会建制的科学，它是一个专门的社会部门，有严密的社会组织机构。学术团体、院系组织、学术规范、交流机制和奖励机制等，是科学作为社会建制而存在的具体表征。就教学论来说，我国有全国性的学术组织——教学论专业委员会，不少师范院校设有课程与教学系或课程与教学教研室，有一批从事教学理论研究的专业人员，还有若干培养中高层次专业人才的课程与教学论硕士点、博士点。此外，还有专业期刊、全国性学术会议，等等。这些事实都说明，教学论和其他学科一样，有一种严密的社会组织，这种组织机制为人才培养、学术创新和成果交流提供了良好条件和制度保障，是这个学科健康发展的内在基础。

再次，科学是一种特殊的文化，具有独特的精神特性。科学和艺术、宗教、道德等一样属于文化现象，而科学作为一种文化类型，有其特有的精神气质。有关研究认为，科学具有的精神气质主要有：公有主义、普遍主义、无私利性、独创性、怀疑主义等。其中，公有主义强调科学知识的公共性，即科学探究的宗旨是丰富和完善人类的总体认识；普遍主义强调科学评价的无歧视性和标准的客观性；无私利性要求科学探究价值中立、摒弃个人实际利益的考量；独创性要求在科学探究中积极创新而反对纯粹的模仿和重复；怀疑主义则要求对研究成果进行有系统程序的批判性审查。[②] 这些要求构成了科学共同体独特的价值诉求和行为规范，制约着科学探究的具体活动。教学论作为一门科学，同样秉承着一般科学所特有的精神气质，是为增进人类教学的公共知识而开展的探究活动，并借助于普遍主义、无私利性、独创性、怀疑主义等规范的作用，有效地达到了它所肩负的文化使命。我们学习教学论这门课程，除了要掌握教学论的知识体系外，更要感悟教学论作为科学所具有的精神特性，滋养科学精神。

概括地说，对于教学论作为一门科学的命题，需要全面地理解。它既表现为一种知识体系，又表现为一种社会建制，更表现为一种独特的精神气质。如果说知识体系和社会建制是科学的躯体，那么精神气质就是科学的灵魂。只有把科学理解为知识体系、社会建制和精神气质的有机结合，才能准确地把握教学论作为

---

① ② ［英］约翰·齐曼著，曾国屏等译：《真科学——它是什么，它指什么》，上海科技教育出版社，2002年版，第5页，第43—55页。

科学的精义。

（二）教学论是一门课程

对于正在学习教学论这门课程的人来说，这一判断是显而易见的事实。也就是说，在教育系统中，教学论构成一个专门的学习领域，是特定的学习者必须掌握的科目。

作为课程的教学论（教学论课程）和作为科学的教学论（教学论学科）既紧密关联又有明确差别。具体来说，教学论学科是教学论课程的文化源头，而教学论课程是基于特定教育目标而对教学论学科进行选择、组织和加工的产物。教学论课程总是反映着教学论学科发展的成就和水平，尤其要反映教学论学科的基本结构，这是二者密不可分之处。但是，教学论课程是为实现特定的教育目标服务的，同时，学习者的特点和需求又制约着课程的内容选择和组织加工，这就使得教学论课程具有多样性和针对性。例如，在高等教育体系中，作为公共课教育学组成部分的教学论模块、作为本科生专业课程的教学论、作为硕士生和博士生课程的教学论，虽然都是教学论课程，但在知识结构、理论水准和组织方式等方面，却会有很大的区分。同一学科可以根据教育要求而组织成为不同层次、不同类型的课程，因而不能简单地把教学论课程等同于教学论学科。

对于学习者来说，教学论课程是进入教学论学科的重要通道。一般来说，人们大体有三种渠道进入教学论学科：一是在日常生活中感悟教学生活；二是专门开展教学研究和对教学实践进行反思；三是学习、进修教学论课程。学习、进修教学论课程，主要是以间接经验的方式进入教学论学科。通过学习这门课程，大家可以提升日常生活中的教学感悟，可以与学术名家进行跨时空的思想交流，可以欣赏教育大师的教学艺术和高风亮节，可以整体认知这一学科的知识结构和价值诉求，还可以受到科学的精神气质的熏陶，如此等等。学习教学论课程是年轻一代进入教学论学科的快车道，它将为大家未来从事教学理论研究或教学实践探索构筑一个良好的专业平台。因而，大家有必要认真对待这个学科，努力学好这门课程。

（三）教学论是永无止境的学术探究，是耕作不休的思想园地

教学论学科就其本体存在来说，它并不是一个静止的思想体系，而是关于教学问题的永无止境的学术探究，是一块耕作不休的教学思想园地。也就是说，教学论始终处在思想的新陈代谢之中，继承、嬗变、创新、拓展、整合和提升构成这一学科运动变化的基本形式，赋予其以强大的生命活力。

从时间维度看，教学论通过不断的历史演进而存在和发展。最初，人们在教学实践中形成了各种零散的教学思想，零散的教学思想又慢慢发展为有一定系统性的教学思想，如我国古代文献《学记》就把先秦时期零散的教学思想提升为较系统的教学思想。随着现代社会政治、经济和文化的发展，教学论逐渐成为独立学科，如夸美纽斯的《大教学论》、赫尔巴特的《普通教育学》，都是教学论成为独立学科的重要标志。后来，独立的教学论学科又分化为不断壮大的教学论学科群，如教学哲学、教学技术学、教学目标论、教学艺术论、教学模式论、学科教学论，等等。这说明，教学论在历史上并不是一成不变的东西，它在不同时期有不同的存在方式。唯一不变的东西，或许只是人们对教学思想的关注和不断探索。

从空间维度来说，教学论表现为多元的教学思想的对立统一。在绝大多数情况下，教学论并不是某个教学思想的单独存在，而是众多教学思想的竞争性共存。例如，在我国春秋战国时期，儒、墨、法并称显学，各有各的教学思想；即使在儒家思想内部，也存在着孟子内发论和荀子外铄论的区分。就当前我国教学论学科来说，马克思主义教学理论、杜威实用主义教学理论、后现代主义教学理论、人本主义教学理论、科学主义教学理论等各种不同流派，都发挥着各自的影响作用，总体呈现出教学理论多元存在的格局。各种不同的教学理论，各自有一套解释和规范教学的核心范畴，并相互竞争；同时，它们之间又有一定的互补性和共同性。这样，一定时期的教学论总是呈现为各种派别相互斗争又相互依存的局面。自然，有的流派也许只是昙花一现，而有的流派则历久弥新，不同流派对教学问题的认识水准（科学性）也是参差不齐的，但不管怎样，这种多样化流派的存在，是教学论的正常生态。在教学论课程中，编写者对比较重要的流派多会有所涉及，也会把自己的流派立场有意无意地渗透进来。因而，在学习教学论课程时，如果让一家的教学论思想遮盖了教学论学科的多样化存在，那么，学习者就可能陷入见木不见林的境地。

综上所述，对教学论究竟是什么的问题，我们并没有提供具体统一的答案，但是，通过不同角度的分析，的确深化了对这个问题的认识。其实，许多问题都可以从不同角度去观察和讨论，每个命题都和特定语境相关联。真正重要的是，要学会从不同角度去观察和思考问题，注意区分研究视角，并把不同角度的观察和分析联系起来，从而整体、全面地认识事物。

二、教学论的研究对象

认识一个学科，很重要的一点就是明确这个学科的研究对象。科学以探索世界为己任，不同的学科有不同的研究对象。"科学研究的区分，就是根据科学对象所具有的特殊的矛盾性。因此，对于某一现象领域所特有的某一种矛盾的研究，就构成某一门科学的对象。"① 那么，教学论作为一个学科，它所关注的特殊矛盾是什么呢？

（一）关于教学论研究对象的主要观点

关于教学论的研究对象问题，国内有三种主要观点。第一种观点认为，教学论是研究教学的一般规律的学科。这种观点曾经广为流传，并有各种大同小异的具体表述，如研究教学的一般规律、客观规律等。第二种观点认为，教学论研究

① 《毛泽东选集》（第一卷），人民出版社，1991年版，第309页。

教育领域的教学活动。如有学者主张"教育领域中教与学的活动是教学论的研究对象",具体包括教与学的关系、条件和操作等三个方面①;近似的表述有:"教学论以教学活动和教学关系为研究对象,旨在探求教学的最一般规律。"② 第三种观点认为,教学论的研究对象是教学问题。其典型表述是:"教学论实质上是以教学问题为研究对象","若没有教学问题,教学(论)研究就失去了作用的对象而不能进行和发展"。③ 这三种观点,我们分别简称为规律论、活动论和问题论。此外,有学者认为,在国际上,关于教学论研究对象的看法大体可以归纳为规律论和要素论两大类。苏联和我国多数学者持规律论观点,认为教学论的研究对象是教学的一般规律;而西方学者多持要素论观点,认为教学论的研究对象是各种具体的教学变量和教学要素。④

关于教学论研究对象的不同观点,既要看到它们表面上的明显差异,更要看到它们内在的关联性。一般来说,主张教学论研究教学活动、教学问题、教学规律的观点,都有其道理。这是因为,一方面,在教学活动、教学问题和教学规律之间,具有不可割裂的内在联系。教学问题是关于教学活动的问题,教学活动是教学问题的根源;教学问题背后隐含着教学规律,揭示教学规律是研究问题的重要目的;教学规律是教学活动自身的规律,而教学活动受到教学规律的制约。另一方面,在学术研究中,从现象到问题,从问题到规律,是科学研究不断深入的具体表现。众所周知,科学研究就是发现和解决问题的过程,问题的发现常常源于对教学活动多样现象的观察、概括和提炼,而问题探究的目的则在于揭示问题背后普遍性的内在联系,发现基本规律。在实际的教学论研究中,必然会同时涉及教学活动、教学问题、教学规律这三个方面,不可能离开其他两方面来孤立地探讨某一方面。另外,需要特别指出的是,虽然在关于教学论的研究对象问题上有规律论、活动论和问题论等不同的理论表述,但是,各种观点都不是只抓住一点不顾其他,而是力图兼顾教学活动、教学问题和教学规律之间的内在联系,具有较大的包容性。从某种意义上说,"教学论应该为解决教学问题而研究一般的教学规律,以研究一般的教学规律来帮助解决教学问题",⑤ 这已经成为一种专业共识。这说明,国内关于教学论研究对象的不同观点,可谓形异而神同。

(二)教学论研究的基本问题

如果从表述的准确性来说,我们倾向于教学论以教学问题为研究对象的观点。这是因为,科学研究就是一个不断发现问题、提出假设、解决问题、得出结论的过程,问题是贯穿于科学探究始终的,是科学研究的直接对象。

① ④ 田慧生、李如密著:《教学论》,河北教育出版社,1996 年版,第 19—20 页,第 18 页。

② 李定仁、徐继存主编:《教学论研究二十年(1979—1999)》,人民教育出版社,2001 年版,第 26 页。

③ 黄甫全、王本陆主编:《现代教学论学程(修订版)》,教育科学出版社,2003 年版,第 11 页。

⑤ 王策三著:《教学论稿》,人民教育出版社,1985 年版,第 57—58 页。

把教学论的对象界定为教学问题，还只抽象地回答了教学论的研究对象问题。要具体回答好这个问题，就需要进一步追问：问题是什么？教学问题又是什么？有哪些基本的教学问题是需要研究的？只有具体思考这些问题，才能把抽象的结论具体化，比较准确地解答好教学论的研究对象问题。

按照《现代汉语词典（修订本）》的解释，问题就是"须要研究讨论并加以解决的矛盾、疑难"。① 具体来说，问题即认识和实践中的矛盾和疑难，是主体和客体之间的不和谐关系。比如，在认识上，主体对事物的未知状态，或新知与旧知的对立状态；在实践上，主体处于一种无能为力的状态，或者低效被动的状态；等等。问题即困惑，而努力摆脱和解决认识与实践上的困惑，这就是解决问题。在现实生活中，大家时刻都在和问题打交道，天天要面对各种问题并努力解决之。

问题既是生活的内容，也是科学的对象。科学研究是人们解决问题的一种特殊方式。在日常生活中，多数情况下人们是在常识层面上来解决问题，也就是说，主要是凭借本能、习惯和现成方法来解决基本的生活问题。而科学研究主要不是在日常生活层面关注问题，而是在专业层面关注问题。或者说，科学研究往往会把日常生活问题转化成专业问题来进行研究。例如，近年我国许多城市在上下班时段存在严重的交通堵塞问题，这是城市居民头痛的日常生活问题，而对于交通科学研究者和交通管理部门来说，这就是一个科学问题。科学问题与日常生活问题的区别是：科学问题具有探究性、可行性和专业性。其中，探究性是指科学问题必须具有认识价值或实践价值，即研究这些问题应能提出新原理、发现新规律，或能推进工作、改善实践格局；可行性是指科学问题是人类认识和实践还没有解决或解决得不充分的问题，同时，这些问题在当前又具有基本解决的可能性；专业性是指科学问题经过了专业分析、概括和提炼，需要运用科学方法和工具才能解决的问题。努力在纷繁复杂的生活世界中不断地发现和提炼出科学问题，这是科学研究的一项重要任务。

教学论所研究的教学问题，是指关于教学的科学问题。也就是说，这是在科学层面而不是在日常生活层面提出和解决的教学问题，它是有价值的、具有探究性、可行性和专业性的教学问题。自然，教学的科学问题和教学的日常问题是密切关联的，有时还会相互转化。比如，学生的学习兴趣问题，既是教学的日常问题，又是教学的科学问题，区别只在于主体提出和解决这个问题的动机与方式。在教学论研究中，不应简单地割裂二者的联系，而要善于把日常问题提升、转化为科学问题来研究，同时，又要善于把探究科学问题所获得的成果用来解决日常问题。这样，才能促使理论研究和实践优化实现互惠双赢。

那么，教学论究竟研究哪些基本问题呢？对此，有学者曾从不同角度进行过分类，如常识问题和未决问题、表象问题和实质问题、"大"问题和"小"问题，

---

① 中国社会科学院语言研究所词典编辑室编：《现代汉语词典（修订本）》，商务印书馆，1996年版，第1322页。

等等。① 这对于具体了解教学问题的类型，是很有启发的。在这里，我们从问题性质与成果性质的区分入手，尝试把教学问题归纳为三大类型：是什么的问题，为什么的问题和怎么样的问题。这三类问题，就是事实问题、价值问题和技术（策略和方法）问题。

事实问题主要是指有关教学的性质、状态、关系、发展过程等客观问题。例如，就教学的起源来说，就有诸多事实问题需要探明：第一，独立的教学活动，最早出现于何时、何地？其证据是什么？第二，最早出现的教学活动，围绕何种目的和内容而展开，基本的过程怎样，哪些人员参与，使用什么工具？第三，为什么在那个时间、那个地方会最早出现独立的教学活动？这些具体问题都属于事实问题。这类问题可以在事实层面感知求证，并主要依托对事实材料的分析而得出结论和提出解决方案。除教学起源问题外，教学的历史形态及其发展进程问题、教学的基本特征与功能问题、教学的构成要素问题、教学的社会基础问题，都属于典型的事实问题。通过对这类问题的探索，人们将能更好地理解教学本质。

价值问题主要是指教学的目的设定、意义判断和各种可行途径之间的意志抉择问题。举例来说，关于教学应主要重视知识学习还是应重视能力发展的问题，长期以来都存在着实质教育论与形式教育论的论争，一方强调学习实用知识的重要性，另一方则倡导把培养形式能力作为中心工作。这是典型的价值问题。此外，教学是为全体儿童的发展服务还是为少数儿童的发展服务？教学改革应效率优先还是公平优先？在中小学教学工作中，是以传承文化为主还是以学生创新为主？在教学中，是优先尊重学生权利还是优先关注教育质量？这些都是很重要的教学价值问题。价值问题实质上是各种价值主张的竞争，或有关价值类目的排序，其答案是与人们最基本的价值观相关联的。通过对价值问题的探究，人们将能更理性地进行价值决策，更好地把握教学价值观。

技术（策略和方法）问题主要是指有关教学的实现形式、活动程序和操作方法问题。如何合理安排课堂教学的程序？怎样指导学生提高学习效率？怎样针对不同学生特点进行个别辅导？如何发挥信息技术的教学功能？如何使师生之间形成最大的教学合力？诸如此类的问题，主要属于技术问题。技术问题的特点是，它和具体行为方式相关联，涉及活动的改进和效能的提高。探究这类问题对于改善教学实践行为将大有裨益。

上述三类问题的指向各不相同，但都是在教学工作中大量存在的需要专门探究的基本问题，它们共同构成了教学论研究的基本问题和教学论的研究对象。需要说明的是，在实际工作中，事实问题、价值问题和技术问题并不是截然分开的，它们往往纠缠在一起；或者说，不少问题本身就是一个复合体，事实、价值和技术层面均有涉及，必须综合地加以研究和解决。这些问题源自教学活动，是关于

---

① 黄甫全、王本陆主编：《现代教学论学程（修订版）》，教育科学出版社，2003年版，第11—14页。

教学活动的问题，而探究这些问题的目的，就是超越关于教学的日常认识而上升到科学认识的层次，从而更好地服务于教育事业。

三、教学论的研究任务

教学论的研究任务和教学论的研究对象有着密切的关联。如上所述，教学论研究教学的事实问题、价值问题和技术问题，相应地，教学论的研究任务就有三个方面：揭示规律、确立价值和优化技术（技艺）。

（一）揭示教学规律

认识教学运动、变化、发展的客观规律，这是教学论研究的基本任务之一。"研究客观存在而不带任何主观随意性的规律，这是任何一门科学要想成为真正科学的根本立足点。"① 所谓客观规律，简单说就是事物之间稳定的内在的基本联系或属性。任何事物的运动、变化和发展，都有其规律性。比如，一年四季的更迭，生物界的优胜劣汰，就是自然界的客观规律。千百年来的教学实践和教学理论研究表明，教学活动也有其规律性。例如，教学是教育的基本途径，教学是学校的中心工作；教学是教师和学生之间的双边活动，只有充分发挥师生双方的积极性、创造性，教学才能取得良好的效果。这些命题都是实践所反复证明了的客观的教学规律。教学论最一般的使命，就是要透过纷繁复杂的教学现象把握教学活动的最一般联系和属性，即教学规律。

应该说，很早以前，人类就认识到了教学有一定的规律性，并注意努力探索之。例如，《学记》明确指出了"既知教之所由兴，又知教之所由废"的命题，说明当时人们已经意识到教学的成败是有条件的，是有章可循的，而该书所提出的教学相长、预时孙摩、长善救失、启发善喻等教学原则，则生动地表征了先秦儒家在探索教学规律上所取得的可喜成就。自然，在古代社会，人们对教学规律的探索主要是基于个人的经验感悟和思辨，总体水平还是有限的。到了现代社会，形成了专门的教学论学科，逐步发展出了一整套成熟的研究技术，如历史研究、文献研究、实验研究、调查研究、人种志研究等，这样，人类对教学规律的认识，就日益摆脱了个人经验的局限，逐步上升为理性的整体把握。在当今时代，由教学论的基本概念和基本命题所组成的教学论的知识体系，表明人们对教学规律的认识已经达到了比较全面、整体、理性和具体的认识层次，标志着人类认识教学规律达到了新的历史高度。

总体来说，把揭示教学规律作为教学论的基本任务甚至是首要任务，这是作为科学的教学论所应有的定位和取向。但是，对于这一任务的定位，至今还有一些分歧。把揭示教学规律作为教学论的唯一使命曾经是很流行的观点，这种观点重视对教学规律的认识是正确的，但把教学论局限于揭示规律，就等于放弃了价值思考、技术开发等重大任务，无疑窄化了教学论的视野。近年来，又有一种否

---

① 王策三著：《教学论稿（第二版）》，人民教育出版社，2005年版，第52页。

定教学规律的倾向，似乎教学工作没有任何规律可循，这在客观上对于纠正对教学规律的简单化认识有一定启发，但它放弃认识教学规律的使命，教学论的科学性又从何谈起？难道教学论只是个人意见的堆砌和利益诉求的大讲坛吗？我们主张，教学论应该旗帜鲜明地研究教学规律，但又不应局限于此，更不应机械地理解教学的规律性。

（二）确立教学价值观

教学活动处处充满着价值纷争，离不开价值观的指引。例如，在当前我国基础教育课程与教学改革中，关于改革的基本目标，存在着截然相反的两种主张：一种主张要求推倒现行的课程与教学体系，重建以后现代主义、建构主义为理论基础的新体系；另一种主张则认为应该延续中华教育传统，进一步改进、完善现行的课程与教学体系。这两种主张实质上是两种不同的价值取向，各自的价值标准可谓大相径庭，二者是相互竞争的关系。如何解决诸如此类的教学领域的价值纷争，是教学论研究面临的重要课题。教学论无法回避种种重大的教学价值问题和价值论争，而必须积极参与教学价值问题的探讨，为人们树立先进、合理的教学价值观做出贡献。为此，教学论有必要承担其信息提供者、价值研究者、价值倡导者等不同的角色。

首先，教学论有必要对历史上和现实中流行的教学价值观进行梳理，绘制出教学价值观的分布地图。在现代民主社会中，每个人都可以合法地信奉自己心仪的价值主张，谁也不应干预他人的价值选择权；但是，不少人对各种教学价值观是不甚了了的，这样，所谓价值选择就会大打折扣。在这里，教学论就应该发挥出信息提供者的作用，客观地向人们呈现各种价值主张，使人们整体了解教学价值观的大规格，从而提升其选择的自觉性。

其次，教学论有必要深入研究价值论争、价值决策的过程和机制，为人们提供价值决策的方法。价值论争存在着对立性竞争和排序性竞争两种不同形态。其中，对立性竞争是非此即彼的选择，如尊重学生权利和蔑视学生权利之间就是对立性竞争关系；排序性竞争是轻重主次地位的竞争，也就是说，这是在两个或多个有意义的价值选项中谁应优先的问题，如教育改革中公平与效率的关系、知识掌握与能力发展的关系，就是排序性竞争关系。在价值选择中，价值标准是关键所在。在进行价值决策时，既要明确价值选择的性质，更要反思价值标准，这样才能较自觉地进行价值判断。

再次，教学论应确立并坚持合理和先进的教学价值观。当前，我国教学体系正在进行深刻的变革，面临着各种各样价值诉求的冲突，教学论必须通过独立而系统的学术研究，倡导一种具有科学依据、符合时代精神和教学本性的教学价值观。总体来说，现代教学的基本价值观是追求和促进个人全面发展。当前应继续坚持现代教学这一根本价值取向，并结合时代发展提出的新要求，加以丰富和发展。具体来说，就是要以大力培养和弘扬人的主体性为核心，全面提高学生的综合素养，使学生德智体美各方面和谐而持续地发展。

（三）优化教学技术（技艺）

提高教学活动的质量、水平、效益，这是千百年来教育界不懈追求的目标和方向。要提高教学水平和质量，就需要探讨优化教学的技术（技艺）问题，即"怎么做更好"的问题，这是教学论一项重要的研究任务。

教学工作是一种技巧性很强的社会活动，有一整套的专业技能和活动模式。要搞好教学工作，教师必须掌握教学设计、管理、组织、实施和评价等专门技术，而学生也要学会阅读、写作、口头表达、计算、实验、思维、记忆、观察、想象等一系列的学习技艺。这些教学技能和学习技能，都属于教学技术（技艺）范畴，是在总结长期教学经验的基础上提炼出来的，或是在教学实验中开发成功的。在古代社会，教学技术开发就受到了重视并曾取得积极成果，比如，孔子提出的启发教学法，苏格拉底发明的产婆术，朱熹创立的朱子读书法，都堪称教学技术开发的成功典范。在现代社会里，技术革新成为一种时代的主旋律，教学技术开发也进入了新时期。文艺复兴以来直观教学法的兴起，17世纪以后班级教学形式的完善，都是现代教学发展历程中重要的技术进步。尤其是第二次世界大战以来，国内外开展了大量教学模式、教学方法、教学手段、教学组织形式、教学评价等方面的实验研究，改进了原有的教学体系，增强了教学功能，创造了各种各样的教学新样式，使得教学的整体技术得到了极大丰富。当前，教学论更是大力关注和积极推动教学改革，自觉地坚持理论联系实际的思想路线，优化教学技术已经成为教学论研究的核心目标之一。

优化教学技术体现了教学论强调实用价值的特性。理论不仅要解释世界，更要积极地去改造世界。优化教学技术强调的正是改造世界的实践精神，这是教学论实现自身价值的重要方式。

【主要结论与启示】

1. 教学是重要的社会现象，是学校教育的基本形式，它是教师教学生认识客观世界并进而促进学生身心发展的教育活动。对于教学概念的把握，除了定义之外，还要了解教学的词源、教学活动的多样形态、教学的基本构成要素、基本功能和基本特征，教学活动历史演进的轨迹，以及关于教学本质的种种论争，等等。只有把这诸多相关具体问题弄清楚了，才能理解好抽象的概念和定义。

2. 教学处在不断发展完善的历史过程中，教学的实践形态和思想观点都经历了丰富、完善和变革的演进历程。

3. 教学论是研究一般教学问题的科学。教学论研究的问题，不仅要有教学的一般事实问题，还有重要的价值问题和技术问题。教学论的使命是帮助人们进行教学价值思考，揭示教学规律和优化教学技术（技艺）。

4. 在科学研究中，不同的问题可以有不同的观察视角。教学问题可以从哲学、心理学、社会学、教育学等不同的学科体系来思考；可以从价值角度、从规律角度、从技术角度来解决问题；而同一学科中不同学派对同一问题的认识角度和价值立场也往往有差异。因而，注意多视角研究问题，是很重要的思想方法。

【学习评价】

1. 名词解释：教学、教学论、教学问题、古代教学、现代教学。
2. 中国现代教学体系是如何形成发展的？
3. 如何理解教学论是一门科学？
4. 关于教学本质问题，国内学术界有哪些基本观点？你的观点是什么？
5. 结合实际分析现代教学的基本特点。
6. 谈谈你对教学论的研究对象和任务的认识。

【学术动态】

● 在教学论界，关于教学概念的理解、论争和分歧主要集中于教学本质观问题上。一般来说，大家承认教学是重要的教育形式，促进学生发展是教学的根本追求，但究竟教学主要是认识过程、交往过程还是实践过程？这就分歧比较大。当前，有一种反对教学是认识过程而强调教学是交往、生活和实践的倾向。其实，在教学中，认识和交往都是不可或缺的，就人人关系来说，是交往过程；就学生与内容的关系来说，主要是认识过程。因而，单讲一点、一面，都有局限性的。

● 当前关于课程与教学的关系问题，也呈现出复杂化的局面。一种观点认为，教学只是课程的一个局部，是课程实施环节。这意味着取消了教学作为基本教育形式的地位，这种重课程而轻教学的取向是不恰当的。在教育学体系中，教学与课程是紧密关联的平行范畴，既要注意其内在的联系，又要看到各自的特性和职能。

● 关于教学论是不是科学的问题，历来就有争论。这和持何种科学观有关联。关于教学论的学科定位，国内一直有是理论学科还是实用学科的纷争。从当前的发展趋势看，应该肯定教学论研究任务的多元性和综合性，它既有基本价值和基本规律的探索，实践技术也是需要关注和可以所作为的。

【参考文献】

1. 王策三著：《教学论稿（第二版）》，人民教育出版社，2005年版。
2. 李定仁、徐继存主编：《教学论研究二十年（1979—1999）》，人民教育出版社，2001年版。
3. 王本陆主编：《课程与教学论》，高等教育出版社，2004年版。
4. 田慧生、李如密著：《教学论》，河北教育出版社，1996年版。
5. 石鸥著：《教学别论》，湖南教育出版社，1998年版。
6. ［日］佐藤正夫著，钟启泉译：《教学论原理》，人民教育出版社，1996年版。
7. ［德］F.W.克罗恩著，李其龙等译：《教学论基础》，教育科学出版社，2005年版。
8. ［英］约翰·齐曼著，曾国屏等译：《真科学——它是什么，它指什么》，上海科技教育出版社，2002年版。
9. 林定夷著：《问题与科学研究——问题学之探究》，中山大学出版社，2006年版。

第 二 章

教学与教学论的历史发展进程

【内容摘要】

　　任何一门学科都有其自身的历史，这是一个不断变化、发展的过程，教学论也不例外。对长达两千多年的教学论丰富而复杂的发展道路加以反思，本章遵循这样的思路：一是在内容上，重点放在对教学论发展阶段的主要问题、主要趋势和转折点的分析；对各时期教学论思想的产生、演进、发展过程，对中外历史上一些著名的教育家、思想家的教学思想进行挖掘、整理、总结和评价。对于每一时期的教学与教学思想发展情况的介绍，力图在透视其产生的社会历史文化背景的基础上，呈现其发展变化的脉络，并揭示该时期教学思想发展的特征。二是审视时空跨度，从我国孔子所处的公元前五世纪到两千多年后的今天，将教学与教学论发展的漫长历史过程划分为三个历史阶段：古代、近代和现代。关于古代教学思想的起源与创立，主要以我国古代教学思想为例进行阐述；对于近、现代教学思想的发展，则以对西方教学思想的介绍为主。此外，还对我国教学论在20世纪从传统教学论向现代教学论转变的发展线索进行了回顾与反思。三是分析的框架，以各时期教学理论与实践研究的主题及研究方法为标准。了解历史是为了更好地把握现实，通过对教学论从传统走向现代发展过程的简要梳理，旨在能更好地揭示现代教学论发展的新内涵。

【学习目标】

　　1. 了解我国古代教学与教学思想的主要特征。

　　2. 了解近代教学思想发展的线索及其主要特征。

　　3. 能清楚地表述夸美纽斯、赫尔巴特的教学思想及其对教学论学科建设所做出的贡献。

　　4. 明确欧美现代教育运动的主要特征及其对传统教学思想的变革作用。

　　5. 理解和掌握杜威的主要教学思想。

　　6. 说明和分析20世纪我国教学论发展的主要线索及主要特征。

【关键词】

　　教学　教学论　发展历史

第一节　古代教学思想的起源与创立

　　教学活动起源于原始社会，产生于生产实践。在古代，随着人类对自然、社会认识的不断发展和丰富，知识积累越来越多、越来越复杂，不仅涉及几何、计算方面的数学知识，还涉及地理学、天文学、医学等方面的知识。如在计算方面，人类已经会计算三角形、四边形、圆形的面积；在天文学方面，古代东方各国已能将时间划分为年、季、月和昼夜，并编制了星座表。随着原始社会氏族制度的发展，在劳动基础上而形成的社会群体在共同的生活中逐渐形成并积累了一定的行为规范。正是为了传授和学习一定的生活经验——生产劳动经验和社会生活规范的需要，才产生了教学活动。随着文字的出现以及学校的产生，教学活动从社会生活、生产实践活动中分化出来，形成自己独特的存在形式。

　　古代中国是世界上最早有文字记述的教学思想的国家之一。在两千多年的发展历程中，出现了一大批像孔子（前551—前479）、墨翟（生卒年不详）、孟子（约前372—前289）、荀子（前313—前238）、董仲舒（前179—前104）、韩愈（768—824）、朱熹（1130—1200）、王夫之（1619—1692）等的教育大师。他们在总结教育实践经验的基础上，基于不同的哲学观、自然观、社会观和教育观，形成了对教学理论基本范畴的不同思想观点。这些先哲们博大精深的教学思想，成为世界教学论发展中的珍贵遗产。古代中国丰富的教学思想观及其研究方法特点，主要表现在以下几方面。

一、以伦理道德为主要内容的知识观

　　知识观，不仅涉及知识的起源问题，而且涉及对知识内容的理解。早在公元前5世纪，孔子就系统整理和编纂了《周易》、《尚书》、《诗歌》、《礼》、《乐》、《春秋》六经，涉及政治、历史、哲学、文学、音乐、典章制度等以道德伦理知识为主的知识体系，从而奠定了封建教育教学内容的基础。尽管墨家主张学习自然科学、生产劳动及军事技术等知识，但在"独尊儒术"的政策下，"道成而上，艺成而下"，重道（知识）轻器（艺），轻自然斥技艺，则是古代中国教学内容的基本特点。

孔子（前551—前479）

　　重视文化历史和道德伦理方面的知识，倡导高度玄妙深奥的抽象哲理与人生智慧，而忽视生产劳动与科技实践。这一点反映了中国古代农业社会的生产水平，以血缘为核心的宗法社会制度，以及与之相联系的中国农业文化、宗法文化、礼仪文化、伦理文化的特征。农业自然经济只能依靠政治制度和思想上的君主集权主义；而以家族为本位的宗法集体主义文化，"亲亲，以三为五，以五为九"，至九而"亲毕"，形成上至高祖、下至玄孙的九代血缘家族关系，道德伦理成为维系整个社会的根本纽带。因此，强调父慈、子孝、老幼尊卑等道德伦理，尊君与重民，保持社会的安定。① 正是宗法社会的传统，使中国古代教育思想体系的构建是以"求善"——求道德之善为主旨，重道轻艺，"百工"之人不能登大雅之堂，轻自然的学术倾向，从而区别于古希腊的对"求真"的关注。

二、以人性问题为核心的教学价值观

中国古代的教学价值观，集中体现在对人性问题——人性本原、人性形成问题的看法上。孔子提出，"我非生而知之者，好古，敏以求之者也"，"性相近，习相远也"，认为人性具有可变性。对人性的看法，孟子和荀子从两个不同方向进行了发挥，从而形成了"性善论"与"性恶论"两种不同的观点。

孟子发展了孔子哲学思想中的先验主义唯心论，把"生而知之"发展为"良知良能"说，认为道德之善，来源于人的本性，从"恻隐之心"、"羞恶之心"、"辞让之心"、"是非之心"扩充为仁、义、礼、智四种道德品质。也就是说，人的"良知良能"及"根于心"的仁、义、礼、智等善性是天生的，教学的价值在于"复性"，即恢复人的天生本性，达到"尽心、知性、知天"的境界。

荀子从他自然的天道观出发，发展了孔子哲学思想中朴素唯物主义的因素，提出"性恶论"思想。他认为，"人之性恶，其善者伪也"。这里，"伪"指人为的意思。强调学习和后天环境对人性的陶冶、改造作用。

孟子（约前372—前289）

明代王夫之认为，人性是"实有"的自然之质，通过"后天之性"使之发展，"习与性成者，习成而性与成也。"也就是说，人性是逐渐形成发展的，是可变的。先天的禀赋是性，后天的获得也可以成性，教学正是一个"继善成性"的过程。

中国文化以"人"为核心，追求人与自然的和谐，表现出鲜明的重人文特点。正如英国中国科技史专家李约瑟（J. Needham，1900—1995）分析的："儒家相信宇宙的道德秩序（天），他们使用'道'一词，主要地——如果

荀子（前313—前238）

不是唯一地——是指人类社会里的理想道路或秩序，这在他们对待精神世界和知识的态度上表现得很明显。他们固然没有把个人与社会人分开，也没有把社会人与整个自然界分开，可是他们向来主张研究人类的唯一适当对象就是人本身。"②

① 张岱年、方克立主编：《中国文化概论》，北京师范大学出版社，1994年版，第351—374页。
② ［英］李约瑟著，何兆武等译：《中国科学技术史》（第2卷），上海古籍出版社，1990年版，第8页。

中国先哲们对人性的看法，正如有的学者所指出的，"由于脱离开人的历史发展和社会制约而抽象地谈论人性的本原和差异问题，因而对人的自然属性与社会属性的实质及其复杂关系，对人性差异的由来及其具体表现，都不可能做出真正科学的论断，进而对于人性的发展和形成问题，也就很难做出完全科学的说明"。① 尽管存在缺陷和不足，但呈现的是中国文化以"人"为核心的特点。文以成德，文以载道，追求人与自然的和谐，表明了鲜明的重人文、重人伦的特点。

正是基于对人性问题的探讨，以及对教学对象——学生成长的关注，形成了中国古代在师生关系上的精辟观点以及因材施教、循循善诱等生动丰富的教学原则与方法。诸如，孔子提出的"不愤不启，不悱不发；举一隅不以三隅反，则不复也"的教育观，"视其所以，观其所由，察其所安"的各因其才的学生观。《学记》中关于"善喻"的论述以及针对由于"心之莫同"的四种过失而提出的"长善救失"的思想，以及唐代韩愈在《师说》中关于"传道、授业、解惑"，"弟子不必不如师，师不必贤于弟子"等诸多论述。

三、学思行结合的知行观

知行观涉及知识的形成、认识的产生与发展问题。知行关系，涵盖的是理论理性与实践理性的统一。如何处理好知与行的关系，古代中国的先哲们发表了各自的见解。

孔子主张学、思、行结合，"学而不思则罔，思而不学则殆"。他指出，"君子耻其言而过其行"，"敏于事而慎于言"，提出学—思—习—行的学习过程，强调行的重要，注重行知联系。

孟子在认识途径问题上，主张用"内省"、"养气"的求学方法。荀子则主张，"不闻不若闻之，闻之不若见之，见之不若知之，知之不若行之，学至于行而止矣"，这是一个闻—见—知—行的认识过程。《中庸》则进一步概括为："博学之，审问之，慎思之，明辨之，笃行之"，使学、思、行在教学过程中统一起来。

朱熹（1130—1200）

宋元明清时期，知行问题的讨论涉及知行的先后、难易、轻重、分合及判断真、善、美的标准等问题。北宋程颐（1033—1107）认为，知先行后，"知难行亦难"。南宋朱熹则进一步区分了知与行的不同要求，认为"论先后，知为先；论轻重，行为重"。又说，知之愈明，则行之愈笃；行之愈笃，则知之益明。因此，"知行常相须"。明代王阳明（1472—1528）针对朱熹提出的知行合一说，提出"知行合一并进，不可以分为两节事"。他认为，"知是行的主意，行是知的功夫；知是行之始，行是知之成"，"知之真切笃实处便是行，行之明觉精察

① 黄济著：《教育哲学通论》，山西教育出版社，1998年版，第46—47页。

处便是知"。

在知与行的关系上，尽管有"知先行后"、"行先知后"、"知行合一"等不同主张，但应该说，中国的先哲们已经认识到了实践之于认识的重要性，但偏重于践行尽性，履行实践，不追求理论体系的完美构建，而是言行一致，知行统一，强调知行互动，知行动态结合，因此，可以说是较为辩证地解决了知与行的关系问题。

四、整体、辩证、直觉体悟的研究方法

中国古代的先哲们对教学问题的研究是基于朴素的经验论，他们从长期的教育实践活动中，概括各自对教育现象的观察，对教育教学问题本质的思考——"教学是什么"，以经验的形式加以总结和回答。

首先，强调整体综合以及朴素的系统观。由于古代科学的认识水平低下，人们将世界看作是一个混沌的整体，哲学、政治、教育、社会的知识是混为一体而不分的，关于教学理论的论述是与哲学、政治等观点混合在一起的。与此相应，对教学现象的研究偏重于整体而忽视部分，偏重综合而忽视分析。

其次，强调辩证发展以及"过犹不及"的折中方法论。正如有的学者所分析的，中华民族，作为一个农业民族，受到农业生产由播种、生长到收获这一循环状况以及四时、四季周而复始现象的启示，形成的是一种循环论的思维方式。"天下大势，分久必合，合久必分"，金、木、水、火、土，"五行相生、相克"，则是循环论自然观与社会观的哲学表征。① 在教学观上，反映了中国古代学者辩证法的初步运用以及朴素的系统观。这一特点突出表现在先哲们关于文与道、言与行、知与行、学与思、师与生、名与实、道与器、博与约、故与新等辩证关系的分析论述中。在围绕认识论的世界本原问题、名实关系、知行关系、动静关系以及运动过程、运动方式、运动原因等根本问题发表的不同看法中，反复阐明对立面相互依存和相互转化，对立面的相互作用引起发展变化的思想。同时，反对思维的偏执性，反对处理问题的"过"与"不及"，防止走两个极端而倡导"中庸之道"。如《学记》中对教与学关系的分析："学然后知不足，教然后知困。知不足，然后能自反也；知困，然后能自强也。故曰：教学相长也。"揭示了教与学之间相互依存、相互促进的关系。

再次，强调直觉体悟的内省观。主张自我修养、自省、反求诸己、自我完善，这一点同样反映了中国古代重实际求稳定的农业文化心态。儒家倡导道德直觉，孔子的"默而识之"，孟子的"心之官则思"、"良知良能"，朱熹的"豁然贯通"，都是强调用身心直接体验宇宙终极的实在，达到对道德本质之契合的一种境界或方法。同样，道家也主张在"道法自然"的前提下，提倡"闭门塞兑"，冥思苦想，"不出户以知天下，不窥于牖以知天道"。

直接体悟，主要是采用观察法以及归纳、演绎和类比的思维方式对教学活动

---

① 张岱年、方克立主编：《中国文化概论》，北京师范大学出版社，1994 年版，第351－374 页。

进行研究并形成结论。也就是说，是从观察事实材料出发加以概括总结，从而得出结论。其表达方式是以描述性的记述为主，较分散零碎，没有形成严谨的理论系统。对于这种直觉体悟研究方法的特点，有的学者进行了深入分析，认为其特点是主体直接渗入客体，"是投身于日常生活之中的一种感性体验，以动态的直接透视，体察生动活泼的宇宙生命和人的生命，以及二者的融会"，直觉体悟，并不是说语言、思辨、概念和推理是微不足道的，"恰恰相反，没有理智分析的素养，也难于把握最高本体"。① 事实上，中国的先哲们较好地将直觉体悟与矛盾思辨结合、经验与理智统一。

第二节　近代西方教学思想的发展及教学理论独立体系的形成

一、近代教学思想形成的思想文化背景

16—19 世纪末，为适应新兴资产阶级对人权及发展生产的迫切要求，随着以批判经院哲学、提倡人文主义与自然科学为要旨的文艺复兴运动以及新思潮的发展，在西方涌现出了一批教育家、思想家，如捷克教育家夸美纽斯，英国哲学家洛克（J. Locke，1632—1704）、法国启蒙思想家卢梭（J. J. Rousseau，1712—1778）、唯物主义哲学家爱尔维修（C. A. Helvetius，1715—1771），瑞士资产阶级民主主义教育家裴斯泰洛齐（J. H. Pestalozzi，1746—1827），英国空想社会主义者欧文（R. Owen，1771—1858），德国教育家赫尔巴特（J. F. Herbart，1776—1841）、福禄贝尔（F. W. A. Froebel，1782—1852）、第斯多惠（F. A. W. Diester-wey，1790—1866），英国教育家斯宾塞（H. Spencer，1820—1903），俄国教育家乌申斯基（К. Д. Ушинский，1824—1870）等。这三百年中，对教学思想的形成产生重要影响的主要有三种思潮。

（一）人文主义思潮

人文主义将目光从至高无上的神转向人，转向人的能力、个性与智慧的多方面发展。针对"黑暗的中世纪"宗教教育的禁锢，人本身的智慧、理智、才能、美德受到极度压抑的严重弊端，文艺复兴运动作为一种思想启蒙运动，抨击经院哲学，反教会，反奴役，提倡人文主义和科学，为人类社会发展提供了新的思想启迪。正由于此，被恩格斯称誉为"这是一次人类从来没有经历过的最伟大的、进步的变革"。② 正是这场思想启蒙运动，促进了人文主义教育思想和理论的形成，人的发展开始成为教育活动和教育理论研究的主要对象。

---

① 张岱年、方克立主编：《中国文化概论》，北京师范大学出版社，1994 年版，第 342 页。
② ［德］恩格斯著：《自然辩证法》，《马克思恩格斯全集》（第 20 卷），人民出版社，1971 年版，第 361 页。

（二）自然主义思潮

16—19世纪，近代科学兴起并得到了迅速发展，形成了从天文、力学、光学到化学、电学、热力学、地质学等十分宽广的领域，积累了丰富的知识材料，并紧密联系生产生活实际。人类在探索自然的奥秘中取得了重大进展，形成了一系列新的理论，如细胞学说、进化论、热力学理论等。这些新的理论把人类对自然的认识推进到概念化、条理化的理性水平。其结果是导致自然科学从"自然哲学"中分化出来，思维方式发生变革，从经验描述上升到理论概括，从以搜集经验材料、分析方法为主，到关注事物的内部联系并对自然现象进行综合研究。尤其是19世纪——文化史上的"科学世纪"，随着细胞学说、能量守恒定律、进化论的发现，证明自然界是一个相互联系、不断发展的合乎规律的有机整体。于是，人们崇尚自然，认为一切知识都是关于自然的知识，存在是自然的存在。而且，近代科学研究中形成的简单性原则、经验原则、实践原则、归纳原则、逻辑完备性原则等，成为认识各种现象的基本原则。

正是近代自然科学的发展以及自然主义思潮的形成，促进教学理论与实践研究效法自然科学，开始深入探究教学过程的内在因素及联系，从对教育事实经验的描述转向研究教学的内在规律。

（三）注重科学实验方法与数学思维的思潮

中世纪经验哲学作为神学唯心主义思想体系，利用抽象推理的方法，为宗教信条和教义进行空洞烦琐的论证。作为一种研究和讲授的方法，抽象推理在训练有条理思维的同时，也带来了教学的教条主义、形式主义和呆读死记。16世纪，科学实验从生产活动中逐渐分化出来而成为一种独立的社会实践形式。意大利天文学家伽利略（G. Galileo，1564—1642）第一个将实验作为研究自然科学的一种方法，而英国唯物主义哲学家弗·培根（F. Bacon，1561—1626）因制定了实验方法论原则而被誉为"实验科学始祖"。因此，科学实验与数学的发展成为近代自然科学发展的两大基石。

正是科学实验的意识以及数学的思想方法，对教育家们思考和研究教育问题的方法论产生了深刻影响。这一影响集中表现在从自然科学中移植"实验方法"，从重思辨分析到关注实验研究和实证分析研究。不少教育家开始进行教育实验，通过验证性的教育实验来验证他们的教育观念。如瑞士资产阶级民主主义教育家裴斯泰洛齐的新庄孤儿院实验，使教学与农业、手工艺劳动结合；德国教育家福禄贝尔的幼儿教育实验，设计了一组由球体、立方体、圆柱体等几何体组成的幼童玩具，并建立了由各种手工作业、游戏、儿歌、园艺等活动组成的课程体系；英国空想主义者欧文的"工厂学校"教学实验，创办了"性格陶冶学园"，强调实物操作、讨论等教学活动，强调发展学生的反应、判断和正确得出结论的能力；德国教育家赫尔巴特建立了教学理论研究班，并在一所实验学校进行教学实验研究。

尽管这个时期的教育实验研究是笼统的、定性的，但实验方法已不同于直觉的观察方法，它是变革现实的一种实践活动。

二、近代教学思想的特征

正是基于以上三个方面的深刻变革，导致近代西方教学理论的发展呈现出以下几个主要特征。

（一）对封建教育的批判——尊重人的天性，关注儿童的自然发展

教育家们站在新的历史发展高度，对中世纪学校经院主义教育的偏差进行了尖锐的抨击和批判，在批判的基础上提出了自己的教学观。捷克教育家夸美纽斯在《大教学论》一书中把一切"过度的赘述"、"过度的练习"、"过度的记忆"都视为"酷刑"，犹如用倾盆之水灌注仄口之瓶，其教育结果不堪设想。

夸美纽斯
(J. A. Comenius, 1592—1670)

针对封建教育对学生个性的扼杀和摧残，夸美纽斯认为，人是造物中最崇高、最完善、最美好的。他从所谓真正的人的三重属性——"理性的生物"、"为一切生物之主并为自己之主的生物"、"为造物主所爱的生物"——出发，提出人应具有"学问"、"德行"及"虔信"的品格，教育要"培养心性聪明、行为谨慎、精神虔敬的人"。[1]

夸美纽斯依据"自然并不使自己受过重的负累"的自然主义观念，提出教学要适合学生的年龄和接受能力。他承认儿童"智力生来有不同"，把学生的性格和智力水平分成不同类别（三类六种），提出"学生不应受到不适合他们的年龄、理解力与现状的材料的过分压迫，否则他们便会在和影子搏斗上耗掉他们的时间"，[2] 主张遵循自然秩序，依据儿童的年龄、能力、天性特点进行教学，依据知识本身的形成顺序循序渐进地进行教学。夸美纽斯主张教育应及早开始，尽量激发学生求知和求学的欲望，并联系实际说明知识的用途。

夸美纽斯认为，为达到教学目标，所采用的方法必须适合学生的心理，使学生学起来容易，而且快意。学校教师和父母要精心爱护孩子们的天真心灵，把学校变成一个快意的场所，使孩子们爱好知识的心灵得到自由发展。

卢梭作为 18 世纪著名的启蒙运动思想家，在其所著的《爱弥儿》（Emile）一书中阐明了尊重儿童自然天性和主体地位的自然主义教育观。卢梭提倡自然主义教育，在这里，"自然"一词主要是指儿童的自然禀赋及其发展的自然进程，包括儿童性别、年龄、个性上的差异及其发展。卢梭提出，"遵循自然，跟着它给你画出的道路前进"，[3] 要遵循儿童内在的自然发展。这种自然主义教育观，在教育目的上是以儿童为中心的。卢梭认为，在万物的秩序中，人类有它的地位；在人生

---

[1] [2] ［捷］夸美纽斯著，傅任敢译：《大教学论》，人民教育出版社，1984 年版，第 55—58 页，第 167 页。

[3] ［法］卢梭著，李平沤译：《爱弥儿》（上卷），人民教育出版社，1985 年版，第 18 页。

的秩序中，童年有它的地位；应当把成人看作成人，把孩子看作孩子。基于人性本善的看法，卢梭倡导以发展儿童的独立精神、观察能力和灵敏性为目的，使儿童从社会因袭的束缚和压抑下解放出来，回归人的自然状态，尊重儿童的需要、能力和兴趣，使儿童真正成为教育的主人。卢梭主张要充分了解儿童特有的天资，"每一个人的心灵都有它自己的形式，必须按它的形式去指导他；必须通过它这种形式而不能通过其他的形式去教育，才能使你对他花费的苦心取得成效"。要让儿童性格的种子自由自在地表现出来，不要对它有任何束缚。① 卢梭认为，为了培养学生自主的、理性的人格，就要尊重儿童，研究儿童的本性特点，要让儿童自己去思考、自己去发现、自己去行动。

卢梭
(J. J. Rousseau,
1712—1778)

卢梭的教学思想使教学理论研究向心理学化发展迈进了一大步，并成为后来"儿童中心论"和"发现法"的渊源。

（二）寻求教学理论的科学基础

这个时期，从捷克教育家夸美纽斯一直到德国教育家赫尔巴特，教育家们在构建自己的教育理念时，力图从哲学、心理学、自然科学方法论等相关学科研究中寻求科学的理论基础。

1. 夸美纽斯以唯实主义理论为基础建立教学论

夸美纽斯深受英国唯物主义者弗·培根的经验主义感觉论哲学和16—17世纪自然哲学的影响，强调感官的学习和顺应自然的学习方法，形成了遵循自然规律、在感觉基础上认识世界的唯实主义理论基础。

首先，夸美纽斯认为在感觉中没有过的东西，在理智中也不会有，理由是："知识的开端永远必须来自感官"，"科学的真实性与准确性依靠感官的证明多于其他一切"，"感官是记忆的最可信托的仆役"。因此他提出，"我们由此可以为教师们找出一条金科玉律。在可能的范围以内，一切事情都应该尽量地放到感官跟前"，"务使一切事物都通过实际观察与感官知觉去学得"。② 正是从感觉论出发，夸美纽斯提出了直观性原则，论证了感觉经验与教学的关系。

其次，夸美纽斯将"教育适应自然"作为创设新学校的主导原则，认为教育应适应自然，以自然界的普遍规律作指导。"自然"的含义，"指的是我们最初的和原始的状况，我们应当回复这种状况，如同回到一个起点一样"。夸美纽斯认为，"一切生存的事物都有它存在的目的，都赋有达到那个目的的必要器官与工具。并且它还赋有一定的倾向，使凡事不会不愿地和勉强地去达成它的目的，而

---

① ［法］卢梭著，李平沤译：《爱弥儿》（上卷），人民教育出版社，1985年版，第90页。

② ［捷］夸美纽斯著，傅任敢译：《大教学论》，人民教育出版社，1984年版，第156—157页。

能凭借自然的本能，如果加以阻碍就会招致痛苦与死亡"。① 夸美纽斯理解的"自然"，实质是指人类本身，包括人的自然本性，教学应适应人类本身的"自然"，人的本身不是别的，"人不过是身心两方面的一种和谐而已"。② 夸美纽斯认为，人具有接受教育的巨大潜力，"人心的能量是无限的"。③ 他明确指出人心是可塑的，认为人脑好比能变成各种形状、能照任何方式再三加以铸塑的蜡，"它能接受万物的影像，能够接纳整个宇宙中的任何事物"。④ 这种可塑性正是教育的自然基础。既然人是自然的一部分，教育就必须依照儿童的特点进行，"无论什么事情，除非不仅是青年人的年龄与心理的力量所许可，而且真是他们所要求的，便都不应该教他们"。⑤ 因为"自然不强迫任何事物去进行非它自己的成熟了的力量所驱使的事。比如，一只小鸟在它的肢体合适地形成并巩固之前，并不被迫去离开蛋壳；在它的羽毛长好以前并不被迫去飞；在它飞得好以前并不被掷到巢外"。教学必须顺应儿童的"自然"，"不可负累过度，教师和医生一样，是自然的奴仆，不是自然的主人"。⑥

2. 赫尔巴特以观念心理学为基础提出教学过程理论

早在 18 世纪，瑞士资产阶级民主主义教育家裴斯泰洛齐就倡导"教育心理学化"。他认为，"教学的原则，必须从人类心智发展的永恒不变的原始形式得来"，⑦ 只有把教育、教学"心理学化"（psychologize），依循心理学知识，才能有计划地探讨和研究儿童心理特点与发展规律，并揭示教育教学发展应遵循的原则。到了 19 世纪末，德国教育家赫尔巴特明确提出了以心理学作为教育学研究的理论基础，他具体从观念、统觉心理学思想出发论证了教学过程，以"多方面兴趣"的原理为基础论证了课程问题，尽管这时的心理学思想还局限在以经验论、联想主义和感觉论为主要形式，方法上也简单地以

赫尔巴特
(J. F. Herbart，1776—1841)

学习规律来解释心理现象等问题。当时，德国哲学家康德（I. Kant，1724—1804）否认心理学是科学的这一思想控制着整个德国甚至欧洲，在这种情况下，赫尔巴特不仅提出了心理学是一门科学，而且"深信在我们的教育学知识领域中大部分的缺陷乃是缺乏心理学的结果"，他提出："教育者的首要科学，虽然不是全部科学，是心理学，人类活动的全部可能性的概要，均在心理学中从因到果地陈述了。"因此，"教育作为一门科学，是以实践哲学和心理学为基础的。前者指明目的，后者指明途径、手段以及对教育成就的阻碍。"⑧

赫尔巴特关于观念及统觉的心理学假设，重点放在了探究人的意识的内在活动并企图揭示其规律，以使教学理论能牢固地建立在心理学基础之上。

---

①②③④⑤⑥ ［捷］夸美纽斯著，傅任敢译：《大教学论》，人民教育出版社，1984 年版，第 28 页，第 34 页，第 29 页，第 32 页，第 115 页，第 115 页。

⑦⑧ 张焕庭主编：《西方资产阶级论著选》，人民教育出版社，1979 年版，第 180 页，第 266、298 页。

　　赫尔巴特把人的一切心理机能统统归结为观念，认为人的全部心理活动其实就是观念的积聚和分散。"观念"（idea）作为一个最基本的概念，也译为"表象"（presentation），指事物呈现于感官而在意识中留下的感觉印象（impression）。宇宙是由许许多多"实在"构成的，每一个"实在"都是独立存在的，不变的。它们彼此会发生关系，相互作用而产生无数"观念"。人所认识的只不过是"心灵"和其他"实在"的关系——构成心灵内容的各种观念。

　　赫尔巴特认为，观念的统觉过程、人的观念的积累和发展是依靠教学来实现的。在教学中给学生提供的一切知识统统都称为"观念"。他说，知识是在观念中摹写在它面前的东西，各种教材包含无数的观念，它们首先作为认识的对象，而后才成为学生意识中的表象，人们可以通过经验的积累而扩大自己的观念，但新的观念必须是在过去经验的基础上，唤起原有的观念并与之相结合而形成——这就是观念的形成和发展。

　　"统觉"（apperception），是赫尔巴特阐明教学过程所依据的一个最基本的心理学原理，其基本意思是：新观念被旧观念同化或吸收的过程，即学生在旧有观念（知识）的基础上，接受新观念（知识）的过程，这就是统觉过程。任何观念的获得都是统觉的结果。

　　为了说明此过程，赫尔巴特设想了一种教学过程的图式。这就是：依据统觉原理，教学上应把新的知识与学生原有的知识结合起来，通过统觉过程把新知识纳入学生原有的知识体系中，新知识才可以进入学生的意识领域，从而为学生所理解。学生原有的知识观念越多，新旧知识结合得就越紧密，巩固的程度也就越高。赫尔巴特认为，教学就是给儿童提供适合的观念，并通过一定的方法，使这些观念相互联系，形成"思想之环"——观念体系。在形成观念体系的过程中，存在两种基本的心理活动和学习环节：一个是钻研（专心），一个是理解（审思）。前者是认真研究和理解学习材料，后者是深入思维和建立知识之间的联系。而这两个环节又分别是在观念活动的静态和动态中实现的，与之相适应的学生的心理状态是注意、期待、探究和行动。

　　"兴趣的多方面性"是赫尔巴特所著的《普通教育学》（*Allgemeine Pädagogik aus dem Zweck der Erziehung*，1806）第二编的卷名。赫尔巴特依据其"多方面兴趣"（many-sideness of interest）的理论，提出了他的课程设计理论。他认为，"多方面兴趣"是儿童意识活动的"内在动力"，它能产生"专心的活动"，是传授新知识、形成新观念的基本条件。他把整个教学进程看作是兴趣的产生和发展的过程。他提出了基于发展儿童经验的、思辨的、审美的、同情的、社会的、宗教的等多方面的兴趣，建立相应的课程系统。赫尔巴特特别强调的是古典学科，认为这类学科最有利于训练人的心智。而且教育实践发展的历史也证明，设立内容广泛、门类多样、安排系统的课程，这是当时资本主义社会生产发展的需要，赫尔巴特提出的这套普通教育课程体系比较适应当时社会工业化发展需要，将资产阶级的课程改革推进了一大步。

（三）教学理论体系的初步构建

随着教学理论与实践的发展，教育家们的研究经历了从经验的描述上升到理论的概括的过程，不仅描述教学活动现象的特点，而且着重揭露现象间的联系和内在规律。教学领域内若干重大命题被讨论和涉及，理论化、系统化的教学论体系逐渐形成。这正是从夸美纽斯到赫尔巴特等众多学者几百年来坚持不懈的研究结果。

夸美纽斯生活在欧洲由封建制度向资本主义制度转变的过渡时期，在长期教学实践的基础上，他总结了当时丰富的教学实践经验，撰写了《大教学论》一书，提出了较完整的教学理论体系。夸美纽斯首先界定了教学论的基本概念，指出"教学论（didactic）是指教学的艺术"，"就是一种把一切事物教给一切人类的全部艺术"，教学论的主要目的是"寻求并找出一种教学的方法，使教员因此可以少教，但是学生可以多学；使学校因此可以少些喧嚣、厌恶和无益的劳苦，多具闲暇、快乐和坚实的进步……"① 夸美纽斯认为，教学过程应遵循从感知到理解，从理解到记忆，再到运用的过程。基于这一认识，他将教学进程分为提问、讲解、练习等几个阶段。基于泛智教育的思想，夸美纽斯扩大了教学内容的范围，突出了自然科学的地位，并主张把真正有实用价值的、系统的、符合规律的知识教给学生。夸美纽斯第一个系统地提出了教学原则系统，讨论了分科教学法，并从理论上对班级授课制进行了论证，使教学组织形式从个别教学发展到班级集体教学。

赫尔巴特继承和超越了卢梭、裴斯泰洛齐等人的教育观，以"统觉"心理学思想为基础，提出了著名的教学"形式阶段"理论。

表 2-1	赫尔巴特的教学"形式阶段"理论		
阶段	含义	学生的心理状态	教学方法
明了（clearness）	通过教师讲述（也包括用各种图画作为"中介物"等），将所要学习的新教材从它所联系的事物中分析出来，使学生清楚明确地了解知识。教师要充分了解学生原有的观念，以及与新观念的相关性，以便向学生提供恰当的新观念。	学生进行静态的钻研和学习，学生的心理特点是注意。	提示和分析。
联合或联想（association）	引起统觉活动，将要学习的新知识与已有观念联系起来，把若干个别的观念联合为一般的概念。赫尔巴特强调新旧知识的联系，将新知识建立在已有知识经验的基础上。	学生心理处于期待状态，在动态中对教材进行探究活动。	师生间进行无拘束的谈话、问答，调动学生创造性思维与想象活动。
系统（system）	学生通过想象、思维等心理活动，在教师的指导下把所有观念系统化，并形成一定的观念体系，寻找结论、定义和规则。	学生心理处于探究状态，在静态中对教材进行理解。	教师进行综合分析，使学生在广泛的系统中发现更多的联合因素。

① ［捷］夸美纽斯著，傅任敢译：《大教学论》，人民教育出版社，1984年版，第2—3页。

阶段	含　义	学生的心理状态	教学方法
方法 （method）	学生通过实际的练习，把已经学到的知识应用到"个别"情况中去，根据实际条件，将所学知识重新加以组合，以使知识变得更为熟练和牢固。	学生的心理处于行动状态，在动态中进一步理解教材。	做各种不同的练习（习题、独立作业等）。

以上四个阶段构成了教学的基本程序：感知新教材—新旧知识联系—知识的系统化—知识的应用。赫尔巴特认为，这是形成学生观念的固定模式，他以毕生的精力寻找这种教学程序和为这种教学程序提供理论的说明。后经过他的学生戚勒（T. Ziller，1817—1883）等人的进一步补充，发展为著名的"五段教学法"（five formal steps）。

专栏2-1

五段教学法

赫尔巴特的学生戚勒在赫尔巴特的教学"形式阶段论"的基础上，把"明了"分为"分析"和"综合"两段，而他的学生莱茵（W. Rein）则在此基础上将教学阶段划分为以下五个阶段。

（1）预备。即问题的提出，教学目的的说明等。

（2）提示。即新材料的传授。它与"预备"阶段合起来相当于"明了"阶段。

（3）比较。相当于"联合阶段。"

（4）总括。相当于"系统"阶段。

（5）应用。相当于"方法"阶段。赫尔巴特的"方法"一词往往令人费解，莱茵将"方法"改为"应用"后，更为确切地体现了赫尔巴特的原意。

上述脱胎于赫尔巴特的教学五阶段即构成了19世纪下半叶后风靡世界的"五段教学法"。

[资料来源] 滕大春主编：《外国教育通史》（第三卷），山东教育出版社，1995年版，第282—283页。

课程问题，一直是教学理论与实践研究的主要内容。教学理论体系的初步构建也表现为在此时期开始形成系统的课程观。在课程观方面，首先涉及的是课程目的和价值取向问题。对此，英国教育家斯宾塞作出了价值的探讨。斯宾塞以实证主义哲学为理论基础，批判了那种把学习文化作为一种装饰品、显示自己地位的思想。他认为，一切要从生产过程的科学化和科学知识对个人社会生活的必要性两方面来比较各项知识的价值，"什么知识最有价值，一致的答案就是科学"。[①]斯宾塞主张学校必须把新兴的自然科学作为教学科目，以取代那些不符合实际生

---

① ［英］斯宾塞著，胡毅、王承绪译：《斯宾塞教育论著选》，人民教育出版社，1997年版，第91页。

活需要的古典学科，并以人类生存必须参与的活动为基础，从而确定了一个广泛的课程体系。他按照重要程度把人类生活的几种主要活动分类并排序，"1. 直接有助于自我保全的活动；2. 从获得生活必需品而间接有助于自我保全的活动；3. 目的在抚养和教育子女的活动；4. 与维持正常的社会和政治关系有关的活动；5. 在生活中的闲暇时间用于满足爱好和情感的各种活动。"① 据此他认为学生学习的科目应包括：为了个人的自我生存，就要学习生理学和解剖学；为了获取生活资料，间接为个人自我生存服务，就要掌握读写算、逻辑学、数学、力学、物理学、化学、天文学、地质学、生物学、社会科学等知识；

斯宾塞
(H. Spencer，1820—1903)

为了种族保存，培养教育子女，就必须了解心理学和教育学等关于生命规律的知识；为了履行社会义务，需要研究历史、社会学；为了满足闲暇时间消遣和娱乐，就要学习雕塑、绘画、音乐和诗歌等美学。其中，数学、自然科学占很大比重。②

（四）依据不同的方法论形成了经验论和唯理论两个不同的学派

这个时期的教育家们，在清除了经院哲学影响的同时，企图寻找一种科学的认识方法，探求认识的起源和结构，回答"教学是什么"、"教学的本质是什么"等问题。受到英国唯物主义哲学家弗·培根的经验论、法国哲学家笛卡儿（R. Des-cartes，1596—1660）的唯理论以及德国哲学家康德的方法论的影响，在教学论研究领域形成了"实质教育"与"形式教育"两个不同的学术派别。如前所述，捷克教育家夸美纽斯正是以经验论作为研究教学活动的方法论基础，形成了他的教育理论体系。夸美纽斯力图使人的发展过程遵循自然，基于感觉的作用先于理解，他提出了"感觉—记忆—理解—判断"的教育程序，并且十分强调直观教学的作用。18 世纪的德国哲学家康德"站在唯理论立场上企图使经验论与唯理论结合，把世界统一在思维的基础上。他的哲学思想，特别是他的形而上学思维方式的'批判'精神，不仅带来了德国教育研究的空前繁荣，而且给西方第一流的教育家，如裴斯泰洛齐、赫尔巴特、福禄贝尔等以深刻的影响"。③ 赫尔巴特以批判精神，"反常姿态"重新审查已有的教育观念和理论体系，从而提出了他的教育"形式阶段"理论，并对兴趣、道德等问题做了精辟的论述。

形式教育论与实质教育论是两种不同的教育观念。形式教育论重视古代语言（希腊文、拉丁文）、数学、逻辑、历史等学科，轻视自然科学知识的学习；重思辨，重理论，轻实践经验；重视心智能力的训练，忽视课程与教材学习的实用性。实质教育

---

① ② ［英］斯宾塞著，胡毅、王承绪译：《斯宾塞教育论著选》，人民教育出版社，1997 年版，第 59 页，第 62—86 页。

③ 裴娣娜著：《教育研究方法导论》，安徽教育出版社，1994 年版，第 24—25 页。

论则相反，重视知识的学习掌握，重视知识的实用价值；重视经验实证而轻理论思维。应该看到，正是认识论上的唯理性主义和经验主义的对立，推动了认识论的发展。形式教育论与实质教育论的形成及其论争，促进了教学论的深化研究和发展。

第三节　传统教学理论的改造与现代教学观的形成

一、欧美现代教育运动

到了 19 世纪末 20 世纪初，西方教育出现了重大的转型，以赫尔巴特为主要代表的传统教育思想开始受到批判和改造，形成了以欧洲新教育运动和美国进步主义教育运动为代表的现代教育运动。

现代教育以活动中心主义为特征。这里所说的活动中心主义教育特指以儿童的实际活动作为主要的教育内容和教育方式的教育倾向。在教育史上，活动中心主义教育是一种与学科中心主义教育不同的教育倾向，它以 19 世纪末 20 世纪上半叶风行欧洲的"新教育运动"（new education movement）和美国的"进步主义教育运动"（progressive education movement）为典型代表。欧美的活动中心主义教育具有共同的教育思想渊源，这就是由法国启蒙思想家卢梭开创，继而由瑞士资产阶级民主主义教育家裴斯泰洛齐和德国教育家福禄贝尔等人发展的儿童中心主义的教育传统。

（一）欧洲的"新教育运动"

欧洲的"新教育运动"最早出现于 1889 年由英国人雷迪（Cecil Reddie，1858—1932）在英国的艾博茨霍姆（Abbotsholme）城开办的"新学校"。雷迪自述了开办新学校的宗旨："我们的目的是造就人类一切能力的圆满发展。儿童要变成一个完人，使他能成就一切生活的目的。要达到我们这个目的，学校即不应成为一块人工造成的地方，专靠书本为媒，而不与生活相通连。学校应成为一个真实的、实际的、儿童能在该处发现自己的小世界。只有理论是不够的，同时必须有实际。理论与实际这两个元素应同存在学校里，正如他们常在我们身旁……人不仅是一种智慧，他实是一种附在身体上的智慧。因此，我们要训练儿童的能力、智力和体力，以及手工的技巧与敏捷。"[①] 在这里，雷迪将新学校区别于旧学校的特点——重视儿童实际活动、强调教育与生活的联系、反对单纯地学习书本——讲得十分清楚。

在欧洲"新教育运动"中，比利时教育家奥维德·德可乐利（Ovide Decroly，1871—1932）创办的"隐修学校"（L'Ecole de L'Ermitage）和意大利女教育家蒙台梭利（Maria Montessori，1870—1952）创办的"幼儿之家"常被当作新学校的典

---

① 王天一等编著：《外国教育史》（下册），北京师范大学出版社，1985 年版，第 166 页。

型。德可乐利在创办"隐修学校"时，提出了"兴趣中心"和"整体化"的教育原则，即以个人生活中的营养、居住、自卫和活动四种需要和兴趣为中心，将儿童及与之相关联的家庭、学校、社会环境、自然界等各方面的知识联系起来，组成整体化的教学单元进行教学，而不是进行分科的教学。儿童在每一个教学单元中，通过观察、联想和表达三种形式的活动来进行学习。而蒙台梭利则以她在"幼儿之家"的教育经验为基础写作了《蒙台梭利方法》（*The Maria Montessori Method*），其核心思想是强调儿童的自发冲动或内在生命力，重视儿童的自发活动和个体自由。"自发冲动、自发活动和个体自由"是蒙台梭利方法中的基本因素。①

　　此外，在欧洲"新教育运动"中，还诞生了德国教育思想家凯兴斯坦纳（G. Kerschensteiner，1854—1932）的强调儿童活动和劳动的"劳动学校"；瑞士教育家爱伦·凯（Ellen Key，1849—1926）的教育名著《儿童的世纪》（*Centuries of Childhood：A Social History of Family Life*）。据统计，截止到1914年，欧洲各国相继建立了55所类似的新学校。② 欧洲"新教育运动"总的特征可从1921年国际新教育协会发布的章程中所规定的七条基本原则中见其一斑。

专栏2-2

国际新教育协会章程

　　1921年，由菲利耶尔倡导，在法国的加雷市成立了"国际新教育协会"，并制定了章程，规定了几条基本原则。

　　（1）一切教育的根本目的，是准备儿童能在自己的生活中看到和实现其精神力量的优越性。不管教育者抱着什么其他想法，教育的目的应是保持和增进儿童内在的精神力量。

　　（2）教育应当尊重儿童的个性。而只有通过解放儿童内在的精神能力，才能发展这种个性。

　　（3）各种学习和为了生活的训练都应给予儿童的天赋、兴趣以自由的施展——这些兴趣是在他内部自发地唤醒的，是在各种手工的、智力的、审美的、社会的和其他的活动中得到表现的。

　　（4）每一年龄都有其特殊性质，因此，需要由儿童们自己在教师的协作下来组织个人的和团体的纪律训练。这种纪律训练应能造成深刻的个人责任和社会责任感。

　　（5）自由的竞争必须从教育上消失而代之以合作，用合作来教儿童为社会献身、服务。

　　（6）要进行共同的教育与教学。男女两性儿童虽不一样对待，但都应该让他们协作以互相发生有益的影响。

　　（7）新教育应使儿童不仅成为能对自己的邻里、本民族和一般人类的公民尊重，而且还能成为一个能意识到自己个人尊严的人。

---

① 戴本博主编：《外国教育史》（下册），人民教育出版社，1990年版，第50—52页。
② 王天一等著：《西方教育思想史》，湖南教育出版社，1996年版，第450页。

　　这七条基本原则表明了资产阶级当时的政治观与对儿童的看法在教育原则中的体现，成为"新教育运动"的国际宣言。

　　[资料来源] 王天一、夏之莲、朱美玉编著：《外国教育史（修订本）》（下册），北京师范大学出版社，1997年版，第227—228页。

（二）美国的"进步主义教育运动"

　　美国的"进步主义教育运动"以帕克（F. W. Parker，1837—1902）的教育改革和杜威（J. Dewey，1859—1952）开办实验学校为先导，这两人的教育实验及其理论主张对后来的"进步主义教育运动"有着深远的影响。

　　帕克深受裴斯泰洛齐和福禄贝尔注重儿童自己的活动尤其注重儿童游戏作业思想的影响。1875—1880年，帕克任马萨诸塞州昆西市教育局局长期间主持了著名的"昆西方法"（quincy method）或称"昆西制度"（qincy system）的教育实验。之后，帕克于1883—1901年担任芝加哥库克县师范学校校长期间继续他的教育改革实验。他在教学过程上突出以儿童的活动如游戏、计算、测量、图画和手工为中心，在教学组织形式上采取单元教学形式，强调学科之间的联系；在教学内容上，抛弃了原有的教科书，代之以杂志、报纸和师生自己设计的材料。帕克教育思想中的一个基本观念是对儿童及其在教育中地位的尊崇。他认为，教育中的"一切问题中的问题"是对儿童的认识，"我们应该研究儿童，通过他的活动及活动倾向来研究"。"首先，我们应该承认儿童的崇高地位，儿童的非凡力量和神奇的能力；其次，我们要为他们从事充分活动提供条件。"[1] 有人认为，帕克可以称得上是美国教育史上倡导儿童中心论的第一人，帕克的思想是"进步主义教育运动"中儿童中心倾向形成的一个重要来源。[2]

　　美国著名的哲学家、教育家、心理学家杜威于1896—1903年在芝加哥开办的"杜威学校"在"进步主义教育运动"中占有较高的地位。"杜威学校"的基本特征从其开办的宗旨即可见一斑。杜威在一次对实验学校的家长和教师的演讲中谈道，开办实验学校是为了检验他以哲学和心理学为基础而提出的一些教育假设，这些假设是：第一，如何使学校与儿童日常生活之间建立密切的联系；第二，如何使儿童在学校里所学的知识与他已有的经验建立联系；第三，怎样激发和调动儿童内在的学习动机，以代替外在的动机；第四，怎样通过指导儿童参加实际活动使儿童获得教育。实验学校的课程设置和所用的方法体现了杜威在《我的教育信条》（*My Pedagogic Creed*）、《学校与社会》（*The School and Society*）等著作中对儿童活动的强调。

　　以帕克和杜威的实验为先导，美国有许多人开办了实验学校，如库克（F. J. Cooke）的"弗朗西斯·W. 帕克学校"、梅里亚姆（J. Meriam）的"密苏

---

　　① ②　张斌贤著：《社会转型与教育变革——美国进步主义教育运动研究》，湖南教育出版社，1998年版，第47页。

里大学初等学校"、美国教育家约翰逊（M. Johnson）的"有机教育学校"（Organic Education）等。杜威父女二人将这些学校称之为"明日之学校"，意为它们代表了学校发展的方向。1919年进步主义教育协会正式成立，这标志着由帕克和杜威开创的美国"进步主义教育运动"已在全国蓬勃展开。此后，进步主义教育实验和改革全方位拓展，其中，诞生了后来影响甚广甚至享誉世界的实验学校，如美国教育家华虚朋（C. W. Washburne，1889—1968）的"文纳特卡学校"、美国教育实验家帕克赫斯特（H. Parkhurst，1887—1973）的"道尔顿学校"（Dalton School）以及美国教育家克伯屈（W. H. Kilpatrick，1871—1965）的"设计教学法"（project method）。

从欧洲"新教育运动"和美国"进步主义教育运动"总的情况来看，活动中心主义教育的主要特征是：高度尊重儿童自然的天性（本能、兴趣、需要）和儿童的现时生活，强调教育要基于儿童的兴趣、需要等自然天性，以儿童的主动活动作为对儿童教育的基础。儿童的兴趣、自由、自主活动、生活、个性等成为活动中心主义者最常用的词汇。尽管不同的人在改革学校的措施、教学内容选择、教学组织形式安排上各不相同，但他们在儿童观上具有高度的相似性。在1919—1929年间进行的进步主义学校实验中，真正具有与"儿童中心"取向完全相反的"社会中心"取向的实验几乎没有。除了少数人和个别学校外，大多数人和大多数实验学校在儿童观上基本上是儿童中心主义的。因此，活动中心主义与儿童中心主义几乎是同义词。

二、杜威的教育教学思想

由于美国哲学家、教育家、心理学家杜威在现代教育思想形成中所做出的特殊贡献，以及他的思想在后来所产生的广泛影响，因此，我们在此简要地介绍他的教育教学思想。

（一）教育哲学观

杜威哲学的特征是"经验自然主义"或自然主义的经验主义。"经验"是其哲学的中心范畴。"经验"是指有机体与环境、主体和对象相互作用的过程及其产生的结果。单纯的活动并不构成经验，"经验包含着行动或尝试和所经受的结果之间的联结"。①

杜威
(J. Dewey，1859—1952)

杜威在自己的"普通经验哲学"的基础上建立了自己的"教育经验哲学"。杜威的主要教育观念都是以其教育经验哲学为根基的。杜威认为，他的教育哲学，其"最基本的统一性在于有这样的观点：即认为实际经验

---

① ［美］杜威著，王承绪译：《民主主义与教育》，人民教育出版社，1990年版，第161页。

的过程和教育之间有着紧密的和必要的联系"。①"新教育哲学信奉某种经验的和实验的哲学",②"教育是在经验中、由于经验、为着经验的一种发展过程"。③

杜威认为,并不是任何经验都有教育意义。有两条原则可以作为判断经验的教育意义的标准:第一条原则是"经验的连续性原则"。它指的是"每一经验总有些地方取之于已往的经验,同时以某种方式改变以后经验的性质"。"每一项做过的和经历过的经验会改变做出和经历这个经验的人,而这种改变,不管我们愿意不愿意,都会影响以后经验的性质。"④第二条原则是"交互作用"原则。该原则"赋予经验的两个因素即客观的和内在的条件以同等的权利。任何正常的经验都是这两种条件的相互作用"。⑤根据经验的交互作用原则,教师对环境的安排、教材的组织要适应学习者的需要、能力和已有经验,这样才能产生外在的环境、教材与儿童之间的交互作用,从而产生有教育价值的经验。不考虑儿童现有状况所安排的教材本身没有教育意义。根据经验的连续性原则,教育过程的每一阶段都须顾及将来,"每一个经验,都应该为个人获得未来有更深刻、更广泛性质的经验提供些什么,这就是经验的生长、连续和改造的真义"。⑥

(二)儿童观

杜威对传统教育以教师、教材、课堂为中心的做法进行了深入的批判。杜威认为,传统教育的主要弊端在于:"消极地对待儿童,机械地使儿童集合在一起,课程与教法划一","学校的重心是在儿童之外,在教师,在教科书以及在其他你所高兴的任何地方,唯独不在儿童即时的本能和活动之中"。⑦杜威明确提出:"儿童是起点,儿童是中心,而且是目的。儿童的发展,儿童的生长,就是理想的所在。只有儿童提供了标准。"⑧因此,要彻底改变传统教育的弊端,实行重心转移,"现在,我们教育中将引起的改变是重心的转移。这是一种变革,这是一种革命,这是和哥白尼把天文学的中心从地球转到太阳一样的那种革命。这里,儿童变成了太阳,而教育的一切措施则围绕着他们转动,儿童是中心,教育的措施便围绕他们而组织起来"。⑨

(三)知识观和经验课程观

以"教育即是经验的改造或改组"形成新的课程观、知识观。经验在杜威的思想中,既是课程论的基础,也是学习和教学过程的基础。杜威认为,经验从内容上来讲,既指构成学习主体与环境的关系的认知性经验,又指构成学习主体与他人的关系的社会性经验。他强调,应将儿童的学习经验组织进课程。杜威明确表示,"我们并非反对用语言文字表达的知识材料",而是反对把知识与"知识的记录"混为一谈,反对把积聚的知识材料人为地分割成一连串的片断,而忽视了儿童积极的心理展开。杜威所指的儿童的学习经验,有其特殊的含义。一是儿童

---

①②③④⑤⑥⑦⑧⑨ 赵祥麟、王承绪编译:《杜威教育论著选》,华东师范大学出版社,1981年版,第348页,第350页,第351页,第354页,第359页,第363—364页,第158页,第79页,第32页。

通过自己的活动获得的个体生活经验；二是与科学研究者在社会实践中进行探究活动积累的"学问经验"有密切相关的经验，这是一种体现"解决问题过程中的思考"，具有批判和创新意义，在学校中能构成具有"探究"特性的经验。杜威把充满这样要求的学习经验称为"有意义的经验"（meaningful experience）。他认为，这种"有意义的经验"才是应该组织到学校课程中去的"学习经验"。

因此，杜威将知识看成是一个通过学习活动连续构成、不断发展变化的过程，知识是生成、发展的过程，这是一种生成性的、构成性的知识观。以这样的课程观为基础，杜威对教材的作用提出了新的看法。杜威认为："对于儿童的生长来说，一切科目只是处于从属地位，它们是工具，它们以服务于生长的各种需要衡量其价值。个性、性格比教材更为重要……教材对儿童永远不是从外面灌进去，学习是主动的，它包含着心理的积极开展，它包含着从心理内部开始的有机的同化作用，毫不夸张地说，我们必须站在儿童的立场上，并且以儿童为自己的出发点，决定学习的质和量的是儿童而不是教材。"①

（四）"做中学"的学习观

基于"经验来自行动"和"教育是生活、生长和经验改造的过程"这两条基本原则，杜威认为儿童主要是通过活动、在活动中学习与发展。杜威所说的活动具有以下特征。②

1. 能动的活动

杜威首先强调儿童主动的、能动的活动在儿童发展中的作用。杜威认为："一切教育活动的首要根基在于儿童本能的、冲动的态度和活动，而不在于外部材料的呈现和应用……儿童无数的自发活动、游戏、竞赛、模仿的努力，甚至婴儿的显然没有意义的动作——从前被看作微不足道的、无益的而被忽视了的表现——都可能具有教育上的用途，更确切地说，都是教育方法的基石。"③ 在《我的教育信条》中，杜威谈道："儿童自己的本能和能力为一切教育提供了素材，并指出了起点。除教育者的努力同儿童不依赖教育者而自己主动进行的一些活动联系以外，教育便变成外来的压力。"④杜威的上述思想在下面的这段话中得到了综合的体现："一切教育都能塑造智力的和道德的品质，但是这种塑造工作在于选择和调节青年天赋的活动，使它们能利用社会环境的教材。而且，这种塑造工作不只是先天活动的塑造，而是要通过活动进行塑造。这是一个改造和改组的过程。"⑤ 杜威认为，儿童的本能、兴趣和冲动有四类，其一是表现于谈话、交往和交流中的社交本能；其二是制作——建造的本能；其三是表现于建造活动和交谈活动中的

① 赵祥麟、王承绪编译：《杜威教育论著选》，华东师范大学出版社，1981年版，第79页。

② 陈佑清著：《教育活动论》，江苏教育出版社，2000年版，第83—87页。

③ ④ ［美］杜威著，赵祥麟等译：《学校与社会·明日之学校》，人民教育出版社，1994年版，第86页，第4页。

⑤ ［美］杜威著，王承绪译：《民主主义与教育》，人民教育出版社，1990年版，第76页。

探究的本能；其四是表现性——艺术本能。① 正是因为突出儿童的基于本能天赋的活动在儿童发展中的作用，所以杜威在教育内容的组织上特别重视儿童的主动活动、"主动作业"。②

2. 社会性的活动

杜威所强调的活动不仅指儿童个体的活动，而且他特别强调儿童与他人一起所进行的社会性活动的发展价值，并突出社会环境、成人的社会指导对儿童能动活动的引导、规范作用。杜威指出，要对儿童的本能、天赋等"个人的倾向"在"合作的生活中"加以"组织和指导"，在社会生活中引导儿童本能的生长和发展。③ 在《民主主义与教育》（Democracy and Education）中的第二、三章，杜威集中讨论了"社会指导"、"社会生活"、"联合活动"对儿童身心发展的作用。在杜威的论述中，他经常强调环境尤其是社会环境的教育作用。所谓"社会环境"即是一个人的活动和他人的活动联系起来构成的"共同活动"（"联合活动"）。④在联合活动或共同活动中，一个人的活动与他人的活动相互影响、相互参照，"个人参与某种共同活动到什么程度，社会环境就有多少真正的教育效果。个人因为参与联合的活动，就把激励活动的目的作为自己的目的；熟悉进行这种活动的方法和材料，获得必需的技能，并且浸透着活动的情感精神。"⑤ 在分析儿童发展的机制时，杜威非常注意儿童自身的能动活动与社会环境影响的辩证统一。在《我的教育信条》中，杜威就谈道："教育过程有两个方面，一个是心理学的，一个是社会学的。它们是平行并重的，哪一个也不能偏废；否则，不良的后果将随之而来。"在这两者之中，心理学方面指明教育的起点和教育可利用的力量；社会学方面则指明教育的目的和促使本能、天赋得以发展的现实条件。⑥ 杜威的上述主张与他提出的"民主主义"，与通过构筑"共同体"和"公共性"来克服个人主义的思想有着密切的关系。

3. 身心统一的活动

杜威所强调的活动是内部心理活动与外部操作活动相统一的活动，或者说是一种在心智指导下的实际活动。在分析经验的性质时，杜威批判了传统教育将学生心智（心理）发展同身体活动相割裂，造成"活动和使我们认识经验意义的承受活动结果的紧密结合被破坏了；结果我们有了两个断片：一方面是单纯的身体活动，另一方面是靠'精神'活动直接领会的意义"。⑦ 杜威对这种割裂身体和心理活动的统一提出了严厉的批判，认为它"所产生的不良后果罄竹难书"。⑧ 杜威认为，如果一个行动没有心智在其中起作用，那么这种行动要么是一种习惯的动作，要么是一种盲目的活动。心智是"根据对未来可能的结果的预测而应付目前刺激的能力，目的在于控制将会发生的结果"。⑨ 心智是在需要运用心智调控活动

---

① ③ ⑥ ［美］杜威著，赵祥麟等译：《学校与社会·明日之学校》，人民教育出版社，1994 年版，第 48—49 页，第 86 页，第 3—4 页。

② ④ ⑤ ⑦ ⑧ ⑨ ［美］杜威著，王承绪译：《民主主义与教育》，人民教育出版社，1990 年版，第 146 页，第 14 页，第 24—25 页，第 149 页，第 149—153 页，第 139 页。

过程中的各种因素的实际活动中形成的，"心智和运用或有目的地从事有事物加入的行动过程，两者是完全一致的。所以，发展和训练心智，就是提供一个能引起这种活动的环境"。①

4. 探究性的活动

在杜威的思想中，活动、经验是指有探究性的思维体现其中的过程。他认为，在教育中如果要培养学生的思维，就不单纯是学一些文字和书本知识的问题，而是要想到"日常生活中使人对活动感兴趣和从事活动的作业"。因为这些"作业"（活动）能产生思维的情境，"它们给学生一些事情去做，不是给他们一些东西去学；而做事又是属于这样的性质，要求进行思维或者有意识地注意事物的联系，结果他们自然学到了东西"。②杜威认为，有意义的经验的形成过程就是经验的主动方面（主动尝试或探索）与被动方面（承受活动的结果）形成了联系，这也就是经验获得意义的过程。这个联系的形成和意义获得的过程正是思维的过程。"思维或反思，就是识别我们所尝试的事和所发生的结果之间的关系。""没有某种思维的因素便不可能产生有意义的经验。"③经验与思维的统一体即"反省的经验"，即有思维在其中的经验。杜威特别强调思维的过程就是在经验和活动中的探究过程，"思维乃是一个探究的过程，一个观察事物的过程和一个调查研究的过程。在这个过程中，获得结果总是次要的，它是探究行动的手段……一切思维都是科研，一切研究即使在旁人看来已经知道他在寻求什么，但对从事研究的人来说都是独创性的。"④杜威根据研究的一般过程，提出了著名的经验或思维的五步骤：问题情境、明确问题、提出解决问题的假设并推理、检验。⑤

专栏2-3

杜威的思维五步法

美国教育家杜威认为，思维就是明智的学习方法，就是在教学过程中明智的经验的方法。它是探讨对环境的最良好反应的手段，也是用来适应和控制环境的工具。但由于思维不会无缘无故地产生，也不会凭空而起，它都是起因于直接的经验的情境。因此，为引起思维和指导思维，就需要一个情境。而思维的作用就是"将经验到的模糊、疑难、矛盾和某种纷乱的情境，转化为清晰、连贯、确定与和谐的情境。"在这个过程中，思维包含了感觉问题所在、观察各方面的情况、提出假定的结论并进行推理、积极地进行实验的检验。具体来说，思维过程可以分为五个步骤。

(1) 疑难的情境，处于困惑、迷乱、怀疑的状态。

(2) 确定疑难的所在，并从疑难中提出问题。

(3) 通过观察和其他心智活动以及搜集事实材料，提出解决问题的种种假设。

(4) 推断哪一种假设能够解决问题。

(5) 通过实验，验证或修改假设。

---

①②③④⑤　［美］杜威著，王承绪译：《民主主义与教育》，人民教育出版社，1990年版，第147页，第164页，第153页，第157页，第160页。

　　这种思维过程一般被后人称之为"思维五步"。杜威指出，这五个步骤的顺序并不是固定的，也不依固定的顺序出现，在实际中有时两个步骤可以结合起来，有时几个步骤可以匆匆掠过。但是，儿童只有处于直接的经验的情境，亲身考虑问题的种种条件，寻求解决问题的方法，才能算是真正的思维。

　　[资料来源] 滕大春主编：《外国教育通史》（第五卷），山东教育出版社，1995 年版，第 310－311 页。

　　总的来看，杜威在其思想体系中所突出的是，在成人指导之下，儿童能动的、有理智参与的、对事物的实际活动是儿童生长、发展的基本力量和机制。

第四节　20 世纪我国教学理论与实践发展的审视

一、20 世纪我国教学论发展的主要阶段

　　审视 20 世纪这一百年来我国教学理论与实践的发展历史，是一个从封建的、传统的教育走向现代教育的艰难历程，这个过程可以划分为四个阶段。

　　（一）现代教学论发展的准备期（20 世纪初—20 世纪 20 年代）

　　早在 19 世纪后半期，鸦片战争以后，在引进西方科学技术的同时，也引进了西方文化与教育，这对我国几千年的封建教育进行了猛烈的冲击。

　　这一时期教育研究的工作，主要是介绍和引进美、英、法、德等国的教育体制，欧洲的教育学说，特别是裴斯泰洛齐、蒙台梭利和赫尔巴特的理论主张，以及体育、手工、图画等新学堂采用的教授方法。同时，我国学者们对以下问题做出了自己的探索。

　　（1）新学校学制问题。包括男女生合校、小学寄宿制、新制小学如何编制等。

　　（2）职业教育的实施问题。涉及职业教育在国民教育体制中的地位、农业专门学校规程以及职业教育学科的教授法等问题。

　　（3）对新教科书（如珠算、家政、理科等学科教材）的审定问题。

　　（4）对中小学各学科教授法特别是赫尔巴特的"形式阶段理论"的研究。正如有的学者撰文分析的："当年日、中学者编著的教育学在结构的主旨上多循赫尔巴特教育学由目的而手段的思路；尤其是赫尔巴特学派的'教学的形式步骤'（formal steps of instruction）"，通常称为"五段教学法"，更是吸收无遗①。在学科上，主要关注的是语文学科，包括国文、语法、作文、习字等内容的教授。另外，还广泛涉及体操、历史、修身、学校卫生、乡土科、理科以及留声机、无线电、显微镜、望远镜在教学中的运用。

────────

　　①　瞿葆奎：《中国教育学百年（上）》，《教育研究》，1998 年第 12 期。

（5）关于教学与社会发展关系的研究。主要从教育与社会关系宏观角度来探讨教育教学功能，如公民教育之目的、法律与教育、平民教育与平民政治、民育思潮等。

这一时期尽管废私学，兴办新学堂，但总体分析，还未能触及旧教育的根本问题——教育观的变革，教育变革仅处在思想观念的启蒙阶段，但这为 20 世纪 20 年代以后的教育改革准备了前提条件。

（二）教学论从传统走向现代的开创期（20 世纪 20—40 年代）

1919 年"五四"新文化运动是一场以反帝、反封建为核心的思想解放运动。"五四"运动倡导"科学"和"民主"，导致我国文化和民族心态的根本变化。这个时期教育理论与实践的发展，突出表现在对传统教育进行改造的基础上，开始拉开了我国教育理论走向现代化的帷幕。

1. 教育研究以西方哲学的自然观、认识论、发展观和逻辑学作为理论基础，以进化论的唯物论为方法论武器

这一时期大量译介国外有关著述，包括古希腊三哲［苏格拉底（Socrates，前 469—前 399）、柏拉图（Plato，前 427—前 347）、亚里士多德（Aristotle，前 384—前 322）］、德国哲学家叔本华（Schopenhauer，1788—1860）、英国哲学家洛克、法国哲学家孔德（A. Comte，1798—1857）、英国哲学家穆勒（J. S. Mill，1806—1873）、英国哲学家赫胥黎（T. H. Huxley，1825—1895）、德国哲学家尼采（F. W. Nietzsche，1844—1900）、美国哲学家詹姆士（W. James，1842—1910）、法国哲学家柏格森（H. Bergson，1859—1941）等人的哲学观，还有唯理主义、唯实主义、实验主义、杜威的实用主义哲学、米勒的儿童论、斯密士的应用教育社会学等理论，当时仅《中华教育界》杂志刊登的新书广告就包括了 15 本系统的专著。同时，马克思主义的历史唯物论与辩证唯物论经李大钊、陈独秀、胡汉民、李达、蔡和森等人的努力，开始在我国传播。

20 世纪 20 年代后，欧美进步主义教育学派，特别是杜威的实用主义教育学理论的直接引入，对我国教育理论与实践的发展产生了极其深远的影响。杜威的学说不仅是通过译介被引入我国，更主要的是杜威本人于 1919 年 4 月—1921 年 7 月在我国 13 个省市讲学，直接传播他的教育思想。这一时期还引进了夸美纽斯、洛克、卢梭、斯宾塞、凯兴斯坦纳、拉伊等人的教育著述。

西方教育理论的引进，不仅开阔了人们的视野，而且为认识和批判传统的旧教育提供了理论武器，使我国学者开始用现代教育的术语、概念和方式，认识和探讨我国教育问题，极大地提高了我国教育工作者的理论素养，为 20 世纪三四十年代我国教育理论和实验的发展打下了良好的基础。

2. 以大规模的教改实验作为传统教学论继承改造和现代化发展的实践基础

20 世纪 20—30 年代的教改实验，是 20 世纪以来我国第一次教改实验高潮，形成了三种不同的教育实验模式，表现出多样性的鲜明特点。

（1）对国外教育理论方法的移植改造，主要是从美国引进了"以儿童为中心"

的各种教育实验，如设计教学法、道尔顿制、文纳特卡制、葛雷制、德克乐利等教法实验。据统计，1921—1924 年间，在主要教育刊物上介绍设计教学法、道尔顿制的论文达 200 多篇，专著 25 种。[①] 到 1925 年 7 月，全国约 100 余所中小学试行道尔顿制。

（2）规模宏大的平民教育、乡村教育、乡村改造实验。在这类实验中首推晏阳初在河北定县进行的长达八年的平民教育实验。这一教育实验的思路是：用学校式、社会式、家庭式"三大方式"进行生计、文艺、卫生与公民"四大教育"，解决中国农村愚、贫、弱、私四大病，并实现政治、教育、经济、自卫、卫生和礼俗"六大建设"，从而使农民成为富有智识力、生产力、强健力和团结力的新民。属这种类型的实验，还有梁漱溟在山东邹平、菏泽两县进行的乡村教育建设实验，陶行知创办的晓庄实验乡村师范学校，都进行了生活教育理论与实践的实验。

（3）引进心理学实验、测量统计等研究方法进行的学科改革。如俞子夷进行的小学算术教学实验、李廉方的"卡片教学法"、艾伟的小学语文教学实验。艾伟的汉字心理学实验，通过等组实验、测验、调查和较细致的统计分析，对汉字心理、常用字量、汉字简化、横直读等进行比较研究，其研究结果为编写小学语文课本和提高教学质量提供了科学依据。

正是 20 世纪上半叶这场影响深远的教改实验运动，形成了我国教育实验的两大基本类型，即宏观的整体综合教育实验改革和微观的较规范严格的教学实验，并且各自形成了一套可操作性的实验步骤。也正是这场影响深远的教改实验的探索，促进了教学理论与实践经验的深刻变革，具体表现在以下几个方面。

（1）从传统的"教授"论改为"教学"论，从只关注教师的教授到开始注重学生的学习，提出"学习是自动的过程，而不是被动地吸收和接受"，"儿童的自动，是学习的第一条件"，体现了教育观念上的初步转变。

（2）将课程定义为"学习的活动"，不仅包括文字书本、学校课程表上规定的功课，而且包括学校进行的儿童集会、游戏等其他所谓的"课外作业"活动。内容上体现了"儿童本位"、"生活教育"的观点；教材编制上强调实施活动教学，否定了那种试图把一切科学知识传授给儿童、青年的主张，认为这只是哲人的梦想，将"儿童需要"而且"能够学习"作为选择教材的标准。以儿童心理的发展、以儿童活动作为组织教材的中心，其理论依据是："儿童的生活是狭隘而又整个的，所以不能离开儿童的实际经验给予过分高深的知识，不能割裂其完整的生活，纯粹依学科本身的内在逻辑顺序分门别类"，组织形式为教学单元。[②]

（3）形成了多种多样的教学方法。不仅有讲演法，还有观察法、表现法、问题法、启发法、活动法等。教法上加强了学校教育同儿童生活实际的联系，以及

---

① 盛朗西：《介绍中国学者关于设计法与道尔顿制之主要著述》，《教育杂志》，第 16 卷第 10 号。

② 孟宪承：《教育概论》，商务印书馆，1933 年版。

学校与社会的沟通。

综上所述，正是教育实验促进了教学理论现代化发展的进程，使我国教学理论开始融入世界潮流。不过，问题在于：由于受杜威实用主义教育理论的影响，忽视了学校和教师的特殊职能，否定了课堂和教科书的特定作用，影响了学生对系统知识的掌握学习；在借鉴外国教育理论的方法上，不顾国情，全盘照搬别国的教育理论，看不到引进理论本身的缺陷、偏颇以及糟粕。

3.近代心理学、生物学以及统计测量学对教学理论研究方法科学化发展的促进作用

首先是心理学的发展及研究成果的影响。仅1900—1918年间，翻译、介绍了国外三十多种心理学书籍。1925年陈鹤琴的《儿童心理之研究》（上、下册）成为我国儿童心理学的开拓性、奠基性名作。[1] 1920年，北京、南京两所高师建立了我国最早的心理实验室。达尔文的进化论、米勒的人生教育，均强调教育要适应环境，使学生身心得到发展。心理学、生理学的有关研究，为新教育观、教学原则、教学法的形成提供了基础。

与此同时，开始出现以教育统计、教育测量、社会调查等科学方法研究各种教育问题。一方面，陈效天、麦柯尔等人系统地介绍了美国的教育测量、智力测验方法；另一方面，廖世承、陈鹤琴、陆伟等学者结合中国实际，积极进行了编制教育测量的研究。人们开始运用搜集教育事实的方法、表列的方法以及统计分类方法进行教育实验研究。[2]

正是心理学、生理学、统计学、测量学研究方法的引进，促进了教学论的研究从以哲学思辨为主开始转向实验研究，为现代教学论研究方法的形成提供了重要基础。

4.多种教育思潮的形成

这一时期形成的主要教育思潮有三民主义教育思潮、军国民教育思潮、职业教育思潮、美感教育思潮、实用主义教育思潮、生活教育思潮、科学教育思潮、乡村教育平民教育思潮、工农民主主义教育思潮等。[3] 多种教育思潮的形成所产生的直接影响是形成了多元化的改革思路。

这个时期，具有时代意义的是马克思主义教育思想的传播，新民主主义教育思想开始形成并在革命根据地进行了新教育的尝试。

（三）现代教学论发展的转折期（20世纪50—70年代）

1949年新中国的成立，标志着我国社会进入了一个新的发展阶段。20世纪50—70年代末，是我国教学论现代化发展的探索期。

1.借鉴苏联的教学理论与实践经验，学习马克思主义教育基本原理

20世纪50年代初，我国学者大量翻译介绍了岗察洛夫、凯洛夫、申比廖夫、

---

① 高觉敷主编：《中国心理学史》，人民教育出版社，1985年版，第346页。
② 见《教育杂志》，第11卷第9、11、12号。
③ 王炳照、阎国华主编：《中国教育思想史》（第六、七卷），湖南教育出版社，1994年版。

斯卡特金、加里宁、马卡连柯、波波夫等人的著述，同时，苏联的十几位学者先后来到中国讲学。据不完全统计，1956年前，仅在《人民教育》杂志上介绍学习苏联教育教学经验的文章就达50余篇。以凯洛夫主编的《教育学》为代表的教育理论成为我国教育工作者的必读书。在引进有关教育本质、人的全面发展学说、教育与生产劳动相结合原理等作为我国对传统教育进行改造的指导思想的同时，也引进了以重视学习系统知识、重视教师主导作用、严格课堂教学为特点的苏联教学理论和实验。这场轰轰烈烈的学习运动，给我国教学论的发展带来了不可低估的积极与消极的影响。

第一，澄清了一些基本概念，明确了一些基本观点。如对实用主义和实验主义的教学论的批判，对系统教学和教师主导作用关系、教与学关系、主导作用和教学中的群众路线的关系、全面发展与因材施教的关系、教学过程与认识过程的关系等的分析，对形式教育论与形式主义教学的区别、儿童兴趣与儿童中心主义教育主张的区别的讨论，具有一定的科学意义。通过学习讨论，对马克思主义教育基本原理有了初步的认识，对不合理的教育观有了一个初步的批判。

第二，规范了课堂教学，提高了教学质量。这个时期，直接引进了课堂教学结构、教学计划、教学大纲以及五级记分的考核方法。与此同时，对教育性原则、直观性原则、教学过程的基本环节等问题进行了探讨，在一定程度上克服了长期以来在课堂教学中无计划、无要求、松散低效的现象，保证了教学计划的完成。

第三，思想方法上的形而上学，造成了教学理论与实践研究的片面性和绝对化。以凯洛夫为代表的苏联学者们建构的教学论体系，是以马克思主义认识论为方法论，以教育心理学为依据，以赫尔巴特传统教育理论为思想渊源，反映的是苏联的教学实践经验。有的学者认为，苏联教育学"最大的不足是作者将一门理论学科当作一门应用性的'教育工程学'"，"内容和结构完全是一个按照既定目标进行培养的'工程系统'方案"。[1] 有的学者尖锐地指出："作为苏维埃俄国教育的辩护理论与经验概括，本质上属于'实践教育学'范畴；由于它漠视现代国际教育研究成果，教育理论视野较为狭窄，理论概括程度不高，缺乏严格论证，实际上属于'工作手册式'的教科书，算不上现代教育基础理论。"[2] 在学习苏联的教育理论与经验过程中，由于我们自己的理论准备不足，加上缺乏经验及方法论运用上的偏颇，产生了许多形而上学、教条主义的问题，如争论"资本主义国家的班级授课制与苏联的班级授课制有什么区别"。正如有人批评的："我们只从几本苏联教育学教科书学习教育学，是永远赶不上先进水平的。"[3]

2. 独立探索和严重挫折

1958年以教育与生产劳动相结合为中心的教育大革命，初衷是企图探索我

---

① 孙喜亭：《中国教育学近50年来的发展概述》，《教育研究》，1998年第9期。

② 陈桂生：《教育学建构刍议——我的教育信条》，《上海教育科研》，1998年第11期。

③ 孟宪承：《为繁荣教育科学创造有利条件》，《人民教育》，1957年第7期。

国自身的发展道路，从我国国情出发，走自己的道路。但由于"左"的思想影响以及形而上学方法论的错误，给教育的发展造成了严重的影响，多的是教条主义，少的是辩证法、从实际出发。尽管 1959—1965 年进行了调整，教学理论进入了初步繁荣阶段，但很快被"文化大革命"更迅猛的极"左"思潮淹没。"文化大革命"中，进行的对"智育第一"、"专家治校"、"天才教育"、"洋奴哲学"等的批判，导致了教学理论研究进入"误区"和教学实践的混乱。对"语录"和政策的诠释，代替了教学论学科理论的研究，经验主义、教条主义、形而上学泛滥，使我国的教学理论研究处于历史性倒退和停滞状态，拉大了与世界教育发展水平的差距。巨大的代价换来的沉痛教训，值得我们认真地反思和总结。

（四）教学理论现代化的发展期（20 世纪 80 年代以来）

20 世纪 80 年代以来，我国社会进入一个新的历史转型时期，通过改革开放，解放和发展生产力，建设有中国特色的社会主义，中华大地发生了历史性的伟大变化。党的十一届三中全会以后，遵循党中央关于解放思想、实事求是、以实践作为检验真理的唯一标准等指示精神，在借鉴、吸收国外教育理论与实践研究的新成果的基础上，我国教育工作者对教育的一系列重大问题进行了认真的清理，同时积极开展了教育改革实验。二十多年来，教学理论与实践研究取得了实质性的进展。

二、20 世纪我国教学论发展的主要特征

基于对我国教学论 20 世纪发展历程的反思，我们对其主要特征作以下两点概括。

（一）教学论从传统走向现代

20 世纪我国的教学论在以下三个方面发生着深刻的变革：一是理论基础由传统知识论向主体教育论转换；二是学科研究方向、理论格局从对教学过程各种规定性内容的考察向教学论元理论、元方法研究的层次转换；三是研究方法论从机械唯物论向唯物辩证法的转换，从而集中体现了教学论学科发展的时代特征。①

（二）教学理论与实践的发展，在价值取向上呈现出三个方面的基本趋势

1. 东西方传统教育思想和教学理论方法兼容并蓄取向

我国教学论的发展始终伴随着外来教育文化的影响，正是在新旧文化教育、东西方文化教育之间撞击和冲突、不同教育思潮论争的过程中，实现着对传统教育理论的继承改造。因此，如何处理好外来教学理论和本土教学理论的关系，始终是一个制约我国教育现代化发展的重要因素，也是我国教学论深化发展过程中

---

① 裴娣娜：《从传统走向现代——论我国教学论学科发展的世纪转换》，《教育研究》，1996 年第 4 期。

的一个难题。立足本国文化教育的土壤，又兼有中外文化教育的特长，教学理论的发展才能具有强大的生命力。

2. 科学与人文相结合，科学化取向与人文化取向是近代以来存在的两种不同的研究取向，且各有不同的理论基础

20 世纪的前 50 年，伴随着科学技术革命，科学化研究取向盛行。80 年代后，人文主义研究取向得到进一步发展，主要表现在：（1）对人的主体性、人的个性、人的独特的创造精神的尊重和弘扬，对富有理智和情感的活生生的人的研究。（2）对文化传统、思想与价值的追求。从文化、价值这个新的视角，来分析教育教学现象及过程，同时重视本国文化传统及价值对本土化教育发展的影响。（3）研究方法上，从要么纯粹哲学思辨的研究，要么教育实践还原的分析，到关注人文的方法。在教育的现场情境下，定性与定量研究相结合，对教育现象进行整体的综合分析。从近年来关于课程论研究的发展，可以看到二者结合的倾向。例如，课程目标要求培养知识、能力、文化素养、道德意识、社会责任感强的完整的人，因此，强调知识和品德兼顾，理论与实践结合，人文与科学并重，个体与群体和谐，天道与人道合一，传统与现代统整。

3. 多样个性与共性的统一

个性体现的是事物发展的丰富性，只有个性化，才能真正体现普遍性和科学性。多样个性与共性的统一，是对我国长期以来追求"大一统"传统思维方式的突破。早在 1985 年，有的学者就论证了把握教学的共性与多样个性统一所具有的重要理论意义和实践意义。① 随着教育改革的深入发展，追求多样个性、追求特色，已成为共识。多样个性与共性的统一，不仅体现在教育观念层面上的多元化倾向，体现在立体的发展性课程结构、教学策略、评价体系的形成，而且体现在各校办学思路及教改实验所具有的鲜明特点。

对教学理论与实践发展历程的回顾，我们发现，教学论研究需要处理好继承与创新、理论与实践、本土化与国际化、人文化与科学化、多样性与统一性以及个性与共性的关系，这就是我们的结论。

【主要结论与启示】

1. 教学与教学论的形成与发展有一个漫长的历史过程，这一过程大体可以划分为三个时期，即古代、近代和现代。

2. 我国古代教学思想形成了自己明显的特征：以伦理道德观念为主要内容的知识观、以人性问题为核心的教学价值观、学思行结合的知行观及整体、辩证、直觉的方法论等。

3. 近代西方教学论的发展直接受到近代西方社会历史文化进步的影响。其中，近代人文主义思潮、自然主义思潮、注重科学实验方法与数学思维的思潮，

---

① 王策三著：《教学论稿》，人民教育出版社，1985 年版，第 91—92 页。

对西方近代教学论的形成与发展产生了重要作用。在这一时期，西方已形成了比较完整和系统的教学论，夸美纽斯、赫尔巴特对系统教学论的形成做出了巨大贡献。

4. 现代教学思想是在对近代传统教学论的批判中形成的。发生于19世纪末20世纪上半期的欧洲"新教育运动"和美国"进步主义运动"，直接推动了现代教学思想的形成。现代教学思想的主要特征是，突出儿童在教育中的中心地位，及教育与儿童能动活动、生活的联系，反对传统教学的三中心特征。现代教学思想的突出代表是美国教育家杜威。

5. 20世纪我国教学论的发展大体经历了四个阶段，其总的特征是使我国教学论逐渐从传统教学论向现代教学论转变。

【学习评价】

1. 简要谈谈我国古代教学思想的主要特征。

2. 简述近代教学思想形成的主要思想渊源。

3. 阐述夸美纽斯、赫尔巴特的主要教学思想及其对教学论学科建设所做出的贡献。

4. 试分析欧美现代教育运动的主要特征及其对传统教学思想的变革作用。

5. 分析杜威的主要教学思想及其对我国当今教学改革的启示。

【学术动态】

● 杜威教学思想的现代意义。近年来，随着国外后现代课程及教学观以及建构主义教学思想的兴起，杜威教学思想的价值重新引起人们的关注。这些新的教学思想有的直接以杜威思想为其理论渊源（如某些后现代课程及教学观），有的与杜威思想有高度的契合（如建构主义教学理论）。杜威强调学生学习的能动性、学习是学习者与环境进行互动的过程、学习与发展的过程是连续的和不断深化的过程（经验的不断的改组改造）、学习过程是一种探究和发现的过程、教学应与实际生活相关联等教学思想。杜威的这些思想在新的理论中不断被引用和重新解释。在国内，随着新课程改革的推行，杜威教学思想在我国新课程改革中得到广泛的应用，如新课程强调学生自主学习、探究学习、在做中学习，突出课程内容及教学过程与实际生活的联系等，实际上直接或间接地受到杜威思想的影响。但是，由于国内对杜威教学思想本身的介绍、研究比较多，而对杜威教学思想如何在我国教育情境中的具体应用缺少深入的研究，因此，如何在我国教育改革中吸收和应用杜威思想，仍然是有待研究的问题。

● 我国教学论的学科建设如何吸收中外教学论发展的经验和教训问题。建设我们自己的教学论学科体系是目前国内教学论界不少人关心的问题。很多人认为，我国现行教学论的学科体系主要还是属于传统教学论的体系，这种教学论体系主要是吸收赫尔巴特、凯洛夫等人的教学理论而形成的。因此，有些人主张要建设新的教学理论体系，就要完全打破传统教学论的体系结构，吸收欧美现代教学思想。可问题在于，传统教学思想中也有很多精华，而现代教学思想中也有不少与我国的教育情境不相适应的东西；而且，传统教学思想与现代教学思想确有很多方面是针锋相对的。如何在一种体系中使它们能相互补充、共存共荣，对于这些问题，迄今为止的研究只是提出了一些笼统的原则，而没有具体的解决方案。

【参考文献】

1. 裴娣娜主编：《现代教学论》（第一卷），人民教育出版社，2005 年版。

2. 毛礼锐等编：《中国古代教育史》，人民教育出版社，1979 年版。

3. 张传燧著：《中国教学论史纲》，湖南教育出版社，1999 年版。

4. 戴本博主编：《外国教育史》（上、中、下），人民教育出版社，1989 年版、1990 年版、1990 年版。

5. 田本娜主编：《外国教学思想史》，人民教育出版社，1994 年版。

6. 王天一等编著：《外国教育史》（下册），北京师范大学出版社，1985 年版。

7. 张岱年、方克立主编：《中国文化概论》，北京师范大学出版社，1994 年版。

8. 张焕庭主编：《西方资产阶级论著选》，人民教育出版社，1979 年版。

第三章

学习方法与学会学习

【内容摘要】

当前，我国基础教育正在深入开展新一轮课程与教学改革。在学校教育中，教与学是相互依存、相互制约、相互促进的辩证统一体。教为学而存在，学有赖于教的指导，所以，教学改革就其内涵来讲，应包括教的改革、学的改革和教与学相互关系的调整与改革三个方面，三者之间相辅相成、密不可分。本章并不是以提供学习的基本理论和一般的学习方法为目的，而是以学会学习和教学生学会学习为旨归。世界基础教育改革和终身学习理论告诉我们，未来的教学更多是教育，其本质是学习，而学习的本质则是掌握学习方法和学会学习。教会学生学习，不只是一个方法问题，更重要的是一种教学的理念和思想问题。因此，本章首先在界定学习的概念和阐明学习特征的基础上，概括了学习的要素和学习的结果。其次，阐释了学校教育中各类学习的过程和阶段以及当代学习理论的基本思想和主张，对于未来的学习者而言，了解各类学习的阶段划分和现代学习思想无疑是必要的。再次，对学会学习的定义进行说明，归纳和阐述了现代学习观和如何转变学习方式，并提出学会学习的基本策略是培养会学习的学生和掌握反思性学习的学生。最后，探讨了指导学生学习的前提条件、学习策略训练、原则、基本要求、过程、方法、途径，并以当前基础教育改革中普遍关注的学习方法为个案，说明了如何运用具体的方法来指导学生学会学习。此外，为了明确学会学习是教和学双方共同的使命和追求，本章还提出了让每一个学习者学会学习的几点建议，以供参考。

【学习目标】

1. 理解和记忆学习的定义、学习的特征、学习风格、学会学习、学习方法、学习方法指导、研究性学习。

2. 描述学习的要素、学习结果的分类、各类学习的过程和阶段、现代学习观、现代学习方式的基本特征。

3. 分析理想学习的初始阶段和反思型学习的四个阶段。

4. 分析学习策略训练的六个步骤。

5. 描述研究性学习的实质。

6. 分析自主学习、合作学习、探究学习的基本观点、衡量标准和操作程序。

7. 描述学习方法指导的原则、基本要求、过程方法和途径。

【关键词】

学习　学习过程　学习方法　学会学习　学习方法指导

第一节 学习的概念及分类

对人类而言，学习是永恒的活动。只要人类社会存在和发展，只要人不是完成或完善了的人，学习就是人类和个体不断进步的动力。但这是一般意义或广义的学习。本章所说的学习，是学校情境中的学习。这种学习和学习者与广义的学习和学习者是有区别的。不仅在概念上有区别，而且也有特征和包含要素方面的不同。

一、学习的概念

（一）学习的定义

什么是学习？我国最早使用学习一词是从孔子开始的，《论语》中说："学而时习之"。学是从书本上和教师那里获取知识和技能；习是从经验中、从实践中，通过自己的练习、复习获取知识和技能。这是最早从经验的角度对学习的认识。随着心理学和教育学的发展，不同的心理学流派、教育家有不同的定义和解释，他们从各自不同的角度揭示了学习的性质，有各自的合理性和价值，为我们研究学习提供了多视角的理论参照。

学习是一个众说不一的概念，其中被公认的、引用最多的，当推加涅的定义，即"学习是可以持久保持且不能单纯归因于生长过程的人的倾向或能力的变化。"[①]

学习本身是一种内部过程，是无法测量的。要了解学习是否发生过，只能根据学生在学习前后行为表现的变化才能推断出来。这种行为变化常常是指从事某项任务的能力的增长，但也可能包括态度、情感和价值观等方面的变化。而且，这种变化不是短暂的，必须能够持续一段时间。另外，这种变化与因身体成长或成熟而引起的变化是有区别的，它强调的是因经验的结果而引起的变化。

人的发展取决于两个因素：生长与学习。这两个因素是相互作用的。但是，我们不能忽略生长与学习之间最重要的区别：影响生长的因素绝大多数是由遗传决定的；而影响学习的因素则主要是由学生所处的环境中的各种事件决定的。这些事件将决定学生学什么，而且在很大程度上将决定他成为什么样的人。

引起学习的条件有两类：一类是内部条件，即指学生在开始学习某一任务时已有的知识和能力，包括对目前的学习有利的和不利的因素。这对即将进行的学习需要哪些外部条件起重要作用。另一类是外部条件，这是独立于学生之外存在的，即指学习的环境。它涉及怎样安排教学内容，怎样传递给学生，怎样给予反馈，以使学生达到理想的教育目标。学生的内部条件不同，要求学生掌握的知识技能不同，外部条件也应作相应的改变。教师在一定程度上是可以改变学习条件

---

① ［美］加涅著，皮连生、王映学、郑葳等译：《学习的条件和教学论》，华东师范大学出版社，1999年版，第3页。

的，尤其是外部条件。教学是由教师安排和控制这些外部条件构成的。[①]

由于学习的条件各不相同，学习的类型也有所不同，不同类型的学习，可根据构成各种学习条件的因素予以区别。由于每一种学习类型都是以学生内部的知识技能为基点的，因而，要使学习得以有效地发生，需要有不同的外部条件。

广义的学习是动物和人所共有的心理现象。人和动物的行为有两类：一类是本能行为；一类是习得行为。本能行为是通过遗传而获得的种族经验，是生来就有的。习得行为是在后天环境中通过学习而获得的个体经验。人类的行为绝大部分都是学习的结果。

与动物的学习相比，人类的学习不仅在量上有巨大的差距，而且在质上的差别尤其显著。我国心理学家潘菽对人类的学习下了这样的定义："人的学习是在社会生活实践中，以语言为中介，自觉地、积极主动地掌握社会的和个体的经验的过程。"[②]

一般地说，学习可以分为四个层次。第一层次是最广义的学习，是指人和动物的经验的获得和行为变化的过程。第二层次是人类的学习，是人在生活中、在社会实践中获得直接经验、掌握人类社会文化科学知识的过程。人类学习的特点是以语言为中介，个体的自觉性和能动性在学习中有着重要的作用。从信息学的角度，也可以说学习是人类吸取信息，并使之有序化、结构化的过程。第三层次是学生的学习。学生在教师指导下，有目的、有计划、有系统地掌握科学文化知识和行为规范，促进身心全面发展的过程。第四层次是最狭义的学习，仅指学生掌握知识、发展智力的过程，即通常说的智育方面。

这里主要研究属于第三层次的学习即学生的学习。这种学习是人类学习的一种特殊形式，属于狭义的学习。学生的学习是在各类学校的特定环境中，按照目标的要求，在教师的指导下，有目的、有计划、有组织地进行的，是一种自我建构和生成的经验习得活动。

（二）学习的特征

学生的学习是整个人类学习的重要组成部分，因此，与人类学习有共同之处。但是，学生的学习与人类的学习也有区别。

表 3-1	学生学习与人类学习的比较
学生学习	人类学习
在教育情境中：有目的、有计划	在生活情境中：随意性、无计划
以获得间接经验为主	以获得直接经验为主
在教师指导下获得知识或经验，高效性	个体自己获得知识或经验，低效性

① ［美］加涅著，皮连生、王映学、郑葳等译：《学习的条件和教学论》，华东师范大学出版社，1999 年版，第18 页。

② 潘菽著：《教育心理学》，人民教育出版社，1983 年版，第49 页。

这些区别主要是通过下述特征体现的。

1. 计划性（scheme）

学生的学习活动是在教育情境中进行的，而教育是有目的、有计划地培养人的活动。因此，学生的学习必须根据培养目标的要求，在教师的指导下，按照一定课程设置和教学目标的具体要求来进行。学习安排具有严密的计划性。

2. 间接性（indirection）

根据现代学习理论的观点，学生的学习本质上是一种经验的获得。学生的经验可分为直接经验和间接经验两大类。直接经验是指学生在亲身参加的实践活动中直接获得的，这种经验的特点是不经过任何中间的环节。而间接经验则是指学生虽然没有亲身参加某种现实的实践活动，却通过某些中间环节获得了有关这种现实的经验。显然，学生的学习主要是以后者即以获得间接经验为主的。

3. 高效性（high-efficiency）

学生的学习活动是在教师的指导下进行的，教师在学生的学习过程中起着极其重要的作用。教师是经过教育和训练的专职教育工作者，他们按照一定的教育目的和要求，根据一定的计划，有系统、有组织地进行教育工作，这样就使学生的学习比在日常生活中的学习有效得多。

二、学习的要素

当一种学习发生时，它应该由哪些要素构成？这也是需要研究并给予回答的问题。

第一，学习者（learner）。人类学习者拥有感官，他们通过感官来接受刺激；他们拥有大脑，通过大脑以各种复杂的方式转换来自感官的信号；他们拥有肌肉，通过肌肉动作显示已学到的内容。学习者不断接受到的刺激，被组织进各种不同形式的神经活动中，其中有些被贮存在记忆中。在做出各种反应时，这些记忆可能被转换成外显的行动。

第二，刺激情境或刺激（stimulus situation or stimulus）。刺激学习者感官的所有事件被统称为刺激情境，而可以区分的单一的事件被称为刺激。

第三，记忆（memory）。对学习者来说，一个重要的输入是学习者从记忆中提取的内容。当然，这样的内容是一种有组织的形式，它们来自先前的学习活动。

第四，反应（response）。由于感觉输入及其后继的各种转换而引发的行动称为反应。相对来说，可以用比较具体的方式来描述反应，因为反应常常反映在操作水平上。[①]

当刺激情境与记忆内容以某种方式影响学习者的操作水平时，学习便发生了。操作水平的变化，是根据学习者在学习之前和学习之后操作水平的差异来界

---

① ［美］加涅著，皮连生、王映学、郑葳等译：《学习的条件和教学论》，华东师范大学出版社，1999 年版，第3—4 页。

定的。判断学习是否发生，主要是根据操作水平是否发生了变化来推断的。

在对学习的定义和学习的要素做出分析后，问题的设定主要应关注两个方面：首先，学习者学到了些什么，或者说，学习的结果是什么。其次，学习的过程是如何展开的。

三、学习的结果

设计教学的最佳途径是根据所期望的教学目标来安排教学工作，因为教学是为了达到特定的目标。对教学目标的分类，也就是对学习结果的分类，即根据学生在学习后所获得的各种能力来分类。学生要习得哪些能力，与他们所处的社会发展水平有关。社会越发展，要求学生掌握的技能越复杂，教育目标也就越复杂。教育目标是通过有计划的教学来达到的。

加涅
(R. M. Gagné，1916—2002)

由此，在设计教学之前，必须先确定学生要习得哪些能力。美国著名教育心理学家加涅（R. M. Gagné，1916—2002）提出了五种学习结果：言语信息、认知策略、智力技能、动作技能、态度。①

（一）言语信息（verbal information）

教学的目标之一是向学生传递各种言语信息。所谓言语信息，是指学习者通过学习以后，能记忆诸如事物的名称、符号、地点、时间、定义、对事物的具体描述等具体的事实，能够在需要时将这些事实表述出来。言语信息对学生的能力要求主要是记忆。信息在知识体系中是最基本的"建材"或"基本词汇"，这是进一步学习的先决条件，是培养智力技能的基础。

言语信息与智力技能密切相关，但又不是同一回事。例如，学生通过讲述某件事，把要传递的信息表述出来，这就表明他已具有言语信息的能力；但讲述的技巧和造句的优劣，则属于智力技能的范畴。

学校教育主要是通过言语信息把人类千百年来累积起来的知识一代一代地传递下去。当学生能够用命题（句子）的形式来陈述他已习得的内容时，我们就可以说他已经具有了言语信息的能力。根据各种言语信息复杂性程度的不同，可以把它们区分成三种类型：①命名，就是给物体的类别以称呼；②用简单命题（句子）表述事实；③知识群，即各种命题和事实的聚合体。

实际上，这里所讲的言语信息，即通常所讲的知识或书本知识。加涅认为，言语信息对学生来讲具有三种功能：①它们常常作为进一步学习的必备条件，不知道基本的知识，就不可能习得复杂的规则；②它们将直接影响学生将来的职业

---

① ［美］加涅著，皮连生、王映学、郑葳等译：《学习的条件和教学论》，华东师范大学出版社，1999年版，第55—56页。

和生活方式，在现代社会中尤其是这样；③有组织的知识是思维运行的工具。当学生试图解决一个新问题时，他往往先要思考头脑中已有的这方面的知识，然后再做出选择。

（二）认知策略（cognitive strategies）

认知策略是一种特殊的、非常重要的技能，其学习结果与解决问题学习层次有关，它是学习者借以调节他们自己的注意、学习、记忆和思维等内部过程的技能。认知策略的性质与智力技能不同。智力技能指向学习的环境，使学生能处理"外部的"数字、文字和符号等；而认知策略则是在学生应付环境事件过程中控制自己"内部的"行为。在认知信息加工学习模式中，认知策略起执行控制的作用，对下列几方面起到调节作用：①注意哪些特征；②如何编码以便于提取；③如何从事问题解决过程；④怎样才有利于迁移。由此可见，要把学生培养成独立的思维者，认知策略作为教育目标是很重要的。

学生能否解决问题，既取决于是否掌握了有关的规则，也取决于学生控制自己内部思维过程的策略。学生在选择和使用认知策略方面存在着个别差异。即便所有学生都掌握了同样程度的智力技能，但由于有些学生采取的认知策略较合适些，因而表现出来的问题解决能力就更强些。这里需注意的是，智力技能与认知策略往往是同一学习过程的两个方面，学生在学习智力技能的同时，也形成了调节学习、记忆和思维的方式。因此，脱离了具体内容的学习，就既不可能习得也不可能运用认知策略。

（三）智力技能（intellectual skills）

智力技能是指能使学生运用概念符号与环境相互作用的能力，它们是学校中最基本、最普遍的教育内容，包括最基本的语言技能到高级的专业技能。智力技能学习与言语信息学习不同。例如，使用语词和数学这两种最基本的符号进行阅读、写作和计算。言语信息是回答"是什么"的知识，而智力技能则与知道"怎么办"有关。它对学生能力的要求主要是理解、运用概念和规则的能力，进行逻辑推理的能力。智力技能由简单到复杂、由低级到高级又可分为四个亚类。

（1）辨别：是区分两个不同的刺激，或者将一个符号与另一个符号加以区别的一种习得能力，包括视觉、听觉、嗅觉、触觉、味觉等方面的辨别。如，能看出汉字"午"和"牛"的区别。辨别学习是简单的学习，学习辨别技能的重要性在于它是学习其他技能的一个必要前提。

（2）概念：根据某些共同的属性将事物和观点进行分类。例如，把蝙蝠识别为哺乳动物；在一组词汇中，将同义词、反义词归类。学会辨别是形成概念的基础，因为只有辨别事物间的特征，才能发现事物的共性。概念按其抽象水平又可分为具体概念和定义概念，前者是指一类事物的共同本质特征可以直接通过观察获得，如水果、动物等；后者是指一类事物的本质特征不能通过直接观察获得，必须通过下定义来揭示。如，物理学中"功"的概念，人们无法直接观察，如果给它下定义"功＝力×距离",就可以揭示出"功"的本质。

（3）规则：概念一般以词或符号来表示。而规则则以言语命题或句子来表达，揭示两个或更多概念之间的关系。加涅所谓的规则，可以是一条定律、一条原理，或一套已确定的程序。例如，"当昆虫的幼虫变成蛹时发生变态"，该命题表达了一条生物学规则。规则的学习以概念的学习为基础。例如，要掌握英语语法规则，必须先学会句子、词、字母等概念。

（4）高级规则：高级规则是由一些相对简单的规则所组成的复杂规则，适合于解决不同内容范围的问题或是更复杂的问题，因而具有更广泛的应用性，对人的思维能力要求更高。高级规则是学习者在解决问题过程中的思维产物。

（四）动作技能（motor skills）

教学过程中要求学生掌握的另一种能力是动作技能。动作技能实际上有两种成分：一是如何描述进行动作的规则，即动作的程序；二是因练习与反馈逐渐变得精确和连贯的实际肌肉运动。因此，动作技能是一种习得能力，如能写字母、跑步、做体操等。动作技能是一种大家熟悉的能力，尽管它在学校教育中不占中心地位，但始终是一个重要方面。

动作技能的一个显著的特点是，只有经过长期不断的练习，才能日益精确和连贯。只有当学生不仅能完成某种规定的动作，而且这些动作已被组织成一个连贯的、精确的和在一定时间内完成的完整的动作时，才能说他已获得了这种技能。

（五）态度（attitude）

态度是一种影响和调节一个人行动的内部状态，也是一种学习的结果。一般把它归入情感领域。态度有三类：许多态度可被看作期望达到的教育目标，如希望儿童和蔼待人、为他人处境着想等；一般态度包括对某类活动的积极偏爱，如听音乐、阅读等；第三类是有关公民身份的，如爱国、愿意承担公民义务等。事实上，学生对不同的事物、人物和情境就有许多不同的态度。学生采取什么行动，显然是受态度影响的，但是，态度与学生行为的关系不是直接的，而是曲折复杂的。①

学生的许多态度是通过与他人相互作用的一系列结果习得的，而且往往是附带习得的，不是预先计划好的。态度一般要经过相当长的时期才能逐渐形成或改变，而不是作为单一经验的结果突然发生的。一个人对某件事情态度强烈的程度，往往是由他在各种不同情况下选择这件事情的频率决定的。而形成或改变学生态度的最佳方法，是利用"榜样"的作用。

总之，把学习结果作为教育目标，有利于确定达到目标所需要的学习条件。而且，从学习条件中还可以派生出教学事件，告诉教师应注意些什么。因此，只要通过对学习结果的分析，便可为教学设计提供可靠的依据，从而为达到教学目标铺平道路。

---

① ［美］加涅著，皮连生、王映学、郑葳等译：《学习的条件和教学论》，华东师范大学出版社，1999年版，第53—74页。

第二节 学习的过程及思想

一、学习的过程

（一）知识学习的过程

学生的知识学习，是掌握前人总结与概括出来的经验的过程，它是学生学习的主要任务和主要活动。从学生在教学系统中对一类事物的实际认识过程出发，可以将学生知识学习的过程分为选择、领会、保持、应用四个阶段。

1. 选择阶段（the phase of selection）

选择阶段是知觉选择的过程，学生对教师讲授的教材内容引起注意，有意识、有选择地运用视、听、触、嗅知觉进行感知。这个阶段是知识学习的定向阶段，关键在于激发学生学习知识的积极性，这时获得的知识属于感性认识，对教材的意义尚未真正理解。

2. 领会阶段（the phase of apprehension）

领会阶段是在知觉教材的基础上进行领会和理解。所谓领会，是指明白、知晓知识的意义及结构关系。在此过程中，学生根据已有的知识经验去解释新的知识，并且将新知识纳入旧的认知结构中。所谓理解，意指揭露事物本质和规律的过程，在此过程中，将个别事物和现象类化，概括为普遍的原理；或将一般原理具体化，用一般规律解释个别事物和现象。领会概念是理解知识的核心，因为学生学习知识，主要就是要准确掌握概念以及由概念组成的思想体系。

3. 保持阶段（the phase of retention）

在理解、领会之后，知识的学习就进入记忆储存的阶段。对所学知识须通过记忆才能在头脑中保持住，如果边学边忘，就无所谓知识的学习。保持和遗忘总是联系在一起的，为了保持知识，就要研究记忆的基本环节和遗忘规律，采取合理的记忆方法，防止遗忘的发生。

4. 应用阶段（the phase of application）

学生学习知识的目的在于应用。应用知识既是对学生领会或保持知识的经验和反馈的手段，也是学生对知识的理解和巩固进一步深化的环节，同时还是促进学生知识迁移的主要途径。应用知识的形式，可以通过语言回答提问，可以通过操作完成任务，可以通过课堂练习或课外作业解答问题，也可以在实际生活中去解决疑难问题，等等。各种形式的知识应用，其难度、条件和功用都有所不同，必须根据教学需要、学生心理发展的水平和实际可能加以采用。

（二）技能学习的过程

技能是指智力活动和操作活动的基本活动方式，是指动作及其方式的熟练程度，包括智力技能和操作技能两大类。例如，阅读、写作、运算等属于智力技能范畴，而绘画、唱歌、跳舞、弹琴、体操、操作计算机、手工等则属于动作技能。技能学习就是将一连串动作经反复练习而形成熟练的、自动化的反应过程。在技能形成的阶段和各阶段的特征上，动作技能与智力技能既有共同性，也有差异性。一般来讲，动作技能的形成要经历定向、分解、定位和熟练四个阶段。

1. 定向阶段（the phase of orientation）

行动的定向是操作技能掌握过程中的一个重要环节。学生对教师关于行动方式的示范和讲解进行观察和记忆，了解与某种技能有关的知识、性质、功用，了解动作的难度、要领、注意事项及动作进程，从而在头脑中形成关于动作的映象。这种动作映象对以后的动作练习将起到调节作用。

2. 分解阶段（the phase of decomposition）

复杂的操作技能通常由一系列动作构成，所以技能学习开始往往由教师将整套动作分解成若干局部动作，学生逐一模仿练习。这样做简单易学，而且有助于掌握各种局部动作的要领。不过这时在前后动作的交替和过渡上还较困难。同时，初学者注意范围狭窄，不善于注意的分配和转移，容易出现动作紧张、呆板、不协调、顺序颠倒、顾此失彼的现象，并常有错误的动作或多余动作。这时需要反复练习，不断校正和调节动作的准确性。

3. 定位阶段（the phase of localization）

此阶段的特点是动作的组成部分已联结为整体。整体动作的顺序通过多次的练习而固定下来。这时动作准确连贯，成为具有固定程序的反应系统。

4. 熟练阶段（the phase of proficiency）

技能学习的最后阶段是熟练阶段。这时已形成对各种变化情境具有高度适应性的动作方式，在执行方面能达到高度的协调完善与"自动化"。这时的动作具有连贯性、整体性、灵活性和简易性，多余动作消失。在动作的控制上，视觉控制已转向动觉控制，知觉的广度、精确性与敏锐性的辨别力大为提高，能够分配注意，同时完成其他活动。

（三）能力学习的过程

学生能力的学习和培养问题是现代教学论的核心问题之一，学者们对能力学习的过程进行了大量研究。由于在复杂的能力结构体系中，思维能力处于主要地位，而在学习过程中思维能力又集中体现和形成于解决问题的学习活动过程之中，因而，学者们对探讨能力学习过程的着眼点大多放在问题解决能力的学习之上。

学习活动中的问题解决能力的学习主要解决的是"如何学习"（即学习的过程）而不是"学习什么"（即学习的内容），通过解决问题，思维得到训练，能力得到提高。从某种意义上讲，能力学习比知识学习、技能学习更为重要。

美国实用主义教育家杜威将解决问题的过程分为五个阶段：提出疑问；分析；假设；评断；结论。[①] 在他之后许多学者对问题解决过程的研究，大体上都与他的看法相似。

英国心理学家约瑟夫·华莱士（G. Wallas）提出解决问题的四个阶段：准备；

---

① 赵祥麟、王承绪编译：《杜威教育论著选》，华东师范大学出版社，1981年版，第191页。

孕育；明朗；验证。这四个阶段主要是从科学家的创造活动中提炼出来的，但也可以粗略地概括为学生解决学习问题的过程。

加涅也将问题解决分为四个阶段：提出问题；明确问题；形成假设；检验假设。这种分法已被广泛采纳。

专栏 3-1

加涅的问题解决的四个阶段

问题解决被看成一个过程，通过这个过程，学习者发现一个由先前习得的规则所组成的联合，并计划运用这些规则去获取一个新的问题情境的答案。但问题解决并不简单是先前习得的规则的运用，它也是一个产生新的学习的过程。问题解决过程被分为四个阶段：

第一阶段是问题的呈现，它可以由言语陈述或其他方法来完成；

第二阶段是学习者明确问题，或区别出情境的本质特征；

第三阶段学习者形成可被用于解决问题的假设；

第四阶段是试图验证假设或后续假设直至学习者找到解决问题的答案。

［资料来源］［美］加涅著，皮连生、王映学、郑葳等译：《学习的条件和教学论》，华东师范大学出版社，1999 年版，第 202—203 页。

美国著名心理学家吉尔福特（J. P. Guilford，1897—1987）从他的智力三维结构模型理论出发，将问题解决的过程分为三个阶段：初始信息分类阶段，以认知作用为基础，觉察到疑难问题，并收集有关资料，做好解决问题的准备；归类信息储存阶段，以记忆为基础，将视觉的、听觉的、符号的、语义的、行为的有关材料记住，以供解决问题时用；材料转换阶段，以操作作用和评价作用为基础，将认知和记忆的材料转换成新观念、形成问题解决的假设，借助思维进行评价，以检验认知、记忆材料的精确性，检验新观念和假设的可靠程度并加以证实。吉尔福特把问题解决过程看成是复杂的智力活动过程，在这一过程中，问题的各种信息经过认知、记忆、聚合思维、发散思维、评价等智力活动，才能处理完结，使问题得以解决。

（四）品德学习的过程

对学生进行思想品德教育是教学的主要任务之一。学生品德的形成是社会通过包括教育在内的各种渠道把社会道德规范和价值观传递给年轻一代的过程，也是学生在群体生活中通过自己的实践由被动到主动去学习和掌握（领会、巩固、应用）这些规范、价值观并形成道德行为习惯的过程。任何一种品德都包括道德认识、道德情感、道德意志、道德行动四个主要成分，其下又包含一些具体成分。因此，品德的学习和形成过程即是各种品德成分及其内外影响因素相互作用的复杂过程。

各种类型的学习在性质上、结构上和发展阶段上各有特点。研究学习的不同类型，有利于对学习过程进行深入的分析，也有利于从不同角度对学生学习活动进行具体指导。但同时必须明确，各种类型的学习又是相互联系、促进、补充、包容、重叠和交叉的，绝不能将它们割裂开来。

二、学习的基本思想

学习问题是心理学家和学习理论家长期研究的热点问题。许多学习理论家都在解释关于学习的问题，他们关于学习问题的研究会形成一定的理论和思想。这些理论和思想对于组织学生的学习活动会有很大的启发。

表 3-2		关于学习研究的主要流派与观点
流派	研究视角	观 点
场说	学生的能力	学生的一般智力和能力与学习有关系，并随着年龄的增大和成熟水平的提高而发展。
	过去的经验	过去的经验对于新学习的迁移成绩是重要的。
	学习的准备	由遗传、过去的经验和成熟水平所决定，在引进新的学习经验时是一个须加考虑的重要因素。教学任务与个体的学习准备因素相适应时，学习就比较顺利。
	保持和遗忘	对学习者具有切身意义的事物比那些对他们没有切身意义的事物保持的时间要长些。按照结构模式的关系学习比孤立的学习保持的时间要长久些。
	评价和态度	在认知学习的过程中，评价和态度是重要的。情绪的因素影响学习，所以评价和态度可以看作是一种学习类型。
	自信心	学习与一个人如何判断其达到的成就有关。学习者的自尊心和对自己的恰当估计，会影响他的学习效果；反过来学习可以提高一个人的自尊心和恰当估计自己的能力。来自双亲和教师的赞许是一种与学生的自信心有关的最普通的来源。
	学习的自由	应该允许学生有犯错误的自由，有探索新思想的自由，有试验他们的想法的自由。同时，讥讽学生或使学生害怕失败会使学生失去学习信心。
联想说	练习	对于过去的东西经常进行操练和复习会促进学习，并使关于事实的学习和技能的学习臻于完善。
	理解关系	了解新旧学习材料之间的关系有助于学习。
	机能上的相似	学习的正迁移是在两种学习任务之间存在机能的相似性时发生的，最大程度的负迁移则是在两种学习任务之间存在机能差异时发生的。因此，学校的学习应该与真实的生活情境有机地联系起来。
	概念的重要性	某种组织形式对于学习迁移是很重要的，必须帮助学生避免追求应用价值有限的孤立经验和事实，学会形成具有较大应用可能的概念和概括。
	动机	动机既是学习的结果，也是学习的原因。那些无须经过教师的鼓励而能引起学生自然兴趣的事物称为内在动机，一般认为这是一种最有效的动机。教师利用分数、父母的奖赏，以及未来的成功等外部动机，可以刺激学生学习那些他们原来不感兴趣的东西。这两种动机都与联想说的刺激——反应理论（stimulus-response theory）和"认知内驱力"（cognitive drive）理论有关。
	知道自己有进步	随时反馈有助于学生学习成绩的提高。

续表

流派	研究视角	观 点
结构主义	发现	用发现法或积极主动参与活动的方法得到的学习迁移，比用消极被动参与活动的方法达到的效果要好。
	学科内容	学习学科内容的基本思想和原理，用以发现新的关系，并且在学习一门学科时，应用各种原理，都是很重要的。

第三节　学会学习

人类社会日新月异，科学技术一日千里，我们已经进入了一个迅速变化着的时代。面对挑战，教育将采取何种对策已成为世人所密切关注的问题。普遍认为，以往在青年时期受教育，然后用上一辈子的时代已经结束，必须代之以终身教育，以适应知识更新的需要。教育目的已不能局限在使教育者获得一定数量的知识上，而应当将重点放在培养和开发他们的智能，教会学生怎样学习上。对受教育者的要求亦不仅是"学会"，而更主要的是"会学"，以适应知识日新月异迅速增长的趋势。正如 1972 年联合国教科文组织编著的《学会生存》一书中所指出的："如果我们要学习的所有东西都必须不断地重新发明和日益更新，那么教学就变成了教育，而且就越来越变成了学习。如果学习包括一个人的整个一生（既指它的时间长度，也指它的各个方面），而且也包括全部的社会，那么我们除了对'教育体系'进行必要的检修以外，还要继续前进，达到一个学习化社会的境界。"①"教育应该较少地致力于传递和储存知识（尽管我们要留心，不要过于夸大这一点），而应该更努力地寻求获得知识的方法（学会如何学习）。"②联合国教科文组织 21 世纪教育委员会于 1996 年发表的另一个报告——《教育——财富蕴藏其中》对"学会学习"的意义做了进一步阐述，指出："这种学习更多的是为了掌握认识的手段，而不是获得经过分类的系统化知识。既可将其视为一种人生手段，也可将其视为一种人生目的。作为手段，它应使每个人学会了解他周围的世界，至少是使他能够有尊严地生活，能够发现自己的专业能力和进行交往。作为目的，其基础是乐于理解、认识和发现。"③可见，"学会学习"不仅是适应继续学习的需要，更是适应人的未来生存的需要。

"学会"与"会学"深刻地反映了两种不同的教育观和学习观。两者的区别在于："学会"只是被动地接受知识，而"会学"则要求学生去主动猎取，不仅要求学习者掌握必要的知识，而且要求他们对已学知识具备相当程度的理解能力、消

---

① ② 联合国教科文组织国际教育发展委员会编著：《学会生存——教育世界的今天和明天》，教育科学出版社，1996 年版，第 16 页，第 12 页。

③ 国际 21 世纪教育委员会报告：《教育——财富蕴藏其中》，教育科学出版社，1996 年版，第 76 页。

化能力和系统化能力，并且具有不断更新知识的能力，即更注重于智力的发展和能力的提高。"学会"的着眼点往往只是获取现时的知识，而"会学"则是更多地瞄准未知的知识。

一、关于"学会学习"

（一）"学会学习"的定义

就"学会学习"概念本身而言，可以分为三个层次来定义。

第一层次是最广义的。学会学习是人类特有的学习，是学习的主体冲破教育框架的束缚，在开放的环境中，积极主动地、自由地学习。学习者有强烈的学习意识，能自主地选择学习目标和学习内容，自主支配学习时间，能自我评价学习效果，能调控学习过程中的情绪、策略、方法和技能。"学会学习"是通向认识、生存和发展的途径，学会学习的最高境界是学习与创造的并存与融通。

第二层次是学生的"学会学习"。即指学生在教师或他人的指导下，在开放的环境中，充分发挥主体作用，积极培养学习兴趣和学习意志力，自主、自觉地调控学习情绪和学习策略、学习方法及学习技术，使学习不再仅是储存知识、形成某种技能的过程，而更重视身心发展，更重视思维方法、学习策略和方法的探索，学习技术的掌握和学习能力的形成与提高，更加注重创造潜能的开发。

第三层次是最狭义的"学会学习"。即仅指学生掌握运用学习策略、学习方法和技巧，养成良好的学习习惯，提高学习效率的过程。

（二）对"学会学习"含义的理解

根据以上的界定，可从以下方面来理解和认识"学会学习"。

1. 学习者是学习的主体，"学会学习"强调学习者的主体地位和主体作用的充分发挥，重视主体意识的培养（包括主动意识、独立意识和创造意识）。

2. "学会学习"是和"终身学习"的概念相联系的，学习者不再受教育框架的束缚，学习不再受时间和空间的限制，即使是学生，也不仅仅是在学校中的教师指导下，而且应在家庭、在社会的大环境中，通过各种媒介汲取有益的信息，积极、主动、自觉、自由地学习。

3. "学会学习"既重视学习者非智力心理因素在学习中的作用，又把非智力心理因素的发展作为重要的学习目标；重视良好行为习惯和情感态度的培养。

4. "学会学习"强调学会认知，不仅要学习继续学习所必要的基础知识，而且更重视学习策略、学习方法、电脑多媒体及现代信息高速公路的应用、现代思维方法的训练，以提高综合学力为目标。

5. "学会学习"重视潜能的开发和实践能力的培养，每个学习者在"学会学习"中，能充分发挥潜力，发展个性，学会做事，达到自己的最佳发展状态。

6. "学会学习"重视自我评价意识的形成、自我评价能力的培养，以培养学生的独立性和创造性，实现自我激励、自我决策。

7. "学会学习"重视良好师生关系的形成。在学会学习中，教师起指导促进作用。教师要以民主、平等的态度对待学生，学生要尊重教师、重视教师的指导作用。教师和学生在"学会学习"的教学活动中构成整合主体，推动着"学会学习"的进程。

8. "学会学习"是"学会认知"、"学会做人"、"学会生存"、"学会关心"、"学会做事"、"学会发展"的根本途径，"学会学习"是一个认知过程，而不是终极目标，"学会学习"的最终目标是指向人的全面发展。

二、现代学习观

现代教学理论认为，课堂教学在本质上是一种以提高个体生活质量以及生命价值和意义为旨归的特殊的生活实践过程，是一个学生不断地超越和提升现有的生存状态，从而创造一种更为完满的可能生活的动态生成过程。也就是说，课堂教学是一个在教师引导下学生主动参与、独立思考、自主发现和不断创新的过程，而不是简单、被动地接受教师和教材提供的现成观点与结论。这也诚如古罗马教育家普鲁塔克所说，儿童的心灵不是一个需要填满的罐子，而是一颗需要点燃的火种。在课堂教学中，学生的学习一般有三种层次和水平：一是主动接受；二是自主发现；三是意义创造。其中，自主发现和意义创造层次的学习具有动态生成的特征，有助于学生不断地实现自我超越，深刻感受到课堂教学中生命的涌动和成长，从而使课堂教学焕发出生命活力，达到改善学生生活质量、提升学生生命价值和意义的目标。

（一）全面学习观（all-round learning sight）

为了迎接 21 世纪的挑战，无论是发达国家还是发展中国家都在调整教育的培养目标，努力造就适应未来社会需要的合格人才。他们在对未来社会的预测和对现行教育制度进行反思的基础上，得出的共识是：只有全面发展的人（联合国教科文组织称为"完人"），才能称得上是合格人才。因此，中小学生首先要树立全面学习观，正确处理好德与才、能力与素质、全面发展与个性发展等方面的关系。

研究表明，新世纪合格人才必须具备两种基本品质：一是全面发展的基本素质，二是充分发展的优良个性。

全面发展是人才培养的目标，也是教育改革的指导思想。1989 年 12 月，联合国教科文组织在北京召开的面向 21 世纪教育国际研讨会上，与会专家一致认为，21 世纪要求年轻一代有广阔的胸怀，要知天下大事，有较高的道德水平，在德、智、体、美等方面都要有较高的素质。会议提出，"归根到底，21 世纪最成功的劳动者将是最全面发展的人，是对新思想和新的机遇开放的人"。[①]

同时，21 世纪人才又将是个性充分而自由发展的人。美国著名的未来学家托夫勒（A. Toffler，1928— ）指出：工业社会的特点是标准化，而信息社会的特点是多样化和个性化。什么是个性？个性就是人性在个体上的表现或反映，是人

---

① 联合国教科文组织：《学会关心：21 世纪的教育》，《教育研究》，1990 年第 7 期。

们在生理、心理、社会性诸方面的一系列稳定特点的综合，是人的共同性与差别性的统一。所谓个性发展，就是要在人的共同性的基础上，充分地把人的差别性显示出来，从而使每一个人都具有高度的自主性与创造性。这也是人类世世代代所追求的一种共同理想。

全面发展与个性发展是相辅相成的关系。全面发展不是平均发展，个性发展也不是自由无序。一方面，个性发展是全面发展的条件。个性发展的目的是要确立主体意识，培养独立人格，发挥创造才能。只有当人的主体意识、独立人格、创造才能得到充分发展之后，才能更自觉、更充分、更主动地全面提高其基本素质，从而实现人的发展的最高目标。另一方面，全面发展又是个性发展的条件。个性发展是建立在全面发展基础之上的，发展个性不是强调"偏才"、"怪才"，因为全面发展是指在德、智、体等方面都得到发展，在身体、心理和精神等维度都能健康成长。现代社会为人的全面发展提供了前所未有的可能性，现代社会也需要具有鲜明的个性和创造性的成员。我国的教育目的在强调受教育者的德、智、体全面发展一般要求的同时，也注重个人的自主性、创造性和其他个性品质的培养，强调个体才能和特长的充分发挥。

（二）自主创新学习观（learning sight of independent innovation）

1. 从"维持性学习"走向"自主创新性学习"

总体来说，学习有两种方式：一种是维持性学习或称适应性学习（maintaining learning/adapting learning），它的功能在于获得已有的知识、经验，以提高解决当前已经发生的问题的能力，即"学会"；另一种是创新性学习或称自主创新性学习（innovating learning/independent innovation learning），它的功能在于通过学习提高一个人发现、吸收新知识、新信息和提出新问题的能力，以迎接和处理未来社会发生的日新月异的变化，即"会学"。

在传统的农业经济和工业经济时代，科技进步和知识更新的速度相对缓慢，人类习惯于用已有的知识来解决现存的各种问题，形成了"维持性学习"为主的模式。而在知识经济时代，信息技术强化了已有知识的归类，且由于归类，知识获得更多的商品属性，知识的扩散得到加速，人们接触知识较以往更为容易，费用也更为低廉，从而使得选择和有效利用知识和信息的技能和能力变得日益重要起来。选择相关信息，忽略不相关信息，识别信息中的专利，解释和解读信息以及学习新的忘掉旧的技能，所有这些都比传统意义上的知识本身的学习更为重要。也就是说，是否具有不断掌握最新知识并进而创造新知识的能力，比掌握多少现存的知识更为重要。"学会"只能成为传统意义上的"工匠"，而"会学"才能成为知识经济时代的"大师"和"知识劳动者"。因此，知识经济必然要求人们在学习观念上实现从"维持性学习"向"自主创新性学习"的转变。

2. 自主创新学习的特征

（1）自主性。学生在学习活动中的自主性，首先，表现在他独立的主体意识，有明确的学习目标和自觉积极的学习态度，能够在教师的启发、指导下独立地感知教材、学习教材、深入地理解教材，把书本上的科学知识变成自己的精神财富，并能够运用于实践。其次，学生还能够把自己看作是教育对象，对学习活动进行自我支配、自我调节和控制，充分发挥自身的潜力，并利用内外两方面的积极因素，主动地去认识、学习和接受教育影响，积极向教师质疑、请教、要求答疑，相互研讨，以达到自己所预期的学习目标。这在学生的自学活动中表现得尤为突出。再次，表现在对学习对象（客体）的选择上。学生的学习过程是一连串的选择活动，从学习目标、学习方式到学习手段，无一不是选择的结果。从"学什么"到"怎么学"也无一不是选择的过程。在学习过程中，学生并不是随便将什么内容都作为学习的客体来对待，也不会将学习客体随便什么方面都作为深入思考的主攻方向，而总是选择那些最合意的即自以为会有意义的内容作为学习客体，总是选择那些自以为最有价值的学习客体的某一方面作为自己的主攻方向；同时，学生对外界信息的接收、加工、整合和改造也都是有选择的，都要进行过滤、筛选和优化组合。尤其是在当今信息时代，如果我们不能自主地做出判断和选择，那就会变得无所适从，而终将一事无成。

（2）能动性。学生在学习活动中的能动性，首先，表现在他能够根据社会的要求积极参与教育活动，并以此作为自己今后学习的努力方向；其次，他能以自己已有的知识经验、认知结构和情意结构去主动地同化外界的教育影响，对它们进行吸收、改造、加工或加以排斥，使新、旧知识进行新的组合，从而实现主体结构的建构与改造。

（3）创造性。所谓"创造"，《辞海》的解释是："首创前所未有的东西。"对学生的学习而言，创造性包括：在学习上能举一反三，灵活运用知识；有丰富的想象力，喜欢出新点子和解难题；具有发散思维，爱标新立异和发表与别人不同的见解；不轻易相信书本上的结论，而以怀疑的眼光审视一切；不满足于已揭示的知识间的联系，而试图建立各种知识间的新结构；善于利用所学的知识解决日常生活中遇到的各种问题及喜欢小发明、小制作、小设计等。也就是说，创造性这个概念不仅与学生的学习活动及结果相联系，更重要的是指向学生主体的品质、特征和属性。

（三）终身学习观（life-long learning sight）

终身教育思想是 1965 年 12 月法国著名的教育思想家和成人教育家保罗·朗格朗（P. Lengrand，1910—2003）提出的。而 1972 年联合国教科文组织国际教育发展委员会主席、美国教育家埃德加·富尔主持完成的《学会生存》一书，使终身教育的思想进一步理论化和系统化。书中指出："我们再也不能刻苦地一劳永逸地获取知识了，而需要终身学习如何去建立一个不断演进的知识体系——'学会生存'。"① 正如瑞士教育家查尔斯·赫梅尔所说，终身教育的想法

---

① 联合国教科文组织国际教育发展委员会编著：《学会生存——教育世界的今天和明天》，教育科学出版社，1996 年版，第 2 页。

是简单的,但就其效果而言,"终身教育概念的提出可以与哥白尼式的革命相比,它是教育史上最引人注目的事件……终身教育孕育着真正的教育复兴"。① 终身教育思想已成为各国重新阐述教育、重新改写教育学和进行教育改革的指导原则。

与终身教育并列,联合国教科文组织在 1976 年 11 月召开的第 19 次全体会议通过的《关于成人教育发展的报告》中,提出了"终身学习"概念。终身学习强调的是学习者自身的进取和努力。没有人自身的积极性、主动性和创造性,终身教育是无法实现的。从这个意义讲,提倡终身学习是对终身教育的进一步推动和发展,二者在本质上及对人发展的促进作用方面是一致的。

什么是终身学习?它由欧洲终身学习促进会提出,并经 1994 年 11 月在意大利罗马举行的"首届世界终身学习会议"定义为:"终身学习是 21 世纪的生存概念。""终身学习是通过一个不断的支持过程来发挥人类的潜能,它激励并使人们有权利去获得他们终身所需要的全部知识、价值、技能与理解,并在任何任务、情况和环境中有信心、有创造性和愉快地应用它们。"② 我们认为,把终身学习提到"生存概念"的高度,是人类对知识经济和知识社会的积极响应,也意味着知识经济时代的学习观念将发生根本性的改变,即把学习从单纯接受学校教育的学习中扩展开来,并从少数人的学习扩展到所有的人,从阶段性的学习扩展到人的终身,从被动的学习发展到主动的学习,从而使学习真正成为所有人终身的行为习惯和自觉行为。

面对世界范围内兴起的终身学习浪潮,适应 21 世纪培养新时代的公民和新型科技人才的需要,作为基础教育阶段的学生,应该自觉建立终身学习观,把学习扩展至人的一生,使终身学习真正成为"21 世纪的生存概念",并在中小学学习阶段为终身学习打下坚实的基础。

(四)从被动接受走向自主发现和探究(from passive receiving to independent discovery and exploration)

这种全新的学习观,要求教师和学生之间从原有的"权威—服从"关系转变成"价值引导—自主探究和发现"的关系,学生通过这种自主探究和发现知识的过程,获得一种成功的体验和自我价值感的实现,改善自己的生存状态和生活质量,从而不断地超越自我,提升自己的生命价值和生命意义。因此,在课堂教学中,教师应积极创造条件,引导学生实现学习方式的转变,从以往被动地接受知识向自主探究和发现知识转变,真正成为学习的主体。这也正如《学会生存》所指出的那样:"教育应该较少地致力于传递和储存知识(尽管我们要留心,不要过

---

① S. 拉塞克 G. 维迪努著:《从现在到 2000 年教育内容发展的全球展望》,教育科学出版社,2001 年版,第 142 页。

② 吴咏诗:《终身学习——教育面向 21 世纪的重大发展》,《教育研究》,1995 年第 12 期。

于夸大这一点），而应该更努力地寻求获得知识的方法（学会如何学习）。"① 在课堂教学中，"学会学习"意味着学生传统学习状态的根本改变——由知识的被动接受者转变为知识意义的主动建构者，意味着学生传统学习方式的根本改变——由被动地接受学习转向注重学生的自主探索和发现学习。

这里最重要的是教师鼓励学生发表独特的观点和见解，允许进行不同的"解读"，倡导"创读"。

在课堂教学中，教师讲授的内容和教材实际上只是学生学习的一个"剧本"，是一个个生动的"案例"，对于这些"剧本"和"案例"，由于教师以及每个学生的经历、体验和解读方式不同，从而得出的结论和观点也就有可能不同。因此，课堂教学不应视教材为"圣经"和"金科玉律"，不应停留在对教材本身所传达的文字信息上，而要关注"案例之后"更为本质的东西，鼓励学生不要满足于已有的观点和结论，积极鼓励学生的奇思妙想，允许学生对"文本"进行不同的解读，大力倡导"创读"。对教师而言，必须从心底里乐于接受学生提出的不同观点和意见。教师只有在课堂上与学生真正地进行了思想和情感的交流，才能给予学生广博的文化浸染，课堂教学才能真正切入学生的经验系统，才能真正成为"教学相长"的过程。

三、如何学会学习

（一）培养会学习的学生

所谓"会学习的学生"，就是能够主动地激发自己学习的动机，开发丰富的教育资源，选择适当的学习方法，利用有效的学习手段，安排自己的学习过程，将之付诸实施，并监控整个计划的实施过程，适时地对自己的学习进程和方案进行调节，同时使自己的学习富于创造性的学生。要适应信息时代的挑战，尊重学习化社会的要求，结合教育自身的特殊任务，"会学习的学生"的培养作为学校教育的"必要检修"必须上升为学校教育的明确目标。

1. 引导、促进学生学习观念的转变和自我的重新定位

引导学生从单纯的学知识转到"学会学习"上来；使学生有意识地、自觉地学习和发展这方面的知识和能力，面对急剧变化的社会使他们有备而来；在角色定位上，则要引导学生从传统的被动学习者，转到教学的主动参与者，使他们认识到学习的目的是"为了生存而学习"。

2. 以"研究性学习"为探索"会学习的学生"培养的主要模式

传统课堂教学模式显然不利于"会学习的学生"的培养，而"研究性学习"及其倡导的师生互动理论为"会学习的学生"的培养提供了有利的条件。研究性学习作为科学研究的一种模拟，对于学生走出校门，适应学习化社会的需要有着

---

① 联合国教科文组织国际教育发展委员会编著：《学会生存——教育世界的今天和明天》，教育科学出版社，1996 年版，第 12 页。

积极的作用。

3. 开发有效的培养"会学习的学生"的教学策略

"会学习的学生"的培养应因地制宜，因人而异，不拘一格，但以下三点不能忽视。（1）反思力和自我调控——培养"会学习的学生"的根本；（2）学习方法的掌握与驾驭——培养"会学习的学生"的前提；（3）学习资源的开发和选择——培养"会学习的学生"的基础。

4. 确立有利于"会学习的学生"培养的教育教学评价观

与传统的考评相比，现在的评价常常是作为教学的一部分，它发生在学生学习前、学习中、学习后的各个部分。这样分散在各个教学阶段的评价有利于教师掌握学生的动机、主动性状态、方法的驾驭、知识的选择及自我调控能力的随机表现，也推动了学生的自我思考和自我管理。针对这种评价方式，较为有效的经验是建立"成长档案袋"。这种方法采用自评和他评相结合的方式进行，教师有一份学生的"学习档案"，学生自己也有一份自己的"学习档案"，用来考查学生学习前、学习中、学习后的不同情况，以此促进学生的积极性反思和自我调控。

专栏 3-2

成长档案袋

成长档案袋，也被译为成长记录袋。主要指收集、记录学生自己、教师或同伴做出评价的有关材料，学生的作品、反思，还有其他相关的证据与材料等，以此来评价学生学习和进步的状况。

成长档案袋是记录了学生在某一时期一系列的成长"故事"，是评价学生进步过程、努力程度、反省能力及其最终发展水平的理想方式。成长档案袋的形成包括以下几个步骤：

1. 明确目的；
2. 确定评价的内容和技能；
3. 确定评价的对象，在什么年级水平；
4. 确定要收集的内容和收集的次数、频率；
5. 调动学生参与；
6. 确定评分程序；
7. 向每一个人介绍成长档案袋；
8. 制定交流计划和保存、使用计划。

成长档案袋的形成过程由学生和教师共同完成，内容则涵盖了一项任务从起始阶段到完成阶段的完整过程。

[资料来源] 朱慕菊主编：《走进新课程——与课程实施者对话》，北京师范大学出版社，2002年版，第156-157页。

（二）在反思中学会学习

1. 如何反思

（1）反思的方法因人而异，以下方法也因人而异。

①通过和别人（如同学）讨论的方式进行反思。

②通过自己的独立思考，将谈话内容梳理清楚，理出头绪。

③随时在笔记本上记下你的想法，往往会促进反思。一个用于记录想法的笔记本会有助于你思考自己的学习，从中获得愉悦和一些经验教训。

④记日记。通过日记的形式，记录你每天在学习中的心得体会。

……

总之，我们可以采取很多方法，记录的方式也多种多样，记录的频率也可能不同，但不要隔太长时间（如几周）才记一次，你应当把反思作为帮助学习的工具。

（2）在反思中，应重点考虑以下内容。

①你在学习中如何获得一个具体的突破（进展）？

②一堂有特别意义的课和学习任务是如何实施的？

③各种活动或课之间的联系。

④你对你读到东西的反应。

⑤在学习中遇到的任何困难。

⑥你对学习方法的领悟。

⑦你对学习的领悟。

⑧你所发生的变化。

⑨导致这些变化的途径。

反思应看作是一种自我内在的对话与思考，这就是为什么反思会有助于解决问题，获得答案。

2. 反思学习的四阶段模式

"昨夜西风凋碧树，独上高楼，望尽天涯路；衣带渐宽终不悔，为伊消得人憔悴；众里寻他千百度，蓦然回首，那人却在，灯火阑珊处。"这三句脍炙人口的描述学习三种境界的诗词，你从中体会到学习有哪几个阶段？

反思：你能不能指出你是根据什么来区分不同学习阶段的？你认为哪个阶段是学习最理想的初始阶段？

学习：请看下面的四阶段模型：通过这个模型看你能回忆起的（自己的）学习处于哪一阶段？

第一阶段：我不知道自己究竟怎么去做（无意识、无能力）

第二阶段：我知道自己不知如何去做（有意识、无能力）

第三阶段：我知道怎样去做，而且也知道正在怎样去做（有意识、有能力）

第四阶段：我知道怎样去做，但不刻意去想怎么去做（无意识、有能力）

其中，第二阶段是学习最理想的初始阶段。对此，我们有哪些方法可以帮助这样的学习者呢？

应用：小组讨论：你的经验和其他人的哪些经验是相同的，哪些是不同的？这些观点是否有助于理解人的学习活动？作为一个教师在课堂上怎样利用获得的这些观点，遵循四个阶段来分析具体的学习活动。

3. 反思学习的方法

请仔细阅读下面的资料，然后记住读到的要点。同时设计表格说明你所同意的、不同意的及其有关补充意见。在此基础上，你能否得出学习的环节或一般模式呢？

一天深夜，著名物理学家卢瑟福走进了他领导的实验室，看见一个学生在那里搞实验。卢瑟福略微迟疑了一下，便过去问那个学生："这么晚了，你还在做什么？"学生回答说："我在工作。""那你白天干什么呢？""也在工作啊！""早晨你也在工作吗？""是的，教授，我从早到晚都没有离开实验室。"学生说得很肯定，以期博得老师的夸奖。不料，卢瑟福反问了一句："那么这样一来，你用什么时间来思考？"

牛顿说："如果说我对世界有些贡献的话，那不是由于别的，却只是由于我辛勤耐久的思索所致。"

普朗克说："思考可以构成一座桥，让我们通向新知识。"

爱因斯坦说："学习知识要善于思考、思考、再思考，我就是靠这个学习方法成为科学家的。"

科学史上的无数巨人之所以比同时代的人站得高，看得远，就在于他们观察事物，不是浅尝辄止，停留在表面的感性认识阶段，而是善于思索、勤于琢磨，力求下工夫由表及里地找出现象后面本质的东西，捕捉事物的内在联系，从而有所发现、有所发明、有所创造，对科学事业做出了较大的贡献。

学习的本质是知行统一。古今思想家、教育家都很强调学习的实践意义。孔子主张言行一致；荀子更是重行主义者，认为"行之，明也"；朱熹指出："学之之博，未若知之要；知之之要，未若行之之实。"这是强调学懂了，还不如去实行。

明代思想家王守仁更是明确指出：真正的知识就是为了用以实践的，不能付诸实践的就不足以叫作知识，即"真知即所以为行，不行不足以谓之知。"王夫之在谈学习的本质时说，只有在实践的基础上努力学习，才能逐步达到对事物的深刻认识；做学问的人，从来没有离开行去求知的。近代先进教育家，对学习的实践意义也是非常重视的。如陶行知就说："先生拿做来教，乃是真教；学生拿做来学，乃是真学。"这虽是从教学角度谈如何解决学用一致的问题，但教学双方，如果"不在做上用功夫，教固不成教，学也不成学"。毛泽东同志衡量学习的标准是：对于马克思主义的理论，要能够精通它，应用它，精通的目的全在于应用。这也是从"知行统一"的观点出发看待学习本质的。

综上所述，人的学习，既是学习生活，又学习实践；既是为知，更是为了行；绝不是为"学"而学，而是为"用"而学。概括为一句话，学习就是在学习实践中获得知识，从而达到知行统一。

反思：请参照下页的模式图，重新思考上面的阅读资料，然后回答下面的问题。

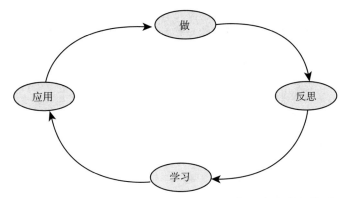

● 学什么？或从中学到了什么？哪些是新的，哪些需要现在学习？

● 学习已获得了哪些进展，或发生了什么变化？我是如何执行我的计划的？

● 为什么——学习的目的是什么？或学习为什么对自己是重要的？

● 如何——学习时如何应用学习策略或以什么样的方式来完成学习任务？

● 结果——你所注意到的效果如何？或在学习中获得了哪些帮助，通过这种方式学到了什么？

● 学习时的情感：学习时我是如何感受的？哪些东西会影响到我这样做？

● 情境问题：我们如何与群体合作来完成任务？哪些资源是可以利用的，我们能够影响情境吗？

总之，不要考虑以下问题：什么东西会支持你去进行这样的反思？什么东西会阻止你的反思？请你从一开始就坚持四阶段的学习（做、反思、学习、应用）。

专栏 3-3

四阶段反思学习模式个案

请根据下面所列的做法，讨论和反馈你的学习。在讨论时，一定要表达出所关注的自身未来发展的内容。

做法：

● 我习惯通过记笔记的方式记下我的想法、感受、事件等，但从未想过对我记下的东西进行反思和评价，我只是把它们当作个人的隐私。

● 当我注意到从何来、如何做时，比起内容本身而言，这是一个非常好的转变过程，但这样做的确很难。

● 刚一开始，记笔记不太习惯，现在我挺喜欢记的，当我发生变化时，我把大量的有关事情记下来，在事物之间获得了更多的联系。

● 我不知道这是一种反思活动，只是喜欢而已。当我记下有关内容时，它会让我意识到我发生了多大的变化，进步多快。因此我开始意识到这些笔记的内容对我学习的影响，接着这些内容便会导致新的变化。

● 它会帮助我记住，学习是关系到我的发展的事情，而不是简单的获得事实、复制事实。

学习：如何利用笔记或建立学习档案来反思和记录自己的学习。

记下你的想法，本身就有助于反思和学习。学习笔记会给你带来愉悦和活力，一旦记下，反思就接踵而至，如果你形成这样一种习惯的话，你的学习自然而然就会得到优化。

最好把学习笔记看作是帮助你学习的手段，其中的内容要反映以下值得反思的议题。

- ● 一门具体的课和一个具体的任务（或作业）
- ● 各种活动和课程之间的联系
- ● 你对阅读到的东西的反应
- ● 学习中重要的偶发事件
- ● 学习中遇到的任何困难
- ● 你对自己学习方法的领悟和认识
- ● 你对自身变化以及冒险行为的领悟

反思：反思可以看作是一种自我对话。因此，询问自己一些问题并努力回答它们对于促进自己的反思是很用的。下面一些问题可能会有助于提高我们对学习的反思。

- ● 为什么——学习目的，如在这个课上，什么是重点？为什么？
- ● 怎么做——学习策略，如通过什么方法完成这个作业？
- ● 结果——你所注意的结果，如通过这次学习获得了哪些帮助？
- ● 情感——学习体验。当我开始学习时，如何感受的，这种感受是如何影响我的行为的？
- ● 情境——我如何和别人共同学习，哪些资源是有用的，怎样影响情境？

[资料来源] 杨四耕：《略论反思性教学评价标准的建立》，《中国教育学刊》，2001 年第 4 期；胡光锦：《论创新走进课堂　把思考还给学生——新世纪（版）数学二年级上册教材分析》，《学习教育》，2002 年第 10 期。

第四节　教会学生学习

一、了解学习差异

在学习过程中，学生具有很大的个别差异。如在智力方面，学生的差异既有超常、中常和低常三种发展水平的常态分布，又有包括智力类型、认知风格和学习方式等方面的差异。在人格方面，也表现出人格类型、人格特质、态度和价值观等方面的差异。这些差异直接影响着学生的学习风格与学习策略，也是教师进行因材施教的依据。

学习风格是学习者持续一贯的带有个性特征的学习方式，它涉及生理的、心理的和社会的因素，制约着学生的学习行为和学习效率，是因材施教的基本前提。美国圣·约翰大学学习与教学风格研究中心主任丽塔·邓恩（Rita Dunn）和肯尼恩·邓恩（Renneth Dunn）夫妇是研究学习风格的著名学者。他们曾把学习风格分为 5 大类 27 个要素。[①]

---

① 袁振国主编：《当代教育学》，教育科学出版社，1999 年版，第 120—123 页。

（1）环境类要素。包括对学习环境安静或热闹的偏爱；对光线强弱的偏爱；对温度高低的偏爱；对坐姿正规或随便的偏爱。

（2）情绪类要素。包括自我激发动机；家长激发动机；教师激发动机；缺乏学习动机；学习坚持性强弱；学习责任性强弱；对学习内容组织程度的偏爱。

（3）社会性要素。包括喜欢独立学习；喜欢结伴学习；喜欢与成人一起学习；喜欢与各种不同的人一起学习。

（4）生理性要素。包括喜欢听觉刺激；喜欢视觉刺激；喜欢动觉刺激；学习时是否爱吃零食；清晨学习效果最佳；上午学习效果最佳；下午学习效果最佳；晚上学习效果最佳；学习时是否喜欢活动。

（5）理性要素。包括分析与综合；对大脑左右两半球的偏爱；沉思与冲动。

根据上述因素的不同组合，可以把学生的学习风格分为若干不同的类型，据此不仅可以知道学生在每一因素的某一项目的基本情况，而且可以把学习风格进行较为概括的分类并据此提出训练的策略。如美国教育心理学家柯勃（David Colb）根据学生对知识学习周期的具体体验、沉思观察、抽象概括和主动实践四个阶段的不同偏爱，将学习风格分为发散型、集中型、同化型和顺应型。

专栏3-4

柯勃的学习风格分类

柯勃根据学生对知识学习周期的具体体验、沉思观察、抽象概括和主动实践四个阶段的不同偏爱，将学习风格分为顺应型、发散型、集中型和同化型，每种类型的主要优缺点及扬长策略如下：

顺应型：

长处：付诸行动、善于领导、敢于冒险；

短处：微不足道的改进和无意义的活动太多、不按时完成任务、计划不切实际、偏离目标；

扬长策略训练：专注于所定目标、多与他人交往、影响并领导他人。

发散型：

长处：想象力丰富、善于了解人、认清问题、思想活跃；

短处：在几种选择面前无法抉择、难以做出决定、难以把握机会；

扬长策略训练：敏锐地觉察他人情感、敏锐地觉察各种事物的价值、虚心听讲、积累信息资料、想象不确定情境的意义。

集中型：

长处：快速解决问题和做出决定、擅长演绎推理和善于认识问题；

短处：解决问题容易出错、决定做出仓促、思想凌乱、对有关思想是否正确不作检验；

扬长策略训练：寻求思考和解决问题的新方法（途径）、将新的思想付诸实践、选择解决问题的最佳方案、树立目标、做出决定。

同化型：

长处：善于制定计划、建构理论模型、善于分析问题；

短处：空中楼阁、缺乏实践应用、不善从错误中吸取教训、缺乏良好的工作基础、缺乏系统的工作方法；

扬长策略训练：组织整理信息资料、建构理论模型、检验理论思想的正确性、设计实验、分析量化资料。

[资料来源] 谭顶良著：《学习风格论》，江苏教育出版社，1992年版，第318页。

二、学习策略的训练

（一）学习策略

学习策略是学习者根据学习情境的特点和变化而采用的达到一种或多种学习目标的学习方式，其特点是揭示学习中各种变量与学习方法的关系。学习策略是可以加以训练的，其训练的过程也就是学会学习的过程。学习策略不同于具体的学习方法或学习技能，因为学习方式或技能往往指向特定的学习课题，而学习策略则是控制与调节学习方法或技能而选用的执行技能或上位技能。学习策略的一个基本特征就是在学习活动中能否注意到影响学习的各种因素。如果把学习方式或技能比作战争中具体战术的话，那么学习策略则是具有统摄和控制作用的战略。

（二）学习策略与其他影响学习因素的关系

在学习过程中，影响学习的变量很多。除了学习风格外，还包括学习的目标、任务、要求；学习结果的评价与测验；学习材料（包含信息量、难易度、类型、写作方式）；学生已有的知识水平；学生的能力、性格、气质与个性特点等。学习策略的重要任务就是要充分认识这些变量，并揭示这些变量与学习方法或技能之间错综复杂的关系。

一般认为，学习策略与元认知有着非常密切的关系。元认知又称对认知的认知，即个体对自己认知活动的自我意识和自我体验。在学习过程中，许多学生只知道某种学习方法或技能有效，但并不清楚在何时选择以及如何运用这些方法或技能；也有不少学生只是习惯性地运用某些方法或技能，但并不懂得为什么要使用以及这些方法或技能受到哪些因素的影响，遇到新情境则表现为无所适从。这与学生缺乏元认知有很大的关系。元认知比较健全的学生则能够较好地运用学习策略，拥有陈述性知识（关于学习任务和个人特点的知识）、条件性知识（关于何时使用和如何使用的知识）和程序性知识（如何使用学习方法或其他智力技能的知识），并对各类知识的关系及变化有清楚的认识。

（三）学习策略的训练步骤

由于学习策略涉及学习情绪、学习者和学习方法等多种因素，因此，学习者的个别差异显然也是不同学习策略的基本表现。一般认为，学习策略的训练包括以下六个步骤。①

---

① 袁振国主编：《当代教育学》，教育科学出版社，1999年版，第122—124页。

（1）激活与保持良好的注意、情绪与动机状态。这一步骤不仅要使心理活动处于觉醒与兴奋状态，更要激活同当前学习活动有关的所有因素与学习方法关系的意识。

（2）分析学习情境。这一步骤要求学生把握有关学什么（what）、何时学（when）、在何处学（where）、为什么学（why）和怎样学（how）的问题，估计自己的学习风格等，以提供选择学习方法的依据。

（3）选择学习方法，制定学习计划。这一步骤要求学生综合考虑学习情境的有关因素与学习方法的关系，确定学习的时间安排表，把学习任务分为具体的几个部分，列出可能需要的学习方法。

（4）执行学习计划，实际地使用学习方法，监控学习过程。这一步骤要求学生监控性地检查自己的学习行为，不断地把有关学习变量与所实施的学习计划、学习方法联系起来对照检查，以估价学习计划与学习方法所能达到的效果。

（5）维持或更改已选用的学习计划和学习方法。这一步骤要求学生对监控结果做出反应，如果监控结果令人满意，可维持原有方法；反之，则重新评价或修改原有计划与方法。更改可能是调整部分内容，也可能是改变整个计划与方法。

（6）总结性地评价选用的学习计划与方法所达到的效果，作为这次学习的反馈与下次学习的准备。这一步骤要求学生对学习过程进行终结性评价，如果学习效果佳，说明原有学习方法与各种学习因素相互适合的水平高。

三、学习方法指导

学习方法指导是教育者通过一定的途径对学习者进行学习方法的传授、诱导、诊治，使学习者掌握科学的学习方法并且灵活地运用于学习之中，逐步形成较强的自学能力，即"教学生学会学习"。

学习方法包括学习的态度、程序、途径、手段、技能等。学习方法指导包括学习内容的指导和学习过程的指导。教师的课堂行为应包括这两部分，应同时完成这两方面的任务。前者在于学生理解外在的内容，后者在于使学生理解内在的过程。

（一）学习方法指导的原则

1. 强调整体观

教学工作是一项系统工程，学习方法指导只是这个系统中的一个因素。从教学系统功能整体性原则来看，学习方法指导必须在整体改革的思想指导下，才能发挥应有的作用。学习方法在教学过程中既是学生获得知识的手段，也是学生把知识转化为能力的手段。在教学过程中，学生的学习方法受教师的教所制约，教师怎样教和学生怎样学是不能截然分开的。学生学习方法还离不开教学其他因素的改革，如随着教学内容和教学手段的现代化，学习方法指导也要充分考虑"现代化"的要求。

教学活动在不同时空领域内采取的活动的方式方法是有所不同的。学生学习方法有其相应的序列，因此学习方法指导就是遵循这个序列，否则就会得不到预期的效果。

2. 注重学习方法指导研究与研究学生结合

学习方法指导问题，决不只是一个方法问题。任何学生采取这样或那样的学习方法，都与他的学习目的、学习态度、学习情况、学习意志以及个性特征有密切的关系。要研究每一个学生的情况，把学习方法指导与学生整个情况研究结合起来，才能收到预期的效果。

学生学习与青少年身心发展的特点及学习中遇到的问题有密切关系，但决不能忽视学生生活的社会、自然、家庭以及校风、班风等对他们学习目的、学习态度的影响。因为不同的学生，学习目的、态度上的差异，往往决定于他所处的生活环境。所以，学生学习既有共性也有个性。以往我们往往只注意到共性，针对共性中存在的问题也采取过某些教育措施，但由于对每个学生独特的情况缺乏了解，那些针对性的教育措施就难免一般化，甚至成为空洞的说教，对学习情况的改善起不了多大的作用，学习方法指导也就难以落到实处。

3. 激发学习的自觉性和主动性

改善学生学习的一个重要问题，是如何激发学生学习的自觉性与主动性。"学"终究是学生自己学，教师教好、家长督促以及其他学习条件的创造，都只是一些外在因素。变"要我学"为"我要学"，是教学过程中一个非常关键的问题，即学生是否感受到"学习需要"，这与学生对学习的认识与情感有着直接关系。

要激发学习的自觉性，应注意以下几点：（1）明确学习的目的要求，激发学习的兴趣，使之产生一种需要感；（2）要让学生看到自己努力学习获得的进步，使之产生一种积极的情绪体验，坚定自己能够学好的自信心；（3）学习要有一定的难度，即这种难度是学生经过自己的努力或他人适当的指点可以达到的，当他克服了这个难度后，就会产生一种愉快感，就会激发他向更高难度攀登；（4）引导学生正确评定自己的学习成绩，发现学习中的问题，明确下一步努力的方向和行动目标，进一步提高学习的自觉性和责任感。

4. 强化学习能力的培养

学生掌握科学的学习方法，是知识转化为能力的"手段"。因此，学习方法指导是促进学生能力的形成和发展的必要措施。所谓学习能力是指学生顺利完成一定的学习活动所必备的心理特征或本领。中小学学生应着重培养的一般能力主要有学习能力、实际操作能力、表达能力、研究能力、组织能力、自控自理能力与交往能力。此外，还应注意培养不同学生的特殊能力，如计算、绘画、制作等能力。这些能力的培养与掌握科学的学习方法有密切的关系。现在有些中小学给学生开学习方法指导课，并编写了学习方法指导的教材，这种尝试是有意义的。但一般性的学习方法指导，仍然是通过各科教学来进行的。

（二）学习方法指导的基本要求

1. 制定学习计划指导

"凡事预则立，不预则废。"干什么事情都要有个计划或打算，学习也是这样。

制定学习计划有以下的作用：第一，学习计划是实现学习目标的蓝图。有了学习计划，会使自己学习的目的要求更加明确。第二，坚持计划的实施，有利于锻炼自己学习的意志，养成良好的学习习惯。第三，按计划学习，有利于合理使用时间，提高学习效率，特别是一个科学的学习计划，在学习过程中注意到弛张结合、动静搭配、文理交叉等方面，更有利于青少年身心的健康发展。

2. 学会阅读指导

学生以学习间接知识为主，因此较多时间是与书本打交道，而阅读是获得书本知识的基本方法，指导学生学习，特别要重视阅读方法的指导。

具体可以从以下几方面进行阅读方法指导。一是指导学生制定好阅读计划，明确阅读目的、要求、范围、时间、步骤、方法等。二是指导学生根据阅读计划要求学会找书，尽快进入"定向阅读"。定向阅读可以使学生在信息复杂的阅读环境中尽快寻找到阅读的目标，有效地指引学生的阅读，使选择的读物和所读的知识成为一种有序的结构。三是帮助学生控制阅读中的心理状态，保持必要的学习内推力，调节自己学习的情绪。四是提供一些阅读材料，让学生根据自己的实际合理地运用。

3. 学会观察指导

科学的观察方法是人们在自然条件下（即不加控制）有目的、有计划地对自然现象或社会现象进行考察的一种方法。它是直接用自己的眼睛、耳朵等各种感官或借助相应的仪器去感知观察对象。学生通过观察，有利于增加感性认识，获得直接经验。

指导学生应用观察法，应注意以下几点。一是观察要有目的、有计划。所观察的事物纷繁复杂，不是说随便观察就能获得知识，要根据学习的要求，有计划、有步骤地进行观察。二是选择观察对象要注意典型性。这样花费较少的精力，就可获得确切的资料。三是观察要有实事求是的态度，不要掺杂个人的偏见，这样观察得来的资料才真实可靠。四是要掌握相应的观察方法和技术。在观察之前要订出详细的观察提纲，制定观察的标准、记录表格和速记符号。对观察对象在不同时空活动领域中的各种状态都要做好记录。五是对观察得来的资料要进行整理，使之系统化、本质化。不要满足于一些零星数据或片断事实，要进行分析、比较、概括，得到较全面、较本质的认识。

4. 学会记忆指导

学生获得的科学文化知识、道德观念只有靠记忆才能在头脑中得到巩固、保持。指导学生科学地进行记忆，应注意以下几点。一是明确识记的目的和任务，提高识记的自觉性，积极地进行有意识记。明确识记目的和任务有助于提高识记的速度和正确性。要自觉主动地给自己提出学习和记忆的任务，而不是临阵磨枪，考前搞突击。二是正确使用记忆方法。科学的记忆方法，能够增强记忆，收到事半功倍的效果。避免使用机械重复的方法获取知识，重视对知识的领会、理解，掌握符合记忆规律的记忆方法，如形象记忆法、图解记忆法、歌诀记忆法、谐音记忆法、比较记忆法等。三是掌握遗忘进程的规律，科学地进行复习。

5. 学会独立思考指导

指导学生思考问题，应注意以下几点。一是抓住知识的精华和内在联系，善于透过现象看本质，善于抓知识的难点、重点，避免平均使用力量，克服知识理解表面化的倾向。二是善于多角度、多渠道地思考、寻求解决问题的方案，突破常规，力图以全新的方案和程序创造性地解决问题。三是举一反三，触类旁通，能积极展开联想，进行综合归纳，力求融会贯通，举纲张目。

6. 学习程序指导

学习周期中的预习、听课、复习、作业等环节，需要合理衔接，行止有序。教师应指导学生掌握三种科学的学习步骤：一是先预习后听课，这样学习目标明确，思维活动有较好的"准备性"。二是先复习后作业，实现知识在理解基础上的应用，达到有效地巩固和转化。三是先思考后发问，使思维进入最佳"愤"、"悱"境界，有利于知识的深化。

（三）学习方法指导的过程

1. 了解学情

了解学情是搞好学习方法指导的重要前提。了解学情可通过调查问卷、检查作业、考试检查、平时观察、让学生叙述等来分析。

2. 制定计划

制定计划就是根据学情，选择学习方法指导的途径、方法、时机，明确指导的目标和方法，并做好相应的准备。

3. 实施指导

实施指导是把指导计划机动灵活地付诸实施。指导可以在全班进行，也可以个别进行。

4. 反馈控制

实施指导后，要经过一段时间，才能显现出效果。把学习的进步状况和实际效果与预期目标对照，找出差距，进行再指导，以达到最佳效果。

（四）学习方法指导的途径和方式

1. 途径

一般而言，学习方法指导的途径大致有三个：来自教师的指导；来自学生之间的交流；来自家长或其他人员。

2. 方式

学习方法指导的方式主要有学习诊断式、学科渗透式、经验交流式、专题讨论式、系统传授式等五种方式。

（1）学习诊断式（the model of learning diagnosis）。这是教师运用心理诊断技术帮助学生具体找出并分析影响学习效果的原因，指出具体的解决办法。这种方式一般来说具有较好的效果。它的优点是结合学生的实际，能及时有效地解决学习上的问题。但实用范围小，只能个别进行或在群体内进行，同时对人员素质要求较高，耗费人力也多。

（2）学科渗透式（the model of subject infiltration）。这是学习方法指导经常采用且效果较好的一种方式，是教师根据自己所教的学科渗透学习方法。一般由任课教师进行。这种方式要求教师既要对所教学科的知识有坚深的基础，又要对学习方法知识熟练掌握。它的优点是既能结合学生的实际，又能结合学科特点，还能兼顾学习方法的知识及教师的自身情况。因此，这种方式讲起来有具体内容，言之有物，学生既可以学到学习某一学科的具体方法，又能找到自己的不足，克服学习上的缺点，使学生掌握各环节的技巧，能够潜移默化。而其缺点则是有时过于烦琐，教师掌握的尺度不一，易于冲击教学内容。

（3）经验交流式（the model of experience intercommunication）。这种方式是学生之间通过自己的实践和学习过程的反思总结出自己的学习方法，并互相交流经验，取长补短，改进自己的学习方法。这种方式可以在教师的指导下进行，也可以不在教师的指导下学生独立进行。它的优点是具有较强的实用性，可以随时随地进行，不受时间、空间的局限，比较符合学生的实际，易于被学生接受；缺点是由于学生的经历和经验有限，交流的内容也有限，且学生的认识水平较低，很难从科学的高度来总结。因此，这种方式只能作为一种辅助方式。

（4）专题讨论式（the model of special topic argumentation）。这种方式根据学生学习的需要，采取专题形式定期或不定期地举办学习方法指导讲座，这种方式既可以以班级为单位，也可以以年级或全校统一进行；可以是报告会，也可以是利用校刊、校报、学习园地等形式进行。它的优点是比较符合学生实际，形式灵活，可以使学生学到某一方面较丰富、较深入的知识；而缺点则是缺乏系统性，容易被其他的作业冲击，理论与实践易脱节。

（5）系统传授式（the model of system impartation）。这是目前进行学习方法指导较普遍的一种理论传授方式，它是教师根据学习方法指导教材向学生系统地传授学习方法。这种方法的具体做法是教师要像其他各科课程一样研究教材，进行备课、授课，学习方法指导纳入教学计划，列入课表，学生有教材和笔记。这种方式的优点是教给学生系统的学习方法知识，使学生易于从理论上掌握学习方法；而缺点则是不能结合学生实际，理论与实践易于脱节，从而影响学习方法指导的效果。

四、几种主要学习方法的指导

（一）研究性学习的指导

1. 关于研究性学习的定义

从广义理解，它泛指学生探究问题的学习，可以贯穿在各科各类学习活动中。从狭义解释，它是指学生在教师指导下，从自然现象、社会现象和自我生活中选择和确定研究专题，并在研究过程中主动地获取知识、应用知识、解决问题的学习活动。①

2.研究性学习的本质特征

按照词典的解释，研究是以探求事物真相、性质、规律为目的的实践活动，是人类特有的高级活动方式。研究性学习的本质或特征应该与研究相关，应该在一定意义上反映研究的本质或特征。一般来说，人类研究活动的主要特点表现为以下四个方面。

(1)研究的本质是创新。著名声学家、中科院马大猷院士说："按照联合国教科文组织给的定义，研究工作是系统地、创造性地来处理一个问题，以得到新的思想、新的知识，就是发明、发现。当然，这也许是一个理论，也许是一个方法，也许是一个新的现象或新的材料等。"② 马大猷院士讲的是科学家的科学研究，他讲的创造或创新是从人类历史角度考量的创造或创新。开展研究性学习，让学生尝试研究工作，当然不能要求他们也有同等程度的创造。但是，既然研究的本质是创新，那么冠之以"研究"为名义的活动也应该有一定程度的创新色彩，也应该是在探究一个学习者不能轻易地在教科书或互联网上找到现成答案的问题。换言之，那种把在一般书籍中已有定论或可以轻易查到最终结论的问题，拿来让学生探究或"重新发现"的教学设计，虽然可以起到敦促学习者学习并体验知识形成过程的作用，却并不属于研究性的学习活动，因为它不符合研究是创新的基本要求，并且违背了研究活动应在继承的基础上进行的基本原则。

(2)研究的问题来源于实际生活，应是真正的而不是假设的问题。研究性学习，并不是要求学习者一切都在研究中发现，而是必然包括为了研究需要而主动接受、查询、参考一切人类文明的成果，包括在研究中的接受性学习。

(3)研究方法至关重要，甚至可以说，研究的最大价值就在于过程和方法。科学研究的工具和方法是"人类智慧的结晶"，科学研究都开始于学习、继承前人的工具与方法，研究性学习也应该从方法与工具的掌握开始，也应该把学习、继承前人创造的方法与工具作为学习研究的基础。科学研究的基本方法是分析，综合是在分析基础上的综合，没有分析的综合是混沌的、是含糊不清的。所以，在倡导研究性学习应该具有综合性，应该整合自然科学、人文与社会科学时，必须牢牢地把握现代科学方法的分析本质。在科学地收集实验或测量数据的基础上归纳事实真相，在具体地把握研究对象及涉及的概念的基础上开始研究，并且在严格演绎与归纳推理的基础上得出初步认识，这些都是研究活动、研究过程中最普通的要求，也是研究性学习中应该遵循的基本规定。在科学研究中，顿悟也有，直觉也有，偶然性也有，但是最根本的还是这种建立在事实基础上的批判性态度

① 文喆：《关于"研究性学习"的几个问题》，《教育科学研究》，2003 年第 5 期；钟启泉等主编：《〈基础教育课程改革纲要（试行）解读——为了中华民族的复兴，为了每位学生的发展》，华东师范大学出版社，2001 年版，第 130 页。

② 马大猷：《科学研究就是创新》，载黎先跃主编：《神奇的发现》，科学普及出版社，1999 年版，第 304 页。

与科学的分析方法。

（4）所有的研究都是长期性的，是积淀式的。这个长期性有两层含义：①从人类历史角度看，这种研究是长期的，是积淀式的。任何时代的研究都必须建立在前人积淀的研究成果之上。②从每个生命个体看，他的研究活动也是长期的，是一个连续的思考与实践过程。真正的科学研究不分上班下班，上课下课，也很难在规定时间内实现规定目标。科学研究的长期性、积淀性特点，在研究性学习中也应有所体现。

科研的本质是创新；研究的问题应来自实际生活，应是研究者发现的真正的问题；研究的重要价值在于研究的过程和方法；研究必然是一个长期的实践过程等，这些都是科学研究乃至一切研究活动的重要特点。但是从根本点上说，研究固然是创造，研究的基础却是继承，是充分学习、借鉴前人的经验，学习、借鉴前人积累下来的研究结论、研究方法和研究工具。这是人类科学研究的本质特点，也是人类能够不断运用科学研究的方法推动人类社会及其自身不断进步的根本原因。

3. 探索性学习与研究性学习

当前，有两种以探索命名的学习方式：一种是美国著名心理学家、教育家布鲁纳（J. S. Brunner，1915—　　）提倡的发现法和美国著名教育家施瓦布（J. J. Schwab，1909—1988）开始的探究学习，还有一种是动物共有的探索学习方式。发现法和探究学习这两种方式虽有若干差别，但都是主张由教师创设某种问题情境，引导学生通过再发现，通过积极思考、自己体会，在"做"科学的过程，去掌握概念和原理的形成步骤，去体会科学知识、科学方法和科学态度的真谛。所以，这种探索学习的对象首先是教材，是体现知识基本结构的教材，或包含特殊教育设计的教材，大多是理科教材。严格地说，这是一种有意义的接受学习，因为在这种学习过程中，学生的直接认识对象是人类积淀下来的认识成果，即使书中的若干结论可能没有直接给出，而教材设计的学习内容及方法也逻辑地指向规定的结果，所谓"探究"或"发现"，只是在教师导引下的活动体验而已。因为区别接受学习与非接受学习的标志，并不是学习者的主动或被动，而是学习的对象、学习的内容。只要学习者是在学习前人的认识成果，那么对于后来者而言，这就是一种继承或接受；而只有在学习者直接面对现实生活世界，或试图在前人的认识成果背后去发掘新的现象、新的解释、新的意义时，这时的学习才是发现或探索。

第二种探索性的学习方式，是一种十分古老的学习方式，是人与其他动物共有的基本学习方式。它是指生物体在本能或直接经验的影响下，主动尝试探求对自身有价值的行为方式与活动策略的实践活动。它是一种生物面对现实世界获取直接经验的学习方式，是一种带有根本性的学习方式。从草履虫学习如何从一个细试管中出来取食，小白鼠在科学家设置的迷宫中通过"尝试—错误"学会自由行动，到一只黑猩猩学会借助几只大小不等的木箱摸到天花板下吊着的香蕉，都属于这种探索性或探究性学习。从人类个体发展的实践看，这种探索性学习在婴幼儿期间还是大量存在的，还是一种基本的学习方式。当然，随着婴幼儿语言能力的发展，高级神经活动介入了学习过程，他们不仅凭借本能或直接经验来进行学习，而且能够在成人提示下学习，能够借助他人或社会经验来加速学习，本来意义的探究学习就会被更高级的学习形式取代与改造，探究也罢，体验也罢，都会在语言的提示指导下进行，并会带有一定的接受学习色彩。对于具备一定学习能力的儿童或青少年而言，纯粹的本来意义的探索性学习，大多表现在拼图游戏或做几何题添加辅助线一类的活动中，它将不再是重要的学习方式。一般地说，人类的学习方式主要是接受学习、体验学习以及其他包括探究的混合学习方式，例如研究性学习。

4. 研究性学习的指导步骤和典型案例

研究性学习是学生主动发现、主动探索以获取知识和经验的学习。教师的作用不是得出现成的结论，而应该是引导发现，善于挖掘问题的不同方面和学生相互交流。教学从探索开始，由发现获得问题的探索方法，重在指导学生的发现活动，而解决问题的方法是探索发现的结果。

（1）操作程序

研究性学习包括四个步骤：发现问题是从事实或教材中找出主要问题，陈述问题，经过深入的思考。分析问题是找到合理解决问题的方法，进行分析、研究、进一步思考，对解决问题的方法进行甄别、归纳和综合。选择解决问题的方法是在一些解决问题的方法中筛选合理的、有效的解决方法。最后解决问题。基本步骤是：发现问题——分析问题——选择方法——解决问题。

（2）典型实例——"我们身边的环境"

教师课前提出研究的问题——了解我们生活周围的环境问题。学生自愿进行观察并汇报自己观察和实验的结果。

学生1：学生自己拍摄的住家附近垃圾的照片，并介绍垃圾的危害。

学生2：在菜市场拍摄的照片，吃的食品和垃圾堆放在一起。住家附近烤鸭店的照片，烤鸭店内人影晃动，烤鸭店外垃圾成堆。

学生3：电池的用途很多，但现在正在给环境带来污染，并列举了一些数字。

学生4：建设中破坏环境问题，住家附近正在拆除旧房、旧板子，土灰等到处飞扬。

学生5：城市垃圾处理中的再次污染问题。列举了实例。

教师引导学生研究住家附近水污染的问题。

学生1：手里拿着两瓶水，一瓶是黑水，一瓶是干净的自来水。黑水是从学校附近的河沟里舀取的，学生经过实地考察发现，黑水是一家小工厂排放污水造成的，并自己拍摄了小工厂排放污水的照片：河面上漂浮着垃圾；利用自然实验法，检验河水是有害的，植物不能存活，动物如小鱼等不能生存。

学生2：学生画的图：被污染的河水像墨汁一样，一条小鱼在吐黑水。画外之意是"别吃我，我有毒"。

学生3：最近报纸上的文章——"水污染威胁中国"，"长江水污染问题"，"国家环保总局局长的讲话"等。

教师引导学生思考："什么原因引起环境的污染，都是人为因素吗？有什么办法可以改变？"（垃圾为例）

学习小组1：进行垃圾分类。对可再生的垃圾进行回收，以便资源重新利用。

学习小组2：为学校设计减少垃圾、利用垃圾的建议。

学习小组3：收集到我们国家解决环境污染问题的法律和法规。

学习小组4：收集近期报纸杂志上有关环境问题和治理问题的报道。

学习小组5：走访区（县）的环境保护局，了解本地区环境治理的常见措施，介绍给其他的同学。

（二）自主、合作、探究学习的指导

1. 自主、合作、探究学习的概念[1]

自主学习：相对于被动学习而言，具体学习活动中表现为我要学、能学、会学，具体教学程序为先学后教。

合作学习：相对于个体学习而言，是指学生在小组或团队中为了完成共同任务，有明确的责任分工的互助性学习。

探究学习：是指学生自主发现问题、探究问题、解决问题的学习过程。

2. 基本观点与衡量标准

（1）学生学习的主动性：强调学生的主体作用，主张让学生自己思考问题、质疑问题、解决问题，主动学习。有利于提高学生发现问题和解决问题的能力。

衡量标准：看先学后教还是先教后学；看教与学各占用了多少时间；看教学内容是教师讲的，还是学生自己学的；看教师的教法是否转变为学生的学法；看学生学习热情是否提高；看学生是否要学、能学、会学；看课堂教学的民主气氛。

（2）学生学习的互动性：强调师生、生生互动，共同发展。有利于提高学生的交往能力、合作能力和表达能力，增强学生适应社会、求生存能力。

衡量标准：看师生或生生是否双向交流、沟通、启发、补充；看小组成员之间是否积极的支持、配合，既分工，又合作；看课堂讨论是否热烈，有新的灵感、新发现。

（3）学生学习的体验性和探究性：强调注重课堂内外学习、探究的过程。有利于培养学生的创新精神、实践能力，有利于培养科学精神，增强社会责任感和使命感。

衡量标准：看学生是否参与课堂活动（动脑思考、用眼睛看、用耳朵听、用嘴巴讲、动手操作）；看学生是否参与课外实践活动（参观、考察、调查、搜集整理相关信息等）；看学生是否把学习的过程看成发现问题、提出问题、分析问题、

---

① 陈彬：《中学地理学科"自主、合作、探究学习方式"课题研究与实践》，《福建教育学院学报》，2003年第9期。

解决问题的过程。

（4）教师是学生学习的促进者：强调教师的主要作用在"导"上，通过导思（启发、诱导思考）、导法（引导学法）、导趣（激发兴趣），有利于唤起学生学习的求知欲，培养学生能力，促进学生的全面发展。

衡量标准：看教师是否是学生学习兴趣的激发者，学习方法的指导者，学生各种能力和积极个性的培养者，学生情感、态度和价值观的发展引导者；看教学的重心是否放在促进学生的学上。

3. 自主、合作、探究学习的操作程序及其典型实例

（1）操作程序

课前准备：全班按不同角色划分若干小组→小组内分工合作→搜集整理相关信息→准备节目。

课堂表演：教师导入→学生主持→不同角色的小组轮番表演→小组学生主持→小组学生分工合作表演。

学生讨论：针对表演内容提出问题、展开辩论。

归纳总结：可由教师或学生完成。

（2）典型实例

学校：福州则徐中学　地理课教师：陈邵榕　课题：不同的人种

课前准备：全班按白色人种、黄色人种、黑色人种和一些特殊人种不同角色划分为四个小组；小组内学生分工合作，有的扮演主持人，有的介绍人种外表特征，有的介绍人种的分布，有的介绍人种的杰出或知名人物；搜集整理有关人种外表特征、杰出或知名人物资料、图片，绘制人种分布图，有的展示图片等；准备节目。

课堂表演：首先教师导入，接着全班由学生主持，然后不同角色的小组轮番表演：有的扮演主持人，有的介绍人种外表特征，有的介绍人种的分布，有的介绍人种的杰出或知名人物，有的展示图片、图表等。

针对表演内容及黑人马丁的讲话录像提出问题、展开辩论，如环境对人种的影响，人种是否有优、劣等的区别？

归纳总结：可由教师或学生完成。

点评：教师的语言不多，但在学生主持、表演下，课堂学习兴致极高，讨论气氛十分浓厚。

五、对学习者的建议

"学会学习"是时代的命题，也是时代向教学提出的要求。那么，学生怎样才能"学会学习"呢？这是当前正在广泛探讨的课题。在这里，提出几点供教和学参考的建议。[①]

---

① 教育部高等教育司编著：《学会学习》，教育科学出版社，1999年版，第6—14页。

（一）树立自主学习的学习观是"学会学习"的基础

所谓自主学习就是学生自己主动地学习，自己有主见地学习。自主学习是全程性的，其完整的含义包括四个方面。首先，要对自己现有的学习基础、智力水平、能力高低、兴趣、爱好、性格特点、特长等有一个准确的评价；其次，在完成学校统一教学要求并达到基本培养规格的同时，能根据自身的具体条件，扬长避短，有所选择和有所侧重地制定进一步加强某方面基础、扩充某方面知识和发展某方面能力的计划，调整、优化自己的知识、能力结构；再次，按照既定计划积极主动地培养自己、锻炼自己，并且不断探索和逐步建立适合于自己、比较科学的学习方法，提高学习效率和学习能力；最后，在实践中能不断修正和调整学习目标，在时间上进行合理的分配与调节，在思维方法及处理相互关系上经常注意总结、调整和完善，使之达到最佳效果。

（二）具有远大的目标是"学会学习"的前提

所谓目标就是人们所追求的预想结果。也就是说，目标是一个人前进的方向。目标的选择与理想有关。理想是一种精神力量，是一个人从事学习或工作乃至生活的内在驱动力。一个人只有树立了崇高的理想，才能具有远大的奋斗目标，从而产生巨大的动力，激励你奋勇向前。

学习活动是一种很复杂性的认识活动，要求学习者在一定时间内摄取、储存大量信息，并且还要为今后更新知识奠定坚实的基础。因此，学习是一种艰苦的脑力劳动，需要具有锲而不舍的钻研精神和坚忍不拔的顽强意志。

（三）掌握科学的方法是"学会学习"的关键

所谓"学会学习"，在某种意义上就是学会学习的方法。科学的学习方法不仅有助于在学习活动中少走弯路，而且有利于培养和提高各种学习能力（如阅读和观察能力、听课能力、发问的能力、写的能力、思维能力、复习能力、动手和操作能力、记忆能力等），提高学习效率。学习方法就是学生认识世界的方法，也就是学生学习时所采用的方式、手段、途径和技巧。科学的学习方法是人的认识规律和学习规律的反映，因此它具有共同性和普遍性。同时，学习方法由于受学习目的、学习内容、学习条件、教育者的个体特征（如教授方法，学识水平，教育、教学思想等）、学习者的个体特征（如年龄、文化基础、素质、个性等）等因素的制约，而这些因素又是复杂的、多变的，因此，学习方法呈现出多样性并具有个性化。[①]

（四）善于自学是"学会学习"的基本途径

自学一般是指无教师直接参与的学习。一个人知识的积累和更新主要是依靠自学。自学是学会学习的基本途径，也是成才的必由之路。自学的主要途径是读书。因此，在某种意义上学会自学就是学会读书。

学会自学，还需掌握自学的方法与技能。如，要学会利用图书馆，学会使用

---

① 谢德民著：《说学习》，人民出版社，1992年版，第2页。

工具书，学会查阅文献资料，学会做学习笔记，学会积累和整理资料，学会对所学知识（包括书本上的和实践中的）进行分析、归纳和总结，等等。具备了自学的能力，我们的学习就能迅速地由必然王国走向自由王国。

（五）培养良好的学习品格是"学会学习"的保证

学习方法对于学会学习固然重要，但学习方法只是学习方面的一些具体技能、技巧，是实现"学会学习"目标的途径和具体办法，它解决的是"怎样学"的问题。一种成功的、高效率的学习，除了解决"怎样学"之外，还必须首先解决"肯不肯学"、"爱不爱学"和"以什么态度学"的问题，也就是说，还必须具备良好的学习品格。所谓学习品格，就是学习者在学习方面的一些心理品质和素质，它是一个人在人格、精神、态度等方面的综合表现，它决定一个人在学习过程中思维活动的方式，是积极的还是消极的，是坚忍不拔还是畏缩退却，等等。如果说学习方法是学习过程中的操作系统的话，那么，学习品格则是学习过程中的动力系统，它对操作系统具有助动和调控的作用。因此，在学习过程中只有将两者结合起来，既肯学、爱学，又会学，才能高效率、高质量地完成学习任务。

学习品格属于非智力因素范畴。和智力因素一样，有先天遗传的影响（如性格、气质等），但主要是由后天"习得"决定的。因此，每个学生加强自我修养，培养良好的学习品格对于学会学习非常重要，不能忽视。

在新技术革命浪潮的冲击下，教学活动从过去只注重教师"教法"的传统，正向着同时重视学生"学法"的方向转变。"教会学生学习"与让学生"学会学习"业已成为当今基础教育改革中最响亮的两个口号。

【主要结论与启示】

1. 学习是在各类学校的特定环境中，按照目标的要求，在教师的指导下，有目的、有计划、有组织地进行的，是一种自我建构和生成的经验习得活动。学生的学习具有计划性、间接性和高效性的特征。学生的学习结果包括言语信息、认知策略、智力技能、动作技能和态度五个方面。每一种学习都有其学习过程。

2. "学会学习"，指学生掌握运用学习策略、学习方法和技巧，养成良好的学习惯，提高学习效率的过程。"学会"与"会学"深刻地反应了两种不同的教育观和学习观。两者的区别在于："学会"只是被动地接受知识，而"会学"则要求学生去主动猎取，不仅要求学习者掌握必要的知识，而且要求他们对已学知识具备相当程度的理解能力、消化能力和系统化能力，并且具有不断更新知识的能力，即更注重于智力的发展和能力的提高。"学会"的着眼点往往只是获取现时的知识，而"会学"则是更多地瞄准未知的知识。学会学习要求学习者必须具备全面学习观、自主创新学习观、终生学习观、从被动接受走向自主发现和探究等新的学习观。

3. 所谓"会学习的学生"，就是能够主动地激发自己学习的动机，开发丰富的教育资源，选择适当的学习方法，利用有效的学习手段，安排自己的学习过程，将之付诸实施，并监控整个计划的实施过程，适时地对自己的学习进程和方案进行调节，同时使自己的学习富于创造性的学生。学习者应该理解和运用反思性学习方法，通过不断地反思自己的学习来学会学习。

4. "教会学生学习"是现代教学的理想和追求。教会学生学习对教师的要求是：首先，了解学生学习的风格与个别差异，对学生进行有针对性的学习策略训练，这也是教师进行因材施教的依据。其次，对学生进行学习方法的指导。学习方法指导有一些共同的原则，并应了解学习的过程，掌握学习方法指导的途径和方式，根据基本要求来进行。教师可以参考本章所提供的具体学习方法指导案例来开展对学生学习方法的指导。

5. 几种主要学习方法的指导，主要是从方法的角度去理解和应用，即研究性学习的操作程序和指导、"自主、合作、探究学习"的操作程序和指导。

【学习评价】

1. 名词解释：学习、学习风格、学会学习、学习方法、学习方法指导、研究性学习。

2. 学习包括哪些要素？各类学习的过程和阶段是什么？

3. 现代学习观包括哪些内容？现代学习方式的基本特征是什么？

4. 联系个人的学习实际，分析理想学习的初始阶段和反思型学习的四个阶段。

5. 如何分析和把握学习策略训练的六个步骤？

6. 试分析研究性学习的实质。

7. 设计一个"自主、合作、探究学习"的主题，并从衡量标准和操作程序方面写出指导方案。

8. 结合某位学生的学习实际，从原则、基本要求、过程、方法、途径几个方面设计学习方法指导计划和方案。

【学术动态】

● 国外对于学生学习方式的关注较早。所谓学习方式，英文为 learning approach 或 learning style，是当代教学理论研究中的一个重要概念。对其没有一个统一的定义，一般认为学习方式指学生在完成学习任务过程时基本的行为和认知取向（J. B. Biggs，1987）。在 Springer Link 中共检索到 555 篇有关教学方法的论文，其中有 55 篇是关于学生学习方式的论述。研究主要集中在以下几个方面。

(1) 不同学习方式的比较研究。

(2) 学生学习方式与学习环境的研究。

(3) 综合实践活动与学习方式的研究。

(4) 研究性学习与学习方式研究。

(5) 合作学习应用研究。

● 人本主义的学习观

人本主义的学习观是 20 世纪 60 年代兴起的一个心理学流派，主要代表人物为马斯洛（A. H. Maslow，1908—1970）、罗杰斯（C. R. Rogers，1902—1987）等。人本主义心理学强调学习过程中人的因素。所以，学习理论的基本原则是必须尊重学习者；必须把学习者视为学习活动的主体；必须重视学习者的意愿、情感、需要和价值观；必须相信任何正常的学习者都能自己教育自己，发展自己的潜能，最终达到"自我实现"；必须在师生之间建立良好的交往关系，形成情感融洽、气氛适宜的学习情境。据上述的基本原则，学习就是学习者获得知识、技能和发展智力，探究自己的情感，学会与教师及班集体成员的交往，阐明自己的价值观和态度，并实现自己的潜能，达到最佳的境界的过程。在学习过程中，教师还必须让学生觉得他是一个真诚的、可信赖的、有感情的指导者。

总之，人本主义学习理论者认为，不管怎样教学生学习，始终要牢记的是"人"在学习，是具有独特品质的人在学习。他们进一步认为，人的这些独特品质，应该而且也能够得到充分的发展。

● 建构主义的学习观

建构主义认为，学习是学习者主动建构知识的过程。建构一方面是对新信息的意义的建构，同时又包含对原有经验的改造和重组，是新旧经验之间的双向的相互作用过程。这种思想被认为是当代教学和课程改革的基础。建构主义的学习观概括起来有如下观点。

（1）知识观。建构主义认为，人类的知识只是对客观世界的一种解释、一种假设，不是最终答案。学生对这些知识的学习是在理解基础上对这些假设做出自己的检验和调整的过程。

（2）学生观。建构主义认为学生是信息意义的主动建构者。"学习是建构内在的心理表征的过程。学习者并不是把知识从外界搬到记忆之中，而是以已有的经验为基础，通过与外界的相互作用来建构新的理解。"（古宁汉，D. J. Cunningham，1991）学习不是简单的信息输入、储存和提取的过程，不是简单的信息累积，而是在已有经验、心理结构和信念基础上形成新知识的意义，实现新旧知识的综合和概括，形成新的假设和推论，在应用中加深对知识的理解。这种学生观更进一步强调了学生学习的主动性、自主性、探索性，确保了"以学生为中心"的教学观的落实。

（3）教师观。建构主义把教师看成是学生学习的帮助者、合作者。建构主义认为教学不是由教师到学生的简单的转移和传递，而是在师生的共同活动中，教师通过提供帮助和支持，引导学生从原有的知识经验中"生长"出新的知识经验，使学生对知识的理解能逐步深入；帮助学生形成思考、分析问题的思路，启发他们对自己的学习进行反思，逐渐让学生对自己的学习能自我管理、自我负责；创设良好的、情境性的、多样化的学习环境，鼓励学生在其中采用试验、独立探究、讨论、合作等方式来学习。

（4）评价观。建构主义的评价观以真实任务为标准的评价，努力使教育更加关注真实任务的解决。以经验的建构为评价标准，更重视对知识建构过程而不是结果的评价，并同时注意有效评价与教学的整合。评价标准多元化，确立多种形态的评价标准。由于建构主义强调在真实而富有意义的情境中进行学习与教学，所以评价的标准应源于丰富而复杂的情境。

【参考文献】

1. 袁振国主编：《当代教育学》，教育科学出版社，1999 年版。

2. 施良方著：《学习论——学习心理学的理论与原理》，人民教育出版社，1994 年版。

3. ［美］鲍尔、希尔加德著，邵瑞珍等译：《学习论——学习活动的规律探索》，上海教育出版社，1987 年版。

4. ［美］加涅著，皮连生、王映学、郑葳等译：《学习的条件和教学论》，华东师范大学出版社，1999 年版。

5. 傅道春著：《教育学——情境与原理》，教育科学出版社，1999 年版。

6. 张卿著：《学与教的历史轨迹——20 世纪的教育心理学》，山东教育出版社，1995 年版。

7. 施良方、崔允漷主编：《教学理论：课堂教学的原理、策略与研究》，华东师范大学出版社，1999 年版。

8. 单中惠、杨汉麟主编：《西方教育学名著提要》，江西人民出版社，2004 年版。

9. 吴立岗主编：《教学的原理、模式和活动》，广西教育出版社，1998 年版。

10. 张华著：《课程与教学论》，上海教育出版社，2000 年版。

11. ［美］赖斯利·P. 斯特弗、杰里·盖尔主编，高文、徐斌燕、程可拉等译：《教育中的建构主义》，华东师范大学出版社，2002 年版。

12. 朱慕菊主编：《走进新课程——与课程实施者对话》，北京师范大学出版社，2002 年版。

13. 戈登·德莱顿、珍妮特·沃斯著，顾瑞荣、陈标、许静译：《学习的革命——通向21 世纪的个人护照》，上海三联书店，1997 年版。

14. 李志厚等主编：《学习理论与新课程学习理念研究》，广东教育出版社，2004 年版。

15. 王岩根主编：《学会学习——大学生学习引论》，教育科学出版社，2003 年版。

第 四 章

教学目标

【内容摘要】

目标的指向性、引导性以及预测性等特点为人性的圆周规划了适宜的半径，故此，也正是由于教学目标的存在才使得教学系统的各种特性得以彰显。教学目标凝结着教师和学生主体间性的和谐，体现着当下基础上指向于未来时空的一种结果，呈现着预期性、生成性、整体性以及可操作、可测量等特点。教学目标的导向功能、激励功能、评价功能以及聚合功能是显而易见的。在教学目标的制定过程中，人的主观倾向性是一种必然，因此也就会表现出教学目标的价值取向，本章在详细分析了知识本位、社会本位以及人本位的价值取向的基础上，认为以学生的发展为教学目标的价值取向是调和各种矛盾的最佳途径。为了使学生对教学目标分类理论有系统、清晰的了解，本章重点介绍了布卢姆的教学目标分类理论、加涅的学习结果分类系统、巴班斯基的教学目标分类理论、奥苏贝尔的有意义学习分类理论以及我国学者对教学目标的剖析，并对每种理论进行了简要的评析。目标是人为的和为人的，因此，教学目标的设计无不闪烁着人的智慧之光。本章系统分析了教学目标设计的依据、设计的基本原则、操作步骤，并针对实践当中教学目标制定的偏离与误区进行了分析，在本章的末尾还就如何引导教师生成制定教学目标的实践智慧进行了系统的阐述。

【学习目标】

1. 明晰教学目标的含义、特点、功能以及价值取向。

2. 用自己的语言描述教学目标分类理论，并能做简单的评析。

3. 能够从目标的不同层次以及目标的不同性质两个维度来阐述我国教学目标分类系统。

4. 在教学目标设计的基本依据以及原则的指导下，能够根据具体的情境恰当地设计教学目标。

5. 通过调查研究，明晰目前我国教师制定教学目标过程当中存在的问题，并给出相应的对策、建议。

【关键词】

教学目标　教学目标分类理论　教学目标设计　问题及对策

第一节 教学目标概述

人之所以为人而不同于动物的一个很重要方面，就是人在行为之前能够对行为结果进行预测，这种预测也就是人们的行为所要达到的目标，正是在预期目标的指引与激励下才使得人们的行动有了一定的指向性，并且在行动的过程中洋溢着追逐目标的渴望与激情。教学作为一种人所从事的教育人的活动也无不如此，即在教学活动开始之前，教师就已经有了对教学结果的预测，但是这种预测并非是僵化的、固定不变的，而是随着教学活动的展开在不断地建构、生成。

教学目标对教学的导向、激励、评价以及聚合功能使教学目标的研究更加具有理论与实践价值。首先，教学目标研究有助于进一步从学理上澄清它的内涵、特点、功能、分类以及价值取向，而这些方面随着研究的逐步深入，是不断发展、变化的，因此对于教学目标的研究永远没有达到尽头的时候，我们只能在研究它的过程中不断地生成对它的新的理解与建构。其次，教学目标作为教学基本理论不可或缺的内容，关于它的基本范畴的研究能够进一步加深教学论学科建设。不管教学论专家从哪个角度来研究教学论这门学科，教学目标、教学内容、教学过程、教学规律等方面是永恒不变的探讨内容，因此，加强这些领域每一部分的研究无不是从根本上促进了整个教学论学科的发展。

教学目标的研究之于实践的价值也是显而易见的。首先，教学目标为教学实践提供了具体的方向指引，使教学实践成为在一定目标指向下的洋溢着生命活力的创造过程。其次，目标的引导性激发师生的热情，使教学实践成为一个充满着人文关怀的情感互动过程。再次，教学目标之于教学实践的最根本的价值在于为教学实践提供了可以参照的标准，这个标准使教师的教有了可以参照的凭借，使学生的学有了可以参照的平台，由此教学目标的实践品性得以充分彰显。

一、教学目标的概念

对教学目标的理解，由于人们阐述的角度、采用的研究方法以及依据的哲学基础等方面的不同，自然会存在不同的观点、看法。

专栏4-1

国内外学者对教学目标的理解

西方学者倾向于将教学目标看成是教学的预期结果或效果，或指教学在学生身上引起的行为方式的变化。

美国著名教育学家、心理学家布卢姆（B. S. Bloom，1913—　）认为，"目标就是预期的结果。"

美国著名教育家拉尔夫·泰勒（R. W. Tyler，1871—1960）认为，"形形色色的行为方式的变化，就是教学目标。"

苏联著名教育家巴班斯基（Юрий Констинович Бабанский，1926—1987）则把教学目标等同于教学任务，提出教养、教育和发展三大目标。

也有学者认为，"所谓教学目标是指教学活动主体预先确定的、在具体教学活动中所要达到的、利用现有技术手段可以测度的教学结果。"

还有学者认为，"教学目标是教学活动的主体在具体教学活动中所要达到的结果或标准，是教和学双方都应共同遵循的，对教师来说这是教授的目标，对学生来说则是学习的目标。"

我国学者倾向于将教学目标和教学目的联系起来。

有学者认为，"教学目标是教学目的更下位的范畴，它是教学目的的具体化和科学化，是各科教学所要达到的具体目标，即教师预期教学活动要实现的教学结果。"

还有学者认为，"教学目标是学生通过教学活动后要达到的预期学习结果，可分为课程教学目标、单元教学目标、课时教学目标等不同层次。"

[**资料来源**]陈旭远主编：《课程与教学论》，东北师范大学出版社，2002年版，第194页；田慧生、李如密著：《教学论》，河北教育出版社，1996年版，第68页；吴也显主编：《教学论新编》，教育科学出版社，1991年版，第329—330页；黄甫全、王本陆主编：《现代教学论学程》，教育科学出版社，1998年版，第142页。

通过对国内外学者观点的分析，我们可以这样来看教学目标，即教学目标是教师和学生立足于当下基础上的，以具体的教学活动为依托，指向于未来时空的一种结果。

首先，教学目标的行为主体表现为教师和学生。教学是教师和学生共同进行的一种活动，也正是在这个活动中，以对方的存在作为自身存在的前提，教师才可称之为教师，学生才可称之为学生。教学目标是指向于整个教学活动的，因此，作为教学活动当中的人——教师和学生成为教学目标的行为主体有其必然性，教学目标不仅仅是学生要达到的预期结果，同时也是教师要达到的教学效果的一种规定。正是在这个意义上，教学目标是教师教的目标与学生学的目标的辩证统一。

其次，教学目标是在当下的基础上指向于未来时空的一种结果。教学目标是对教学预期要达到的结果的一种反映，但是，这种反映并不是主观臆断的，而是立足于现实土壤上的一种大胆推测。如果脱离了教师实际的教学水平、学生实际的学习情况而去谈教学目标，那将如同沙漠上建起的高楼大厦，非但不可能，反而会很危险。正是在这个意义上，教学目标是教师和学生的过去、现在以及未来的一种联结。

再次，教学目标以一定的教学活动为依托，才能得以实现。教学目标设计得再好，再科学，最终也要落到具体的教学活动当中才能发挥其本身所固有的导向、激励、评价等功能。并且，具体的教学活动过程也是教学目标具体化以及生成新的教学目标的过程。可见，离开了教学活动，教学目标便无从谈起。

最后，相对于教育目的、培养目标、教学目的等上位概念，教学目标是一种更加具体的、微观的概念，在有些情况下具有一定的操作性。因此，教师可以编制与各种具体教学目标相对应的测试题目，对教学目标的达成程度进行定性或定量的测量等，以此评价教学效果的好坏。

二、教学目标的特点

教学目标是教学活动的起点与终点，教学活动就是在制定教学目标、实施教学目标、评价教学目标、在此基础上制定更加完备的教学目标、再将之实施……如此反复，以至无穷。教学目标作为具体教学过程的指引方向，具有自身的一些特点。

（一）预期性

由上面对教学目标的分析可知，教学目标是在当下基础上指向于未来时空的一种结果，因此，教学目标的预期性是内在于该概念当中的，它使师生能够很好地把握教学过程，从而在动态的教学过程当中追逐着教学目标，乃至实现教学目标。

（二）生成性

教学目标虽然是对教学结果的一种预测，但是，这种预测并不是一成不变、固定僵死的，而是在对教学结果有个大概的预测框架内保留一定的生成空间。教学过程是具体的、鲜活的，在这个过程中充满着诸多的不确定性，有很多预想不到的事情会发生，也正是在这些不确定的过程当中，教师和学生生成了很多事先没有预设的教学目标。教学目标的预设性与生成性统一于动态复杂的教学活动之中。

（三）整体性

不管是国外还是国内，诸多学者在进行教学目标研究的时候无不把教学目标作为一个整体而进行分析。布卢姆把教学目标分为认知领域（cognitive domain）、情感领域（emotional domain）与动作技能领域（motor skills domain）；加涅把教学目标分为言语信息、认知策略、智力技能、动作技能和态度五个方面；我国倾向于把教学目标看成是由教学总目标、学校教学目标、课程目标、单元目标、课时目标等方面构成的有机系统。由此可见，无论人们以怎样的分析框架来探究教学目标，教学目标作为一个整体是不言的事实，只有作为整体而存在的教学目标才是教学目标的真实状态，否则就是研究者割裂了教学目标的整体性而在抽象地谈论着支离破碎的教学目标。

（四）可操作性、可测量性

如前所述，教学目标是符合具体的班级、学生、教师的实际情况的，是可以通过教学活动的展开而得以实现的，具有相当程度的可操作性。通常在表述教学目标的时候，人们往往喜欢借助于行为动词来表达，并且在有些情况下教学目标的实现与否是可以通过一些可测量的行为来观察的。比如，学生能够在10分钟内流利地背写出本节课所学的生词，这些可见的行为是可以以一定的方式来测量的，在这样的情况下，教学目标的可操作性、可测量性得以体现。但并非所有的教学目标都必须以可操作、可测量的方式来检测，外显的可测量的行为未必是教师和学生内在真实的所思所想，这一点是必须注意的。

三、教学目标的功能

不可否认，教学目标能够为教学内容、方法的选择提供一种标准，同时，也为教学过程的展开、教学评价等提供一定的依据。具体来说，我们可以将教学目标的功能概括为以下几个方面。

（一）导向功能

导向功能，即教学目标对整个教学活动的指引、定向功能。由于教学目标是对教学活动预期结果的展望，因此，教学目标必然会在一定程度上影响教学设计的方向，调控教学过程的有序进行，使师生在教学过程中能够紧跟教学目标的导向而排除一些无关刺激的干扰，从而把注意力和探究的热情都保持在相关的问题以及事物方面。由于教学目标的方向性指引作用，决定了人们在制定教学目标时一定要慎重、科学。

（二）激励功能

激励功能，即教学目标能够激发教师和学生教和学的积极性、主动性。人们心目中一旦拥有了追求的目标，这种目标便会成为一种巨大的力量激励人们奋发图强，从而实现预想的目标。教学目标使教师的教有了追求的方向，同时也使学生的学有了向上的动力。但是，并非所有的教学目标都能够发挥这样的功能，只有当教学目标真正被教师、学生所理解、接受，并且在一定程度上满足了他们需要的时候，该教学目标才会发挥如此激励功能。

（三）评价功能

评价功能，即教学目标成为衡量教学效果的尺度、标准。教学活动是以教学目标的制定作为起点来进行的，同时，教学目标也是教学活动的终点，教学活动的效果是要通过检验该教学活动实现教学目标的程度作为标准的，特别是在泰勒的课程目标理论影响颇深的地方更是如此。但是，如果教学目标本身存在问题，那么就会导致教学评价的信度、效度缺乏应有的保证，而使教学评价无法发挥真正的作用。因此，在实践操作中，要加强对教学目标本身合理性的反思与批判。

（四）聚合功能

聚合功能，即教学目标能够对教学系统内的其他要素进行优化、组合、协调，使整个教学系统能够发挥最佳的教学效果。教学构成的各个要素，不管是教师、学生，还是教学内容、教学方法、教学环境、教学手段等，无一不是为教学目标服务的，由此可见，教学目标是整个教学系统的核心。故此，教学目标聚合教学系统内的其他诸多要素而发挥整体的力量。

四、教学目标的价值取向

在制定教学目标的时候，无论制定教学目标的主体由哪些人构成，代表着怎样的利益主体，目标的制定总归会是由人来进行的。而人不是纯粹的理性存在物，他还有着复杂的难以捉摸的感情，作为真实存在的人，感性和理性的交织使人在做很多事情的时候会表现出其固有的偏好，从而价值无涉的、完全客观的选择与判断只能是一种永远无法实现的空想。因此，教学目标制定者在制定教学目标的时候必然带有一定的主观倾向，从而表现出一定的价值取向。关于教学目标的价值取向，概括起来有以下几种。

（一）知识本位

这类价值取向的教学目标，以知识作为制定教学目标最重要的甚至是唯一的因素。在这样的价值取向引导下，教学则被看成是传授—接受知识的过程，并且知识在衡量教学效果中起到举足轻重的作用。衡量一位教师的好坏是以该教师掌握知识的多少作为标准，衡量一名学生的好坏也是以其掌握知识的多少作为依据，这样容易导致教师和学生以追求知识为一元目标，而忽略了探索知识的过程与方法以及教师和学生的情感、态度、价值观的发展。纵观教育史上的各教育流派，要素主义是典型的知识本位取向的教育哲学流派。要素主义者认为，人类社会的文化具有一贯性和永恒性，存在着恒久不变的共同要素，学校知识教学的主要任务是把这些共同的文化要素传授给年轻的一代，使人类的共同文化延绵不断地继承与发展。因而，要素主义者主张把"教材"恢复到居于教育过程的中心地位，提倡建构古典和核心知识体系。要素主义的价值观念不仅在西方国家有一定的市场，它在我国也是源远流长和深入人心的。例如，"加强双基"、"重视基础知识的反复训练"是我国学科知识教学的传统。事实上，要素主义的价值取向，同中国传统文化中的保守意识和渐进思想是相一致的。

（二）社会本位

这种价值取向的教学目标更多地关注教学对社会发展所做出的贡献。教学的主要目的是为社会培养建设者、为社会更好地发展而服务，教学存在的合理性也是因为教学能够为社会服务，在这种价值取向的引导下容易造成教学独立性的缺失。以社会为本位的教学价值取向在历史上可以清晰地看到其踪影，其中，社会改造主义者可以说是旗帜鲜明的社会本位的价值取向者。"社会改造主义者都强调教育应当致力于社会的改造，为建立新的社会秩序做出贡献，但在教育如何实现这一目的的问题上，不同的人却提出了不同的主张。美国教育家拉格（H. O. Rugg，1886—1960）和康茨（G. S. Counts，1889—1974）等人认为，学校应当直接投身到社会改造事业中去，并成为领导社会、探索新的价值标准和理想的机构；而博德（B. H. Bode，1873—1953）等人则主张，学校的基本使命是运用种族经验培养良好的人，从而促使生活的不断改善。"但不管怎样，"社会改造主义内部的争论不具有本质意义：前一种分歧是在方向上，而后一种分歧则在具体手段方面。"[①]

（三）人本位

知识本位和社会本位的价值取向的一个共同缺点就是容易忽视人的存在，教师和学生要么成了传递、接受知识的容器，要么成了为社会的发展而存在的个体，因此，人本位的价值取向恰恰是针对二者的缺点而提出的。人本位的价值取向强调教学目标的制定要以人作为根本的出发点，教学应该体现出以人为本的思想，

---

① 张斌贤：《社会改造主义的兴起及其与进步主义教育的关系》，《外国教育研究》，1996 年第 1 期。

教学是为了人的发展而存在的。人本主义的教育教学价值取向可以追溯到 20 世纪 60 年代美国兴起的人本主义心理学思潮，受这种思潮的影响，教育领域内也发生了相应的变化。人本主义教育以学生发展自己的个体性，使他们认识到自己是独特的人类存在，并最终帮助学生实现自己的潜能为最终的价值追求。在实际的教学当中，人本主义教育遵循着："学生在没有压力、没有威胁的安全环境下，学习效果最好；学会学习比获得知识更有意义；学生是教学目标的实践者，只有他们才能正确地评价自己的活动，特别是那些无法用定量的方法测量的情感、意志、态度、兴趣等，更是如此；当学生渴望学习时，效果最好，当学生意识到知识的价值，并按照自己的需要和兴趣来主动学习时，他们学得最为轻松；学生情感的发展与知识的获得同样重要。"① 因此，在这样的价值取向引导下，教师和学生的主体性能够得到发挥，教学也会因此而洋溢着人情味。但是，这样的价值取向也有一定的缺点，由于过分强调人的主体性而缺乏系统的严密的组织形式，从而使教学缺少科学文化知识的传授。

专栏4-2

人本主义心理学思潮

　　人本主义心理学是 20 世纪 60 年代兴起于美国的西方心理学思潮和革新运动。

　　作为一种重要的学术思潮，人本主义心理学自产生以来给教育教学、管理等多个领域带来了新的活力。"自我实现"是人本主义心理学的核心概念。人本主义心理学强调"人的存在"，把人的存在看成人的潜能实现的能动过程。人本主义心理学的理论主张可以概括以下几点。

　　（1）实现趋向。美国人本主义心理学家罗杰斯假定人身上有一种最基本的、统御人的生命活动的驱动力量。他把它称作"实现趋向"。在罗杰斯的心目中，这是一切有机体的共有属性。实现趋向包括两个方面：生物学方面，指一切生物共有的成长、成熟趋势；心理方面，表现为人独有的自我实现趋向。这种实现趋向予人强大的生存动力，顽强地追求发展。

　　（2）人性基本可以信赖。人性规定了价值，有助自我实现者为有价值，阻抑自我实现者为无价值或否定性价值；人性知道价值（通过机体估价过程）；人性的个人性与社会性是统一的、一致的，应该信任人性。既然如此，心理咨询和治疗的最高目标就应该是恢复人的本性，帮助人按其本性的要求去生活，使其更丰富，帮助人更好地自我实现，更自由、更充分地发挥其潜在的生命机能。

　　（3）人的主观世界——现象场。在罗杰斯看来，与其说个体生活在一个客观现实的环境中，不如说他生活在自己的主观经验世界之中。这个主观的经验世界被称作"现象场"。一个人在现实世界中如何观察，观察到什么，有什么感受，是因人而异的。因此，每个人的现象场都是独一无二的。

[资料来源] 饶红涛：《人本主义心理学与语文教学改革》，《理论界》，2006 年第 9 期。

---

① 杨韶刚、阎丽霞：《人本主义教育实践对我国基础教育的启示》，《辽宁师范大学学报（社会科学版）》，2005 年第 3 期。

　　鉴于以上分析，我们可以看到每种价值取向由于过于强调知识、社会或者是人而表现出一定的局限性，因此，本着"扬弃"的理念，我们认为以学生的发展为教学目标的价值取向不失为一种理想的做法。首先，学生的发展不仅仅是知识的掌握，同时也有探究知识的过程与方法的提高以及情感、态度、价值观的参与。但必须承认的是，知识的掌握是最基本的，教师和学生是在探究知识的过程中逐渐发展的。其次，学生发展的间接指向是为社会服务。学生承载着建设社会、推动社会发展的潜在使命。作为社会的未来建设者，学生的发展与社会的发展并不是非此即彼的二元对立的关系，而是水乳交融、息息相关的，学生的全面、健康发展则必然会带动社会快速、和谐地发展。但是就教学而言，学生的发展是本位的，以学生的发展来推动社会进步是教学的功能体现。最后，学生发展的价值取向充分体现了"以人为本"的思想。学生的发展不可能是靠刻板的、压抑的、教条式的教学而得以实现，要想使学生获得真正的、真实的发展，尊重学生的个体差异、尊重学生群体的文化是必要的。因此，我们可以看出，学生发展的价值取向将三者有机地整合起来，从而发挥教学目标最优的指导功能。

第二节　教学目标分类理论

　　关于教学目标分类理论，在世界范围内不乏论者，但是，比较具有影响力的当首推以美国芝加哥大学教授布卢姆为代表的教学目标分类理论。另外，美国教育心理学家加涅的学习结果分类系统、苏联教学论专家巴班斯基的教学目标分类理论以及美国教育心理学家奥苏贝尔的有意义学习分类理论也都具有相当的影响。

一、布卢姆的教学目标分类理论

（一）理论简介

　　布卢姆长期从事教学目标研究，他和同事一道对教学目标分类体系的课题展开了大规模的研究，把教学目标分为认识领域、情感领域和动作技能领域。1956年，布卢姆出版了《教育目标分类学·认知领域》（*Taxonomy of Educational Objectives for Cognitive Domain*）。布卢姆总的思想可以概括为：复杂行为可以分解为比较简单的行为，教学目标可以用可见的行为来表示，这样可以使教学效果清楚、可鉴别、可测量，从而便于把握教学目标的达成度。

　　1. 认知领域的目标分类（taxonomy of educational objectives for the cognitive domain）

　　1956年，布卢姆出版了《教育目标分类学·认知领域》。该书把认知领域分为知识、理解、应用、分析、综合、评价六类目标。（见表4-1）

表 4-1		认知领域的目标分类		
目 标	含 义	要 求	实 例	水平层次
知识/识记（knowledge）	对知识的记忆，能够识别和再现学过的知识和有关材料。	要求学生做到确认、定义、指出名称、配对、选择、背诵、默写、描述、标明、列举、说明等。	如教师要求学生口头背诵或默写学过的古诗词，或者能够指出所看到的事物的名称，还可以举例说明三角形的特征等。	最低层次
理解/领会（comprehension）	知识记忆的基础上对知识的掌握，能抓住事物的实质，把握材料的主题和意义。	转换　要求学生用不同的语言表达相同的意思，即用自己的话语或用与原先表达方式不同的方式来表达所学的内容。	如学生用自己的语言来表述课文的中心思想，或者学生用自己的语言来陈述一个数学原理的大概意思。	第二层次
		解释　即对一项信息加以说明或概述。	如对生物学中的一些图表或对数学中的一些统计数据进行说明、描述。	
		推断　要求学生做到了解事实与原理，解释文字资料，解释图表，转译文字资料为另一种资料形式，验证方法与过程，对所学内容进行概述，举例说明学过的问题等。	如用自己的语言来描述三角形的特征。	
应用（application）	把所学的知识应用于新情境。	要求学生做到表现、列举、计算、设计、示范、操作、运用、解答实际问题等。	如应用几何知识测出一个楼塔的高度；应用所学的计算机原理进行实际的软件开发与制作；根据三角形的面积公式，能够计算某一具体三角形的面积。	第三层次
分析（analysis）	能将知识进行分解，找出组成的要素，并分析其相互关系及组成原理。	要求学生达到能对事物进行具体分析，图示、叙述理由、举例说明、区别、指明、分开、再分，认出在推理上的逻辑错误；区别真正事实与推理，判断事实材料的相关性。	如将一篇文章划分成几个意义段落，分析各意义段落的主题思想，并能够概括出本篇文章的中心思想；观察各种图形，能够分析三角形的特征等。	第四层次

续表

目　标	含　义	要　求	实　例	水平层次
综合 （synthesis）	把各个元素或部分组成新的整体。	要求学生做到联合、组成、创造、计划、归纳、重建、重新安排、总结等。	如能将顺序混乱的文章段落重新排列成正确的顺序；在平行四边形等多种图形的基础上，利用切割、组合等方式组成一个个三角形等。	第五层次
评价 （evaluation）	根据一定的标准对事物给予价值的判断。	要求学生做到比较分析、评价效果、分辨好坏、指出价值。	如判断某部电影成败之处；判断某件事件的真伪；判断一个调查的科学价值；评述其他同学所用的求三角形面积的方法，指出优点及不足等。	最高层次

　　布氏的上述六类目标是有层次、有顺序的，知识是最低层次，是最基本的要求，其余依次是理解、应用、分析、综合、评价。评价为认知领域的最高层次，是前面五种目标的综合，并增加了价值标准。这六类目标由简单到复杂，由低级到高级依次排列。

　　2. 情感领域的目标分类（taxonomy of educational objectives for emotional domain）

　　美国著名心理学家克拉斯沃尔（D. R. Krathwohl）、布卢姆等人对情感领域目标的分类，是以价值内化的程度为依据的。该领域的目标共分五类。（见表 4-2）

表 4-2　　　　　　　　　　情感领域的目标分类

目　标	含　义		实　例	水平层次
接受/注意 （receiving/ attending）	学习者愿意注意特殊的现象或刺激。		如学生愿意参加班级活动、意识到某项活动的重要性等。	最低层次
反应 （reaction）	学习者不仅注意到某种现象，而且主动参与，做出反应。	默然的反应	如完成教师布置的作业、参加小组讨论、以愉快的心情阅读等。	第二层次
		愿意的反应		
		满意的反应		
价值评价 （value evaluation）	学习者将特殊的对象、现象或行为与一定的价值标准相联系。它包括接受、偏好某种价值标准，为某种价值标准做出奉献。		如欣赏艺术作品，并且在欣赏的过程中有自己的喜好，并能够表达自己喜好的原因。	第三层次

续表

目 标	含 义	实 例	水平层次
价值观的组织（value organization）	学习者面对学习过程中遇到的各种价值观念时，能够克服价值观之间的矛盾、冲突，对各种价值观加以比较，接受重要的价值观和价值标准，形成个人的价值观体系（学习的结果可能涉及某一价值系统的组织）。	如在个人利益与集体利益发生冲突后，学生选择了以集体利益为重的方案设计。	第四层次
价值或价值体系的性格化（characterization of value or value system）	学习者通过对价值观体系的组织，逐渐形成个人的品性。	如学习一直勤奋、在学习团体中一贯表现出合作精神等。	最高层次

3. 动作技能领域的目标分类（motor skills domain to taxonomy）

布卢姆本人并没有编写出动作技能领域的目标分类，这个领域出现了好几种分类法，目前尚无公认的最好的分类，这里只介绍美国心理学家辛普森（E. J. Simpson）的分类。辛普森在《动作技能领域教育目标分类》一书中，将动作技能教育目标分成七类。[①]（见表 4-3）

表 4-3　　　　　　　　　　　动作技能领域的目标分类

目 标	含 义	实 例	水平层次
知觉（perception）	运用感官获得信息，了解与某动作技能有关的知识、性质、功用，以便指导动作。	如体育课上老师让学生了解有关滑冰时如何保持重心的一些知识，学生通过看教师做动作以及自己做动作等方式了解这方面的知识等。	最低层次
准备（set）	对稳定的活动的准备，心理定向、生理定向和情绪准备（愿意活动）是其主要内容，知觉是其先决条件。	如学生在运用感官获得了有关滑冰的信息之后，对滑冰有了十足的信心，愿意进一步掌握滑冰的技能技巧等。	第二层次
有指导的反应（guided response）	能在教师的指导下表现有关的动作行为，包括模仿和尝试错误。	如能模仿教师的动作进行学习，在教师引导下进行试误练习，直到形成正确的动作等。	第三层次

---

① 黄甫全、王本陆主编：《现代教学论学程》，教育科学出版社，1998 年版，第 147—148 页。

续表

目　标	含　义	实　例	水平层次
机械动作（mechanism）	经过一定程度的练习，学习者的反应已形成习惯，能以某种熟练和自信水平完成动作。	如能正确、迅速地切片制作标本，能迅速准确地打字等。	第四层次
复杂的外显反应（complex overt response）	包含复杂动作模式的熟练动作操作。操作的熟练性以准确、迅速、连贯协调和轻松稳定为指标。	如在经历了一段时间的练习之后，某学生能够轻松自如地在冰上进行花样滑冰，并且整个动作都是连贯、迅速、准确的。	第五层次
适应（adaptation）	此阶段练就的动作技能具有应变能力，学习者修正自己的动作模式以适应特殊的装置或满足具体情境的需要，这是高度发展水平。	如在不同的冰场上，随着情境的变化，学习者能够轻松自如地进行花样滑冰。	第六层次
创作（origination）	学习者在学习某动作技能的过程中形成了一种创造新的动作技能的能力，强调以高度发展的技能为基础进行创造。	如在模仿了某位花样滑冰运动员的动作之后，学习者能够根据自身的特点进行一系列具有个性化的动作创作。	最高层次

（二）理论评析

布卢姆的教学目标分类理论在整个教育研究，尤其是课程与教学论研究的历史上产生了深刻的影响，它给整个教学领域带来了生气。

首先，必须肯定的是，布卢姆的教学目标分类理论是教学领域里的一场革命。在布卢姆教学目标分类理论提出之前，教学领域以认知目标作为一维目标，或者是过于偏重认知目标。因此，以这样的教学目标为导向的教学活动只注重人的理性能力的培养，而忽视了人的情感的发展。布卢姆的教学目标分类理论兼顾认知、情感和动作技能三大领域，这在一定程度上承认了人的完整性，承认人不但是一种理性的存在，同时也是有血有肉有感情的生命体，以此教学目标导引下的教学活动更加丰富多彩。与此同时，布卢姆的教学目标分类理论也在一定程度上拓展了理论研究的深度，使教学目标的建构更加科学化、合理化。

其次，布卢姆的教学目标分类理论细化得比较具体，他把教学目标分割成认知领域、情感领域、动作技能领域，而且认知领域又分为知识、理解、应用、分析、综合、评价六个不同等级的目标，情感领域又分为接受或注意、反应、价值评价、价值观的组织、价值或价值体系的性格化五个不同的层次，动作技能领域又分为知觉、准备、有指导的反应、机械动作、复杂的外显反应、适应以及创作七个层次。此外，布卢姆及其合作者还就每个层次的具体内容进行了阐释，相对于以往比较模糊的教学目标分类而言，这样清晰地划分使人一目了然，便于理解。布卢姆在教学目标的表述方面使用了可操作性的语言，这为实践操作提供了可参照的标准，便于教师理解、把握。

但是，任何一种理论都不是完美无缺的，布卢姆的教学目标分类理论带给人们惊喜的同时，在其漫长的应用过程中也暴露了自身的不足。

首先，布卢姆把教学目标分割成认知领域、情感领域、动作技能领域，每个领域又分割成不同的部分，每一部分又有具体的规定性，这样，一个完整的目标体系就被分割成彼此毫无联系的各个孤立的部分，从而破坏了目标系统完整性的和谐。

其次，布卢姆关于各个领域内不同层次的分类有些不科学。按照布卢姆的理解，以认知领域的分类为例，他认为知识、理解、应用、分析、综合以及评价之间是逻辑递进的关系，但是这样的关系并不必然成立，评价这一层次的目标就不一定高于综合目标，情感领域也存在着类似的问题。

再次，布卢姆的教学目标分类理论以"学习者的学习结果和能力可以通过可见的行为表现出来"为前提假设，这种假设存在着一定的问题，学习者的学习结果和学习能力并非都是以行为表现出来的，学习者学习过程中的内在体验等一些隐性方面的收获不一定都能通过行为表现出来。因此，布卢姆的教学目标分类理论就有一定的局限性，在使用的时候必须加以注意。

二、加涅的学习结果分类系统

（一）理论简介

美国教育心理学家加涅提出了五种学习结果，即言语信息、认知策略、智力技能、动作技能、态度。他实际上是把教学目标分为五类。我们在第三章已对加涅的五种学习结果进行了阐述，具体内容详见第三章。

（二）理论评析

通过简单的比较，我们可以发现，加涅的教学目标分类理论和布卢姆的教学目标分类理论有些相似之处，他们都是把教学目标分类的着眼点放在学习结果方面；两个系统都包括了认知、情感、动作技能三个领域，加涅的五类学习结果其实就是认知（言语信息、认知策略、智力技能）领域、情感（态度）领域以及动作技能领域的另一种表达，其背后的分析框架还是这三个领域，类似于布卢姆的教学目标分类理论；而且，无论是布卢姆还是加涅都对认知领域进行了深入系统的剖析。尽管二者存在着诸多的相似，但是，毕竟是不同的目标分类理论，二者的区别还是客观存在的。相比较而言，布卢姆的教学目标理论应用得更广泛一些，由于它关注具体的可观察行为，所以便于测量和评价，成功地解决了测量与评价目标由简单到复杂的等级分类问题。但是正如上文我们所分析的那样，布卢姆的教学目标分类理论的局限性也是清晰可见的。所以在实践的操作过程中，我们要灵活运用各种理论，而不能将某种理论视为神圣的东西而加以顶礼膜拜。加涅的教学目标分类理论是以对学习结果的关注而建立起来的，这样该理论既有助于学习结果的测量与评价，又特别有利于教学设计。

三、巴班斯基的教学目标分类理论

（一）理论简介①

苏联著名教育家尤·克·巴班斯基根据总的教育教学目的，提出综合规划和具体确定课堂教学任务的课题，强调教学目的任务的整体性，认为教学过程必须执行三种职能，即教养职能、教育职能和发展职能，对教学较为具体的任务作了分类。实际上就是把教学目标分为三类，即教养目标、教育目标和发展目标。

1. 教养性任务（目标）

形成理论知识和该学科所特有的专业技能技巧，保证在课堂教学中掌握（复习、巩固）基本概念、规律和理论，培养该学科的专业技能（教师列出可能项目）。

2. 教育性任务（目标）

教师应设法掌握对学生进行共产主义教育的各个基本方面，培养他们的辩证唯物主义世界观，进行思想政治教育、劳动教育、道德教育、美育和体育。

在课堂教学过程中，促进学生树立下列基本世界观观点：保证在课堂教学过程中学习马克思列宁主义经典作家的著作、苏共文件；促进完成劳动教育和职业定向的任务；促进学生的道德品质教育，特别注重培养爱国主义、国际主义、集体主义、伦理规范、人道主义、积极的人生观，对资产阶级道德持不调和态度（指出该班学生学习该专题时最可能顺利完成的任务）；促进培养学生的美学观点和审美技能等；促进培养学生的卫生和体育技能。

3. 发展性任务（目标）

发展学生的智力、意志、情感和动机（需要、兴趣等）；培养一般的学习技能技巧（拟订答案提纲、比较、概括、使用书籍、阅读和书写速度、自我检查等）；培养学生的意志和毅力（通过解答疑难问题，引导学生参加讨论等加以培养）；培养学生的情感（通过在课堂上创造惊奇、愉快、妙趣、离奇、情绪体验等情境来培养）；培养学生的学习兴趣（指出所学问题对发展科学、技术生产的意义，指出这些问题对学生的职业定向以及培养爱好的作用，把游戏的情境引入教学等）。

（二）理论评析

和前两种教学目标分类理论比较而言，巴班斯基的教学目标分类有一个很大的不同，其主要表现为：它是从宏观的角度对教学目标的一个笼统的概括，没有像布卢姆和加涅那样把教学目标细化为一个个具体的可操作的更小的目标，因此，巴班斯基的教学目标分类理论利于保持教学目标的完整性。巴班斯基提出的教养性任务、教育性任务、发展性任务，就其实质而言，就是要对学生的知识技能、品德以及意志情感等各方面进行教育，以学生这些方面的发展为最终的目标追求。苏联的政治、经济、文化各个方面对我国的影响都很大，之所以这样，是因为我们两国在基本国情等方面具有极大的相似性，因此相互之间的学习借鉴自

---

① 田慧生、李如密著：《教学论》，河北教育出版社，1996年版，第79—80页。

然会多一些。我国教学论这门学科的发展深受苏联的影响，巴班斯基的教学目标分类理论融合了苏联教学论的传统经验和最新研究成果，这为我国教学目标的研究提供了重要的参考资源。

四、奥苏贝尔的有意义学习分类理论

（一）理论简介

美国教育心理学家奥苏贝尔（D. P. Ausubel，1918—　）认为学习可以是有意义的。他将有意义学习分为四种类型。我们可以将奥氏的有意义学习分类理解为教学目标的分类。

1. 抽象符号学习

这种学习类型主要是让学生学习个别抽象符号的意义，将抽象符号与事物联结，并能以抽象符号代表事物。抽象符号学习的主要内容是词汇，如学生听到"老虎"或看到文字的"老虎"，就能够知道这些抽象符号代表的是实际上的老虎，即使实际的老虎不存在，学生也能以语言的或文字的老虎在大脑中形成形象。这样，我们就说"老虎"这个声音符号或文字符号对学生来说获得了意义。

2. 概念学习

概念学习是对同类事物的共同关键特征的掌握。必须承认的是，概念学习是人类高层次学习的重要基础。奥苏贝尔将概念学习分为两个阶段：概念的形成是第一阶段，它是一种由学习者归纳发现某一类事物有一些基本属性存在的学习历程；概念的类化是第二阶段，它是一种学习者因被提供其概念定义以了解要领属性的学习历程。

3. 命题学习

命题是以句子的形式来阐释两个要领之间的相互关系，加涅称之为规则。命题可以分为两类：一类是非概念性命题，只表示两个特殊事物之间的关系，如"天津是中国的直辖市"，这个命题里的"天津"代表特殊城市，"中国的直辖市"也是一个特殊对象的名称；另一类是概念性命题，表示若干事物或性质之间的关系，如"矩形的面积是它的长与宽的乘积"，这里的"矩形面积"、"长"、"宽"可以代表任何矩形面积及其长和宽，乘积关系是普遍关系。命题学习必须以概念学习为前提。

4. 发现学习

发现学习是相对于接受学习而言的，它是指不是以定论的方式呈现学习内容，而是要求学生在把最终结果并入认知结构之前，先要从事某些心理活动。因此，发现学习既包含了其他一些较高层次的学习类型，如应用、解决问题和创造等学习，也可在前面所提到的三种较低层次的意义学习类型中发生。奥苏贝尔强调应用学习和解决问题学习是有区别的，应用学习仅是练习将已知的概念或命题，直接转换应用于新的相似情境或问题中；而解决问题学习则无法直接转换，学习者必须将他所知的转换成一组策略性步骤以解决问题。创造学习则为一种最高层次的学习，其发生乃基于个体认知结构中深度思考的综合。

（二）理论评析

奥苏贝尔教学目标分类的具体领域在目标分类理论建设方面并没有多大的新意，但是奥苏贝尔在教学目标分类理论上的一个重大贡献就是提出了划分学习类型的两个重要标准，即把学习划分为有意义学习、机械学习和接受学习、发现学习。奥苏贝尔纠正了人们日常对学习的理解，他认为接受学习不是完全机械的，它也可以是有意义的，发现学习也不是完全有意义的，它也可能是机械的，因此，无论是发现学习还是接受学习都可能是机械的，也可能是有意义的，不能将二者完全地对立起来。奥苏贝尔认为，教学应该以引导学生有意义地获得知识以发展学生的智力为重要目标之一。由于奥苏贝尔辩证地分析了有意义学习、机械学习和发现学习、接受学习之间的关系，因此他不否认发现学习的重要性，但是反对只片面强调发现学习而贬低接受学习的做法。可见，奥苏贝尔的有意义学习理论为研究我国教学目标提供了一个崭新的视角。

五、我国学者对教学目标的剖析

（一）我国教学目标体系简介①

对于教学目标的研究，我国诸多学者往往倾向于将教学目标看成是一个系统，这个系统由教学总目标、学校教学目标、课程目标、单元目标以及课时目标构成，这些目标之间是由抽象逐步到具体的关系，上一级目标是下一级目标的指导，下一级目标是在上一级目标指导的基础上的具体化。

1. 教学总目标

教学总目标即教学目的，是教学活动中最一般意义的目标，是期望教学达到的最终结果。它居于整个教学目标系统的最顶端，对下面各个层次的具体教学目标具有指导意义。它是由实质性目标、教育性目标、发展性目标三种分项目标构成的。所谓实质性目标，是指通过教学使学生掌握一定的知识和技能技巧；所谓教育性目标，是指通过教学使学生受到思想政治教育、形成正确的世界观；所谓发展性目标，是指通过教学使学生的身心得到健康的发展。以上三个方面的分项目标是相辅相成、统一实现的。通过上面对教学目标分类理论的分析，我们可以看到，我国的教学总目标当中明显地有巴班斯基的教养性目标、教育性目标、发展性目标的痕迹，甚至可以认为是巴班斯基教学目标分类理论在我国的一种本土化应用。

2. 学校教学目标

由于各级各类学校培养人才的规格和水平不尽相同，所以教学总目标还需结合各级各类学校的特点和需要加以具体化，由此形成各级各类学校的学校教学目标。学校教学目标因学校级别的不同而有幼儿学校教学目标、初等学校教学目标、中等学校教学目标、高等学校教学目标和成人学校教学目标等，依学校类别的不

---

① 陈旭远主编：《课程与教学论》，东北师范大学出版社，2002年版，第205－206页。

同而又有普通学校教学目标、职业学校教学目标、专业技术学校教学目标和特殊学校教学目标等。学校教学目标一般是由国家或地方教育行政部门制定的，或者在国家和地方教育行政部门指导下由各级各类学校自行制定的。在我国则是由国家教育行政领导机关统一规定各级各类学校的教学目标。

3. 课程目标

课程目标是由学校教学中各门学科目标组成的目标系统。而每门学科教学在所达成的目标上，也会因各自学科特点和性质的不同而有所不同。课程目标是学校教学目标在具体学科教学中的体现，学校教学目标的最终实现有赖于所有课程目标的连续达成。有时同一课程因为跨越不同的教育阶段，还要制定相应的分段目标。这种分段目标一方面应有其相对的独立性，另一方面又应体现阶段之间的连续性。各门课程的教学目标具有相互区别的学科特点，又应注意加强学科课程教学目标之间的相互关联，使所有课程目标形成一个有机的整体，为全面实现学校教学目标提供保障。

4. 单元目标

单元是指各门课程中相对完整的划分单位，它反映着课程编制者或教师对一门课程或概念体系结构的总的看法以及在此基础上对这种结构按照教育科学的要求所做的分解和逻辑安排。学校教师一般按单元组织一门课程的教学，我国中小学的各科课程标准就是由一系列单元目标具体组成的，单元教学目标在教学实践中是对该单元教学的具体要求。单元目标对指导教师的教学具有重要意义。

5. 课时目标

课时是教学活动的基本单位，一个单元的教学目标往往需要由连续的几个课时来完成。而每一课时的教学目标即是课时目标，它是对单元教学目标的进一步具体化。课时目标一般由教师参照课程标准和教学参考书，并结合学生的学习实际而自行编订的。课时目标是和每天的教学活动相联系的目标，是非常具体、明确而富有成效的。正是一个个课时目标的实现，才为整个教学目标系统的逐层落实奠定了扎实的基础。

（二）行为目标、生成性目标以及表现性目标

以上是按照我国教学目标体系的内在逻辑关系的一种简单介绍，这是我国学者在进行教学目标剖析的时候所习惯的分析框架。另外，我国学者还借鉴外国经验，按照目标的性质，将教学目标分为行为目标、生成性目标以及表现性目标。其实，我国教学目标系统内在地含有行为目标、生成性目标以及表现性目标的思想精髓，以不同层面建构的我国教学目标分类系统和以不同性质而建构的行为目标、生成性目标以及表现性目标不是二元对立的，在具体的实施过程中，二者是统一的。即使是教学总目标、学校教学目标、课程目标、单元目标以及课时目标，也都不可避免地要涉及这三种性质的教学目标。

1. 行为目标

行为目标从产生之日起就对教学系统发挥着绝对重要的影响作用。行为目标之所以影响深远，其中，泰勒是一个里程碑式的人物。泰勒在其著作《课程与教学的基本原理》（*Basic Principle of Curriculum and Instruction*）中强调了人们在实践中易犯的错误："（1）把目标作为教师要做的事情来陈述，却没有陈述期望学生发生什么变化；（2）列举课程所涉及的各种要素，却没有具体说明希望学生如何处理这些要素；（3）采用过于概括化的方式来陈述目标，却没有具体指出这种行为所能采用的领域。因此，泰勒指出教学目标要把'行为'和'内容'两方面表现出来。"① 对于行为目标的含义，结合泰勒的分析，我们可以这样来理解：首先，行为目标强调的是人的外显行为，并且不是单纯的教师行为，必须有学生的行为表现；其次，行为目标关注学生对各种课程要素处理之后所达成的结果，对结果的关注是行为目标的内在规定性。

和前面国外学者关于教学目标分类理论相对应，我们知道，布卢姆和加涅的目标分类理论是典型的行为目标分类的例证，二者都强调以学生可观察的行为变化作为教学所要达到的目标，并且主张课程目标系统化、具体化。

行为目标由于过于强调人的外显的可观察行为，在其长期的应用过程中表现出了一定的局限性。首先，对人的外显行为的过分关注无形当中造成了人们对情感、态度、价值观等内隐因素的忽略，这不利于人的全面发展；其次，行为目标在评价人的时候，把人的行为分解为各个部分，这样作为整体的人所具有的完整性容易被割裂，从而使教学目标在评价人的时候呈现出一定的偏差。

关于如何进行行为目标的设计，在此只想给出一个例子，后面将会有关于如何进行教学目标设计的专门论述。

例 人教版新课标八年级历史"五四爱国运动和中国共产党的成立"的教学目标表述

识记：识记"五四爱国运动"爆发的导火线、时间、地点、口号、领导者、主力、结果。

理解：理解"五四爱国运动"和中国共产党成立的历史意义。

应用：应用本节课的学习说明"七一"的历史依据，学会从图片史料中获取有效信息，提高运用所学知识解决问题的能力。

分析：分析"五四爱国运动"和中国共产党成立的关系。

评价：评述此次运动在中国历史上的作用。

2. 生成性目标

相对于行为目标过于关注教育教学的结果，生成性目标把关注的着眼点放在了教育教学过程之上，它更多地强调在具体的教育教学情境中随着教育教学过程的展开而生成的目标。持生成性目标取向的人指出："教育基本上是一个演进过程，而且它是渐进生长的，它扎根于过去又指向未来，从这个意义上说，它又是

---

① 施良方著：《课程理论——课程的基础、原理与问题》，教育科学出版社，1996年版，第84—85页。

一个有机的过程。在此过程的任何阶段上，我们能提出的教育目的，不管它们是什么，都不能看成是最终目的；也不能武断地插到后面的教育过程中去。目的是演进的，而不是预先存在的。目的是演进中的教育过程的方向的性质，而不是教育过程某些具体阶段或任何外部东西的方向的性质，它们对教育过程的价值，在于它们的挑战性，而不在于它们的终极状态。"①

由于生成性目标是在具体的教育教学过程中产生的，因此，需要教师具有较好的专业素养，才能够胜任教学工作。为此，英国著名课程论专家斯腾豪斯（L. Stenhouse）提出了"教师即研究者"的口号，从而为教师专业发展注入了新的生命力。

实际上，在我国已经有很多教师进行了生成性目标的尝试。

专栏4-3

品德与生活课——《和钟姐姐交朋友》教学设计

教学目标

创设情境，使小学生有好心情，培养自信心；挖掘教材，联系生活实际，使学生乐意学习，遵守纪律，按时作息，有责任感；结合课文图画，展开合理想象，从小养成好的生活、学习习惯。

教学方式

采用师生互动的教学方式。教师首先创设情境，通过谜语导入这节课，让学生初步认识钟姐姐；接着，教师创设情境，在具体的情境中自然而然地生成一系列的教学目标。

教学过程

1. 教师放录音，让学生欣赏童话剧《钟姐姐笑了》。

（1）早晨明明睡觉，太阳公公站到了窗外，钟姐姐飞到他跟前唱起了歌儿……

（2）吃早饭时，窗外可以看见小朋友背着书包走过，钟姐姐对明明说……

（3）上学路上，树上小鸟在叫，钟姐姐对他说……

（4）课堂上写作业，钟姐姐趴在他耳边悄悄说……

（5）晚上明明在看电视，时钟指到了8：30，钟姐姐对明明说……

（设计意图：把教材中的图画转化成录音童话剧这种学生喜闻乐见的形式，学生兴趣盎然，在优美的童话录音中展开想象的翅膀……）

2. 让学生思考，并讨论。

（1）假如你是"钟姐姐"，在以上不同情境中你会对明明说些什么？

（2）为什么要这样说？

（3）明明该怎么做？

（设计意图：这样的设问引起了学生的思考，激发了他们自主学习、探究学习的兴趣，他们必然会主动观察教材图文，积极思考：该说什么？怎么说？）

3. 分组交流讨论。

各小组选代表上台表演。

---

① 马云鹏主编：《课程与教学论》，中央广播电视大学出版社，2003年版，第86页。

4. 大家评价，教师激励小结。

钟姐姐这样关心我们的学习、生活，使我们不断进步、健康成长，我们一定要珍惜时间哟！

（设计意图：结合小学生爱动、好表现自己的特点，设计此教学环节，学生们在表演时，定会争先恐后，自我表现欲得到较好的释放，师生关系更融洽，并由此得出了"时间的重要性"知识点的归纳，使教学自然而水到渠成。）

[资料来源] http://www.pep.com.cn/200503/ca686694.htm.

3. 表现性目标

表现性目标是由美国课程学者艾斯纳（E. W. Eisner）针对行为目标的局限性而提出来的。表现性目标关注的是学生在活动中表现出来某种程度上首创性的反应形式，而不是事先规定的结果。表现性目标指引下的教学活动旨在为学生提供活动的领域，至于活动的结果则表现了很大的灵活性、开放性。表现性目标强调学生个人特点的展现，教师给学生创设一个情境，在此情境之下，各种意义都是个性化的，学生在此情境中会有各种各样的反应，教学目标不追求学生反应的一致性，相反，学生多样的表现才是学生个性、独特性的真实流露，也才是表现性目标所要追求的。

为了理解表现性目标，艾斯纳给出了例证：解释《失乐园》的意义；审视与欣赏《老人与海》的重要意义；通过使用铁丝与木头发展三维形式；参观动物园并讨论那儿有趣的事情。艾斯纳强调，这些目标应该注意的是，它们不指定学生在参加这些教育活动后能做什么，而是识别学生将遭遇的形式。从这一遭遇中教师与学生都获得对评价有用的资料。在这种背景中，评价的模式与美学评论相同，即这种是鉴赏一个产品，检验其质量与重要性，而不指导艺术家画某种形式的画。评论的题材是已经做过的工作。[①]

通过上面的阐述，我们可以看到，表现性目标具有一定的模糊性，在实践中很难起到指导作用，但是表现性目标的提出还是为我们从多个视角、多个维度考察教学目标提供了方法论上的指导，具有重要的作用。

第三节　教学目标设计

一、教学目标设计的依据

进行教学目标的设计，需要考虑的因素很多，而学生的实际、教学内容以及社会需要是必须考虑的三方面因素。

---

① ［英］劳伦斯·斯腾豪斯·宾特雷伊著，诸平等译：《课程研究与课程编制入门》，春秋出版社，1989 年版，第 97 页。

（一）学生的实际

教学在其终极意义上是要促进人的发展，尽管在教学过程中，教师也获得了一定程度的发展，但是相比较而言，学生的发展是最根本的。要想促进学生的发展，不了解学生的实际情况，那就是空谈，因此，设计教学目标的时候必须要以学生的实际作为首要依据。学生的实际包括的范围非常广泛，只要是学生过去以及现在的种种情况都可以视为学生实际的呈现，既包括学生的实际年龄，也包括学生的心理年龄；既包括学生已有的认知结构，也包括学生成长过程当中的情感体验；既包括学生学习的动机，也包括学生学习的兴趣、需要等。由于每个学生个体都是独特的，其实际情况也是复杂万变的，因此了解学生的实际是一个漫长的艰苦的过程，在实际的教学中，有些教师不愿意了解学生或者不是很了解学生，或根本就不了解学生，这样就很难发挥教学目标对学生的引导、激励作用，教学的意义也就无从体现。

（二）教学内容

教学内容是教学活动展开的凭借，没有了内容，教学便无法进行。教学内容历来都被视为教学活动得以进行的关键，甚至在最一般的意义上，很多人将教学就等同于教学内容的传输。教学作为文化传承的一个手段，其内容的选择一般都是以人类社会的文化精华作为对象。其实，选择哪些内容从更深层次反映了教学设计的价值取向，故此，不同价值取向的教学设计者在内容的选择方面千差万别。但无论怎样，教学内容在一个最为根本的层面上解决了教学的知识问题，就整体而言，教学内容其实质就是一个知识体系，只是这个知识体系所包含的具体内容差别很大。教学目标的设计如果没有观照到教学内容的复杂性、差异性，必然不切合实际，不能被学生所接受，也就不能发挥其内在的功能了。例如，某节音乐课的教学内容是关于莫扎特名曲鉴赏，这节课的教学目标就不可能仅仅是记住莫扎特曲目的名字，记住莫扎特的生长年代、生活历程，"通过莫扎特的音乐，让学生感受音乐当中的情感，体验音乐带给自己的美感，让学生用心灵去体悟音乐当中的灵魂，并且使学生通过音乐之美体悟人生之美，懂得生活之美以及如何珍惜生活"的教学目标或许更合适本节课的内容，也更有助于促进学生的成长。

（三）社会需要

教学并非是孤立的系统，社会是教学得以安身立命的基础。教学不是在真空当中进行的活动，在广阔的社会之中，教学总是和社会保持着千丝万缕的联系，有些联系是显性的，有些联系由于不易被察觉而以隐性的状态存在。从大的社会视角来看教学和社会之间的关系，我们发现，教学是社会大系统当中的一个子系统，这个子系统要反映社会的需要，从而为社会发展培养人才；但是教学并不是被动地服从于社会的各种要求，它也有其独立性的一面，教学通过遵循人才培养的规律，按照自身的运行模式来反作用于社会。因此，教学和社会之间是互动的，二者通过"培养什么样的人"来协调彼此之间的关系。如前所述，以"学生的发展"作为价值取向的教学目标能够很好地协调自身与社会之间的关系。由于教学与社会之间关系的客观存在，我们在设计教学目标的时候不能不观照社会需要对教学目标提出的挑战。

二、教学目标设计的基本原则

（一）发展性原则

教学目标设计的最主要目的就是要促进学生的发展，并且要使教师在促进学生发展的同时也获得一定程度的成长。因此，教学目标的设计既要基于学生的实际，同时又要超越学生的现有水平，使教学目标指向于学生更高层次的水平，这样，教学目标才具有引导作用。

（二）整体性原则

教学目标的制定不能够与教育总目标相悖，因此，在设计教学目标的时候要有整体的、全局的观念，使教学目标与教育总目标相符合。另外，整体性原则还指教学目标设计的具体内容要浑然一体，既要有知识与技能方面的，还要有过程与方法，情感、态度、价值观层面的，并且三者要保持和谐一致。

（三）可行性原则

可行性原则是指教学目标的设计要考虑到其实现的各种可能性，要考虑制约教学目标实现的各种条件，这样才能保证教学目标的顺利实现。因此，教学目标的设计要适当，符合学生的现有发展水平，考虑到学生个体之间的差异，从而保证普适性目标全体学生都能达到，发展性目标优生能"吃饱"。

（四）可操作性原则

教学目标对知识与技能在陈述上不宜用含糊不清、缺乏质和量规定的"了解"、"理解"、"掌握"等词，必须用可观察和测量的行为动词来描述学生所形成的具体行为，要符合学生的认知水平，陈述词要具体、细腻，这样才能保证教学目标具有一定的可操作性，从而发挥其强大的激励、指导与聚合的功能。

（五）阶段性原则

不同阶段的教学目标设计的侧重点是不同的，因此，教学目标的设计应该遵循阶段性原则，突出每个阶段的特点，并且使这些阶段具有一定的连贯性，从而保证教学目标的浑然一体。如小学低年级学段着重培养学生养成良好的学习习惯，激发学生对学习的兴趣，为进一步学习打好基础；而中高年级学段则更侧重于培养学生的思维能力，发展学生思维的广阔性与创造性，使学生具有正确的学习态度，培养学生发现问题、解决问题的能力等。

三、教学目标设计的一般步骤

由于课程教学目标是由国家教育行政部门设计的（主要是以政策、法规等形式发布的或者是由课程教学论的专家学者设计的），因此，对于广大一线教师来说，教学目标的设计主要是指单元教学目标的设计以及课时教学目标的设计，特别是课时教学目标必须要由一线教师自己设计。课时教学目标是单元教学目标的具体化，二者除了概括抽象的程度有些差别外，在具体的设计过程中，存在着诸多的相似之处。因此，本章主要探讨单元教学目标设计的一般步骤，并以此作为课时教学目标设计的借鉴。

（一）细化、具体化目标

由于教学目标系统存在着层层细化的关系，因此每一个层次的教学目标都是上一层次目标的细化与具体化，于是，课时教学目标的设计必然要考虑到单元教学目标以及二者之间的相互关系。一般而言，教学目标系统中的教育目的、培养目标以及课程教学目标是不需要一线教师考虑的，广大教师通过查阅、了解课程计划、课程标准等就可以掌握其宗旨与要义。对于广大一线教师而言，关键是将课程教学目标分解成单元教学目标，从而为课时教学目标的确立提供依据与指导。那么，究竟应该怎样将课程教学目标具体化为单元教学目标呢？

首先，要了解学习者的学习基础、能力、需要等实然状况与课程教学目标所要求的应然状况之间的差距。由于教学对象的实际情况千差万别，所以教师一定要做充分的分析与了解。

其次，要确定相应的学习内容，以达成课程教学目标。单元教学目标虽然在相关的学习资源中已经有所体现，但是在具体的教学实际中，单元教学目标的适切性却有待进一步分析，教师要根据教学对象的实际情况以及其他的情况来确定合适的教学重点、难点等。

再次，要进行学习内容的组织与调控。在选择好学习内容与任务的基础上，教师要确定怎样将学习内容有效、合理地组织起来。在组织的时候，教师既要考虑到学科知识本身所固有的逻辑体系，同时也要考虑到学生的身心发展特点，要将二者协调统一起来。学习的内容、任务之间必然存在着一定的联系，有的学习内容之间是并列的关系，教师可以根据需要作一些调换；有的学习内容之间是从易到难的递进关系，教师则不能随意改动原有的逻辑顺序；还有的学习内容之间的关联性不太强，这时教师可以根据实际情况作一些必要的调整。

最后，要以某种相应的形式陈述单元教学目标。在编写单元教学目标时，一定要突出学生的主体地位，单元教学目标应该是学生学习后要达到的水平。另外，单元教学目标要较之课程教学目标具体一些，但是又要比课时教学目标抽象、概括一些。

（二）分析、确定任务

单元教学目标的确定为分析、确定任务提供了依据。在单元教学目标的指引下，教师要对学生所要达到单元教学目标的规定和所需要的相应知识、技能、情感、态度、价值观等进行剖析，确定具体可行的教学任务。这是一种微观层面上的分析，与具体的单元教学内容结合紧密。根据经验，教师们通常的做法是采用"扒皮法"，即根据已有的教学目标确定达到这一目标所需的次一级的知识技能，这是一次"扒皮"；然后，再以此要达到的知识技能作为目标，确定达到该目标需要哪些从属的知识技能，这又是一次"扒皮"；以此类推，这样层层分析与确定，最后达到教学的起点为止。

（三）寻找教学起点

教学作为一种培养人的具体途径，归根到底是为了学生的发展。学生在教学过程中的主体地位是不容忽视的，当前基础教育课程改革已经旗帜鲜明地提出：此次改革是为了中华民族的复兴，为了每位学生的发展，要使学生全体、全面地、有个性地发展。学生在教学过程中主体地位的拥有，有其必然的教学论意义和社会要求。因此，在设计具体的教学目标时，必然要对学生的起点能力进行分析，以此来确定教学的起点。一般来说，确定教学起点主要是对学习者以下几方面进行分析。①

1. 对学习者社会特征的分析

即对学生的学习习惯、学习方法、成熟程度、班级水平、心智发展水平及对所学内容的态度等都要有所了解。这些因素对教学目标设计的影响有不同的特点，有的是经常起作用的，有的是随着时间、内容的变化而变化的，有的影响大些，有的影响小些。这些都要求教师具体情况具体分析。对学习者社会特征的分析，有经验的教师采用观察、谈话、访问、开调查会等方法，就可以做出较为正确的估计，必要时也可以采用心理测量的方法。

2. 对学习者预备技能的分析

即了解学习者是否已经掌握了新的学习所需的相关知识和技能，这是进行新的学习的基础。

3. 对学习者目标技能的分析

即了解学习者是否已经掌握或部分掌握了教学目标中要求学会的知识与技能。如已经达到了部分目标，则这部分内容的教学没有必要进行。这有助于我们在确定单元目标和内容方面做到重点突出、详略得当。

专栏4-4

"在爱的阳光下"教学目标设计

人教版《品德与社会》（三年级下册）共有四个单元，第一单元为"在爱的阳光下"。将这一单元安排在前面主要是以儿童的生活圈为序逐步展开教育，先由家庭中的人际关系入手，到学校中同伴之间的人际关系，再到社会中的人际关系。

本单元以爱作为主线，引导学生通过一些具体的生活情境，去感受、体验理解家人对自己成长付出的深切而厚重的爱；学校老师对自己成长付出的无私的爱；社会对少年儿童成长所给予的关爱。由于现阶段的孩子大都是独生子女，他们从小只知道被爱，不知道爱人，在家不知道爱父母，在学校不知道爱老师和同学，在社会上不知道爱他人。因此，本单元努力引导学生通过一些具体的活动，获得对父母内心世界的理解，让他们从小懂得自己不应当只会接受父母的爱、他人的爱，还应当学会爱父母、爱他人。

---

① 黄甫全、王本陆主编：《现代教学论学程》，教育科学出版社，1998年版，第161—162页。

　　针对上述情况，本单元确定的目标力求达到：让学生感受家庭中父母长辈的养育之恩，懂得父母为培育自己付出了许多的辛劳，体会家庭成员之间的亲情；理解父母，学会与父母沟通，以恰当的方式表示对父母长辈的感激、尊敬和关心，孝敬父母长辈；体会学校里老师和其他工作人员对少年儿童成长所给予的关爱，学会尊敬学校的一切工作人员；感受党和政府对少年儿童的关爱，知道国家采取了许多措施保证少年儿童的健康成长，同时还制定了一系列保护少年儿童的法律条文和法规。

　　本单元由三个主题构成，主题一：家人的爱；主题二：读懂爸爸妈妈的心；主题三：来自社会的爱。

　　主题一：家人的爱

　　本主题教学强调三个重点：一是知道自己的成长离不开家人的哺育；二是让学生联系自己的家庭生活实际，感受家人给予自己的关爱；三是懂得正是由于有了家人的爱，才使得自己能健康成长。

　　主题二：读懂爸爸妈妈的心

　　本主题教学强调三个重点：一是懂得爸爸妈妈对自己成长的关心，知道爸爸妈妈关爱儿女有各种不同的方式和方法；二是初步懂得理解父母，与父母沟通，了解爸爸妈妈的喜怒哀乐；三是知道用自己的行为为爸爸妈妈分忧，从小学会体谅父母，学会用自己爱的行动回报家人的爱。

　　主题三：来自社会的爱

　　本主题教学强调三个重点：一是让学生认识学校各类工作人员为自己的成长所付出的心血，使学生感受到他们对自己的爱，并懂得自己应该怎样尊敬他们；二是引导学生通过观察了解，让学生知道社会各界对少年儿童的关心和爱护；三是使学生了解国家所制定的一些保护少年儿童权益的法律条款，从中体会到这也是国家对少年儿童成长的关爱。

　　[**资料来源**] http://www.pep.com.cn/200406/ca474719.htm.

四、教学目标的陈述

　　教学目标的陈述就是指以一定的方式将教学最终要追求的目标表述出来，也就是将人们思想中的要求以文字的形式呈现出来。为了使教学目标能够更好地发挥其对教学过程的指导、激励、聚合等功能，一般而言，我们主张用具体的、可操作、可测量的方式来陈述教学目标。具体来说包括：教学目标应包括教学对象（学生）在一定的条件下所发生的行为以及行为的结果所达到的程度、水平。例如，教学目标的表述可以这样：依照课文的第三段，学生能够在10分钟内归纳出段落大意。在这个例子中，教学对象是学生，根据具体情况，可以是某个年级某个班级的学生；"依照课文的第三段"是条件，通常而言，条件可以是学生发生行为时所处的环境、设备、时间等；学生所发生的行为就是归纳段落大意；标准是要在10分钟内完成，这是一个最基本的、最低的要求。

　　我国新一轮基础教育课程改革在目标陈述方面提出了知识与技能、过程与方法、情感、态度与价值观三位一体的目标表述方式。因此，在教学目标陈述的时候，我们不能仅仅局限在对学生外显的、可观察、可测量的行为的关注上，而应该是在关注学生外显行为表现的时候结合其内在的体验、感受，在关注学生行为结果达到的程度、水平的时候结合学生在整个行为当中的表现，将行为结果与行为过程协调起来。为了将学生的行为与心理变化协调起来考虑，格朗伦（N. E. Gronlund）提出了内部过程与外显行为相结合的表述方法。"如地理课在讲到'人类与环境'课题的时候，要求学生树立可持续发展的观点，这个目标可以这样表述：

1. 学生能树立可持续发展的观点

1.1　能说出可持续发展的大概意思；

1.2　能运用所学的知识批判现实中破坏环境的思想和行为；

1.3　对提供含有不符合可持续发展思想的例子的材料，能指出这些例子并做出批判和评述。

上面第一句话'学生能树立可持续发展的观点'是对内部过程的表述，后面三句话是为了说明内部过程而表述的可观察、测量的外显行为。两者相结合的表述方法，既保留了行为目标表述的优点，又避免了行为目标只顾及具体行为变化而忽视内在心理过程变化的缺点，所以这种表述方法受到很多人的青睐。"[1]

为了使教学目标的表述更加清晰，在明确其基本内容之后，还可以将教学目标进一步系统化，即将教学目标分门别类地加以层次化。在分门别类的时候，可以按照布卢姆或者加涅等人的分类理论，也可以从知识与技能、过程与方法、情感态度与价值观等几个方面来考虑。当把教学看成是课程实施的过程，我们也可以通过下面课程标准的例子来加深对教学目标陈述的理解。[2]（见表 4-4）

表 4-4	新课程理念下的教学目标陈述实例		
学习水平	常用行为动词	举　例	
		语　文	数　学
知识	1. 了解——说出、背诵、辨认、回忆、选出、举例、列举、复述、描述、识别、再认等	会写、读准、认识、学习、学会、把握、了解、写下、熟记	读、写、会用、认识、说出、识别、了解、辨认、描述
	2. 理解——解释、阐明、比较、分类、归纳、概述、概括、判断、区别、提供、猜测、预测、估计、推断、检索、收集、整理等	理解、展示、扩展、使用、分析、区分、判断、获得、表现、扩大、拓展	知道、表示、会画、确定、找出、获得、读懂
	3. 应用——应用、使用、质疑、辩护、设计、解决、撰写、拟定、检验、计划、总结、推广、证明、评价等	评价、掌握、运用、懂得、联系上下文	分类、选择、比较、排列、理解、解释、判断、预测、推断、估计、设计、检验、运用、掌握、处理、推导、证明

---

[1]　黄甫全、王本陆主编：《现代教学论学程》，教育科学出版社，1998 年版，第 164－165 页。

[2]　朱慕菊主编：《走进新课程——与课程实施者对话》，北京师范大学出版社，2002 年版，第 60－61 页。

学习水平	常用行为动词	举　例	
		语　文	数　学
技能	1. 技能——模拟、重复、再现、例证、临摹、扩展、缩写等 2. 独立操作——完成、表现、制订、解决、拟订、安装、绘制、测量、尝试、试验等 3. 迁移——联系、转换、灵活运用、举一反三、触类旁通等	讲述、表达、阅读、复述、诵读、写出、倾听、观察、朗读、推想、揣摩、想象、转述、选择、扩写、续写、改写、发现、借助、捕捉、提取、收集、修改	口算、计算、测量、观察、操作、实验、调查、笔算
过程与方法	经历、感受、参加、参与、尝试、寻找、讨论、交流、合作、分享、参观、访问、考察、接触、体验等	感受、尝试、体会、参加、发表意见、提出问题、讨论、积累、体验、策划、交流、制定计划、收藏、分享、合作、探讨、沟通、组织	体验、感受、交流、解决问题、经历、发现、探索、感知、交换意见
情感态度与价值观	1. 反应——遵守、拒绝、认可、认同、承认、接受、同意、反对、愿意、欣赏、称赞、喜欢、讨厌、感兴趣、关心、关注、重视、采用、采纳、支持、尊重、爱护、珍惜、蔑视、怀疑、摒弃、抵制、克服、拥护、帮助等	喜欢、有……的愿望、体会、乐于、敢于、抵制、有兴趣、欣赏、感受、愿意、体味、尊重、理解（别人）、抵制、辨别（是非）、品味、关心	体会、欣赏、感受
	2. 领悟——形成、养成、具有、热爱、树立、建立、坚持、保持、确立、追求等	养成、领悟	养成、树立

五、教学目标制定当中存在的问题及其对策——对教学实践的关注与思考

（一）教学目标制定的偏离与误区

理论上的阐述不能掩饰实践当中存在的问题，理论既可能滞后于实践，也可能是对实践的超越，但有一点必须肯定的是，无论怎样，理论终究是要为实践服务的，如果理论没有扎根于实践中的问题，而只是理论工作者一相情愿思辨的话，那么理论也就会作茧自缚走向自亡之路。考察实然的教学实践，不如意的状况比比皆是，其中，在教学目标制定当中存在的问题，可以归纳为以下几方面。

1. 把教学目标等同于学习内容

在实际的教学目标制定当中，有些教师误把学习内容当成了教学目标，这样就会失去教学目标对教学实践固有的指导、激励、评价以及聚合等功能。例如，

有些教师会这样来制定教学目标：学习圆的周长的计算方法，这样的教学目标直接体现为学生学习的内容，即学习圆的周长的计算方法，而没有表明通过学习这样的内容，学生可能达到的学习结果，这样的教学目标是假目标，因此，在实践当中必须引起注意，并加以克服。

2. 教学目标含糊、不明确

在实践当中，教师制定教学目标最易走向目标制定含糊、不明确的误区。教师们习惯于用"了解……"、"懂得……"、"掌握……"、"理解……"的表述形式，这样很难区分达到哪种程度是了解，哪种程度是掌握，而了解和掌握之间又有何区别。例如，一位教师在设计《赵州桥》这一课的教学目标时，这样来设计：①懂得赵州桥的坚固、美观；②体会本文运用比喻写声音的写法；③了解物体在自然界中的变化规律。"懂得、体会、了解"这样的表述词很模糊，因此，为了使其更加明确，具有可操作性，我们可以这样来表述：①说明赵州桥的使用价值与观赏价值；②画出运用比喻描写声音的语句，分析这样描写的作用；③指出物体的形状、位置和形态对其质量的影响。

3. 教学目标单一、不全面

由于受传统教学论知识论的影响，目前，一线的教师在制定教学目标时仍然以学生掌握更多的知识为最终的价值追求，因此，制定的教学目标往往只关注了知识的识记、理解而忽略了学生情感、态度、价值观等方面的和谐发展，从而使教学目标单一、不全面。

4. 教学目标缺乏启发性、引导性

虽然教学目标是立足于师生当下情况、指向于未来的一种结果，但是教学目标的表述如果直接把结论告诉给学生，就会缺乏一种启发性、引导性。例如初中语文《可爱的草塘》一课，请看这样两个错误的目标：①体会重点段的含义，了解北大荒草塘的富饶、美丽；②概括中心思想，激发学生热爱与建设祖国的热情。这样的教学目标把学生要达到的结论直接表述出来，有失妥当，目标①中的"富饶"、"美丽"，目标②中的"激发学生热爱与建设祖国的热情"都是把结论告诉给了学生，而不是提出问题让学生思考。建议可以矫正为：①标出景色美的语段，分析写得动人的原因，有感情地朗读这些语句；②说说开头写"没趣"的作用，理出感情变化的层次，归纳本文中心。

5. 教学目标忽视了整体性与个性的统一

目前教师在设计教学目标时，往往只是提出一个整体性的要求，没有考虑到学生之间的差异而提出一些有针对性的、发展个性的要求，没有照顾到学生之间的差异而要求学生在同一时间就同一内容达成相同的目标，这是不科学的，而且也是不可能的。因此，教师在设计教学目标时，应准确了解学生在课前所达到的水平，并且提出有区别的、弹性的要求。如，教《丑小鸭》一课时，有位教师设计了"学生能模仿课文写具有教育意义的童话"，这样的目标只考虑到了写作水平比较高的学生的需要，而对于写作水平一般的学生来说，比较有难度。因此，教师可以将此教学目标修改为"一般学生能够了解到丑小鸭变成白天鹅后内心丰富的情感，能有感情地朗读课文；水平比较高的学生可以尝试地模仿此篇课文，写一篇具有教育意义的童话。"这样，高层目标也可以为低水平学生提供指导性目标，以利于学生形成自觉选择的心理机制。

（二）实践的智慧——教师如何制定教学目标

上面简要归纳、分析了教师在制定教学目标时经常出现的误区。其实，就复杂多变的教学实践而言，往往是多种情况并存的混合状态，但是有一点可以断定，那就是教师在制定教学目标过程中的确存在着茫然无绪的困境，究竟有哪些因素束缚着教师制定教学目标？如何冲破这些束缚的枷锁？这成为我们思考的直接对象。通过对教学实践的考察，我们知道影响教师制定教学目标的因素是多种多样的，有教师自身的理解能力、钻研能力、创新能力等方面的素养，同时也有教师自身之外的教学文化传统等方面的影响。因此，要想使教师科学地确定教学目标，我们需要创设一种有利于教师正确理解教学目标以及合理制定教学目标的外在于教师的优质文化，这是一项艰巨的任务，当前新一轮基础教育课程改革的实施正在营造着这种优质的文化，只是它需要一个漫长的过程。另外，从教师自身着手，帮助教师准确地把握教学目标的精髓以及帮助教师把自己理解的目标转化为师生共享的愿景，是让教师学会如何制定教学目标的实践智慧之所在。

1. 帮助教师本人正确理解、科学把握教学目标

教师出现以上制定教学目标的偏差，很大一部分原因是因为教师对教学目标的理解不够准确造成的。因此，要想使教师制定好教学目标，一个前提性的工作就是先让教师正确理解、科学把握教学目标。那么，到底应该由谁来帮助教师呢？我们认为可以分为教育专家、教研员、校长、其他教师、家长、学生以及社区的工作人员等教师之外的人员以及教师自身这两类人。教育专家、教研员可以帮助教师逐渐澄清自己的教学目标假设、心中所持有的信念，并且可以从理论上帮助教师分析哪些假设、信念是有利于制定教学目标的，哪些是不利的因素，怎样才能捕捉到更加有利于教学目标的制定、实施的因素。校长、其他教师可以从学校教学实践的角度帮助教师正确地理解教学目标，而且这样的团队也有助于学校自身的成长与发展。家长可以从家庭的角度为教师把握、理解教学目标提供一个新的角度，而且家长作为学生的直接监护人，这种亲情、血缘关系所凝结的家长对孩子的期望成为制定教学目标需要考虑的一个重要维度。来自学生的真实声音是帮助教师正确理解教学目标的最直接的来源。社区作为教师和学生成长的环境对师生的发展产生了重要的影响，作为社区内的工作人员，他们既作为家长，也作为社区内的服务人员，必然持有教学所要达到的目标的渴望与追求，这类人群的意见和想法也为理解教学目标提供了重要的资源。但是，外在的影响终究要通过教师本人的理解、建构才能起作用，因此，教师自身的自我帮助才是最为根本的。那么，教师怎样才能实现自我帮助呢？我们认为，教师以自己及自己的教学实践作为思考的对象，并且通过自我反思分析自己的教学目标观念、剖析这种观念的

合理性以及如何建构更加合理的教学目标观念是解决问题的关键所在。

2. 把教师理解的教学目标转化为师生共享的愿景

教师对教学目标的准确把握只是科学制定教学目标的第一步，只有当把教师对教学目标的正确理解转化为师生共享的愿景时，教学目标才能发挥实践的力量。这个转化的工作主要是由教师本人来完成的，因为这种转化是需要教师通过具体的教学实践才能完成。教师是通过怎样的过程来完成这种转化呢？我们认为，教师主要是通过教学前的备学生、教学中与学生交往互动以及教学后的深刻反思来完成把自己所理解的教学目标转化为和学生共享的愿景的。教学前，教师要了解学生的兴趣、需要、特点、已有的知识结构等方面的信息，这样有助于教师发现用什么样的方式可以把自己理解的目标转化成学生可以接受的目标。教学过程中与学生的交往互动也是教师与学生建构共同愿景的过程，正是在教师和学生之间、学生和学生之间以及师生和文本之间的对话、交流，共同的愿景得以生成。这是关键的一个环节。如果教师没有把握好，则很难和学生达成共享的愿景，学生游离于教学目标之外，并可能与教师的教学目标形成对抗的力量。因此，教师需要用心去体会实践操作中的一些技巧。教学后的反思是教师以自己、以学生以及以师生共同的教学实践活动为思考对象的过程，这样的反思是教师自我发展的关键，只有善于反思的教师才能不断修正自己的教学目标，使之更合理、更能为学生所理解和接受。

【主要结论与启示】

1. 不管人们从何种角度来理解教学目标，作为教学系统中的一个具有举足轻重作用的要素，它凝结着教师和学生主体间性的和谐，体现着当下基础上指向于未来时空的一种结果，表现出可操作性以及可测量性的特征。教学目标作为教学活动的起点与终点，具有预期性、系统性、操作性以及生成性诸特点，同时教学目标也具有导向功能、激励功能、评价功能以及聚合功能。

2. 关于教学目标价值取向的争论可以表现为知识本位、社会本位以及人本位等几种倾向，理性分析各种价值取向之利弊，以学生的发展为教学目标的价值取向是一种必然。以学生发展为教学目标的价值取向扬弃了各种观点之不足，从而使教学目标的价值取向更科学。

3. 各种教学目标分类理论有其自身的体系以及阐述的逻辑，我国教学目标分类体系表现为从教学总目标、学校教学目标、课程目标、单元目标到课时目标的逐级具体化，是一个从宏观到微观的细化过程。

4. 教学目标设计是在一定的科学依据指导下，以遵循一定的原则为基础，并且包含有一定的设计步骤的过程。学生实际、教学内容以及社会需要构成了教学目标设计时的依据，设计教学目标要遵循发展性原则、整体性原则、可行性原则、可操作原则以及阶段性原则。设计的一般步骤表现为细化、具体化目标、分析确定任务、寻找教学起点。

5. 教师在实际制定教学目标的过程中存在着诸多问题，主要表现为：把教学目标等同于学习内容；教学目标含糊、不明确；教学目标单一、不全面；教学目标缺乏启发性、引导性；教学目标忽视了整体性与个性的统一。针对以上问题，我们要帮助教师本人正确理解、科学把握教学目标，并且把教师理解的教学目标转化为师生共享的愿景。

【学习评价】

1. 怎样理解教学目标的概念？
2. 教学目标具有哪些特点？能够实现怎样的功能？
3. 教学目标有哪些价值取向？我们应该持怎样的价值取向？
4. 简述布卢姆、加涅、巴班斯基、奥苏贝尔的教学目标分类理论，并作简要的评析。
5. 分别从教学目标的层次以及教学目标的性质两个角度来阐述我国的教学目标分类体系。
6. 简述教学目标分类的依据、原则以及一般步骤。
7. 如何进行教学目标的陈述？陈述时需要注意些什么？
8. 在教学实践当中，教师制定教学目标有哪些误区？应该怎样帮助教师科学、合理地制定教学目标？
9. 自选一节课的教学内容，在教学目标制定的依据、原则、一般步骤等引导下，进行教学目标设计。

【学术动态】

● 在新课程改革背景下如何认识和实施三维目标。对教学目标的讨论更多地来自实践领域的一线教师。各学科教师在教学目标的制定、实施过程中出现了诸多的困惑与问题，但他们大胆尝试，结合自己的教学实践，在自身经验的基础上提升出了一般的理论，如语文教学的目标与策略、新高中课程标准下数学教学目标的设计、新课程理念下化学目标的设计等，这些研究具有学科自身的特点，同时也反映了一般的通则性规律。

● 诸多教育理论研究者以及一线教师针对三维目标当中的具体问题展开了深入的探讨。

(1) 三维目标之间如何有机整合。尽管理论研究将三维目标区分为不同的类别，但在具体的教学实践中三者是浑然一体的，诸多一线教师就"知识技能、过程方法、情感态度价值观"如何有机整合、齐头并进进行了一系列的尝试。

(2) 三维目标如何表述。有学者发现很多教师在教学目标表述的时候，往往用相同的句式、相同的套话来表达教学目标，久而久之教学目标的表达已经成为教师们的"八股文"。对此，学者们呼吁教师在教学目标表述时要有目标意识，并且要遵循教学目标表述的一般原则，以便真正发挥教学目标的作用。

(3) 三维目标之间的区别。三维目标之间存在着显性和隐性的区别，知识技能作为显性的目标可以通过量化的方式来测量，但是情感、态度、价值观等隐性的目标不能用量化的方式来测量，且情感态度价值观目标的达成是一个长期的过程。在实现隐性目标时可以通过优化教学内容、教学组织形式、教学环境以及教学评价等方面进行实践的操作。经过充分的讨论之后，学者们几乎达成共识：三维目标的提出并非意味着每节课都要一一列出三维目标，然后将之细化，由于教学内容等因素的限制，在一节课当中完全实施三维目标是不可能的，但就每一学科教学而言，在总体上达成三维目标的实现是可能的。

● 教学目标的预设性与生成性的关系。教学目标是教师和学生立足于当下基础，以具体的教学活动为依托的，指向于未来时空的一种结果。由此，教学目标一方面是对学生未来成长情况的预设，同时教学目标又给具体教学实践留有生成的空间。因此，学者们以及一线教师对于此问题达成共识：教学目标既要是对即将要进行的整个教学活动将要出现结果的预设，同时教学目标又给具体真实的教学实践留有生成的空间，随着教学实践的不断展开，一些生成性的目标不断出现。

【参考文献】

1. 陈旭远主编：《课程与教学论》，东北师范大学出版社，2002 年版。

2. 张华著：《课程与教学论》，上海教育出版社，2001 年版。

3. 黄甫全主编，王嘉毅副主编：《课程与教学论》，高等教育出版社，2002 年版。

4. 田慧生、李如密著：《教学论》，河北教育出版社，1996 年版。

5. 施良方著：《课程理论——课程的基础、原理与问题》，教育科学出版社，1996 年版。

6. 马云鹏主编：《课程与教学论》，中央广播电视大学出版社，2003 年版。

7. 黄甫全、王本陆主编：《现代教学论学程》，教育科学出版社，1998 年版。

8. 朱慕菊主编：《走进新课程——与课程实施者对话》，北京师范大学出版社，2002 年版。

9. ［美］B.S. 布卢姆等编：《教育目标分类学·认知领域》，华东师范大学出版社，1986 年版。

10. 傅道春著：《新课程中课堂行为的变化》，首都师范大学出版社，2002 年版。

11. 赖志奎主编：《现代教学论》，浙江大学出版社，2001 年版。

12. 李秉德主编：《教学论》，人民教育出版社，1991 年版。

13. 全国十二所重点师范大学联合编写：《教育学基础》，教育科学出版社，2002 年版。

第 五 章

教学过程

【内容摘要】

　　教学活动是在教学目的、目标的指引下，按照特定的结构和功能原理而展开的。在此过程中，教学的基本构成要素，通过一定的结构原则，在具体的教学环境下发生相互作用，表现出一系列的教学过程功能，形成自身与参与其中的人、与所依存的社会之间的种种具体而生动的联系，从而形成并确证自身的存在价值。本章的任务在于形成教学过程、教学系统和教学过程功能的基本概念，从理论上展开对教学过程的分析与透视，主要进行教学过程的结构分析和功能分析，讨论教学过程的基本属性和本质等问题，以期获得关于教学过程的具有理论高度的、完整的、一般性的理解和把握。

【学习目标】

　　1. 了解教学过程、教学系统的含义及其关系。
　　2. 了解教学结构与教学功能的含义及其关系。
　　3. 理解教学过程的结构分析和功能分析的含义与方法。
　　4. 理解教学过程的基本属性的含义及其基本内容。
　　5. 理解教学过程的本质，能够用有关理论分析和批判教学的理论与实践活动。

【关键词】

　　教学过程　教学系统　教学功能　基本属性　本质

第一节 教学过程的基本含义

一、国内外的有关研究

关于教学过程的基本含义，许多学者曾有不同的分析。这里我们选择几种比较具有代表性的观点，以便为我们掌握其基本含义提供理论上的参考。

（一）国外的有关研究

有日本学者从一定课题的教学活动在时间中的展开这样的角度着眼，认为"教学过程系指展开教授活动和学习活动的时间流程"[1]，或"所谓教学过程，是让学习者学会一个单位教材的过程"，学习者、教材、教学目标是其三个主要变量，而"导入—展开—终结"构成了基本教学过程的序列阶段。[2]

苏联学者克拉耶夫斯基则持系统整体观，认为"教学过程就是教学活动系统状态的更换"，强调必须从教学活动系统的社会目的性、人为性出发并从教学论的角度研究教学过程的特征及其客观规律性，尤其是系统成分和结构依照系统的功能发生变化的内在机制。[3] 这里所着重指出的教学乃"人为"的过程和功能对于成分、结构的制约作用的观点至为重要，这提醒我们研究教学过程必须时刻牢记教学存在的根本目的及其对教学状态的指导意义。

苏联教育家巴班斯基认为，"教学过程，这是教师与学生之间有目的的、不断变化的相互作用，在相互作用过程中解决受教育者的教养、共产主义教育和一般发展的任务"，并指出过程的组成部分不能包括教学条件、教师和学生，但反映着师生相互作用的发展，即从提出目的和接受目的的发展到以具体成果来体现这些目的，这些体现了师生相互作用的周期。[4] 巴班斯基所持的关于实体与过程不同，过程是主体活动的发展，过程成分的逻辑顺序，过程本身的功能封闭以及过程的周期性等思想，引导着我们从教学过程的角度，重新审视教学的本质与规律。

德国控制论意义上的教学论学者，则着重过程的控制方面，视教学过程为控制学习者行为的过程。[5] 从系统控制、信息传输、目标控制与分解等相关角度展开理论分析，有助于强化教学过程的目标具体性和行为准确性以及对诸因素、诸方面问题进行系统控制的主动性，这些是值得借鉴的。

---

① 日本筑波大学教育学研究会编，钟启泉译：《现代教育学基础》，上海教育出版社，1986 年版，第 278 页。

② 钟启泉编译：《现代教学论发展》，教育科学出版社，1988 年版，第 441—444 页。

③ ［苏］斯卡特金主编，赵维贤、丁酉成等译：《中学教学论——当代教学论的几个问题》，人民教育出版社，1985 年版，第 153—154 页。

④ ［苏］Ю. К. 巴班斯基主编，李子卓等译：《教育学》，人民教育出版社，1986 年版，第 146—160 页。

⑤ 李其龙编著：《德国教学论流派》，陕西人民教育出版社，1993 年版，第 93—100 页。

（二）国内的有关研究

我国学者江山野的研究，坚持教学过程层次的、发展的和整体的观点。他按照教学任务和教育阶段的顺序变化，从整个学校教育、一门课、一章或一单元、一点知识或一课书等不同的教学时间跨度或教学周期，来进行教学过程的分层研究，并指出教学过程既然是一个发展过程，有它的阶段性，那就应该在不同的发展阶段采取不同的教学方式。[1] 这一研究成为我国新时期深化教学过程理论研究的奠基性成果，对后继研究产生了很大的积极作用。

我国学者唐文中等与苏联学者巴班斯基的观点基本一致[2]，但更加强调指出了教学结构即诸组成因素之间相互联系、相互作用的方式对于教学性质以及各因素的先在意义，这一点对于我们理解教学的整体性和教学生成与存在的根本特征具有重要的启发意义。

我国著名教育家李秉德先生主编的《教学论》认为："教学过程是学生在教师的指导下，对人类已有知识经验的认识活动和改造主观世界、形成和谐发展个性的实践活动的统一。"[3] 这样的理解，把教学过程定位在学生的认识活动与实践活动的统一上，体现出了我国教学理论界近期以来关于教学过程理解的基本趋势。

我们要充分理解教学过程的含义，根据已有研究的相关成果，在吸收借鉴各家所见之长的基础上，坚持整体联系的、动态层次的和周期时序的观点，并将教学过程放到现实存在的层面上来历史地、具体地理解和把握。

二、教学过程的相关概念分析

在教学理论中，常常会涉及如何理解"教学"、"教学活动"、"教学系统"、"教学过程"等几个相关概念的相互关系问题，对此应该有所说明。

（一）关于"教学"

教学是以特定文化价值体系为中介，以师生间的特殊交往为基本形态，以教与学对成关系为发生机制和存在方式，以促进人与文化的双重建构为根本目的和核心取向的实践活动。简言之，教学是旨在促进人的文化生成的师生特殊交往活动。

（二）关于"教学系统"

根据系统论原理，教学系统应是由构成教学的各个部分以一定的方式或顺序相互联系、相互作用并与环境发生着特定联系而形成的有机整体。这样，"教学系统"的概念便强调了教学主体活动的协同性与目的性，教学形态的差异性和功能的整体性。教、学、教学信息和教学媒体之间的相互联系、相互作用，构成了教学系统的动态结构，并在一定的条件下，输出整体的功能效应。教学系统是对教学论问题进行系统研究的本体概念和逻辑起点。

---

[1] 江山野：《论教学过程和教学方式》，见瞿葆奎主编，徐勋、施良方选编：《教育学文集·教学》（中册），人民教育出版社，1988年版，第22—47页。

[2] 唐文中主编：《教学论》，黑龙江教育出版社，1990年版，第98—101页。

[3] 李秉德主编：《教学论》，人民教育出版社，1991年版，第24页。

（三）关于"教学过程"

教学过程的含义与教学的含义有着直接的联系。任何教学都有其外在形式（即一定的时空特征）、内在结构与具体属性（即诸要素之间的内在联系及其性质），而表现为一定的存在状态，这是影响教学的一切内外因素之间现实综合作用的整体结果。而所谓教学过程，正是师生的这种特殊交往活动在确定目标的指引下，围绕具体的教学内容而发生的一系列状态变化。这些变化由于具体的目标取向、内容结构、心理过程、行为逻辑以及环境资源的不同，而导致不同的存在形态和功能结果。也正是由于这样，才有不同的教学模式、教学流派的现实差异，也才有不同教学质量和水平的现实分野。因此，一般而言，<u>教学过程就是教师教的活动与学生学的活动按照确定的原则、目标、形式和程序启动、互动，从而现实地生成和开展教学的过程，也就是教学活动合目的合规律地、现实地建构、生成和展开的过程，更是教学质量现实地形成的过程。</u>

（四）关于各概念之间的区别与联系

所谓"教学"、"教学活动"、"教学过程"以及"教学系统"诸概念之间的区别，是由论者指称教学的立足点的不同而造成的。关于教学，在理论与实践中，人们或从最抽象、一般的存在意义上以"教学"概念予以指称，或从相对具体的特殊活动的角度以"教学活动"概念予以指称，或着眼于要素的内在联系和整体功能而以"教学系统"来指称，或从更加具体而现实的运动形态着眼以"教学过程"或"教学活动过程"来指称，所指有所侧重，但是并无根本区别，仅仅是在抽象层次和把握角度上各有不同。

我们说四者之间有所区别，但是同样存在着内在的联系。首先，教学作为一种社会性活动而存在，因而"教学"的概念和"教学活动"的概念所指是同一的；其次，由于教学、教学活动、教学系统都只能存在于过程之中，而过程是事物存在的历史形态，因而教学过程也就是教学活动的状态变化过程，是教学或教学活动、教学系统的现实存在形态。

第二节 教学过程的结构阐释

要对教学过程展开有效的系统分析，首先有必要明确分析的方法论前提，即我们按照怎样的思想方法和逻辑路线展开分析的过程。根据已有的研究，对于教学的系统分析，可以按照实体、关系、活动、过程（阶段）这样的理论框架进行，而在各分析元素之间，存在着不可分割的联系。[1] 因而，较之静态的、立足于要素的教学过程结构分析，立足于教学要素间关系的教学过程结构分析，便更具系统论的特性。从系统论的立场、立足于教学关系的分析，既使我们从内涵上得以明确教学过程的结构（即教学过程的内部关系），更为我们从理念上把握教学过程

---

[1] 张广君著：《教学本体论》，甘肃教育出版社，2002年版，第38—110页。

的功能（即教学过程、教学系统与外部的关系），进而从本体上把握教学过程的属性（即使得教学内外关系趋于稳定的教学的独有规定性）打下了良好的基础。

通常，教学过程的结构联系主要是指教学过程的内部关系，它是教学过程得以生成的基础。在教学系统中，其组成要素如教师、学生、教学内容等相互之间的具体联系方式，意味着具体教学结构的形成，也由此而形成了具体的教学过程。鉴于在第一章中已经对诸要素及其间的联系进行了基本的探讨，这里我们只要对教与学的关系、教学主体关系等几种重要的关系进行简要的分析即可。

一、教学内部关系的主要类型

教学过程中的主要关系，表现为"教学关系—师生关系—教与学的关系"这样一条主导性关系链条，它们在不同层次上表征着教学活动。

（一）教学关系

教学关系，通常是指教学过程中所涉及的各种因素之间的关系。它包括教学过程中所有的关系类型——人与人、人与己、人与物、物与物的关系，如，师生关系、学生与教学内容之间的关系、教学内容与教学手段的关系等，也可以称之为教学论内部的关系体系。显然，从整个教学论的范围来看，教学过程中不仅仅存在着教与学这样一种关系，而是以教与学的关系为核心，全部的教学论关系共同确证并表现着教学过程的特点。

（二）师生关系

师生关系，作为教学过程中主体关系的主要类型，不仅是教学过程诸多关系中最基本的关系，而且是全部教学论关系的基础。事实上，作为教学过程中也是学校教育中的最基本、最常见的关系，在社会、学校、课堂不同层次的意义上，师生关系有着不同的教育学含义与意味。

从最广泛的意义上说，师生关系是一般意义上的教育结构关系的代名词，无论何时，师生关系都意味着人与人之间教育关系的既往或现实的存在，都意味着师与生之间关系的基调和取向应是教育价值或对教育的价值，也在一定程度上折射出社会的教育文化与成就。在学校教育的范围内，师生关系构成人与人之间的基本关系框架，学校教育范畴内的所有关系，都不可能不打上师生关系的烙印。换言之，不论在理论上还是在实践中，师生关系都居于学校教育关系体系的基础地位，而且制约并体现着学校教育的特点与水平。在课堂教学中，师生关系更是教学论关系中的基础性关系，它有着多学科、多方面的意义。

从社会学的意义来说，师生关系通常是学生参与得最早和接受影响最深的组织化社会网络，是学生建构起自己除家庭之外的正式社会关系的第一步，因而对其成长、进步以及人生的发展道路，都将有可能产生重要的影响。

从伦理学的意义来说，师生关系是学生所面临的第一种非血缘性的组织化的社会伦理关系——教育伦理关系，这种伦理关系不仅在学期间会直接制约学生的学习环境、学习心理和学习及发展成就，而且也会进一步影响其后继社会伦理关系的形成和发展。

从心理学的意义来说，师生关系中的师生双方在思想、情感和认知领域等的相关性及相互适应性，会为双方之间的教育教学关系铺上一层底色，会对其相互之间具体关系的形成和发展产生潜在的影响，从而成为教育教学关系中的基础性和条件性因素。

从教学论的意义来说，作为教学过程中的主体关系，作为师生之间教育、教学关系的基架，师生关系是教学的基本属性特别是人文特性的直接来源，是教学关系的一般形态和主体基础，也是教学的影响对象和效应指标，其具体的关系状态和水平将直接延伸到教与学的关系中去。

（三）教与学的关系

教与学的关系，是教学过程中的核心关系。教与学的关系集中体现着教学过程的结构特征和功能机制，是教学论关系中最具有代表性的关系——它的状态和水平直接关涉教学过程的存在、运行与演化，对它的深入分析和理解，是把握全部教学论关系的关键。

二、教与学的关系

教与学的关系在其存在方式上，总是表现为两种关系形态、两种关系结构，也就是存在两个关系层次：深层结构与表层结构。这两个层次的关系在任何教学活动中都共同存在，并整体地发挥着作用。①

（一）教与学关系的深层结构

所谓教与学关系的深层结构，指的是在教学得以生成和存在的静态的和内隐的逻辑层次上，教与学的关系处于这样的基本形态：教学的根本目的、出发点和归宿都要体现、落实于学的状态，教的必要性建基于学的必要性，教的现实性取决于学的可能性，教的准备依存于学的准备。整个教学的着眼点在于学的态势，教学的社会、心理和控制三方面因素要统一于学的态势。这样，在教与学关系的深层结构中，教与学的矛盾关系一般表现为：学是矛盾的主要方面，处于主导地位，规定着教学的可能性质与进程，体现着教学的总体预期效果；而教则是矛盾的次要方面，处于辅从地位，教的目的、任务、内容依存于学的目的、任务、内容，教的过程符合、适应于学的过程的内在逻辑，教的任务是否完成要看教学目标是否达到，而后者则是落实、体现在学的终态上的。

图 5-1 教与学关系的深层结构示意图

---

① 张广君：《多维视野中的教学关系》，《教育研究》，2003 年第 6 期。

这里有必要指出的是，有关教学的目的、内容，或学的目的、内容等直接体现社会性和个体性要求的因素，虽然存在着一个教育学具体化和教学具体化的问题，但是总的来说不是教学系统本身自定的，而是主要由外部社会环境和学生具体特点决定并作为外界条件作用于教学系统的。也就是说，确定学生学的目的、内容等方面的问题，根本上并不属于具体教学的范围，而是教育目的、内容和学校教育任务以及学生个人和群体的精神心理特征等这些处于教学系统边界之外的因素的教学定向和教学具体化问题。因此，在这一层次上，学的目的、方向、性质、内容乃至一般性任务等，并非由教所决定的，而是恰恰相反，设计、构想中的教要受制于学。可以说，教只是为了达到教学目的、达到学的目标而存在和发挥作用，相对而言，教只是学的一种条件、一种重要中介和对象，一种在教学范畴内的必要的技术性前提。这是教学活动生成的基本前提，是教学自身的内在规定。

专栏5-1

教和学——教学过程的两个要素

把教学活动分成教和学两个组成部分，是对统一的社会教学活动做出的第一次重大的划分。开始作这种划分的时候，最好不要把个别教师的活动叫做教，而把所有从事教学工作的人的共同活动叫做教才更贴切。这样，学才能被看作是与教相对的、所有学习的人的一种活动，就是说才能被看作是接受社会经验的整个一代人的活动。

教和学的统一反映了教学的特点，建立了教学论的关系体系，保证了这个体系的完整性。因为这种统一表现在一种关系上，所以说这种关系是教学关系。

这种关系的基本形式是通过教师和学生的具体的相互作用表现出来的。必须强调，不能把这种关系仅仅归结为相互作用。这种关系是间接地以现代集体制定的教学大纲为基础的，因而这种关系的社会本质在这方面表现得尤其明显。

教与学的统一，是教学过程的客观特征，是在教与学的相互作用的联系中实现的。教与学的相互作用的联系是符合客观规律、不依我们的主观意志为转移的。教离不开学，而学如果离开教也会从教学论关系系统中消失，从而退出教学过程。

[**资料来源**] [苏] 斯卡特金主编，赵维贤、丁酉成等译：《中学教学论——当代教学论的几个问题》，人民教育出版社，1985年版，第156—157页。

(二) 教与学关系的表层结构

所谓教与学关系的表层结构，指的是在教学得以生成、存在的动态的和外显的逻辑层次上，教与学的关系处于这样的基本形态：教学的具体目的目标、教学任务、内容、方式方法、手段等的组织、选择和确定，首先主要是通过教师的主导作用而表现在教学活动中，相应地，学的方面至少都是在教师某种有意识的组织干预尤其是指导之下，即在有效的教的前提下展开的。在教学过程中，任何情况下没有教师有效的教，就没有学生有效的学，教学就不可能有效地进行，甚至根本不能进行。最重要的是，教师要不断地使教与学相协而进，不断通过自己的教将教学过程进而将学生的发展引向高一层次，使学的态势保持符合于教学的需要并得到发展，终至教学目的的达成。教师的教，在价值引导、动力调控、过程有效性等方面，直接影响着学生的学。这样，在表层结构中，教与学的矛盾关系一般表现为：教是矛盾的主要方面，处于主导地位，教领导着学，在教的指导作用下教与学统一过程的具体性质、程序、模式、速度、有关数量和效果等，都打上某种人为设计、构想的教的烙印，而有整个教学系统运行的独特表现；学则是矛盾的次要方面，居于被指导的地位，在教的具体引导和影响下进行，因教而不断调整自身的状态，并原则上朝着教所指引的方向展开学的过程，学的结果如何、学的任务是否完成，须通过教学目标予以核检评量，而后者则是教的主导作用发挥的重要方面和标志。

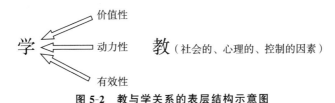

图 5-2 教与学关系的表层结构示意图

这里，有一个如何理解"有效的教"和"有效的学"的问题。所谓有效的教，就是与前期静态逻辑设计和构想阶段所明确的关系形态在原则上相一致的教，不论是如何组织、如何指引、如何调控、如何激励，总之不论如何指导，即便是不参与、不干预、无指导或"非指导"，只要符合原则、只要有意而为，实质上依然是一种指导，依然是有效之教。教师的教本身即意味着对学生发展状态的某种干预，教学中教师富有成效的教是学生富有成效的学的前提条件和必要保证，也是教学得以生成的逻辑条件。所谓"有效的学"，就是学生在教师的帮助和指导下，基于自身的发展水平和特点，在由学校、教师、自身所共同营造的学习情境中，自主地、有意义地展开当下的学习活动，而不论这种活动是接受性的还是探究性的、个别的还是合作的、知识性的还是技能性的。总之，学生的学习，只要是按照他或她自己的意愿、水平和方式，在引导他或她获得新的成长的方向上展开，对于其自身来说，就是"有效的学习"。

（三）教与学关系结构的运行机制

上述两种相互对立的教与学的关系形态，在具体的教学过程中，根据教学的现实条件和进展而发生不断的转换。从教学的构想、设计阶段到教学的实施、生成阶段，教学过程由静态的观念的形态转化为动态的实践的形态、从以教对学的适应为主转化为以教对学的引导为主，表现出教与学矛盾的转化——教与学的矛盾关系从深层结构转化为表层结构。矛盾双方转化所需的条件，就是使教学过程得以进行的那些必要条件。理想的转化所需的条件，从主体因素来说，主要是处于最佳准备状态的师生及其最优发挥。维系教学活动系统新的动态平衡所需的条件，也就是维系教学过程有效性的条件，亦即随时考虑对学的必要适应与有效促进前提下的教。若是能够满足这一条件，教与学的关系将进入一个新的层次水平：在新的教学状态下开始新的教对学的适应性设计，进而开展对学的有效指导与促进的过程，如此教与学关系的矛盾运动，就完成了一个自我实现的周期或完形；若是不能满足这一条件，新的动态平衡就不可能实现，学与教矛盾双方将再次转化还原至深层结构，现实的表层教学结构将消解。事实上，在教学过程中，当教师按照原初的设计和构想展开的教不能给学生的学以有效引导的时候，教师面临的唯一选择即是重新评估和适应学情，针对当前的教学形势重新做出设计与选择，以便能够有效指导、促进学生的学习。这样，教与学关系的矛盾运动，就表现为一次新的转化——从表层结构向深层结构的还原与回归。这种还原与回归，是在新形势下的新的适应和选择，因而是螺旋式的上升。在此基础上，一个新的适应、促进环节再一次展开。教与学关系结构的矛盾运动如图5-3所示。

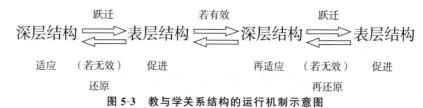

图 5-3　教与学关系结构的运行机制示意图

教与学关系的两种结构之间有着不可分割的内在联系。深层结构的属性制约或影响着表层结构的功能，表层结构是深层结构的具体化和必然表现。深层结构若不能转化、跃迁为表层结构，教学就无法现实地生成，教学目的就会始终处于观念形态乃至流于虚妄；表层结构若脱离了深层结构，则教学处于主观任意、低效运行状态，并将进入退化过程，终至现实教学的消解。二者处于辩证联系之中，而有效的教学活动进程就是两种结构合理转换的过程。

三、教学过程的主体关系

在教学过程的各类关系中，教学的主体关系以其基础性的地位直接制约着教学结构的形成及其基本特性，进而影响着教学过程的功能。根据不同的关系成分，教学的主体关系有人与人的关系、人与客观事物的关系、人与自身的关系三类，它们共同构成教学主体在教学过程必须同时面对的复杂的多重关系网络，也是制约教学主体建构与发展的不同关系因素。

（一）人与人的关系

人与人的关系，即教学过程主体之间的相互联系与作用，包括师生之间、生生之间的全部交往关系。对于教学过程来说，人与人的关系是背景和基础，也是社会条件和存在形态。在教学过程中，师生之间、学生之间的关系，首先是作为社会的人之间的关系，因而首先发生的是社会的和文化的意义上的联系。

正是由于这一点，主体关系才不能不首先从社会和文化的立场去理解和解读。也正是人与人之间相互的社会知觉、情意感染、行为适应与调节乃至价值涵化与认同，为教学的社会生成、教学过程的有效展开和教学目的的达成奠定了重要的基础。人与人的关系，从来都是社会关系和文化关系的代名词，在教学过程中也不例外。

所以，不论对于教师还是对于学生而言，教学过程中人与人的关系都是其获得社会、文化、历史发展的基本资源和途径。对于师生关系，前文已经有所分析。对于学生之间的关系，基于社会学习和环境助长的理论，我们可以看到，与自己特征类似的他人的存在，不仅仅是给我们自己提供了外在的学习条件、竞争或合作的伙伴，而且更重要的是，使得我们处于一个熟悉、相关以及也许是更适宜的环境中，在学习与成长的道路上，相互模仿、标定、警戒、映照和折射。由此可以认为，教学过程中学生之间的相互作用及意义，远非简单的字面上的"合作"一词所能够诠释的。课程与教学改革中关于合作学习的提倡，显然是有意义的，但是有关"合作"的定位及其对于学生发展的意义的阐释，可能是有所不足的。

（二）人与物的关系

在教学过程中，人与客观事物的关系，在教学论中更多的是教学主体开展教学活动时与所教所学教学内容、所用教学手段的关系，以及与所面对的外部环境条件之间的关系。在广泛的意义上，人与人的关系也可以包括在人与客观事物的关系之中。教学主体与客观事物的相互联系与作用，首先使得主体的活动、生活的内容和自身的发展获得了广阔的背景和根本的源泉。一般来说，作为基本活动、基本依据的教学内容，更是直接和有效地将教学主体，特别是将学生置于与人类历史文化宝库的精华、与文化历史主体集中而直接的接触和对话之中，从而将每一个体推到了历史发展的前沿。此外，正是由于有人与客观事物关系的广泛存在，教学过程中的教师与学生尤其是学生，才更有可能成为具有更加广泛对象性的普遍的现实的文化主体，成为能动地建构、占有、使用和在某种意义上改造现实的自我的主体。

对于师生来说，这样的广泛关系可以使他们获得广泛的机会，进而有可能在这些关系之中逐步确立作为教师和学生，作为教的主体和学的主体，尤其是学生作为发展中的主体的地位。学生的发展就是在社会历史经验的基础上，作为特定主体性的"人为的"发展。在如此宏观的意义上审视学生所处其中的对象世界，可以更准确地洞察教学过程及其活动场域对于学生发展与文化传承的根本意蕴，从而促使我们用更加敏锐的眼光去透视学生的生活、用更加精到的触角去发现学生的生活、用更加细腻的情感去营造并体会学生的生活。也只有这样，教师和学生才能以更加能动、自觉和探索的态度，去应对和处置自己与对象的关系，并做到尽可能去全面、深入地发掘出对象关系资源中的有用性因素，从而为教学意义的丰富、教学价值的丰满和教学效果的丰厚奠定坚实的认识论基础。

（三）人与自身的关系

人与自身的关系，是指在教学过程中，教师和学生各自与自身形成的反身自我关系。应该看到，师生的一般自我关系并非始自教学过程，但是作为特定教学系统中的人的自我关系，却实实在在是在这一系统的运行过程中逐渐形成的。具体的教学过程使得主体的自我关系进一步具体化，而这本身就是其发展的过程。自我关系的形成与发展是历史的和连续的过程，这种发展所带来的现实意义是：在教学过程中的人与人、人与物的关系中，主体的自我意识更明确，自我行为更自觉。

教学过程中，主体的自我关系既是个人行为的基础，也是教学过程得以生成和运转的基本前提之一。教学作为一种人为的存在，起码的前提本来就是主体的自觉能动性，而不仅仅是对社会要求与教学目的的意识和把握。要正常、有效地开展教学活动，教师既要清楚自己应该干什么，又要知道自己能够干什么和可以怎么做。而学生，也必须有相应的目的意识、目标意识、过程意识和现实的自我意识。教学过程的启动、组织、实施、调控、评价诸方面皆与师生的自我关系相关，确切地说是与其自我概念、自我形象、自我评价、自我态度、自我期待、自我调节及自我价值感等密切相关。而更为根本和关键的是学生的自我教育、自我完善的意识与能力的形成和发展，这是制约教学活动的具体过程与最终结果的一个根本性的内在因素。

自我关系的发展在教学过程中具有重要的意义。由于任何教学效果的产生都必然要通过经验与意义的内化，而教学的运动过程一开始就是在"由教而学"—"少教而学"—"不教之学"这样的自我否定方向迈进的，[①]这就意味着学生自我关系的正常发展和有效表现，是教学目的的应有之义，是教学过程的应有归宿。不仅如此，自我关系还使得教师和学生有可能在理解自我的基础上，更进一步理解教学过程，使教学过程具有更加自觉的目的性及更多的客观合理性，具有更强的主体性特征。自我关系的构建与展开对于教学主体的根本意义，就在于随着外部评价下自我概念的逐步形成、日益分化和内部评价机制的建立、稳定和成熟，教学主体特别是学生主体自我实践意识和能力不断增强，从而既促进了教学活动的进程，又推动了主体自我的发展。

在以往的认识中，对教学主体三类关系的理解存在着偏颇与失衡，主要表现为：在人与人的关系上，注重的是其作为教学背景条件的意义，注重的是师与生之间的伦理关系，忽视的是人的精神交流与相互体验，较少注意师生交往作为学生社会经验、行为方式和价值观念重要来源的现实意义，教学过程不是首先被看作人的事件和文化的事件，而主要是被看作一个知识的事件和关于物的、自然的事件。在人与客观事物的关系上，强调教学内容的认识客体意义，并基本上局限

---

① ［苏］斯卡特金主编，赵维贤、丁酉成等译：《中学教学论——当代教学论的几个问题》，人民教育出版社，1985年版，第157—158页。

于知识、技术的范围。这导致教学过程简单化、物理化的概念和做法，教学活动流于简单灌输、单向授受而不是师生能动的双向建构。教学内容的简单知识化导致教学过程的纯粹认知化、技术化，而排斥了对话、体验、感悟、移情、模仿等其他教学方式，教学内容或客体成了学生和教师的中心，人的地位让位于、服从于物的地位。在人与自身的关系上，在总体上忽视人的地位的大格局下，传统的教学理论与实践，关注更多的只是"自我"之"客我"的认识与培养，是半依赖意义上的无"我"的成员意识，对主体性的理解仅局限于认识的主体性，而非完整意义上的主体性。显然，需要坚持主体关系的内在联系性及其在认识与实践中的完整性。

第三节　教学过程的功能生成

作为整体的功能性存在，教学系统由于其基本要素之间的内在联系而成为一个整体，由于其与环境之间的具体互动而得以独立存在。因此，教学过程的关系分析，既涉及教学过程的内部关系，又涉及教学系统与其环境之间的关系。前面对教学过程的内部关系（即教学过程的结构）进行了基本的分析，本节开始进入对教学系统的外部关系的讨论。教学系统的外部关系，亦即教学系统及其过程与教学环境之间相互作用的关系。同时，这种关系亦表现为两个方面的具体联系：教学系统对于其外部环境的作用，教学的外部环境对于教学系统的作用。前者我们通常归结为教学系统的功能，后者即环境对于教学系统的影响。这里我们仅对前者进行必要的讨论。

一、教学功能的基本内涵

根据系统论的基本原理，所谓教学的功能，指的是教学基本结构的属性和效应的外在表现。教学的功能依赖于教学的结构，同时受到外部环境因素的影响，因而是教学结构的现实意义的综合显示。从教学哲学的视角看，特定的教学过程有什么样的功能，是教学存在的基本职能在特定条件下的具体表现。那么，教学的功能与教学目的有何联系？教学的"功能"与"职能"的具体区别和联系何在？教学的功能与教学目的有何联系？教学功能的一般特点是什么呢？

所谓教学的职能，指的是教学在其作为社会存在的意义上，所具有的最一般之"职"、最普遍之"能"。换句话说，就是教学之所以存在的理由，是教学在其最一般的社会价值定位的意义上的应能、可能。而教学的功能，则是在现实的社会价值选择的意义上，专门指称教学在其运行的特定方向和目标下所表现出来的对外影响和作用。二者之间的联系在于都是教学过程的对外效应和表现，都是教学过程的内在结构的属性，也都与教学的根本目的有关。二者之间的区别在于"职能"通常是对教学过程所担负的最一般的使命和责任的指称，"功能"则是对教学在可以控制的范围内所表现出来的预期效应或作用的表达。

前者重在最一般的"应能"、"可能"，后者重在预期的"效能"、"实能"。前者通常用在对教学存在进行哲学思考的场合，后者一般用于对教学系统进行科学描述的时候。

教学过程的职能、功能与教学存在的根本目的直接相关。从教学哲学的角度看，作为一种人为的存在，教学过程本身正是由于某种目的、为了某种目的才获得了现实存在的"权利"。就教学过程的职能、功能与根本目的之间的关系来说，既然教学过程的职能是教学过程的自在机能和使命，是应能、本能和可能——教学应该承担也可以承担的职责；而教学过程的功能是已能、实能、效能——教学现实地表现出来的作用和效应；那么教学的根本目的，就是教学的社会文化取向和人为取向相互作用的结果，是教学过程的职能和功能的共同取向，是教学活动的理想和归宿——教学存在所根本追求的结果及意义。这样，我们只能在教学根本目的的方向上，根据教学的本能、可能和应能来提出教学目标、设计教学过程、检验教学效果；我们也只能在教学的根本取向和理想下，按照教学系统和环境的现实状况促进教学功能的有效发挥与达成。总之，目的—职能—功能构成了一条教学存在与发展的理想而又现实的道路。

二、教学功能的一般特点

（一）人为性

教学的功能效应，随着教学活动合目的性和合规律性的程度的不同，会有相应的改变，这种改变主要是通过教学主体主观意识和行为方式的有效性，以及教学行动的积极性的差异而表现出来的。教学功能的这一人为性特点所提示的是，在教学过程中，教学主体的思想意识、情感意志、行为方式、审美旨趣、人际关系等，都会切实影响教学功能的形成和发挥。因此，它也要求参与教学的人们，尽可能按照教学过程的内在逻辑、自身及教学情境的实际情况，充分挖掘、调动和表现教学主体的潜能，使教学过程的功能效应达到优化的程度。这一特点也意味着在教学过程中，应该并且可以在现有的客观条件下，尽可能从人的因素，也就是教学主体因素的角度，去寻找教学过程质量改善、水平提升、问题解决的基本路径。同时，教学功能的这一特点，也比较全面地反映出教学过程中主观能动性和客观规定性之间的相互影响和整体联系。

（二）先导性

所有的人为事物，有一个共同的特点，就是其本身都是通过人的主观努力，特别是通过自觉的有目的的设计规划，按照社会和个体的实际需要而具体建构起来的，并且这样一个建构的过程根本不是以该事物的结构生成为取向，而是以该事物的功能表现为最高追求。教学过程是师生之间按照一定的教学目的和条件，共同组织实施的教学过程的活动系列，是具有典型的人为事物特征的社会活动过程。因此，作为一种人为的存在，任何教学过程都是按照功能形成和表现的机制，在具体的条件下构建起特定的教学结构本身。在日常教学中，教师通常都是按照教学目的和目标的要求，调配可以利用的教育资源，整体设计教学过程的。这样，在教学过程中，就呈现出功能要求在前、结构生成在后的现象。① 这似乎是与通常的结构决定功能的逻辑顺序颠倒的一种现象。在这里，教学活动及其结构不是教学过程的目的本身，而只是实现教学目的和功能的手段与工具，教学活动过程的结构因此而获得了巨大的弹性空间，进而也为教学过程的创新和教学艺术的发挥提供了广阔的可能性。

（三）历史性

教学过程的功能效应，随着社会文化历史的变迁和时代的发展，而有不同的价值取向；也会随着教学系统发展状态和水平的不同，而有相应的变化与波动。

在宏观意义上，教学功能的历史性是指作为一种社会现象，教学功能的价值取向必然是社会历史与文化发展的产物。在不同的历史时期、不同的社会环境和不同的文化体系中，教学功能的价值取向，亦即教学应该做什么和可以做什么，是由其所依存的具体社会历史条件决定的，教学过程不可能脱离开对其具有决定性制约关系的社会条件而独立发挥作用。一般情况下，不论是教学目标的设计还是教学内容的选择乃至于教学方法的采用，以及教学效果的评价，都不可能不受这一宏观环境背景的影响，而必然打上时代、社会和文化的烙印。这就意味着教学过程的可能和应能，整体上是由外部社会条件决定的，教学功能发挥的一般取向，具有客观历史性和社会制约性，表现为直接的社会历史依存性。

在微观意义上，教学功能的历史性是指作为一种人为事物，教学功能的效能水平又是教学系统历史发育、结构演化的结果。教学过程的合目的性、合规律性与教学系统发育成熟的程度密切相关。在教学系统的不同发展水平和不同发展阶段，教学功能的效能水平，亦即教学实际做了什么及做得怎么样，与该教学系统当时的发育程度和演化阶段是一致的。换言之，教学系统的任何功能表现，不论其水平高低、效益大小，都是该系统当下存在状态的反映，是教师、学生、教学内容和教学手段等诸实体要素之间、各种教学论关系之间具体相互作用的结果。这意味着教学过程的所能和实能，具体是受系统自身存在状态制约的，教学功能表现的一般水平，具有系统演化性和历史阶段性，表现为具体的系统历史生成性。

教学功能的历史性提示我们，只有从宏观和微观两个方面历史地、动态地、具体地理解和把握教学的结构与功能、系统与环境之间的联系，根据社会历史条件和要求以及教学系统自身的特点，确定教学的功能取向与层次定位，才能在合理的范围内和可行的水平上，现实地达到既定的教学目标，最终实现教学过程的

---

① 叶澜在讨论教育系统的结构和功能问题时提出："从教育系统形成的角度看，功能选择在先，结构形成在后，它与自然系统不同，不是结构决定功能，而是功能决定结构。"这是在宏观教育系统意义上的分析，本书此处是在微观教学系统层面上的分析和讨论。参见叶澜著：《教育概论》，人民教育出版社，1991 年版，第 319 页。

预期目的。

三、教学过程的基本职能

教学之所以存在的最根本原因，一是人的发展的需要，二是文化发展的需要。为了满足这两种需要，教学自存在之日起，就天然地承领了它的根本使命、它的基本职能——促进人与文化的双重建构。

所谓"基本"，强调的是教学过程最为一般、普遍、基础性的性能；所谓"职能"，强调的则是教学过程本身所本有之"职"和应有、能有之"能"。这既是其天职所在，更是其本性使然；一切教学过程都是在此基本职能下，具体而现实地设计、建构、生成和实现这样那样的预期功能。古往今来，概莫能外。任何具体、特殊的教学职能或功能，例如训练技能、授受文字、传习知识、发展智能、陶冶情操、造就人才、树立信仰，以及其他或更为具体、或更为综合的功能作用，都由教学基本职能产生、演化或具体化而来，并在不同的时空条件下呈现出不同的具体变式和特殊形式。

在教学的基本职能中，人的发展与文化的发展作为一体两面、不可分割的使命而存在。通过教学，人，首先主要是学生，学习一定的文化知识，经历特定的教学过程，获得由于学习和掌握文化知识而实现的具体的进步与发展；一定的文化知识，作为教学内容为教师所教、为学生所学，并内化为人的内在精神结构的一部分，在促进人的发展过程的同时，也实现了自身的延续、更新和发展。在这一过程中，人由于文化而成长，文由于活化而延展，人的文化和文的人化就这样合二为一地实现了各自的目的，获得了共同的发展。人与文化双重建构的过程，正是人的文化生成过程。①

在这样一种教学的基本职能观中，教学所承担的"发展"的根本使命被简约而明确地提示出来，教学过程中所涉及的人的发展和文化的发展获得同样重要的地位。这也就意味着，教学过程从它存在的那一刻开始，就已经承载了促进人的发展和实现文化传承的历史使命，就获得了合规律地、有机地整合两方面的价值、目标、过程和结果的神圣授权，同时更是永远地面临着"实现人的文化生成"的永恒难题和历史任务。

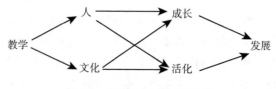

图 5-4　教学过程的基本职能

---

①　张广君著：《教学本体论》，甘肃教育出版社，2002 年版，第 154－159 页。

四、教学过程的基本功能

关于教学过程的基本功能，教科书上有许多表述，典型的如"学生的教养、发展与教育是教学的重要功能"①，"教学过程的基本功能可以从四个方面来考察：传递知识、形成技能、培养智能和发展个性"②，教学过程的功能主要表现在传递功能、发展功能、教育功能、审美功能几个方面③，等等。以往的分析或从一般教育经验出发，或从个体心理发展的角度，或试图进行系统观照体现全面发展教育思想，今天看来，虽则具体、明了、真切，却由于或偏于经验概括、逻辑分析不足而失之基本，或视角单一、视阈较窄、功能取向欠完整，或系统结构分析欠清晰、功能分类存在逻辑交叉，而需要进一步深化和拓展。这里基于人学的视野，在教学发生的历史与逻辑统一的高度上，根据教学过程的职能、功能和目的之间的内在联系，按照教学的结构生成、功能发生、人与文化的双重建构的客观逻辑，提出关于教学过程功能的"知能品生说"。

学校的产生、教学的存在，核心内涵是人与文化的有效同构问题。从学校历史地发生的那一天起，教学就决定性地由于其所承载的历史使命——教学的基本职能，而在根本上规定了教学的基本功能表现。因此，对于"促进人与文化的双重建构"这样的使命，教学以其传承知识、培育能力、涵养品性、助长生命四项一般功能做出基本的回答。

（一）传承知识

教学从其产生的那一天起，就是通过对知识、经验的传习和延续而完成其基本使命的。知识传承既是学校教育的起点，也是学校教育的基本形式和途径。

知识是系统化、可传播和有价值的经验，是文化的一种基本存在形式。知识是对实践经验进行概括的结果，具有理性、简约、静态的特征；同时知识也内化了其形成过程的基本特征，蕴涵着知识创造过程中的理想、信念、情感、方法和智慧，因而具备价值多维性、结构复杂性、过程发生性。学校中作为教学内容的知识主要是以教材的形式，通过课程的组织而进入教育过程。在教学过程中，知识首先作为教学的对象而存在——既是教会、学会的直接目标和对象，更是学会学习、学会理解和体验的凭借。

知识以不同的类型存在，而且不同类型的知识对于学习者的意义也是不同的。

---

① ［苏］哈尔拉莫夫主编，丁酉成等译：《教育学教程》，教育科学出版社，1983年版，第126页。
② 李秉德主编：《教学论》，人民教育出版社，1991年版，第29页。
③ 田慧生、李如密著：《教学论》，河北教育出版社，1996年版，第136—138页。

表 5-1			知识的类型及其意义	
知识的类型	含义	具体内容	对学习者的意义	举　例
陈述性知识	关于"是不是"的知识	语词、名称、术语或标记	1. 关于自然世界、人类社会以及两者之间关系的文化积累得以传承。 2. 关于自然、社会和自我的个体知识图景得以建立。 3. 作为思维工具和思想载体的术语、概念、命题等得以个体性积累。	1. 北京是中华人民共和国的首都。 2. 苹果。 3. 太阳落山了。 4. 教学的基本职能是促进人与文化的双重建构。
		单一的命题或事实、事件		
		命题或事实的集合		
程序性知识	关于"如何做"的知识	智力技能	1. 学习者可以获得从事智力活动所依赖的各种智慧技能。 2. 形成关于动作过程的基本规则。 3. 学会对内部认知活动进行自我调节的认知策略等。	1. 发散性思维。 2. 研究性学习方法。 3. 讨论的规则。 4. 学习过程中的反思。
		动作技能中的认知成分		
		动作技能中的认知策略		

在知识传承方面，历来有如何对待教学内容的间接性与个人经验的直接性的关系问题。在主要是学习前人、他人的知识（间接经验）和主要是按照自己的方式形成自己的理解和体验（直接经验）之间，也就是说，在学习已经存在的社会化的经验和依赖并形成个人的经验之间，似乎有着不可调和的差异。这样的差异使得学校教育中的学习从来都处于两难之间：要么按照现存知识的逻辑和特点重新组织学习者的经验，以保证知识本身的连续性和准确性，但这通常要舍弃学习者亲身经历的机会，或者基本上忽略学习者既有经验背景的意义；要么着重于学习者在学习中获得直接经验的机会和过程，以推进学习者自身经验结构的改造与完善，并为后继的学习和活动奠定稳固的基础，但要以放弃知识的系统性和连贯性为代价。这是两种对立的思路，同时也体现着两种不同的价值取向。在新的形势下，关于教学与生活的关系、传授知识与探究学习的关系等问题的讨论，可以认为是上述问题的当前表现形式。按照新的理解，个人的学习应该是基于自身的生活经验和知识背景而展开的。但是这样的依托，需要有结构化的知识的引领或定向。在终身教育体系下，如何借助于学习和掌握作为未来发展之基础的文化知识，合理促进学习者个人经验的改造、积累和成熟，有效扩展和推进个体自身发展的可能性，既是一个古老的问题，也是一个需要进一步探索的新课题。

（二）培育能力

教学过程的另外一个基本功能是培育能力。能力是直接影响活动效率的个性心理特征，是顺利完成活动的必要心理条件。西方心理学通常用"ability"和"capacity"两个词来表示能力。"ability"指做某件事情或完成某项活动的现有成就水平，在这个意义上，已经学会的知识和技能就可以代表他的能力；"capacity"

指容纳、接受或保存事物的可能性，是个体所具有的潜力和可能性。平时所说的能力包含上述两个方面的内容。

1. 能力与知识、技能密切相关

"知识"涉及的是关于对象的"知"（包括动作技能中的"知"）的问题，"技能"涉及的是具体心身动作的"能"，"能力"涉及的是完成活动层次水平上的一般性的"能"。尽管在知识与技能之间还是存在着明显的区别，但由于对于活动的共同的基础性和直接性，人们通常把技能与知识相提并论。而能力则是人依靠知识、技能等去认识和改造世界所表现出来的身心能量，同时也在运用知识、技能的过程中实现不断的增长。没有知识和技能的学习与掌握，就谈不上能力的发展。有了知识和技能，的确可以反映出学习者可能已经具备一定的学习能力，或者说意味着可能具有某些能力。但是，现有的知识和技能却不见得一定能够进一步形成相关的能力。相对而言，知识和技能是具体的和表观的，能力则是更为一般的和基础的。只有那些能够广泛应用和迁移的知识和技能，才能转化为能力。所知与所能是互为前提、相辅相成的。在自主自觉的意义上，"知"是"能"的基础，没有恰当的相关认知，就不可能形成一定的活动能力。教学过程中要在解决好"知"的问题的前提下解决"能"的问题，"知"是中介、是手段，相对而言"能"则成为了目的。

2. 能力与智力（intelligence）密切相关

中外学者对智力的看法各不相同。在西方，有人认为智力就是抽象思维能力，有人认为智力是学习能力，有人认为智力是适应新环境的能力。在我国，大多数心理学家认为智力是认知方面的各种能力，如观察力、记忆力、思维能力、想象能力的综合，其核心是抽象思维能力。关于智力与能力的关系问题，有能力包含智力、智力包含能力、智能相对独立这样三种观点。荀子认为，智力和能力是相互联系又相互区别的概念。智力侧重于认知，能力侧重于活动。前者主要涉及"知与不知"的问题，后者主要解决"能与不能"的问题。这样的理解对我们很有启发。智力是内隐的、一般的和晶体式的，能力是外显的、具体的和流体式的。智力对于现实的活动来说是一种可能性，而能力则为完成活动任务提供一种现实性。具体的能力需要建立在一般的智力的基础上，智力作为能力的基础在其形成过程中得以外显和表现。也许，正是由于智力与能力二者之间这种极其密切的内在联系，人们通常才把它们合称为"智能"。这种关系的教学论意义在于，正如传递知识、形成技能和培养能力三者之间的整体性关系一样，教学过程中可以而且应该通过对相对来说比较具体的能力的培养，来促进更为内隐的和基础性的智力的提高。

3. 能力与活动不可分割

"能力只有在活动中，而且只有在那种没有这些能力就不能实现的活动中表现出来。"[①] 能力的培养应该而且也只能在活动中进行。对于学习者来说，最基本

---

① ［苏］彼得罗夫斯基主编，朱智贤等译：《普通心理学》，人民教育出版社，1981年版，第485页。

的能力是认知能力、感受能力、表达能力、交往能力、自我意识能力。认知能力为学习者奠定了获取信息和了解世界的基础，感受能力让学习者成为一个可以有效感受外界和自身状态的人，表达能力使学习者能够对外及自我表述所知所感，交往能力为学习者自我开放和社会性养成所必须，自我意识能力则是学习者对自身所有这些方面的存在状态和未来趋势进行内在把握的一种必要机制。不论是哪一种基本能力，都需要在现实的活动、真实的交往和广泛的认知的基础上才能够逐步形成。因此，教学论所强调的是活动，为了具体的教育目的而专门设计的、教育化特别是教学论化的情境性活动，以及真切的交往和有效的认知过程，是学习者获得真实发展的基本途径。

（三）涵养品性

教学过程的第三个基本功能，就是涵养品性。作为人的精神发育的品质和特性，品性指人的智能之外的其他精神能量的特点和倾向性，主要包括思想意识、品德修养、情感态度、理想信念、价值观念、人格特点等，其中最重要的是自尊、爱、理解与宽容、价值感、责任感。

教学过程通常以知识、技能和能力的教育为基本的和显性的目标，往往容易忽视其所担负的涵养品性的使命。事实上，知识与技能的教育为涵养品性提供着基本的养料，能力的教育更是为品性的形成和表现提供着具体的情境、过程和检验的机会。随着知识、技能的获得和能力的逐步形成，学习者形成了基本的文化素养，这使得他们能够在按照自己的方式了解和把握外部及内部世界的同时，在交往和活动中形成具有个人特点的稳定的行为方式和倾向性。这样一个过程之所以是涵养的过程，即涵化滋养、内在生成的过程，而不是外部控制或接受指令的过程，完全是因为人的品性的形成乃基于内在的人性之潜能，受益于外部合适的情境激发、考验和引导，形成于社会的（群体的）和个人的意识的相互砥砺与协调。

教学过程对人的品性的影响是必然存在的。知识的掌握、技能的形成、能力的提高，都伴随着个体对事物及其过程的内在体验。学习者浸染于教学内容中，在精神心理上会受到各种各样的具体的影响。至于影响的价值取向如何，就要看教学过程中的设计因素和学习者的主观取舍了。从教学目标来说，明确提出涵养品性的具体目标和规划显然是必需的。

在教学过程中，品性涵养的目标应该渗透于知识和能力的目标之中。发现和挖掘知能学习的目标、素材及过程中的品性涵养因素，显然具有重要的意义。对人性的完整理解——个性、群性、类性三者的统一，对个体尊严的充分尊重，对他人与社会乃至于对他类的理解与宽容、爱，符合时代发展走向和社会普遍价值观念的价值感、责任感的形成，等等，这些应该构成教学过程对于品性教育的核心追求。

教学过程应该成为自觉实现价值追求的过程。在这样的追求过程中，教学存在就成为人的存在，教学过程就成为人的文化生成的过程。

（四）助长生命

教学的存在，虽然不是直接为了滋养物质生命的过程，而是根本上为了人类生命的别样特点与意义——人类精神——的显现与成熟，为了促进物质生命的有效发育和精神文化生命（意义）的有效生成。因此，教学的过程乃是基于对物质生命的了解和理解，面向物质生命的自然展开、文化赋予与意义形成，实现社会环境中物质生命与精神生命的一体化生成、绽放，走向文化生命的合理、独特与崇高的过程。这样的一个过程，可以从以下四个方面去理解和把握。

1. 感知生命

教学过程是师生学校生活的基本形式，教学活动的展开基于生命的勃发与律动，同时也感知着和证实着生命的内涵与意义。然而教学并非直接为了物质的生理性的生命而存在，而是为着更多的目的——这些目的或价值却又都离不开对物质生命这个基础的了解和理解。因此，教学的基本功能，首要的是让学生从上学的那一天起，就开始有目的地、理性地感知生命的存在及其含义，感知生命的基础性、一次性、短暂性和宝贵性，同时也了解和认识人的生命的存在与消亡、生命的物质依赖和精神属性、生命的尊严与价值等。通过各种各样的形式，在对他人、对自己、对环境、对世界的感知中，在对有机的和无机的事物的观察、了解和把握中，引导学生有效地感知生命、了解生命，帮助学生认识生命、尊重生命，初步形成对生命的爱护和保护意识，点燃学生尊重、赞美和关爱生命的天性，做到物我两分、享受生命、热爱生命。这正是每一个人走向生命成熟的基础。

2. 感受生长

教学过程是学生——事实上也包括教师——基于生长、经验生长、感受生长的过程。这意味着，在教学过程中，学生和教师一起，在学习的错与对、不能与能、无知与有识之间，在成长的坎坷与顺利、后至与先行、苦恼与快乐之间，在与他人的阻隔与交流、专有与分享、竞争与合作、服从与共识之间，感受生长过程，学会健康生活，积累生长经验。感受生长，不是一个自然的过程，而应该是一个在教师的引导和帮助下，在与同伴的互动和激励中，这是事实判断，也是价值判断。

美国教育哲学家杜威有言，教育即生长。什么是生长呢？对于学生来说，生长就是学生作为学校教育的一分子所经历的教育生活的过程、经验积累和改造的过程。在当代教学中，学生的生长就是他们在学校教育设计下的生活的展开和改进的过程。生长，当然是源于内、形于外的，当然是自我的、个性的，因而也应该是富有价值感的和蓬勃向上的。这就意味着，教学活动从动力因素到发生机制，从理智投入到情感表达，从目标追求到行为取向，都应该关照学习者自身的意识和需要，关涉学习者自身的品质和特点，进而更应该关心学习者自身的生长和完善。

在教学过程中，怎样才能有效地感受生长，进而实现健康的生长？重要的是建立起学习的心态——感觉，感应，感触。感觉生长，是保持对生命活动状态、过程和条件的清醒，对生命律动形式、强度、限度的敏感，做到健康、适度、积极、爽朗；感应生长，是保持对自我及他人行为的自然反应、逻辑递变、自主选择与合理措置，做到适应、达变、悦纳、合生；感触生长，即有感而发，有感就发，学会自然顺畅的情感表达方式，形成生长的价值感、意义感和成就感，做到舒张自我、激发个性、收放自如、慨然乐成。

3. 体验生活

教学过程，无论是知识的理解还是技能的掌握，或者是实践问题的解决，都是在师生共同的生活过程——教学生活中进行的。生活，是人的生命在活动中的展开。教学生活，是师生开始上课时一声声"老师好"、"同学们好"的礼貌回应，是学生碍于表达不清窘迫不堪而老师和同学所给予的真诚、耐心和会意的鼓励与尊重，更是师生经过共同努力解决教学难题后相互间的欣然一瞥。这样的过程，可能历时性地表现着师生之间的人际关系和教学关系的常态水平，表现着师生在教学中相互作用的一般模式和基本特点，也可能共时性地发生着情感的交流、理智的激发、意志的挑战和自我意识的调动与充盈。在这样的过程中，师生可以共同经历日常生活中的相互关系状态及每个人的自我发展成就在当下的表现和延续，共同经受知识、能力、情感、道德意识、行为方式的展示与检验，并内在地感觉自我潜能的激发和自我存在价值的悄然增长。

正是通过教学过程中的种种经历，师生特别是学生得以逐步形成学校环境下的生活经验和生活观感，感受到生长过程的快乐与烦恼，养成规范化、制度化、科学化的生活意识和态度。在日常交往、教学活动、科学探索和社会实践的交替与整合过程中，观察自在的生命活动、日常生活、自然世界、社会环境，熟悉日常生活与非日常生活之间的差别与联系，学习和体验生活世界和科学世界的特点和意义。这些都可以也应该让每个人不仅有"我活着"、"我们活着"的意识与冲动，而且有活着的价值感，有对生命、世界和生活的认识、情感、勇气和期待。

4. 感悟生存

作为人与文化双重建构的过程，教学过程是人的精神从个体发生走向社会存在和类的存在的过程，是从生物存在经由文化发生走向历史存在的过程。随着教学过程的展开和延续，随着经验的积累、意识的拓展、视野的开阔，学生的诸种意识如生命意识、生长意识、生活意识、社会意识、世界意识、生态意识、生存意识等，逐渐形成并变得清晰起来。其中从物我两分、人我相类到天人合一、人与世界同等意识的发生与演化，标志着对"我"的自然存在状态的感知和体悟层次的变迁；从个体意识、群体意识到类的意识的发育和形成，标志着对"我"的文化存在形式的发现和系统认同；从关于世界的日常生活概念，到对这个世界的科学、技术、社会的三维整体认识图景，既表明学校教育的理性教化与精神涵养的文化意义，更反映出个体精神结构、生活世界和文化视阈的智化与拓展；而有关生态意识（涉及自然生态、社会生态、文化生态）的显露与表达，则折射出个体对于人的多样性、物种多样性、世界多样性及其和谐关系的整体理解，对于单纯个体、群体和人类自我中心意识的文化觉醒，以及对于个体感性、当下和有限生活的历史超越。

在生命、生长、生活、生存的语境中，教学过程对于学生之"我"的影响，重要的是坚持崇尚生存理想、珍视平凡生活、走向生命完满的价值取向。从文化人类学的角度看，每个人的"我"都可分为具体的、微观的"自我"和社会的、类的意义上的"他我"。有价值理想的教学生活，应该能够引导学生逐渐形成、理解和融入"他我"——个人精神所依托的群体、社会乃至整个人类，帮助学生树立理想、仰慕崇高，使得每一个人都能够拥抱梦想、憧憬未来。但是，有价值理想的教学生活，首先更应该能够促进学生形成、理解和自觉建构"自我"——个体自身的精神存在，帮助学生亲近世界、热爱生活，使得每一个人都能够悦纳现实、珍视平凡、脚踏实地。在从"自我"到"他我"的发展过程中，学生经历和实现着个体精神发生、群体社会发生及类的文化存在，承受着、平衡着基于个体、群体和类的存在的价值需求与利益驱动，在不断的学习、尝试、批判和自我校正中，逐步走向与自我、与他人、与世界诸方面的和谐，走向一个具有独立的精神世界、丰富的生存感悟和鲜活的生活历史的人，一句话，走向文化的存在和生命的完满。

教学过程的功能与职能、目的存在着不可分割的内在联系，作为教学过程得以存在的先导性因素，教学过程的功能是教学结构的价值前设，同时又是教学结构属性的现实反映。任何具体的教学功能，都是教学过程基本功能在具体条件下的现实表现。要对具体条件下的教学功能做出合理的预期和恰如其分的评价，必须依据对教学的结构—功能原理和对具体教学支撑条件的分析，而一切有关的判断和讨论，都应该也只能在这样的框架内展开。

第四节　教学过程的基本属性

教学过程的基本属性是教学过程一般的和普遍的自在规定，是具体教学性质的内在依据，它寓于并通过教学过程的具体特点及功能而得以表征。在诸多的属性中，人为性、对成性、客观性、整体性、实践性、历史性等，是教学过程的基本属性。通过探讨教学过程的基本属性，我们可以更有效地理解和把握住教学过程的规律性联系。

一、人为性

教学过程的人为性，是指教学过程乃由人的活动所形成的事物。人的活动是有意识、有目的的，是社会性和文化性的存在。教学过程的人为性具体表现为教学过程的主体目的性、结构生成性和社会文化性。

首先，在教学过程中，从教学目标的确定、过程的实施，到结果的评价，自始至终贯穿着、体现着主体的目的性，充满着人的能动性。其次，教学过程有着明显的结构生成性。前面所述及的教学功能的先导性，表明教学过程不是一种自然的、预成的存在，而是发生的、生成的存在，是一个从无到有的建构和生成的过程。教学活动、教学关系、教学文化，都由于建构过程中主体的能动参与，而动态地生成着。即便是教学过程中的教师和学生自身的主体性，也时刻处在生成与发展的过程之中。再次，教学过程发生于特定的社会和文化环境之中，表现为一定的社会活动和文化形式，发挥着具体的社会和文化影响作用，具有社会性和文化性。

二、对成性

教学过程的对成性的最根本的表现，就是教与学双方相互包含、相互依存、相对而成。通常我们习惯于讲"教学是师生双边活动"，是"教与学的统一"，却很少进一步思考其"双边"、"统一"的机制。结果，我们的理解常常停留于直观的感性描述，未能经过充分的抽象而达到真正辩证具体的理性认识。教学作为一个系统而存在的前提，是教师的教与学生的学之间的有效联系。这种"有效联系"的基本表现，就是在教与学之间，保持着最低限度的基于共同关心的内容和可接受的形式的相互对应、期待和实质性的相互作用。如此，才能形成教学作为系统存在的基本条件——教学过程的基本要素及其间的内在联系。在整体的意义上，教与学双方的相对而立、相互对待、相反相成，这样的一种关系，即教与学的对成关系，是教学中最具有核心意义的关系。在教学过程中有着许许多多这样的对成关系。其中，教学以师生之间的交往为其基本的存在形态，以具有先导性的教学功能与所建构的教学过程的深层结构与表面结构之间的对成为其基本的效应机制，而以人与文化的双重建构（对成关系）为其最终的目的取向。

三、客观性

教学过程的客观性，就是在教学生成、运行和演化过程中表现出来的客观实在性。教学过程的生成，源于人的活动——不仅师生及相关中介实体客观的相互作用。不论是师生之间围绕教学内容而展开的相互交往，还是在此过程中师生的身心状态、行为方式乃至于具体行动表现，都是客观、现实、感性的存在。教学过程的运行，是所有相关条件按照一定的教学理念和教学规则，有目的地相互作用的过程。教学过程的演化，其直接的动力，如前所述，来源于教学过程的自我超越性，而后者则来自于人的成长和社会文化历史发展的内在规律；其所需要的演化条件具有现实的社会制约性；而演化的结果是处于教学发展新的层次和水平的教学系统的客观生成，表现为教学形态的实际转变、结构形式和功能效应的现实改善或退化等。教学过程的客观性表明，教学是人为的但不完全是主观任意设计和实施的，教学过程体现着人的目的性，但从根本上说，教学既来源于、从属于，又受制于、借助于和服务于文化的客观性，是社会的、文化的、客观的事物，而不是个人的、心理的、主观的事件，有其独特的客观本质和规律。

四、整体性

教学过程的整体性，是指教学过程在其运行、演化的过程中所表现出来的各因素、各环节相互关联、整体发挥作用的特点。教学处于内外联系的网络之中，与人和文化双重关联，在内各种要素相互作用，在外与环境发生交互影响，并表现出某种整体效应。教学的整体性贯穿于教学的全部过程，反映在教学的各个层面。教学中的主体是整体的主体。正是教学过程中主体既有的整体准备状态的整体投入，导致教学的整体效果。除主体外，教学过程中的各类实体要素、环境条件、结构过程（各部分、各环节、各方面的联系方式、运动特点）、功能结果等，都是整体性的，亦即整体地参与相互作用，有机综合地发挥影响作用。因此，把握教学过程的整体性，有助于准确理解教学实践中的理论和现实问题，例如所谓"教书不育人"、"一言堂"的问题，以及"一个好的教师教人发现真理"等理论和现实问题。

五、实践性

教学过程的实践性，就是教学在其目的、形态、过程等方面所表现出来的对人、文化和自身的现实建构、具体改变或能动作用的规定性。教学是以促进人文发展为目的的"信息型"实践。[①] 教学过程是促进个体有效成长、有效社会化和类化的实践过程，亦即促进人的文化生成的实践过程，同时也是促进文化的自我延续与更新的历史实践的一部分，更是教学过程不断实现自我超越走向新的存在形态的自我创新过程。

首先，教学过程的实践性表现为教学过程是一种交往实践过程。在师生根据特定的教学目标展开交往互动的过程中，教师完成着具体的教育任务、履行着特定的社会职责，同时也在其中满足着个人需求、实现着价值理想；学生则经历着形成、发挥和确证自身人格特质和主体力量的自我实践过程。其次，教学过程的实践性表现为教学活动是一种特殊的社会生活和生活实践。在这样的生活实践中，个体通过有指导的系统学习掌握社会文化历史知识和经验，个人的生活逐步融入社会生活；社会文化历史经过个体化和个性化实现自我复制和更新，社会文化历史以新的形式获得延续、传承和加速。从根本上说，教学过程的实践性源于生活的实践性，源于文化的实践性，源于人的实践性。最后，教学过程的实践性还表现为教学过程是人的自我发展和自我实践的过程。教学过程包含着认识，对外部世界的认识、对他人的认识，也包含着对自我的认识。但是，教学过程更重要的是包含着实践，对文化的实践、对社会的实践，归根到底是人的实践、人的自我实践。

六、历史性

教学过程的历史性，是指教学在历史中发生、存在、演化，是社会文化历史的产物，也是自身存在历史的产物。这可以从教学过程的动态生成性、社会历史性和历史继承性来理解。教学过程是教学活动的序列展开，是在教与学的相互作用中动态地建构和生成。没有现实的互动，就没有现实的教学发生。教学过程是历史地发生、历史地发展的。这既包括教学过程在一定的社会历史条件下展开，

---

① 桑新民著：《呼唤新世纪的教育哲学——人类自身生产探秘》，教育科学出版社，1993年版，第333—337页。

也包括教学过程在整个运行中不断进行着自我的积累、复制、生成和超越。

上述六种基本属性，共同规定着教学过程的发生、运行和演化，也共同反映着教学过程的本质。因此，深入理解和整体把握这些属性，对于获得关于教学过程的本质认识，具有重要的意义。

第五节 教学过程的本质

一、教学过程本质说概览

所谓教学过程的本质，即教学过程之所以成为其本身并使其能够区别于其他过程的那种属性。那么，教学过程究竟是什么？教学过程如何区别于其他过程呢？有关认识纷繁复杂，大体上可以概括为九大类，即特殊认识说、发展说、层次类型说、传递说、学习说、统一说、实践说、认识实践说和交往说。

（一）特殊认识说

教学过程的特殊认识说认为，教学过程本质上是一种特殊的认识过程。在我国，特殊认识说是一种形成最早、影响最大、在教学理论界一直居于主导地位的教学过程本质观。该学说是在新中国成立初期学习苏联教育学的基础上，逐步形成和完善起来的。我国教学论专家王策三认为："教学过程确实是一种特殊的认识过程，其任务、内容和整个活动，或是认识世界或是对世界的反映。它的特点就在于是学生个体的认识，主要是间接性的，有领导的，有教育性的。"[①] 而强调"学生个体的认识"之于人类历史认识、科学家和艺术家及一切从事各种工作的人们的认识的特殊性，是"教育性的认识"。这是截至目前该说最具代表性的观点。南京师范大学教育系编《教育学》则认为，"教学过程从本质上来说是一种有组织的认识过程"[②]，并从学生在教学中认识的对象、环境、活动等方面来论证认识过程的"组织"特征。教育学家李秉德先生主编的《教学论》认为，教学过程就其实质来说，是人类认识过程的一种特殊形式，"教学过程是学生在教师的指导下，对人类已有知识经验的认识活动和改造主观世界、形成和谐发展个性的实践活动的统一过程"，不论是认识方面还是实践方面，教学过程都有其特殊性。[③] 特殊认识说，由于其重视对教学过程中学生认识特殊性的分析而产生巨大影响，同样也由于仅仅从认识角度看待教学过程而表现出相当大的局限性，并因此受到比较多的批评。

（二）发展说

教学过程的发展说认为，教学过程是促进学生发展的过程。典型的表述如"教学过程是一个发展过程，是在教师的培养教育下，学生心理活动的发展过程，这个

---

① 王策三著：《教学论稿》，人民教育出版社，1985年版，第132页。
② 南京师范大学教育系：《教育学》，人民教育出版社，1984年版，第377页。
③ 李秉德主编：《教学论》，人民教育出版社，1991年版，第24页。

活动和发展又是多方面的"①，以及"教学过程的本质就是受教育者在教师的引导下，有计划有目的地积极主动发展自己，使自身的发展水平逐步达到培养目标要求的过程"②，等等。这一认识源远流长，从古希腊的德谟克利特、苏格拉底，古罗马的昆体良，到近代的夸美纽斯、洛克、卢梭、裴斯泰洛齐、福禄贝尔、第斯多惠，以及现代的杜威、蒙台梭利、皮亚杰、布鲁纳、苏霍姆林斯基、赞科夫等，都把儿童的发展看作是教学的本质任务。③ 在当代教学论中，"发展说"有四种各具特色的存在形式，即认识—发展说、接受—发展说、结构—定向说和探究—发展说。认识—发展说认为，教学过程是一种特殊的认识过程，也是一个促进学生身心发展的过程。④ 接受—发展说强调学生有意义地接受学习，在以接受为主的意义学习过程中培养学生良好的认知结构。⑤ 结构—定向说同样也强调接受学习，但着重于通过经验的接受定向地构建学生的心理结构。⑥ 探究—发展说则主张通过发生的学习或教学使学生获得"生产性的知识"、"能动的知识"等。⑦ 教学过程的发展说，试图以更具有目的性意义的"发展"概念来弥补特殊认识说的不足，但是由于在论证逻辑上把作为目标的"发展"与作为条件和过程的"教学"等同起来，对"发展"的界定缺乏整体性、全面性和可操作性，从而导致其理论影响力和解释力比较弱。

（三）层次类型说

教学过程的层次类型说认为，教学过程是一个多层次、多方面、多形式、多序列、多矛盾的复杂过程，教学过程的本质应该是一个多层次、多类型的结构。蒲心文是该说的提出者，他从多视角、多学科探讨教学本质的立场出发，在 1981 年和 1982 年相继提出并逐渐丰富了有关观点。他主张用系统论的观点，从整体性和全过程上对教学过程的各个侧面进行客观的、系统的、全面的、综合的分析研究，认为从认识论、心理学、生理学、经济学、伦理学等不同学科来看，教学过程各有其不同方面的本质，而且随着我们对教学过程各方面关系的认识深化，教学过程的层次类型将会不断增多。⑧ 教学过程的层次类型说，以其多元化视角而

① 贾韫武：《有关教学过程理论的研究》，《河北师范大学学报（哲学社会科学版）》，1984 年第 4 期。

② 洪宝书：《教学过程本质若干问题之我见》，《教育研究》，1984 年第 11 期。

③ 田本娜主编：《外国教学思想史》，人民教育出版社，1994 年版，第 573—574 页。

④ 王道俊、王汉澜主编：《教育学（新编本）》，人民教育出版社，1988 年版，第 200 页；唐文中：《关于教学过程的客观规律问题》，《北方论丛》，1982 年第 1 期。

⑤ ［美］奥苏贝尔著，皮连生译：《认知结构与促进有意义言语材料的学习》，见《教育心理学参考资料选辑》，上海教育出版社，1990 年版，第 125 页。

⑥ 冯忠良著：《结构——定向教学的理论与实践》（上册），北京师范大学出版社，1992 年版，第 9 页。

⑦ 李其龙编著：《德国教学论流派》，陕西人民教育出版社，1993 年版，第 19—20 页。

⑧ 蒲心文：《教学过程本质新探》，《教育研究》，1981 年第 1 期；蒲心文：《教学过程本质再探——兼与陈觐熊同志商榷》，《教育研究》，1982 年第 6 期。

独树一帜，也由于存在多元本质之嫌，因而从一开始就在理论上受到激烈的批判。

（四）传递说

教学过程的传递说认为，教学就是传递知识经验的过程。如"教学是传授知识技能"①，"教学就是经验的传递"②，"教学是教师有目的地传授和指导学生学习科学文化知识与技能的教育活动"。③ 传递说从教师、知识经验的角度来看待教学，强调教师在教学活动中的主导地位，注重教师所授内容即文化知识、经验对社会与个人发展的意义。这种观点由于其比较接近于具体的教学经验，因而在教学实践中具有比较大的影响。同时，也正是因其仅仅从教的角度来看待教学过程，因而在理论上受到比较多的批判。

（五）学习说

教学过程的学习说认为，教学是学生在教师指导下的学习活动。如"教学过程的本质是学生特殊条件下的学习过程"④，以及"所谓教学本质是学生在教师指导下，批判继承和探索创新的学习过程"，⑤ 等等。学习说强调学习在教学过程中的重要性，以及学习对于教学过程的本质意义。这种重视学生及其学习在教学活动中的主体地位的意向，符合当代教育理论与实践弘扬学生主体性的基本方向。然而，由于其在研究方法论上的片面性，教学过程的学习说与传递说一样，其对于教学过程本质的理解是不够完整的。

（六）统一说

教学过程的统一说的基本观点是：教学是教师的教和学生的学统一的活动。如克拉耶夫斯基认为："教学是一种特殊的、专门的社会活动，是一种相对独立的社会现象——传授社会经验的手段"，"教和学的统一，是教学过程的客观特征，是在教与学的相互作用的联系中实现的。"⑥ 巴班斯基提出，教学是教师和学生在一定条件下所产生的相互作用，"教与学的统一是社会主义学校教学过程的本质特征"。⑦ "统一说"着眼于教与学的联系、互动和统一，并进而强调双方之于教学过程的平等的教学论意义，因此获得了人们较多的关注，对教学理论与实践有较大的影响力。"统一说"的主要不足在于，对教学过程本质的论述，仍停留在具体成分的罗列及其间关系的分析上，说明了现象却未能进一步把握本质。

---

① 邓金主编：《培格曼最新国际教师百科全书》，学苑出版社，1989 年版，第 8 页。

② 杨鸿昌编著：《教学心理讲话》，天津人民出版社，1981 年版，第 1 页。

③ 李保强：《关于教学概念的辨析与思考》，《齐鲁学刊》，1996 年第 2 期。

④ 刘学浩：《教师主导作用的实质是辅佐作用——与冯向东同志商榷》，《高等教育研究》，1988 年第 1 期。

⑤ 严成志：《教学本质的对比教育》，《四川师范大学学报（社会科学版）》，1995 年第 4 期。

⑥ ［苏］斯卡特金主编，赵维贤、丁酉成等译：《中学教学论——当代教学论的几个问题》，人民教育出版社，1985 年版，第 155 页；［苏］沃·维·克拉耶夫斯基著，王义高译：《教学过程的理论基础》，江西教育出版社，1996 年版，第 8—10 页。

⑦ ［苏］巴班斯基主编，李子卓等译：《教育学》，人民教育出版社，1986 年版，第 154、182 页。

（七）实践说

教学过程的实践说最简单的表达方式为：教学是一种特殊的实践活动。教学过程的"实践说"具体有两种。其一是"教师实践说"，着重于教师作为实践主体对学生客体进行转变、塑造的过程。如"教学过程是教师以教育目的为指针，以教科书为学生认识的对象和手段，组织、启发、引导、支持、促进学生主动地掌握文化工具，认识客观世界，全面发展身心的一项社会实践。"[①] "教学（教）就是教师引起、维持与促进学生学习的所有行为"，"教学本质上就是一种探究。"[②] "教师的教学活动是一种特殊的实践活动，其特殊性主要表现在教学过程中教师通过教学引起学生信息状态的变化，并由此逐渐导致学生内在结构的发展变化"，属于"信息型实践"。"教学实践的根本目的是要逐步确立和发展学生在学习过程中的主体地位，也就是要塑造和建构学习主体。"[③] 具体来说，"教学过程的本质就是促使学生由现实客体、潜在主体向现实主体的转变过程，即塑造和建构学生主体。"[④] 其二是"共同实践说"，着重于师生共同的实践活动或行动过程。如认为教学过程从根本上说就是教师自觉自由地改变学生的学习方式为教师所认可的学习方式的过程[⑤]，教学本质是教与学相统一的社会实践活动，[⑥] 等等。

"实践说"以实践的观点来看待教学过程，强调教学过程中的一系列教与学行为及其结果的中介意义和实践目的，在更为深层的意义上理解教学过程的本质。其所面临的问题是，不论是从教师的角度还是从学生的角度概括教学的实践本质，都有以偏概全之嫌；而在师生共同实践的角度上，则有这种共同实践的主体如何确定、师生各自的定位及其间的相互关系等问题尚须进一步理清。

（八）认识实践说

教学过程的认识实践说认为，教学过程是认识和实践统一的过程。认识实践说的雏形由陈列于1987年提出，最初仍然强调作为认识过程的教学的特殊性[⑦]，后来才转向着重分析作为认识与实践统一过程的教学的整体性。[⑧] 有学者指出，学校教学过程的本质，是由师生双方共同完成的认知和实践活动。[⑨] 吴也显主编的《教学论新编》，采用系统分析的方法概括了教学过程的本质特征："教学过程

---

① 花永泰：《教学本质再议》，《教育研究》，1986 年第 5 期。

② 施良方、崔允漷主编：《教学理论：课堂教学的原理、策略与研究》，华东师范大学出版社，1999 年版，第 13 页。

③ 桑新民著：《呼唤新世纪的教育哲学——人类自身生产探秘》，教育科学出版社，1993 版，第333－334、337 页。

④ 张天宝：《"学生主体论"质疑》，《上海教育科研》，1995 年第 10 期。

⑤ 魏贻通：《关于教学过程本质的探讨》，《厦门大学学报（哲学社会科学版）》，1990 年第 3 期。

⑥ 孙国友：《也谈教学的本质》，《中国教育学刊》，1998 第 1 期。

⑦ 陈列：《教学过程本质论》，《杭州大学学报（哲学社会科学版）》，1987 年第 1 期。

⑧ 陈列：《教学过程研究的方法论基石》，《教育研究与实验》，1993 年第 2 期。

⑨ 冯向东：《再论教师在教学中的主体地位和主导作用——兼答刘学浩同志》，《高等教育研究》，1988 年第 1 期。

是在相互联系的教和学的形式中进行的，以传授和学习文化知识为基础、以培养和发展学生的能力和健全的个性为目的、由学校精心组织起来的社会认识、实践的过程。"①

教学过程的认识实践说关注教学过程中教与学、认识与实践的统一，注重教学过程的整体性，全面肯定了学生的主体地位，用系统的观点表述其本质特征，说明其对教学本质的认识已趋向综合。认识实践说确定了一个有意义的思考方向，但在许多方面仍存在着理论的不彻底性。

（九）交往说

教学过程的交往说认为，教学是一种特殊的交往活动。在国内，从交往的角度考察教学的，比较有代表性的有洪梅、吴也显、叶澜、李定仁、张广君等②。例如，叶澜指出："教学活动中没有师生共享的教学经验及效果，就没有交往，就称不上是教学活动。"③ 在国外，德国的交往教学论派，苏联时期的维果茨基心理学派，教育学家休金娜、列尔涅尔、巴班斯基，俄罗斯的季亚琴科等，对教学过程中的交往均曾予以较多关注。如季亚琴科认为，教学是在有知识和经验的人与获得这些知识和经验的人之间的交往的特殊场合，师生间的交往就是教学存在本身。④ 教学过程的交往说在国内外提出得均比较晚，但是近年来这一观点在基础教育课程改革中已获得比较普遍的认可，随着教学基本理论特别是教学哲学理论研究的不断开拓和改革实践的不断深入，已经有越来越多的人开始关注教学与交往的关系问题。因此，可以预计这种新的教学过程本质观，必将得到进一步的深化和发展。

二、教学过程的建构交往本质观

作为教学活动状态的合目的的连续变化，教学过程的形态是多样化的，教学过程的内涵是丰富的，教学过程的本质是深邃的。上述对教学过程本质的多元理解，既有许多差异，也存在着诸多的交叉与类同。这进一步表明，对于这样一种人为的、流动的、系统的存在，我们应该进行整体的、全方位的认识，只有从不同的角度和层次去审视和解析教学过程的内在的规定性，才能实现对于教学过程本质的辩证把握。依据对教学过程基本结构、职能、功能和属性的整体理解，参考以往有关研究的成果，这里提出教学过程的建构交往本质观，作为对教学过程本质研究的新的把握和视点。

---

① 吴也显主编：《教学论新编》，教育科学出版社，1991年版，第98页。
② 洪梅：《教学过程的交往性本质浅探》，《江苏教育研究》，1990年第3期；叶澜主编：《新编教育学教程》，华东师范大学出版社，1991年版；李定仁、张广君：《教学本质问题的比较研究》，《华东师范大学学报（教育科学版）》，1997年第3期；张广君：《教学的交往本体观论要》，《教育评论》，1998年第6期。
③ 叶澜主编：《教育概论》，人民教育出版社，1991年版，第40—41页。
④ 朱佩荣编译：《季亚琴科论教学的本质（上、下）》，《外国教育资料》，1993年第5、6期。

如前所述，教学过程的本质，乃使教学过程得以成为其自身，并且能够区别于他物者。有鉴于此，教学过程本质的建构交往观从以下三个方面展开。

（一）教学过程本质的概念解读——教学过程如何成为其自身并区别于他物

教学过程是以特定社会历史经验和文化价值内容为中介，以师生间的特殊交往活动为基本形态，以教与学对成关系的形成和发展为运行机制，以促进人与文化的双重建构为根本目的的实践过程。简言之，教学过程是旨在促进人的文化生成的师生特殊交往实践过程。

1. 教学过程以特定文化价值体系为中介

教学过程中的教学内容，是经过社会价值筛选及教育学加工的社会历史经验和文化价值内容，以课程的形式出现在教学过程中，作为师生教与学的基本中介，构成师生交往活动的主要内容和活动对象。这样一种中介，既是教与学的对象内容，又是组织教学活动的基本依据，因而也是获得社会、心理和普遍精神意义的形式化框架。这就意味着，教学过程是教学的内容方面与过程方面统一的过程，而不仅仅是内容或过程单方面展开的过程。

2. 教学过程以师生间的特殊交往活动为基本形态

教学过程中涉及人的多种活动，这里强调"交往活动"的意义在于凸显基本教学活动的人为性、双边性、社会性；强调"师生间"的交往是为了关注教师和学生两类主体的互动与协作；强调师生间的"特殊交往"在于指出交往的"教学"内涵，即"教与学的对成关系"，而不是一般的人与人的交往；而强调以师生间的特殊交往为"基本形态"，则在于表明任何复杂的教学存在，都是以交往为基本的和一般的表征形式，并将在此基础上以多样化的具体形式呈现出来。显然，教学过程是教学与交往同一的过程，但并非所有的交往过程都是教学过程。

专栏5-2

师生的相互作用——以教学为目的的交往

师生相互作用的心理，首先是以教学过程中的交往为条件的。师生的相互作用，是以教学为目的的交往，它有传授知识的一面，教师要把某些知识传授给学生。交往也是组织学生的认识活动（组织的一面）。这种交往一定要有教育（教育的一面）。因此，教师必须仔细考虑知识的特点和传授知识的形式。他必须考虑有组织的影响的特点和力量，必须懂得，交往包含着教育。所以，交往既是有规定的，又是自由的。当教师给学生知识或组织学生活动的时候，交往是有规定的，其作用与课余休息时的自由交往不同。这两种交往对于不同的学生来说，心理特点也不一样……交往的一个重要因素是学生对自我肯定的追求。为此，必须看到教学中有三种交往：个人（教师）与个人（学生）的交往；个人（学生）与小组或班集体的交往；个人（教师）与大集体的交往。

交往是教养内容的一个因素——必须把交往艺术传授给学生。从这点出发，就教师与学生交往时，必须做出榜样。

交往具有教育作用。教师的分寸感和委婉的态度，是取得教育、教学效果最重要的因素。教学过程中的交往是一种有效的手段，这种手段能够增强儿童所需要的被保护感和某种依附感。

[资料来源] [苏] 斯卡特金主编，赵维贤、丁酉成等译：《中学教学论——当代教学论的几个问题》，人民教育出版社，1985 年版，第 181—182 页。

3. 教学过程以教与学对成关系的形成和发展为运行机制

在教学过程的诸多关系中，在教学论的范畴内，教与学的对成关系是一切关系的核心，也是其他全部关系的意义来源——教与学的对成关系使得教学活动得以发生、存在。因此，作为师生特殊交往实践过程而存在的教学过程，其特殊性首先就在于其生成和演化机制上。只有以教和学相互对待、对成的关系和方式实现教师与学生的真正的相互作用，教学过程才得以真正发生；只有在教与学的对成关系的动态发展和演化中，教学过程才能够存在并不断演化。任何教学过程都是具体而现实的教学过程，都具有存在形式、运行特点上的个别性，但是在教与学对成关系的生成和发展上，也就是在教学过程运行的核心机制上，却一定是具有共同性的。

4. 教学过程以促进人与文化的双重建构为根本目的和终极取向

由教学的基本职能可知，教学过程的根本目的和终极取向是促进人与文化的双重建构，也就是新人的文化生成。任何具体的教学过程，不论其现实目的、目标、任务、特点及形式如何，都在这样的意义上展开自己的结构——功能过程。我们看到，许多活动都有人文同构的效应，但是只有教学过程是以促进这一效应为自身的根本使命，也只有教学是以谋求人的更有效的文化生成为自身存在的终极追求。

（二）教学过程本质的结构分析——教学过程具有怎样的整体规定性

教学过程的本质具有整体的规定性，是内涵本质与外延本质的统一，主观规定与客观规定的统一，以及教学中各种对成关系的统一。

1. 教学过程的本质是其内涵本质与外延本质的统一

根据前面的分析，在教学过程本质的整体规定中，促进人与文化的双重建构、加速人的文化生成，可称为教学过程的生成本质（或建构本质），这是其内涵本质，是教学过程之所以区别于其他过程的根本所在；师生间的特殊交往，可称为教学过程的交往本质，这是其外延本质，是教学过程之所以成为其自身的根据。教学过程的本质，正是二者的统一。

2. 教学过程的本质是主观规定与客观规定的统一

教学活动是历史的客观的交往实践活动，它存在于各种内部的和外部的实际联系之中，并体现着这些联系所形成的社会制约性和客体规定性；同时，教学活动又是教学主体人为的能动的文化创造活动，它体现着教学主体的自主性和创造性。例如，对于师生交往来说，一般交往规律、师生关系、社会历史环境特别是文化传统等，从客观方面制约着交往的观念基础、具体进程和一般性质，而交往双方的态度、行为方式以及对师生交往关系的个人理解等，从主观方面影响着双方交往的实际进行。在任何情况下，教学过程都是其主客观规定现实互动、辩证统一的结果和表征。

3. 教学过程的本质是全部对成关系的统一

教与学对成关系的形成和发展是教学过程运行的一般机制。在教学论范畴内，只有在对立与差异中，教与学双方才能够获得各自存在的理由；也只有在作为统一体而存在时，教与学双方才各自具有存在的可能性和现实性。事实上，在教学过程中，还有许多与教和学的关系类似的对成关系，如人与文化，师与生，实体与关系，主体与客体，结构与功能，教学的生成与消亡，教学意识与教学实在，等等。教学过程就是这些对成关系共同发挥作用的过程。

（三）教学过程"建构交往本质观"的方法论特征

教学过程的建构交往本质观，立足于人与文化的内在同一，执著于教学与交往的内在同构，秉持生成论的立场，以生成和历史的眼光审视并把握教学过程，注重的是建构与生成，肯定的是对于某种不确定性的开放的教学存在的追求，因而是一种建构本质观、生成本质观、历史本质观。

教学过程的建构交往本质观，坚持对成论的理念，强调的是对成和交往，明确教学过程是师生教与学对成关系下的特殊交往过程，交往实践是教学过程的基本形态。因此，教学过程的建构交往本质观是一种超越实体、突出关系、定位于特殊交往实践的关系本质论、对成本质论、交往本质论。

【主要结论与启示】

1. 教学过程就是教师教的活动与学生学的活动按照确定的原则、目标、形式和程序启动、互动，从而现实地生成和开展教学的过程，也就是教学活动合目的合规律地、现实地建构、生成和展开的过程，更是教学质量现实地形成的过程。

2. 所谓教学系统，即以教和学为协同的主体活动，由处于特定联系之中的教学诸要素所构成的，具有特定目标、形态和功能的有机整体。这一概念，强调了教学主体活动的协同性与目的性，教学形态的差异性和功能的整体性。教、学、教学信息和教学媒体之间的相互联系、相互作用，构成了教学系统的动态结构，并在一定的条件下，输出整体的功能效应。教学系统是对教学论问题进行系统研究的本体概念和逻辑起点。

3. 教师、学生、教学内容等是任何教学活动及其过程所必需的承载全部教学性质的基本要素，各自有着不可替代的地位和作用。

4. 在教学过程的各类关系中，教与学的关系总是表现为深层与表层两种关系结构的辩证统一和动态平衡，推动着教学过程的良性运转。而教学的主体关系，可分为人与人的关系、人与客观事物的关系、人与自身的关系三类，它们共同构成教学主体在教学过程中必须同时面对的复杂的多重关系网络，也是制约教学主体建构与发展的不同关系因素。

5. 教学目的、职能、功能三者之间密切关联，构成了一条教学存在与发展的理想而又现实的道路。教学功能具有人为性、先导性和历史性等特点。教学过程的基本职能，是促进人与文化的双重建构，即促进人的文化生成。而作为教学基本职能的一般表征，教学的基本功能表现为传承知识、培育能力、涵养品性、助长生命。

6. 教学过程的基本属性有人为性、对成性、客观性、整体性、实践性、历史性等。

7. 教学过程本质的建构交往观，可以表述为：教学过程是以特定社会历史经验和文化价值内容为中介，以师生间的特殊交往活动为基本形态，以教与学对成关系的形成和发展为运行机制，以促进人与文化的双重建构为根本目的的实践过程。

【学习评价】

1. 什么是教学过程？教学过程与教学、教学活动有何联系与区别？
2. 什么是教学系统？教学系统的基本构成是什么？
3. 有哪些教学关系？教与学关系的双层结构有何联系？教学主体关系有哪些基本形式？各自对于主体的意义是什么？
4. 教学的基本职能、功能的区别与联系如何？教学基本职能是什么？基本功能是什么？教学功能的一般特点有哪些？
5. 教学过程有哪些基本属性？
6. 何谓教学过程的建构交往本质观？其方法论特征是什么？
7. 试就本章的内容设计一个测验或评价任务，以评价我们自己学习的效果。

【学术动态】

● 对教学过程研究的反思。如有论者立足于后现代视角，对教学过程研究的本质主义倾向、二元论研究的认识论倾向以及学术研究的权威话语倾向等，进行了分析与批判。

● 对教学过程研究方法的创新。如有研究者依据协同学理论，提出了教学过程是教学系统从被组织到自组织的转变过程。

● 对教学过程观的创新。如有论者根据复杂和生成性思维的认识视角，提出动态生成的教学过程具有重过程创造反机械预设、主体作用方式从教师—学生单向到师生、生生多向互动，重关系而非实体，提倡多元和个性反对中心、同一等典型特征。

● 对教学过程中教师主导作用的重新重视。研究者主张，教师期望效应具有激励、调整、转化、支援性功能。教学过程中期望效应的运用原则为：民主性原则、适度性原则、暗示性原则及差异性原则。

● 关于教学过程对课程设计的意义。研究者从传统课程设计的封闭性对教与学造成的影响入手，主张在教学过程中重视课程资源的动态生成。

【参考文献】

1. 王策三著：《教学论稿》，人民教育出版社，1985 年版。

2. 李秉德主编：《教学论》，人民教育出版社，1991 年版。

3. ［苏］斯卡特金主编，赵维贤、丁酉成译：《中学教学论——当代教学论的几个问题》，人民教育出版社，1985 年版。

4. 鲁洁主编：《教育学》，河海大学出版社，1988 年版。

5. 唐文中主编：《教学论》，黑龙江教育出版社，1990 年版。

6. 叶澜主编：《新编教育学教程》，华东师范大学出版社，1993 年版。

7. 田本娜主编：《外国教学思想史》，人民教育出版社，1994 年版。

8. 吴也显主编：《教学论新编》，教育科学出版社，1994 年版。

9. 黄甫全、王本陆主编：《现代教学论学程》，教育科学出版社，1998 年版。

10. 张广君著：《教学本体论》，甘肃教育出版社，2002 年版。

第 六 章

教学内容

【内容摘要】

本章由教学内容概述、教学内容的特性及载体、关于教学内容的几个问题三节内容构成。第一节主要界定了教学内容的基本含义，简要回顾了教学内容的演化与发展历史，阐释了确定教学内容的主要依据是社会生活、学生特点及学科发展，说明了教学内容具有促进学生个体发展及促进社会发展两个方面的基本功能。第二节论证了教学内容的四个主要特性（预成性、与学生的相关性、基础性、先进性），并介绍了教学内容的几种载体，即课程计划、课程标准、教科书。第三节则结合有关研究及现实问题，对"教学内容与社会生活及学生生活的关系"、"教学内容的预成与生成的关系"、"分科课程背景下的综合性学习"、"课程资源的开发"等问题进行了重点论述。

【学习目标】

1. 了解教学内容演化与发展的一般历程及教学内容的基本功能。
2. 掌握教学内容的基本含义。
3. 理解确定教学内容的一般依据。
4. 了解教学内容载体的表现形式及其相互关系。
5. 能够运用有关理论分析与教学内容相关的现实问题。

【关键词】

教学内容　课程计划　课程标准　教科书

第一节　教学内容概述

一、教学内容的基本含义

教学内容是教师和学生进行教学活动的重要依据，是学生认识和掌握的主要对象，表现为各门学科中的事实、观点、概念、原理和问题。教学内容的载体主要是课程计划、课程标准和教科书；教学内容的主要形态是书本知识，是根据教育目的、学生的年龄特点而从人类千百年认识成果中精选的特殊的知识系统。就教学内容本身而言，既相对独立，又相互联系，是一个纵向深入、横向沟通联络的内在完整结构。

教学内容有广义、狭义之分。我们这里主要指狭义上的教学内容，即近代以来制度化学校中的教学内容。

教学内容又可分为静态的可能内容与动态的现实内容。静态的内容表现在课程计划、课程标准及教科书中。这些静态的内容一旦进入师生共同参与的教学活动中，就成为动态的、现实的内容。换言之，在教学过程中，静态的教学内容会在师生的相互作用中生成动态的教学内容。

教学内容又可分为规定的内容与体验到的内容。规定的内容即表现在课程计划、课程标准及教科书中的内容，而体验到的内容则是学生通过教学活动真正学习到、体验到的内容。学生体验到的内容既可能窄于规定的内容，也可能宽于规定的内容。

二、教学内容的演化与发展

伴随着社会的发展、科技的进步，教学内容也在逐渐地发展、演化。现在的教学内容已与古代的教学内容大不相同。

远古时期，并没有专为年轻一代成长而专设的教学内容，教学内容是与生产经验、生活经验同一的，所谓的教学内容也就是人人都必须掌握的基本的生产和生活常识。例如，据考古学家推论，在气候温暖、林木茂盛的秦岭北坡，有着种类繁多的浆果、坚果和可吃的块根、嫩叶、树蕊、昆虫、鸟蛋，还有各种容易捕捉的鸟类、青蛙、老鼠等小动物，这些都曾经是蓝田人的日常食物。如何学会辨识这些动、植物，如何学会捕捉和采拾这些动、植物，都是当时教育的重要内容。现已发现，感石球是蓝田人进行狩猎的武器。如何准确地投掷石球，是一项必须经过一定的教育训练方能掌握的技术，狩猎还需要比较多的人协作，如何学会协同动作，如何遵守狩猎的纪律要求，也是当时不可缺少的教育内容。[1] 这时，无论是生产经验还是生活经验的传授和学习，都不是专门进行的，而是就生产本身、生活本身。关

---

[1]　毛礼锐等主编：《中国教育史》（第一卷），山东教育出版社，1985年版，第7页。

于这些经验的传授和学习，都直接是为了生产，为了保全生命的必需的活动。

随着生产和生活的发展，人类积累的经验越来越多，相应地，需要学习的内容也越来越丰富、复杂。例如，随着农业、畜牧业的兴起和发展，产生了天文、数学、历法等有关自然科学的知识。至原始社会末期，文化科学知识开始与生产生活相对脱离，成为被部落显贵所垄断的专门知识，并且进一步成为巩固其显贵地位的重要工具。这样，培养脑力劳动者，即培养少数特权分子的社会需求也越来越强烈，而教育也逐渐分化为培养劳心者的专门教育和在生产生活中培养直接生产者的社会教育两种类型。这种变化自舜开始已出现端倪。当时部落联盟便设置有文化的公职人员，对显贵后裔施教。《尚书·舜典》称："夔，命汝典乐，教胄子。"所谓"典乐"即掌管祭祀庆典的音乐舞蹈。与此同时，也向百姓进行施教。《史记·五帝本纪》载："契，百姓不亲，五品不驯，汝作司徒，而敬敷五教，在宽。"所谓"五教"，即五常之教，指父义、母慈、兄友、弟恭、子孝。但胄子之教与百姓之教的内容和目的却完全不同。① 也就是说，随着专门教育从生产生活中分离出来，教育内容也从直接的生产和生活经验中脱离出来，经过选择而为一定的教育目的服务。这时，知识的构成形态正逐渐由直接经验为主发展为间接经验为主，由感性上升到理性。例如道德规范，早期是与生产及生活的具体要求及规定结合在一起的，至原始社会末期则逐渐上升为理性的道德规范。舜帝时期曾"举八元，使布教于四方"。当时布教的主要内容则是"父义、母慈、兄友、弟恭、子孝"。这五项道德规范，已经是从生产和生活要求的具体规定中抽象出来的、理性化的道德概念。② 也就是说，当知识从生产和生活中分化、抽象出来，也就超越了一般生产和生活的需要，而相对独立。

随着生产的发展，知识的总量和深度在不断增加，并形成一定的系统性与综合性。这种近于理性形态的、具有系统性、综合性的知识的产生，要求改变原始的、自然形态的传授方式，改变脑力劳动依附于体力劳动的状况。传授这类知识，要求施教者和受教者付出更多的脑力劳动，进行更多的记忆、思考和专门训练，因此，知识的传授就不能仅仅在生产和生活实践中运用简单的示范和模仿来进行，而必须要创制专门的传授工具、专门的教授场所以及专门的途径和施教人员。即随着人类知识的丰富、复杂和系统化，才可能有脱离生产、生活的专门的教育内容，同时也要求教育活动成为专门的活动。

教育活动的专门化，为人类知识的加速积累提供了保障和条件。人类的知识积累速度越来越快，知识总量也越来越多，到文艺复兴时期，罗马时期的"七艺"则进一步分化，如文法分化为文法、文学和历史，几何分化为几何和地理学，天文学分化为天文学和力学，加上原有的修辞学、辩证法、算术和音乐，七艺演化为11门学科。英国哲学家培根所起草的百科全书的专题目录达到130类之多。

---

① ② 毛礼锐等主编：《中国教育史》（第一卷），山东教育出版社，1985年版，第31—35页，第39—41页。

　　人类知识的增长，不仅需要专门化的教育，而且需要在浩瀚的人类历史经验中进行选择，既要符合教育目的的要求，也要适应学生的年龄特点，还要使学生能在有限的接受教育的时间内，学到最有价值的知识。如果将大工业革命作为设置现代制度化学校的开端，那么，到现在，学校教学内容已有近400年的历史。在这段时间内，学校教学内容相对稳定而又有所发展。例如，以中国的学校教学内容为例，不管是多么偏僻的地区，都要学习语文、数学、外语、物理、化学、生物、政治（思想品德、思想政治）、历史、地理、体育、音乐等。虽然不同国家由于社会历史文化不同，在科目设置或科目名称上也不同，但教学的基本内容是相似的。例如，可能在科目设置上多一些或少一些，如许多西方国家都设有宗教课；也有的在科目名称上有所不同，如我国小学阶段的"品德与社会"相当于某些国家的"社会科学研究"（social science study）课，等等。随着当代科学技术的发展，一些新兴科学也逐渐进入中小学，如计算机、生物化学等。

　　从教学内容的演化和发展来看，教学内容与人类总体知识的发展密不可分。教学内容的母体是人类已有的历史经验，但是，教学内容又与人类历史经验不同，有着自己的特点。

三、确定教学内容的依据

　　从上述对教学内容的历史演化与发展的考察来看，人类已有的知识是教学内容的"母体"，教学内容无法超越人类已有的知识经验而必须从中进行选择并依据一定的理由进行重组。那么，确定教学内容的依据主要是什么呢？

专栏6-1

影响教学内容确定的因素

　　关于影响教学内容确定的主要因素，虽然不同的学者有不同的观点，但基本上认同三因素说，即社会、儿童、学科。

　　北京师范大学教育系在1962年的《教育学讲授提纲》中提出，决定中小学教学内容的有三个基本因素：

　　（1）决定于政治经济发展的需要，具体来说，决定于每个国家的教育方针政策，中小学的任务和培养目标；

　　（2）反映社会科学文化水平；

　　（3）制约于儿童的年龄特征，要符合儿童身心发展的特点和已有的知识水平。

　　华中师范学院等五院校教育系合编的《教育学》也持类似的观点："教学内容反映一定社会的政治、经济的要求，受一定社会生产发展和科学技术水平的制约；教学内容的确定还要考虑学生的年龄特点和知识水平，受学生身心发展的规律制约。"

　　美国课程论专家阿尔夫·泰勒在论述教育目标时提到的三个目标来源分别是社会生活、儿童需要、学科。而且，泰勒所提出来的这三个因素已成为课程工作者的共识。

　　[资料来源] 王策三著：《教学论稿（第二版）》，人民教育出版社，2005年版，第197页；华中师范学院等五院校教育系合编：《教育学》，人民教育出版社，1980年版，第95页；施良方：《西方课程探究范式探析》，《华东师范大学学报（教育科学版）》，1994年第3期。

因此，在确定教学内容时，就必须对社会进行研究、对学生进行研究、对学科进行研究。

（一）社会生活

教学内容应如何适应社会生活的需要呢？一般的看法是，社会历史实践是社会生活的基础，而那些对人类社会历史实践有基础意义的基础知识是教学内容的主体部分。

一方面，科技发展、社会进步以及人们生活方式的改变，最终都会在教学内容上得到反映。例如，近代科学的发展及生产的需要，使得物理、化学等学科进入学校课程；当代，信息技术的发展及其在社会生产生活中所发挥的越来越重要的作用，使得信息技术很快进入学校课程。另一方面，学校课程形态、门类、结构及内容等必须反映当时的社会发展水平，满足社会对教育的总体期望。在《课程与教学的基本原理》一书中，关于"社会生活"对课程的制约，泰勒提到："在科学问世和工业革命之前，在学术上被认为体面的学习材料的范围如此之窄，因此从文化遗产中选择最重要的要素几乎没有什么问题。但在科学问世后，随着一代比一代加速的知识剧增，学校发现要把学者们公认的全部知识都包括在学校教育计划之内已不再可能。人们越来越多地提出了特定知识内容或特定技能与能力对当代社会意义的问题。"[①] 不能"浪费学生的时间，让他们去学习50年前是重要的而现在不再有意义的东西，同时也使我们不会忽视在当前生活中是重要的，然而学校没有让学生对此做好准备的这些领域。"[②] 从这个意义上说，社会生活的变化既是教学内容发展的动力，也是教学内容的重要来源。

（二）学生

教学要通过教学内容把人类已有的认识成果的精华有效地传递给年轻一代，就必须认真研究儿童的认识特点。一方面，教学内容的确定必须符合学生的年龄特点及其相应的接受能力和思维方式。心理学的研究在这方面做出了重要的贡献。如语言关键期、思维关键期，以及儿童不同年龄段的认知特点等，这些都是确定教学内容的重要依据。研究表明，儿童在获取信息的许多方面都与成人不同。例如，与成人相比，儿童在感觉登记的性质和操作上要差些，因为成人在感觉登记时会采用一种序列编码的策略，把感觉登记的信息及时转移到短时记忆中，而儿童却没有运用这种策略。儿童最初加工信息的速度比成年人要慢些，因为成年人比儿童更能利用部分信息来推论或猜测刺激是什么；年龄小的儿童控制自己注意过程的难度要大些，因为小学生区分相关刺激与无关刺激的能力有限，能引起成人注意的线索，不一定会引起儿童的注意；而且还有一些因素导致儿童不能利用他们能够利用的记忆策略，例如小学低年级学生不能利用分组或分类的方式来

---

① ②　[美] 阿尔夫·泰勒著，施良方译：《课程与教学的基本原理》，人民教育出版社，1994年版，第12页。

帮助记忆；如此等等。① 类似关于儿童心理特点尤其是认知心理特点的研究，都为选择和重组教学内容提供了依据。另一方面，教学内容还必须能够提升和促进学生的认识水平和接受水平，不能仅仅追随儿童的认识水平，还必须引领、促进其水平的不断发展。

（三）学科

在现代学校，系统的学科知识是学校教学内容的主体。将某门学科知识纳入学校课程时，必须要清楚学科的功能。一般而言，学科有两方面的功能：一是这门学科本身的独特功能，二是这门学科所能起到的一般的教育功能。② 在确定教学内容时，对这两个方面的功能都要考虑到，而不能强化一个弱化另一个。例如，如果教学内容过于强调学科本身的特殊功能，过于强调专业化，将教学内容看作是为培养本门学科的专家来设置的话，就会忽视这门学科所能起到的一般的教育功能，因而也就不能对那些不从事本学科专门工作的人发挥应有的作用。

在这三个因素之外，教学内容的确定还与一个国家的文化传统、精神气质以及民族情感相关。例如，美国这样一个国土辽阔、总是充满机会、拥有世界上最多财富的国家，其教育便具有美国特点。美国学校普遍强调这样两点："（1）直接从属于各种明显的和实际的目的的技能训练；（2）让学生动手操作（如建造车间）——不管这种操作能否起到增进人类知识和幸福的作用，其本身具有几乎是绝对的价值。"③ 再如，法国过分拘泥于形式和过分强调书本知识。"在具体实践中，一般学校与当地社区的日常生活仍旧没什么关系。甚至在每次大改革之后，学校依然对法国高度工业化和现代日常专门技术的迫切需要考虑不足。"④ 而英国强调绅士教育，直到 20 世纪 60 年代中期，工读交替的技术教育仍然很少被列为英国教育中优先考虑的事项。"总的来看，学校都把学生去'工场'实习作为一项额外任务，除此之外，就很少为学生提供那种可通过实习激发兴趣以促进教育的设施。"⑤

但是，社会发展，尤其是物质生产实践的进步，要求教学内容要有相应的变化。例如，科学技术的发展和工业革命的要求，使得英国的"绅士"和"女士"的培养背景发生了变化。即使是专门培养"绅士"的学校，其教学科目和内容也要发生变化，使其能与现代英国的发展相适应，否则就会被抛弃，会被其他学校所取代。

---

① ［美］罗伯特·L. 索尔索著，黄希庭等译：《认知心理学》，教育科学出版社，1990 年版，第386－397 页，转引自施良方著：《课程理论——课程的基础、原理与问题》，教育科学出版社，1996 年版，第 99 页。

② 施良方著：《课程理论——课程的基础、原理与问题》，教育科学出版社，1996 年版，第102 页。

③④⑤ ［英］埃德蒙·金著，王承绪译：《别国的学校和我们的学校》，人民教育出版社，2001年版，第 296 页，第 115 页，第 206 页。

四、教学内容的功能

教学内容的功能是由教学活动的目的决定的。换言之，教学内容是教学活动实现自己功能的中介。

关于教学内容的功能，不同学者有不同的观点。

专栏6-2

关于教学内容功能的各家之言

英国哲学家培根认为，知识就是力量。他认为知识是形成完善人格的重要工具。他指出："除了知识同学问而外，尘世上再没有别的权力可以在人的心灵同灵魂内，在他们的认识内、想象内、信仰内，建立起一致来。"培根还考察了不同的知识具有的各自不同的教育价值："读史使人明智，读诗使人聪慧，演算使人精密，哲理使人深刻，伦理学使人有修养，逻辑修辞使人善辩。"知识能塑造人的性格，"头脑上的缺陷，可以通过求知来治疗。"

美国教育家斯宾塞认为，教育是为人的完整生活做准备的，"为我们的完满生活做准备是教育应尽的职责，而评判一门教学科目的唯一合理办法就是看它对这个职责尽到什么程度。"

德国教育家赫尔巴特根据人的兴趣对教学科目加以规定并认为这些学科有助于为配合人的兴趣的发展和培养。例如，根据经验的兴趣，应设立自然（博物）、物理、化学、地理等学科；根据思辨的兴趣，应设立数学、逻辑、方法自然哲学等学科；根据审美的兴趣，应设立文学、音乐、绘画、雕刻等学科；根据同情的兴趣，应设立古典语、现代外语、本国语等学科；根据社会的兴趣，应设立历史、政治、法律等学科；根据宗教的兴趣，应设立神学科。

[资料来源] [英] 培根著：《论学术的进展》，转引自滕大春主编：《外国教育史》（第二卷），山东教育出版社，1989年版，第301页；[英] 培根著，何新译：《培根论人生》，上海人民出版社，1983年版，第13页；[英] 斯宾塞著，胡毅译：《教育论》，人民教育出版社，1962年版，第7页。

关于教学内容的功能虽然各自的说法不同，但总体上都涵盖了促进学生个人和社会发展两个方面。

（一）为学生个体的终身发展奠定基础

教学活动是一种有目的地培养年轻一代的活动。教学活动目的性首先体现在对人类经验自觉地进行选择、加工和改造所形成的教学内容中，正是通过学习这些经过加工、选择的特定的教学内容，学生才能沿着一定的方向发展。

师生在教学活动中共同面对的教学内容，不仅通过编选者的选择和加工体现出现实的社会实践的要求，而且，当它成为教师与学生统一的认识活动对象时，又必然加入了教师和学生对它的理解。这样，学生内化教学内容的过程，实际上也是对古今中外以及学生个体的生活实践的了解，是将学生纳入到现实的社会实践过程，是学生不断社会化的过程。

从社会的角度而言，个体的社会性品质应包括个体习得及内化的社会技能、社会规范、道德准则；从个体角度来说，社会性品质包括与他人进行有效交往的品质（如倾听、理解、接纳、同情等）及良好的个性品质（如坚强的意志、丰富的情感、对美的事物的感受能力等）。学生个体的这些社会性品质应该在比教学活动更为广阔的社会空间中形成，而教学活动则是学生个体社会化的主要的、自觉的途径。

学生的发展与其他个体的发展不同之处在于，他并不仅仅是通过与客体的直接作用而获得知识经验，促进能力的发展，而更主要的是借助于人类的文化经验作为自身发展的资源和起点。[①]

首先，当学生掌握具有特定性质的精神客体的时候，其特定的内容和掌握方式就以改造了的形式，转化为个体经验的一部分。这些内化了的知识经验，不仅成为一种认识、实践的手段、工具和能力，而且也极大地影响着个体对现实世界和自身生活意义的基本看法和态度。

其次，当学生掌握、占有这些特定内容的时候，为了适应教学内容的特定性质和条件，就必须按照内容所要求的特定方式进行活动，这就引起主体相应的机能活动，形成新的行为方式、意识和心理结构，从而使相应的活动能力等得到发展。马克思说："艺术对象创造出懂得艺术的能够欣赏美的大众——任何其他产品也都是这样。"[②] 可以说，不掌握具有一定性质的对象，个体的相应能力就难以形成和发展；而个体缺乏这种发展或者这种发展不充分，现实世界的这类对象也就难以对他产生更深刻、更丰富的意义或价值，从而也就限制了现实世界对个人意义的广度和深度，也就限制了个体的发展。个体所掌握的知识文化经验越丰富，其现实世界的反映就越深刻、全面，他就越能在改造现实的实践中更加自由主动地确立他的主体性地位，获得认识论意义上所讲的人的自由。人类积累和创造的精神财富所能达到的总体水平，直接制约和影响着个体发展的水平。

可以说，学生对教学内容的掌握是学生进一步学习和发展的中介、基础，也为学生的终身发展奠定着基础。

（二）传承人类文化，促进社会发展

人类文化的传承和发展虽然有多种途径，但通过教学活动向年轻一代传授，是最主要、最快捷的方式。年轻一代对人类已有文化的掌握、理解和运用，使得人类文化成为真正有意义的、活的文化，并不断更新与发展。教学活动的重要内容便是以人类文化为"母体"的教学内容。如果没有教学，人类文化、个体认识及整体社会发展三者所构成的链条就会中断。既难以使已有的文化得到高速有效的传递，又使得每个新生个体的活动局限在重复先辈已经走过的路程中，而无暇

[①] 王策三主编：《教学认识论（修订本）》，北京师范大学出版社，2002年版，第87页。

[②] 中共中央马克思恩格斯列宁斯大林著作编译局：《马克思恩格斯选集》（第2卷），人民出版社，1972年版，第95页。

无力创造新文化；社会也许还存在，但整个社会的发展必定会缓慢、停滞、中断，乃至倒退。

　　教学内容既是对已有经验的选择和加工，同时又总是内在于社会，并参与社会发展的。换言之，没有外在于社会的孤立、抽象的教学内容，教学内容总要为当下的社会发展服务。可以说，未来社会生活的内容、方式及方向，正是人们主动选择的结果。未来的社会生活，既是现在生活的延续，更是根据人们对未来社会生活的期待，通过教学来主动实现的。这种主动性，很大程度上便是通过设置相应的教学内容来实现的。在一定的意义上，可以说，是教学内容及其教学形塑着社会生活，影响着社会实践的内容和方式。教学内容对社会文化的选择及其影响，类似于园丁对花木的剪枝、嫁接及整形。

　　随着科学技术越来越成为推动社会生产实践的重要力量，教学活动在推动社会发展方面的作用也就格外重要。教学活动的作用不仅仅在一般意义上通过培养人才进入社会生活和社会生产领域来维护现有社会的稳定、推动社会的发展，而且经由教学内容对人类文化精华的精选来提高年轻一代的认识起点，极大地提高他们的认识能力，使他们能够和人类最先进的科学知识相接，从而能够在社会生活和社会生产领域进行创造性的实践和认识，促进社会的加速度发展。当前，人类知识总量日益增大，知识的增长速度越来越快，甚至被形象地称为"知识爆炸"。人类从事认识的工具和方式越来越专门化，不经过专门的学习阶段尤其是在有经验的人的引导下进行的专门的认识阶段，要想对人类总认识有所贡献几乎是不可能的。在这种情况下，教学活动的作用就愈加明显和重要。通过将人类总认识转化为学生个体的内在精神财富，不仅使人类已有的知识得以传递，而且使得新生一代能够"踩着前人的肩膀继续前进"，从而推动社会历史实践的发展。

第二节　教学内容的特性及载体

一、教学内容的特性

　　教学内容是一种特殊的知识系统，它既不同于科学知识本身，也不同于日常经验；既要考虑到学科知识体系，又要考虑到学生的年龄特点和需要等。

　　关于教学内容的特性，有着不同的认识。我们认为，科学性、思想性是对教学内容的最基本要求。此外，教学内容的以下几个特点是其不同于其他知识内容所独有的性质。

（一）预成性

　　如前所述，教学内容是从人类已有精神成果中选择出来的精华。它不是由教师和学生（尤其不是由学生）根据自己的兴趣、爱好和愿望决定的，而是根据教学目的事先确定的，表现为经"政府部门指定或政府部门所设专门的审定机构认可的教育文本（如教科书）"①，而且在教师和学生开展教学活动之前，就已经存在了。从实现教育目的的角度来看，这种已经确定的知识具有法定的形态，不应被任意改变②，是一种"法定知识"。

教学内容的预成性或外部规定性，"既是教学认识具有较高效能的重要原因，也体现了代表主流文化和专业共同体的'教育者'对学习者，尤其是新生一代成长发展水平和方向的引导与控制，同时使任务集中化。"③

对于学生来说，学习内容由外部力量规定这一特点，不可避免地会有缺陷。正如杜威所说："即使是用最合逻辑的形式整理好的最科学的教材，如果以外加的和现成的形式提供出来，在它呈现到儿童面前时，也失去了这种优点。"④ 但是，学生学习时间的有限性以及教学内容的来源，决定了教学内容必然主要是预成的，而无法完全由学生来决定或在教学过程中生成。预成性的缺点必须由教学来弥补。同时，这种预成性也要求在教学内容的选择过程中需要有其他方面来制约预成性的任意性。

（二）与学生的相关性

正因为教学内容是预成的，所以必须尽可能地考虑教学内容对儿童的适宜性。因为教学内容最终是为学生的发展服务的，因此，究竟选择什么样的内容为学生的学习和发展服务，终究要从学生的角度来考虑。既要考虑学生的认识特点，也要考虑学生先前的知识基础和当下的社会生活。无论是传统教学所主张的"量力性"、"可接受性"，还是赞科夫所主张的"高难度进行教学的原则"，都要考虑学生的接受能力。教学内容能否成为学生的认识对象，并最终为学生所内化而成为学生自己的精神财富，是由学生的本质力量和活动所及的程度和范围决定的。在教学活动中，学生总是根据自己的需要、目的和价值取向来选择那些能够满足自身特性的内容，同时，学生已有的知识经验及能力也决定着外部的哪些内容能够成为现实的内容。

（三）基础性

中小学教育的基本任务是要使学生有效地掌握人类文化遗产中的精华，并充分发展学生的各方面能力，以适应未来社会发展的需要。因此，所选择的教学内容应该包括使学生成为一名合格公民所必备的基础知识和基本技能，同时也要包括学生以后继续学习所必需的技能和能力。也就是说，人类的文明成果不是都能成为教学内容，只有具有基础性或被改造为基础知识和基本技能时，才能成为教学内容。所谓基础性，有两个方面的含义："从一方面讲，它具有普遍性或共同性，无论是事实知识或原理知识，都是客观上大量存在的事物和基本规律的反映，

---

① 吴康宁：《意义的生成与变型："课程授受"的社会学释义》，《教育发展研究》，2001年第4期。

② 当然，教学内容本身是否恰当是另一回事。

③ 王策三主编：《教学认识论（修订本）》，北京师范大学出版社，2002年版，第78页。

④ ［美］杜威著，赵祥麟等译：《学校与社会·明日之学校》，人民教育出版社，1994年版，第130页。

因而适用于广大的空间、较长的时间和众多的事物，成为学生学习和从事各种职业都用得着的工具。从另一方面讲，它具有发生性、起始性。后来学习其他知识，必须以它为准备条件，或者都不过是它的发展：或者是它的扩充，或者是它的加深，或者是改造，或者这几种情况兼而有之。"①

教学内容的基础性在知识迅猛发展的时代越发重要。教学内容如果简单地追随科学技术的发展，一味地"添加"所谓"新"知识，不仅教学时间不允许，而且会使教学内容日益膨胀，加重学生的学习负担，从根本上说也不利于学生掌握知识、发展智力。解决知识增长的唯一途径只能是使学生获得更具派生性、生产性和解释力的基础知识。正如布鲁纳所说："不论我们选教什么学科，务必使学生理解学科的基本结构。"② 而基本结构，就是指普遍而强有力的适用性的结构。其具体表现就是每门学科的基本概念、基本公式、基本原则、基本法则等，也即"举一反三"的"一"，"闻一知十"的"一"。

（四）先进性

所谓先进性，是指教学内容是以当代科学最高、最新成果为起点的，也可以叫作高起点性。教学不必要、不可能也不应该简单地重复人类认识史、科学史，或科学家个体的经历，而是径直从最新的概念开始。也就是说，总体上，一个时代科学研究的终点，就是那个时代教学的起点。当然，先进性是相对的，有条件的，要与前面所说的几个特性相协调。关于教学内容的先进性，需要弄清两个性质不同的问题："为了使中小学生对先进的课程顺利接受，是方法问题；保证课程的先进性则是方向问题。不降低先进性或科学水平是原则；方法要服从原则。"③

关于教学内容的先进性，邓小平同志1977年时就指出："关键是教材。教材要反映出现代科学文化的先进水平，同时要符合我国的实际情况。"④ "教书非教最先进的内容不可，当然，也不能脱离我国的实际情况。"⑤ 教学内容的先进性即邓小平同志所说的"教书非教最先进的内容不可"。例如，在许多成年人甚至一部分科学工作者还不懂、不会使用电子计算机的时候，它就已经列入了中小学校的课程表。在当今时代、当今世界上，即使最不发达的国家，最偏僻的地区角落，中小学都要传授和学习现代科学技术课程。

二、教学内容的载体

教学内容必须借助一定的载体才能得以外化和呈现。教学内容的载体主要有

---

① 王策三著：《教学论稿》，人民教育出版社，1985年版，第216页。

② ［美］布鲁纳，上海师范大学外国教育研究室编译：《教育过程》，上海人民出版社，1973年版，第8页。

③ 王策三主编：《教学认识论（修订本）》，北京师范大学出版社，2002年版，第84—85页。

④ ⑤ 中共中央文献研究室编：《邓小平论教育》，人民教育出版社，1995年版，第38页，第55页。

课程计划、课程标准和教科书。

（一）课程计划

课程计划在新中国成立前被称作学校课程标准，新中国成立后学习苏联的叫法，称作"教学计划"，后又改为课程计划。①

课程计划是（某级某类学校）课程的总体规划。在我国，课程计划是由国家教育主管部门所制定的有关教学和教育工作的指导性文件。它的主要内容是：明确某级某类学校的教育目的；列出所开设的各门学科；规定各门学科的学习时数以及在各年级的安排顺序；安排其他各项活动，如生产劳动、班团队活动、体育活动等；对学年、学期、假期的时间进行规定和划分。

课程计划虽然并不直接规定教学内容，但其主导思想以及它对不同科目的时数规定及开设顺序，事实上制约着教学内容的选择。例如，时数多的科目，所学内容就多一些，其重要性也就更被重视；在不同年段开设的科目，其内容组织和呈现方式就要适合特定年龄段的学生水平和特点；等等。

以我国的高中课程设置为例。②

"文革"结束后，于1978年颁布了一个过渡性的课程计划，1981年颁布了《全日制六年制重点中学教学计划（试行草案）》、《全日制五年制中学教学计划试行草案的修订意见》。在《关于制订全日制六年制重点中学教学计划试行草案的几点说明》的第四点中，特别强调"扎扎实实打好基础。特别要打好语文、数学和外语的基础。在此前提下，既要注意自然科学的教育，也要注意人文科学的教育。要使学生掌握基础知识和基本技能，同时培养他们的学习能力，发展他们的智力。"于是，我们看到1981年颁布的《全日制六年制重点中学教学计划（试行草案）》中，语文、数学和外语的总时数远远大于其他学科（见表6-1）。语文六年的总时数为1 000，数学六年的总时数为1 026，外语六年的总时数为932。而政治的总时数为384，物理的总时数为500。

表 6-1	全日制六年制重点中学教学计划（试行草案）③						
	初中			高中			上课总时数
	一	二	三	一	二	三	
政治	2	2	2	2	2	2	384
语文	6	6	6	5	4	4	1 000
数学	5	6	6	5	5	5	1 026
外语	5	5	5	5	5	5	932

① 1992年，国家教委对1988年的小学和初中的"教学计划"根据新的情况作了修改，更名为"课程计划"。1996年高中的教学计划也更名为课程计划。

② 以下内容参见郭华著：《教学社会性之研究》，教育科学出版社，2002年版，第四章。

③ 教育部文件（81）教普一字010号：《颁发〈全日制六年制重点中学教学计划（试行草案）〉、〈全日制五年制中学教学计划（试行草案）的修订意见〉的通知》之附件二（1）。

	初中			高中			上课总时数
	一	二	三	一	二	三	
物理		2	3	4	3	4	500
化学			3	3	3	3	372
历史	3	2		3			266
地理	3	2			2		234
生物	2	2				2	192
生理卫生			2				64
体育	2	2	2	2	2	2	384
音乐	1	1	1				100
美术	1	1	1				100
每周必修课上课时数	30	31	31	29	26	27	5 554
选修课					4	4	240
劳动技术	2 周（注）			4 周（注）			576

注：劳动技术课，初中每天按 4 节、高中每天按 6 节计算。

1981 年的中学教学计划总表，集中凸显了对基础学科及基础知识的关注。虽然对基础学科及基础知识的关注一直是我国的传统，也是基础教育应关注的重点，但相比其他学科而言，语文、数学、外语三门学科如此大的课时总量还是比较突出的。这样的一个教学计划总表，正反映了"文革"过后人们对知识的渴望，反映了要建立正常的教学秩序、提高教学质量的渴望，反映了人们在十年"文革"后对知识的重新重视。

1990 年，普通高中教学计划第一次单列，随教育部文件同时下发的附件——《现行普通高中教学计划的调整意见》指出，对教学计划的调整是"为了解决当前普通高中存在文理偏科，学生知识结构比例不尽合理，学生课业负担过重，不利于全面提高学生素质的问题。""政治、语文、数学、体育、劳动技术五科在高中三个年级均为必修课……与现行教学计划相比较，数学、外语、物理、化学等科必修课的课时有所减少；历史、地理和生物的必修课时略有增加。历史课的教学大纲要增加中国近现代史的内容。""时事教育是高中思想教育的重要组成部分，必须放到重要位置。时事教育每周 1 课时，可利用选修课或课外活动时间，分散或集中进行。"1981 年的教学计划，经过近十年的使用，暴露出许多弊端，如学生负担过重，知识结构不合理等，因此，1990 年的高中教学计划总表中增加了社会实践活动内容（见表 6-2）。虽然没有为之安排专门的时间（每学年安排 2 周。在劳动技术课、课外活动或学科教学活动的时间内进行），但这是一个重要的变化，即在关注学生学习书本知识的同时，也注意到社会实践活动对学生发展的重要影响。

表 6-2	1990 年调整后的普通高中教学计划			
	高一	高二	高三	授课总时数
政治	2	2	2	184
语文	4	4	5	392
数学	5	4	5	426
外语	5	4		306
物理	3	3		204
化学	3	3		204
生物		3		102
历史	2	2		136
地理	3			102
体育	2	2	2	184
劳动技术	每学年 4 周	每学年 4 周	每学年 4 周	432
社会实践活动	每学年安排 2 周。在劳动技术课、课外活动或学科教学活动的时间内进行。			
每周必修课总课时数	29	27	14	2 240
选修课	3	4	16	
课外活动	6 （体育锻炼：3； 其他：3）	6 （体育锻炼：3； 其他：3）	6 （体育锻炼：3； 其他：3）	
每周活动总量	38	37	36	

注：学校可根据场地、器材和师资等条件安排体育课和体育锻炼活动，但二者总量不少于 5 节。

1994 年，配合新工时制的需要，普通高中课程又进行了调整，但基本保留了 1990 年的框架，没有大的变化。

1996 年，国家教委颁布了《全日制普通高级中学课程计划（试验）》和语文等 12 个学科的教学大纲，组织编写了各学科教材，并于 1997 年在江西省、山西省和天津市进行试验。在对试验中存在的问题进行分析与研究的基础上，教育部组织专家进一步修改了《全日制普通高级中学课程计划（试验）》，于 2000 年颁布了《全日制普通高级中学课程计划（试验修订稿）》。[①] 与1990年的教学计划相比，这次课程计划的一个亮点是开设了综合实践活动，并规定为必修课；另外一个亮点是在必修课中，信息技术占有一席之地，并位列思想政治、语文、数学之后，在外语、物理、化学等科目之前，足见其重要性。

（二）课程标准

课程标准在新中国成立前称为学科课程标准，新中国成立后学习苏联改称教学大纲，后随着教学计划改为课程计划，教学大纲也改为课程标准。

课程标准是依据课程计划的规定，以纲要的形式对某一具体学科教学内容进行编订的纲要性文件。在我国，课程标准也是由国家教育主管部门组织制定并发布的，具有法律效力。一般而言，课程计划中所列的各门学科都应有课程标准。目前，我国义务教育阶段及普通高中阶段的各科目除综合实践活动以外，都有相应的课程标准。课程标准既是教学得以进行的最根本的依据，也是对教学结果进行评价的依据。课程标准不仅要指出学生学习的内容是什么，还应指出学生经过学习以后应达到的最基本的水平标准。

课程标准并不具体给出教学内容，但规定了教学内容的基本范围以及学生所要达到的水平。课程标准是课程计划的具体化。它要根据课程计划所规定的培养目标列出更清楚明确的课程目标，为教科书的编写及教学活动的展开提供基本依据。

关于课程目标，不同的课程论学者所持取向是不同的，最有影响的是行为目标、展开性目标和表现性目标。虽然这三种目标取向都有其合理性，但最可操作也最有影响的是阿尔夫·泰勒所提出的行为目标，其他两种目标可作为对行为目标的补充。

专栏6-3

泰勒关于课程目标的陈述

关于课程目标的陈述，泰勒在《课程与教学的基本原理》一书中强调，在课程目标确定后，要用一种最有助于学习内容和指导教学过程的方式来陈述目标。

泰勒指出了人们在实践中往往容易犯以下的错误。

（1）把目标作为教师要做的事情来陈述，却没有陈述期望学生发生什么变化；

（2）列举课程所涉及的各种要素，却没有具体说明希望学生如何处理这些要素；

（3）采用过于概括化的方式来陈述目标，却没有具体指出这种行为所能采用的领域。

泰勒认为，陈述目标的最有效的形式，是既指出要使学生养成的那种行为，又说明这种行为能在其中运用的生活领域或内容。即每一个课程目标都应包括"行为"和"内容"两个维度。

---

① 中华人民共和国教育部基础教育司制订：《全日制普通高级中学课程计划（试验修订稿）》，人民教育出版社，2000年版，第1—3页。

表 6-3 是一个二维图表，它揭示了行为与内容之间的关系，有"×"记号的交会处，意味着这一行为适用于这一特定的内容。

表 6-3		高中学生生物科学学程教育目标二维图表用法例证①						
		目标的行为方面						
		1. 理解重要的事实和原理	2. 熟悉可行的信息来源	3. 解释资料的能力	4. 运用原理的能力	5. 研究和报告研究结果的能力	6. 广泛和成熟的兴趣	7. 社会态度
目标的内容方面	A. 人类有机体的功能 1. 营养	×	×	×	×	×	×	×
	2. 消化	×		×	×	×	×	×
	3. 循环	×		×	×	×	×	×
	4. 呼吸	×		×	×	×	×	×
	5. 生殖	×	×	×	×	×	×	×
	B. 动植物资源的利用 1. 能量关系	×		×	×	×	×	×
	2. 制约动植物生长的环境因素	×	×	×	×	×	×	×
	3. 遗传和发生学	×	×	×	×	×	×	×
	4. 土地的利用	×	×	×	×	×	×	×
	C. 进化和发展	×	×	×	×	×	×	×

课程标准所列的课程目标，要多于培养目标而少于教学目标。比培养目标多，意味着要通过课程目标使培养目标具体化；比教学目标少，意味着要给教学足够的空间，使教学活动成为实现课程目标的具体展开。

一般而言，课程标准要对某学科在某级某类学校的所有课程目标都做出规定。例如，九年义务教育阶段的，或高中阶段的。这有利于统一安排，体现连续性和递进性，使得课程目标体现发展的层次性。以澳大利亚维多利亚州的技术课程标准为例。课程标准中，以纲要的形式给出了本课程在各个分支的不同水平的学习结果（见表 6-4，表 6-5）。②

---

① 施良方著：《课程理论——课程的基础、原理与问题》，教育科学出版社，1996 年版，第 94 页。

② 丛立新、章燕主编译：《澳大利亚课程标准》，人民教育出版社，2005 年版，第 345－346 页。

表 6-4		澳大利亚维多利亚州技术课程标准 1—3 水平学习结果概览
水平	信 息	材料与运动
1	1.1 了解计算机的主要组成分，了解在家庭及学校中应用此技术的几个目的。 1.2 应用特定的信息技术技能、程序及设备，创作简单的信息产品。	1.1 了解普通材料的特征及用途。 1.2 形成运用材料制作简单产品的想法，并能制作简单产品。
2	2.1 了解当地所用的几种不同类型信息技术，并能简单描述它们的用途。 2.2 应用有限的信息技术技能、程序及设备，制作及修改用于满足特定需要的信息产品。	2.1 描述普通材料的特征，并知道具有这些特征的材料的可能用途。 2.2 制作简单的产品，并说出这些产品的使用意图。
3	3.1 说出在全球化社会中电子交流信息的途径。 3.2 应用有限的信息技术技能、程序及设备，制定及修改针对不同人群所遇到的信息问题的解决方案。	3.1 比较三种常用材料的特征及用途。 3.2 应用不同的过程来安全地制作产品，参照标准来评价材料使用的恰当性。

表 6-5		澳大利亚维多利亚州技术课程标准 4—6 水平学习结果概览	
水平	信 息	材 料	系 统
4	4.1 解释指定的一系列计算机构件的性能对信息加工方式的影响。 4.2 应用一系列的信息技术技能、程序及设备，制订出针对不同人群所遇到的信息问题的解决方案。	4.1 解释材料的具体特征如何影响功能的及美学的设计要求。 4.2 准备产品的设计方案，组织和执行一系列制作过程并评价设计的具体性。	4.1 解释简单系统的输入、加工及输出之间的关系。 4.2 计划、构建及修改简单系统并报告其运行情况。
5	5.1 解释信息技术的发展是如何影响个体生活的。 5.2 应用一系列信息技术技能、程序及设备，证明、制订并修改针对不同人群所遇到的信息问题的解决方案。	5.1 解释运用特定材料生产产品给社会及环境带来的影响。 5.2 应用复杂的设备及程序，证明、形成、实现设计想法，并评价所使用程序的有效性。	5.1 解释系统的组成及运行，并解释人们如何控制及应用系统。 5.2 根据功能、运行、质量及使用安全来证明、制订、实现并评估恰当的选择方案。
6	6.1 预测特定的一系列新兴技术如果被广泛应用，所可能有的用途及效果。 6.2 应用一系列信息技术技能、程序及设备，分析和制订针对个体及群体所遇到的信息问题的解决方案。	6.1 分析为特殊目的所用的特定材料（包括可能用到的新兴的材料）适用性。 6.2 准备详细的设计建议，运用复杂的设备制作产品，并根据特定标准对产品的效果进行分析。	6.1 分析系统的原理、结构、组织及控制，是如何影响社会的需要、环境及资源，又是如何被社会的需要、环境及资源影响的。 6.2 准备详细的设计并运用特定的技巧来构建并操作复杂的系统，并根据社会的需要、环境及资源对之进行评价。

水平	信　息	材　料	系　统
6 扩展	6.3 证明一系列新兴技术能够应用于特定情境的原因。 6.4 应用一系列信息技术技能、程序及设备，分析和制订针对个体及群体所遇到的复杂信息问题的解决方案。	6.3 分析特定的过程及材料（包括可能的新兴材料）的费用及收益。 6.4 提出解决问题的革新方案，并运用各种定性及定量的方法对产品进行评价。	6.3 根据其能源资源对一系列系统的应用结果进行分析。 6.4 对复杂的系统问题做出革新的解决方案，并运用定性及定量的方法对其运行进行评价。

从以上的课程结果概览中可以看出，每一水平的每一分支都有两个方面的学习结果。第一个方面的结果涉及知识及对特定技术概念的理解。这方面的结果确定了学生所应学习的内容，主要指较为抽象的、可言说的、确定性的知识。第二个方面的结果是以满足使用者需要的方式来表述学生解决技术问题的能力，涉及对技术过程各阶段的应用。这方面的结果用来指学生通过技术学习所获得的能力发展，涉及是否能够应用技术过程的四个阶段来制作产品。对于每一个具体的学习结果，又给出具体的行为指标。以水平1的"材料与运动"分支的学习结果为例。[1]（见表6-6）

表 6-6	学习结果及行为指标示例
学习结果 在水平1，学生应能够：	指　标
1.1 了解普通材料的特征及用途	当学生获得这种学习结果时，他们能够： ● 了解三种普通材料 ● 了解其中两种材料的两个特征 ● 说出其中两种材料的用途
1.2 形成运用材料制作简单产品的想法，并能制作简单产品	当学生获得这种学习结果时，他们能够： ● 以个体或小组的方式，非正式地完成技术过程的各个步骤 ● 形成用材料来制作作品的观念 ● 用简单的草图来交流想法 ● 将普通材料安全地接连在一起来制作简单作品 ● 展示作品是如何制作的

（三）教科书

教科书是根据课程标准对学科内容进行系统阐述而形成的文本。这就决定了教科书的编撰者在选择或撰写这种文本时不可能随心所欲，而必须依据课程标准的要求来进行。

---

① 丛立新、章燕主编译：《澳大利亚课程标准》，人民教育出版社，2005年版，第350页。

教科书是教学内容的具体体现，是教学活动得以进行的媒介。在课程标准的指导下，有可能有多样化的教科书，即教科书可以通过选用不同的内容以不同的形式达到课程标准所规定的课程目标。当然，既然是在统一的课程标准指导下进行编写的，因而各种不同版本的教科书在基本内容上是相似或相同的。例如，小学语文要求的常用字，中学英语规定的常用单词，以及数学、物理等学科的最基本的概念、原理和法则，在不同版本的教科书中都必须体现。在遵循课程标准的前提下，一个最重要的要求是准确，不能有科学上的错误。

此外，教科书在呈现形式上也不同于读物，既不同于一般的科学论文，也不同于一般的物资科普读物，但在保证科学性的基础上，要符合学生的心理发展规律及认知特点。

教科书的构成
"目录"。
"本文"。分编、章、节、目，系统、简明、通俗地叙述课程标准所规定的内容，包括最基本的事实材料和基本的概念、原理、公式等。
"作业"。包括思考题、习题、练习作业、实验作业等。
"图表与附录"。图表属于图片、画片一类的，一般附在相应的课文之中，也有一些放在教科书的最前面；属于历史年表、检字表等，一般附在教科书的最后，供教师和学生查阅。

第三节　关于教学内容的几个问题

一、教学内容与社会生活及学生生活的关系

教学内容总是与现实的社会生活有一定的距离，且不可能与社会生活问题一一对应，比较抽象的内容更是如此。一方面，完全与社会生活相脱节的内容，会使学习过程干瘪、枯燥；另一方面，正因为教学内容离社会生活有一定的距离，所以要有意识地将其与社会生活相联系，从而使学生能够了解社会、熟悉社会，同时也克服教学内容抽象性、静态性的缺点。

关于教学内容如何与社会生活相结合，许多人都做过探索。19世纪末，美国的一些教育心理学家就从研究实际生活的需要出发来编制教材，例如，欧叶斯、桑代克（E. L. Thorndike, 1915—　）等人，曾以应用次数的统计，择定常用的词汇；华虚朋曾从日报、杂志的检查和统计，选择历史、地理的教材。我国20世纪60年代在开展小学低年级集中识字实验时，也使用了字汇统计法。[①] 这样的做法有一定的意义，即教学内容要根据社会生活的需要，但他们走了极端，即只是根据报刊、杂志的常用书籍，以及书信来选择常用词汇，甚至以此来编写教学内容，这种做法不仅没有考虑到不同学科的内容体系，而且也不利于学生掌握学科

---

① 王策三著：《教学论稿》，人民教育出版社，2002年版，第228页。

的基础知识和基本技能。目前，又有类似的提法，如有学者提出，语文教材要多选用学生自己的作品，使学生有亲切感。

教学内容与社会生活结合，但不能将教学内容等于社会生活的某些问题，也不能将生活中的问题和内容直接拿来，而必须做学术化的处理，必须要提升抽象。这需要两条互动的线索：一是教学内容要提升、提炼生活内容，使其上升到学术的高度，从而使学生看到生活的深刻意义而不只是表面上的纷繁复杂的现象；二是系统的教学内容要主动与社会生活相联系，使抽象的教学内容得以展开其丰富、具体的内容。更为重要的是，不能因为教学内容要与社会生活相联系而简单地降低难度。"在某种意义上，教育知识是非常识性的知识。这样一种知识从专门的、地方性的知识中破茧而出，通过科学的多种语言和艺术品的多种反省形式，使得创造与新的现实的发现成为可能。"①

（一）要对社会生活及学生生活进行提升、抽象，保证教学内容的系统化和概括化

抽象的教学内容是使学生获得更丰富的生活经验的必需。正如柏拉图所说，人有了概念以后，他的精神生活就更加丰富了。这种丰富不是一种量的增加，而是一种质的不同，人有了概念以后，仿佛是进入另外一个世界，至少可以说是仿佛又开辟了一个园地，又进入了一个宫殿。柏拉图作了一个比喻，这好像一个人从一个黑暗的洞穴中出来，看见太阳的光辉。就儿童个人日常生活经验的提升而言，也是如此。用科学的理性知识将生活经验概括化、系统化、理论化、具体化，才能使学生的精神世界更加丰富，才能洞悉更广阔的物质世界和精神世界，才能有更丰富、完满的精神生活。没有对事物总体的把握，没有概念，人类的思维就不可能发展。对于每个新生个体而言，更是如此。正如杜威所说："一个人没有学问——不先获得较为广阔的观点，来观察他们所知的事物，他就不能和别人交往。文化就是不断扩大一个人对事物意义的理解的范围，增加理解的正确性的能力，也许没有比这更好的文化的定义了。"②

（二）在与社会生活主动联系的过程中，使抽象的教学内容得以展开和具体化

基本概念、基本原理以及基本法则是教学内容中的主干部分，即学科的基本结构。学习这些内容能够使学生整体把握和理解某门学科的精髓。但是，对抽象内容的学习还必须结合具体的经验即那些原理的特例、具体事实。一方面，抽象内容与社会生活、学生生活的结合如陶行知所说"接知如接枝"，是为抽象内容为学生掌握寻找恰当的接合点；另一方面，抽象的、系统的内容与社会生活、学生生活的结合正是其具体化的途径。当然，进入教学过程中的社会生活和学生生活不可能是原生态的，而必须是经过加工的、简化的，是典型化的。

---

① ［英］艾沃·F.古德森著，贺晓星等译：《环境教育的诞生》，华东师范大学出版社，2001年版，第227页。

② ［美］杜威著，王承绪译：《民主主义与教育》，人民教育出版社，1990年版，第131页。

与社会生活及学生生活的结合，还需让学生有机会将所掌握的教学内容应用于社会实践中去，在模仿的或真实的社会实践情境中全面内化教学内容。

如果没有经过对社会历史文化进行选择而构成的教学内容作为中介，学生的社会化就会迟缓，就会陷于狭窄的个人经验的小圈子中，形成狭隘的、不完全的社会化；而只有静态的教学内容又可能会造成学生的虚假社会化，与活生生的社会生活和学生的现实生活不相符合。因此，既保证教学内容的系统化、概括化，又强调教学内容与社会生活、学生生活的联系，是教学活动的要求，也是学生个体发展、人类社会进步的要求。

二、教学内容的预成与生成的关系

对教学内容有不同的看法，其中有两种比较典型。

其一，教学内容是预成的，而且在教学过程中只能被机械、直线式地传递，不能有丝毫的变化；

其二，教学内容不可能预先设定，只有在教学过程中通过师生互动才能产生出教学内容，即教学内容是生成的。

以上这两种看法，都有片面的正确性，但又都不全面。事实上，教学内容既是预成的，也是生成的。如果不是预成的，课程计划、课程标准、教科书就没有存在的必要，而教学目的也很难通过教学内容来实现。因此，从在这个意义上来看，教学内容是预成的。但是，如果没有教学过程中教师和学生的主动活动，教学内容也只能是存在于纸面上的静态的、死的知识。因而，从这个意义上来看，教学内容又是生成的。所以，正确处理预成与生成的关系，需要在教学过程中有正确的把握。

美国教育家杜威说："教育并不是一件'告诉'和被告知的事情，而是一个主动的和建设性的过程。"① 对教学内容的掌握就是一个主动建构的过程。虽然对学生个体来说，教学内容是先在的、外在的、客观的，是需要去学习、掌握的客观实在，但就教学内容本身而言，却是人类在主动的社会实践中由具体的个人发现的，这些知识本身内含着发现的艰辛、成功的喜悦，内含着当时的社会历史实践背景及个人的生活经历，因此，客观知识本身就是通过个人的主动建构而形成的。就教学过程而言，对教学内容的认识也不是一个静态的、机械的、直观的反映过程，而是一个在教师的引导下，学生个体积极的、主动的掌握过程，而这一认识过程是在教师与学生、学生与学生的交往活动中实现的。在这一过程中，教师要对知识进行再理解、再创造，学生接触的知识实际上是经过教师再解释以后的形态。同样，学生并不全盘接受教师所讲授的内容，而是要做出价值判断、价值选择，并根据自己的经验对内容作再理解和再创造。因此，虽然在具体的教学认识活动开始之前就已经有了相对确定的教学内容，但教师、学生对教学内容的重新

① ［美］杜威著，王承绪译：《民主主义与教育》，人民教育出版社，1990年版，第42页。

建构，使得真正成为学生个体内容的知识已与原先静态的知识不完全相同，被赋予了现实的社会内容。

教材是否能够真正成为学生认识的客体，取决于教师对教材及学生情况的了解和把握。在二者之间找到结合点，使教材内容适合学生的理解，使学生能够在学习教材内容的过程中得到发展，是教师所要做的重要转化工作。要做到这一点，就要求教师必须对教材内容做出再解释、再改造和再开发；同时，学生在教学过程中也会根据自己的生活经验、已有的知识储备以及理解能力对教材内容进行再理解和再认识。教育社会学的一项研究揭示了教学中普遍存在的现象：无论是从教师的意识形态与价值取向来看，还是从教师的知识水平抑或个性差异来看，教师都不可能完全"忠实地"传递作为法定知识的课程内容，而是多少会对课程内容进行增减与加工。由教师增减、加工后的课程内容对学生来说，也和法定的课程内容一样具有法定性质。① 这说明，无论是从教学活动的要求来看，还是从教师个人的特点来看，教师对教材内容进行重组和改造都是客观的、必然的。

我们从教学活动本身的要求出发，来研究教师对教学内容的重组和改造。

首先，教材是"死的"、"静态的"，教师要努力将其"活化"。活化的目的，一方面是要将教材中所表达的内容与学生的生活经验相接，另一方面又要将教材内容所没有明示的内容呈现出来。这些没有明示的内容是蕴涵在教材中的与明示内容相关的思想、态度、情感、体验。例如，初中数学要讲到"概率"的内容。关于"概率"的计算公式及计算技巧是学生所要学习的、在教材中明示的内容。但是，概率在现代生活中的重要作用，就需要教师结合当前学生所处的生活时代及所遇到的问题对教材内容进行"活化"。如概率问题能够解决生产、生活中的一些重大问题，如电话的占线率、产品的废品率，等等。通过活化内容，使学生不仅学到客观具体的知识，培养了运用知识解决问题的能力和品质，还能使学生认识到知识与社会生活、生产实践的密切关联。在语文教学中，更是如此。表面的文字只是作者内心思想感情的载体，真正的意义隐含在文字背后，这就需要教师在教字词句篇的同时，更要让学生体会作品所包含的思想感情，体会文章的语感和神韵。我国语言学家夏丏尊先生有这样一段话："在语感敏锐的人的心里，'赤'不但解作红色，'夜'不但解作昼的反对吧。'田园'不但解作种菜的地方，'春雨'不但解作春天的雨吧。见了'新绿'二字，就会感受到希望……见了'落叶'二字，就会感到无常、寂寞等说不尽的意味吧。真的生活在此，真的文学也在此。"② 这样丰富的理解、不尽的喻义，单凭学生自己直接通过课文是无法全部、深刻地体会得到的，必须要教师通过对课文的把握，用自己的人生体验和丰富的阅历来加以解释，帮助学生进行理解、体验和感受。活化内容的基础是教材与社会生活及社会实践的联系，是教学与生产、生活相联系的必然的结果，是社会性

① 吴康宁：《教育社会学》，人民教育出版社，1998年版，第十章第四节"课程的实践命运"。
② 朱作仁著：《语文教学心理学》，黑龙江人民出版社，1984年版，第281页。

教学认识的内在要求。

其次，教材内容是抽象的，并且大多是以结论的方式来呈现，这就需要教师借助一定的手段使蕴涵在教材中的知识真正成为学生可以认识和操作的内容。例如，在算术教学初期，儿童还无法理解那些对成人而言是简单的数字的意义，这时，教师就需要使用小木棒、木块等实物作为教具，为学生掌握抽象的数量关系提供认识的具体支柱。教师的这类工作是为抽象的知识寻找实在的生活基础，也就是要将教学内容与学生的生活实际及学生的心理发展水平和知识准备水平联系起来，从而提升学生的认识能力和水平，使学生能够用日常的朴素语言对深奥的科学知识进行描述和解释。那种脱离生活实际和学生实际的教学，只能使学生记住一堆令人难以捉摸的、僵死的概念和词句，却不能对客观世界有真正的认识。有这样一个关于讲授"死"知识的例子："我的一个朋友参观一所学校，人家让她考试一个低年级班级的地理知识。她看了看课本，说道：'假如你在地下挖一个一百英尺深的洞，洞底的情况会是怎样的，比地面热还是冷呢？'没有一个人回答，这时老师就说：'我肯定他们是知道的，但我觉得你的问题提得不对。我来试试。'她拿起课本，问道：'地球内部是处在什么样的状态中？'我们立即就得到了全班半数学生的迅速回答：'地球内部处于高温溶解状态。'"[1] 这种教学怎么能最大限度地开启学生的心智，促进学生的全面发展呢？钱梦龙认为，在教学中向学生提问应该进行转化，从而使学生真正理解教学内容。例如："前一天，同学们已经按照要求自读了说明文《食物从何处来》，我估计他们已经记住了食物的定义，如果我问：'什么是食物？'他们准能不假思索地回答：'食物是一种能够构成躯体和供应能量的物质。'但现在我的问题'拐了个弯'，实质上就是让学生运用食物的定义对具体事物做出判断，因此不仅要求记住定义，而且要求真正的理解。"钱老师是怎么问的呢？"今天早餐我吃了一个烧饼、两根油条，喝了一杯凉水，后来又吃了一个鸡蛋和一个苹果。谁能告诉我，我吃的都是食物吗？无论说是或不是，都要讲出理由来。"这样的问题，便将抽象的、静态的知识与生活内容联系起来，活化了内容，促进了学生的理解。

三、分科课程背景下的综合性学习

综合课程是现代学校课程体系中的重要组成部分。但综合课程不可能开设于所有学习年段（如《基础教育课程改革纲要（试行）》中提出普通高中以分科课程为主），也不能如分科课程那样保证知识学习的深入和系统，因而目前的主流课程形态依然是分科课程。而综合性学习是分科课程背景下实现学生对内容综合理解的一个好的途径。

综合性学习主要指某一学科内部的综合活动。例如，语文学科在课程标准中

---

① 　马塞尔·克拉艾：《学会思维，还是学会死记硬背？对由来已久的难题进行构成主义的再思考》，《教育展望》（中文版），1997 年第 1 期。

提出了设置综合性学习，强调语文知识的综合运用、听说读写能力的整体发展，以及语文课程与其他课程的沟通等。学科综合性学习能够在以下几个方面发挥作用：①在分科课程的背景下实现课程的综合化，即在一定程度上超越线性递进学习内容的组织方式，以类似网络的超链接方式，使学习内容综合为有多个连接扭结的整体网络；②在教学中模拟或建构出相对真实的学习情境，加强教学与学生生活的联系，增强课程学习对学生个人生活的意义；③创设多样化的课堂教学活动，使学生能够积极地参与到教学活动中。

综合性学习的上述意图是否能够实现呢？我们认为，综合性学习的开展，要特别关注以下三个问题。

（一）在综合中凸显鲜明的学科特点

学科内的综合性学习，应体现出鲜明的学科特点。就学习内容而言，虽然需要综合相关学科的内容，但要以本学科的学习内容为主，并且首先要将本学科内容进行综合融通；就学习方式而言，要采用多样综合的学习方式，却也要突出本学科特点的方式；就学习结果而言，更要鲜明地突出本学科的特点。开展综合学习，要明确综合的基地是本学科，综合的出发点和归宿也是为了实现本学科对学生成长的作用。如果不体现"此"学科的特点，则"这一个"综合性学习就不属于"此"学科。同样一个综合性问题，如环境保护，在生物、数学、语文等不同学科那里，有不同的视角和重点，有不同的学习过程及对学习结果的不同要求。北京大学附属中学张思明老师的数学建模教学，既体现了学科学习的综合性，又体现了综合性学习的学科特色。

专栏6-4

张思明老师的教学实例

夏天到了，北京大学附属中学的张思明老师让学生注意观察市场上卖的"雷达牌"蚊香。

该蚊香的俯视外观图是一个中心对称图形，我们也称这个蚊香的过对称中心的弦为"直径"，经测量最大直径长为 119 mm，最小直径长为 106 mm。这一片蚊香可以打开、拆成形状一样，旋转方向相反的两盘蚊香。经过实验发现，该蚊香的燃烧速度为每小时 12 cm。让学生计算一盘蚊香大约可以燃烧多长时间，然后帮助蚊香生产厂商计算需要此种品牌的持续燃烧时间分别为 4 小时、8 小时、10 小时的蚊香对应蚊香片的最大直径。

这是一个综合性学习的例子。在这个例子里，有数学知识的综合，有数学与生活的结合，也有学习方式的综合。在张思明老师教学中，它不只有抽象的、干巴巴的数学概念、数字和符号，而是有真实的情境和问题；它不只有内在的思维和演算，而且有市场观察、简单的实验；它不只是求出一个抽象的结果，而且能够为生产商提出建议。当然，无论怎样综合，这项活动的数学特点依然鲜明：有数学概念、数学的形式化思维，以及数学解决问题的方式。

[资料来源] 张思明：《用心做教育》，北京大学附属中学（内部出版物），第189—190页。

在这个例子里，抽象的数学与生活有了联系，抽象的数学与学生的学习生活建立起意义联系，这是综合的功劳；而这一综合性学习之所以具有深度，恰恰是因为它以数学的眼光从繁杂的日常生活现象中抽象出了一个有意义的数学问题，并以这样一个问题向学生的智慧提出了挑战，提供了养料；而通过这一数学学习，能够进一步提升学生对生活问题的理性认识水平。因此，学科学习需要一定的综合，而学科的综合性学习则必须体现本学科的鲜明特点。

（二）要作为常态的课堂教学来实施

带领学生到户外进行少量的现场观察、调查、主题活动等，是改造学科教学的重要措施。但是，如果把综合性学习主要作为课堂外的活动，一是有限的教学时间不允许，更重要的则可能人为地挖掘一条阻隔综合性学习与常态课堂教学的沟壑，相互隔绝、互不交融、难以逾越。不能把综合性学习看作是另类的、另外的、专门开展的一种什么活动，而应作为课堂教学方式的一个重要组成。

教学中最经常、最常态、最根本的综合，是基于课堂的看似普通平实的综合。事实上，学校中的分科课程本身并不是科学意义上的分得很细的学科，例如生物，就综合了植物学、动物学等学科的内容。在分科课程的背景下，教师对几个貌似简单的问题所做的平实普通的提问和点拨，可能真正做到了综合，而形式化地加入音乐、舞蹈、美术、表演，则可能只有五花八门的热闹，却可能导致给定的外形，背离综合的本质。因此，如果能够在教学中做到结合学生的生活，对本学科知识进行融会贯通，就能够使学生精准地领会本学科的思想、方法以及本学科学习应有的客观精神。这些方面既不是对孤立的知识点的学习所能达到的，也不是简单地通过与其他学科的综合就能实现的。

（三）要有开放而严谨的预先设计

与其他教学活动一样，综合性学习强调学习过程的有序和节奏，强调在相对有限的时间里完成学习活动；同时还提出了更高的要求：既要照顾本学科的特点，又要在所学内容与学生生活经验之间建立有机的、真实的联系；既要超越本学科去还原学习内容的完整性，又不能脱离甚至背离本学科；既要在规定的时间内实现特定的教学目标，又要通过综合性学习为学生创造更多的可能性；等等。所以，教师在学习活动之前开展的精细设计就显得格外重要。一个问题能否转化为以本学科为主轴的综合性学习问题？可能会用到本学科的哪些知识？学生们有能力解决这个问题吗？教学过程应该如何展开呢？学生会遇到哪些困难、提出哪些问题呢？预先的设计越细致、越严谨、越是对教学过程有充分的把握，在具体的实施过程中，才能游刃有余，才能做到"气定神闲"的开放，才能生成有意义的内容，或者说当学生在学习中生成一个问题时，教师能够及时看出它的意义，并引导学生进一步挖掘和提升它的意义。可以说，有了精密的设计，才有开放的资本。那种把不同内容简单地拼凑在一起，不做细致而严谨设计的做法，甚至把教学的成效寄希望于或押在教学过程中学生自发生成的想法，是把综合性学习简单化、庸俗化的做法，甚至会败坏、葬送综合性学习。

四、课程资源的开发

2001 年我国开始的第八次课程改革，强调"课程资源开发"，强调"创造性地使用教材"。那么，为什么要开发课程资源？如何开发？如何处理所开发的课程资源与教材的关系？如何评判课程资源的正确性及有效性？

（一）课程资源开发的必要性

在主动的课程实施中，课程资源的开发是必须的。

首先，统一的国家课程计划在课程设置方面，只保证统一的最基本的课程目标，而多样化、个性化的课程目标，则要由学校来实现。显然，校本课程的内容不可能由国家规定，也不可能由外部提供，而只能由学校自主开发。在这个意义上，开发课程资源的目的之一，在于寻找国家课程不曾提供的，却有利于学校、教师和学生发展的课程，从而创造性地实现课程培养目标。

其次，开发课程资源是统一的课程标准进一步具体化的需要，也是主动将学科课程内容与学生经验相结合的需要。

（1）在国家颁布统一的课程标准的背景下，即使有多样化的教材，也是相对固定而统一的，于是需要学校或教师根据当地当校乃至教师及学生的情况，去丰富和补充教材，从而创造性地实现课程标准。

（2）学科课程的内容主要是间接经验，而且多为高度抽象的。这样的内容能够保证学生学习的高起点、高质量，但与学生的经验有一定的距离。因此，要使学生更好地理解课程内容，教师就必须寻找与所学间接经验相关的学生经验，并对其进行筛选、加工，使之典型化、简约化，成为教学内容的重要组成部分。教师赋予日常生活以课程意义，并在课堂上与学生进行严肃的谈论，从而使教学与社会生活、学生生活发生意义联系，从而既能以生活素材补充、丰富、具体化既有的课程内容，又能以结构化的、学科的观点赋予日常生活以课程意义，提升学生对日常生活的理解。

（3）学科课程内容的预成特点，决定了它只有在师生互动过程中才能真正转化为学生的精神财富。而教师占有怎样的课程资源，质量与水平如何，直接决定着学生的学习效果。

可以说，倡导课程资源开发，就是将课程实施所必需的课程资源开发凸显出来，并将其提升到自觉的高度。它提醒学校和教师，要主动地、自觉地关注生活中的课程资源。

（二）开发高质量课程资源需要注意的问题

保证所开发的课程资源是高质量的，就涉及以下两个方面的问题：一是课程资源开发的依据；二是课程资源开发与教学过程的关系。

1. 课程资源开发的依据

生活中的所有事与物都是可能的课程资源，但不一定都能成为现实的课程资源。就校本课程开发而言，不能仅仅根据可能的资源来设置，而要特别考虑其对不同年级学生的教育意义和课程功能，特别要考虑校本课程是否有利于实现课程计划的培养目标。不能低于相应的培养目标，更不能与培养目标相悖。将可能的课程资源开发为现实的课程资源，设置为一门面向学生开设的校本课程，是一件严肃认真的工作，不可能在短期内完成，而需要长期的研究和实验。就国家规定的课程来说，开发课程资源要以国家课程标准为依据，要明了在此时此地此条件下，达到教学的最优化，哪些资源是适合的、有效的，应该赋予这些资源以怎样的课程意义，等等。

因此，课程资源的开发不仅仅需要对可能成为课程资源的事与物的敏感度，更需要对课程计划、课程标准有全面、深刻、准确的把握。课程资源的开发要以课程计划和课程标准为依据。

2. 课程资源的开发与教学过程的关系

对于具体的教学过程来说，课程内容的选择和加工总是先于它而进行的。但是，任何课程内容的选择和加工又总是基于对教学过程的一般思考的，如教学活动的性质、教师的总体水平、学生学习的一般特点，等等。而较之既定课程内容的选择与加工，学校课程资源开发更能突出其对具体教学过程的关注，也正因如此，它才能有效补充和扩展既定课程内容，实现课程内容促进学生发展。在这个意义上，课程资源的开发即使不是完全伴随着教学过程进行的，也是更亲近、更动态地关注教学过程的。因此，课程资源的开发不是脱离教学过程或在教学过程之外的活动，而是与教学过程紧密相连甚至就是教学过程的内在的组成部分。

课程资源的开发实际上是一个课程编制的问题，即选择什么样的经验，如何组织这些经验，并预测这些经验能带来怎样的教育效果。因此，除上述所说要注重课程资源的质量外，还要关注的一个问题就是如何处理所开发的课程资源与既定教材之间的关系。

从理论上来说，正式发行的教材是由众多课程专家历经长时间研制并经由教材审定委员会审定通过的。无论是对课程标准的理解和把握，还是对特定年龄段学生学习特点的适应以及对相应内容的选择方面，都具有典型性、代表性和权威性（当然，某些存在问题的教材另当别论）。虽然学校所开发的课程资源是创造性教学不可缺少的部分，但终究不能替代教材而只是教材的扩展，不能舍弃教材而只是教材的补充。因此，一方面要关注课程资源的重要性，另一方面仍要充分重视教材在教学中的基础作用。

【主要结论与启示】

1. 教学内容是从人类已有的文明成果中选择、加工、改造而来的，它随着人类社会实践的发展而不断演化、发展。同时，发展了的教学内容更主动地为人类社会实践的发展服务。而且教学内容，要依据对当代社会生活、学生及学科发展的研究来确定。

2. 教学内容首先要保证科学性和思想性，在此基础上，预成性、与学生的相关性、基础性和先进性也是教育内容的重要特性。

3. 课程计划、课程标准、教科书是教学内容的三种载体。课程标准是在课程计划的指导下制定的，同时又是编写教科书的最根本的依据。

4. 在教学实践中，有许多与教学内容相关的现实问题。正确处理这些问题，还要从最基本的理论问题入手来解决。教学内容在近代以来主要是指制度化学校教育中的教学内容，各种现实问题的处理要站在学校教育的立场上来思考。

5. 没有教学内容，教学活动就不必要发生，也不可能发生。教学目的乃至教育目的正是通过教学内容的学习和掌握来实现的，因此，根据教育目的，从人类文明已有的优秀成果中选择、加工教学内容，科学合理地研制课程计划、课程标准，编制教科书，是保证高质量人才培养的重要前提。同时，在教学过程中充分发挥教师和学生的主动性，将教学内容活化，使学生有效地掌握教学内容也是极其重要的。正确处理教学内容的几个重要关系，如教学内容与社会生活、学生生活的关系，预成与生成的关系、综合学习的问题以及课程资源开发的问题，才能保证教学活动顺利有效开展。

【学习评价】

1. 课程计划、课程标准、教科书的含义是什么？它们三者之间的关系如何？
2. 试说明课程计划、课程标准及教科书各自是如何对教学内容进行表现的。
3. 如何理解教学内容的预成与生成的关系？
4. 试阐述教学内容与学生生活的关系。
5. 试述课程资源开发的必要性及其要注意的问题。
6. 任找一门学科的课程标准，并对照相应的教科书，分析教科书是如何体现课程标准思想的。

【学术动态】

●"双基"与"过程与方法""情感态度价值观"。

2001 年开始，我国开始新一轮的基础教育课程改革。这次课程改革的具体目标中，涉及了对课程结构、课程内容的改革。如何处理基础知识、基本技能与过程、方法及情感态度价值观的关系，教学中应使学生学习怎样的知识，知识是否能够被传授等，成为近年来研究的热点。

● 泰勒原理与后现代课程观之争。

泰勒原理是世界各国编制学校课程所遵循的基本原理，但随着概念重建主义的兴起以及后现代主义在教育领域内的渗透，泰勒原理受到质疑和批判。什么是课程，如何编制学校课程，关于课程的理论等，成为当前研究的热点。

● 教材多样化。

新一轮基础教育课程改革的推进，使得教材多样化得以真正实现。但是，不同版本的教材是否都能够体现课程标准的精神，不同版本的教材质量是否一样，在教材多样化的背景下是否还需要建设主流教材，也是当下讨论和研究的热点。

【参考文献】

1. ［美］阿尔夫·泰勒著，施良方译：《课程与教学的基本原理》，人民教育出版社，1994 年版。

2. 王策三著：《教学论稿》，人民教育出版社，1985 年版。

3. 王策三主编：《教学认识论（修订本）》，北京师范大学出版社，2002 年版。

4. 施良方著：《课程理论——课程的基础、原理与问题》，教育科学出版社，1996 年版。

5. 丛立新著：《课程论问题》，教育科学出版社，2000 年版。

6. ［美］加涅等著，皮连生等译：《教学设计原理》，华东师范大学出版社，2001 年版。

7. ［美］乔治·J. 波斯纳等著，赵中建等译：《学程设计——教师课程开发指南》，华东师范大学出版社，2003 年版。

8. ［日］佐藤正夫著，钟启泉译：《教学原理》，教育科学出版社，2001 年版。

9. Ian Reece, Stephen Walker. （2003）. *Teaching, Training and Learning*. Published in Great Britain by Business Education Publishers Limited, Fifth Editon.

10. Mary Jane Drummond. （2003）. *Assessing Children's Learning*. David Fulton Publishers, Second Edition.

11. Louis Cohen, Lawrence Manion and Keith Morrison. （2002）. *A Guide to Teaching Practice*. Published by Routledge, Fourth Edition.

12. Jon Wiles, Joseph Bondi. *Curriculum Development：A Guide to Practice*，外语教学与研究出版社，2004 年版。

第七章

教学行为

【内容摘要】

教学是教师与学生通过主体间的交流与互动促进学生发展的特殊社会实践活动。在教学活动的整个进程中，教师教学行为的合理选择与实践是取得良好教学效果的关键因素。在教学目标的指引下，教学行为将会成为体现教学理念、落实教学策略与方法的实质性教学行动。在课堂教学中，教师的教学行为是否有效，不仅直接影响着学生学习行为的有效性，而且还关系到学生学习的效率与效果的高低和好坏。所以，正确认识教学行为对于加强教学理论与教学实践的密切联系，促进教学主体基于教学理念和教学目标的自觉行动，进而提高教与学的效果有着重要的现实意义。本章在界定与分析教学行为及其特性的基础上，对研究教学行为的教学论意义、教学行为的基本分类、课堂教学行为的具体化、有效教学行为的特点以及我国基础教育新课程理念下课堂教学行为的实践取向等问题进行论述，以期为人们较为系统地认识教学行为提供一个基本的理论与实践框架。

【学习目标】

1. 识记教学行为和有效教学行为的概念。
2. 了解教学行为的基本分类依据以及各类教学行为的运用要求。
3. 理解课堂教学中具体教学行为的意义与作用。
4. 掌握有效教学行为的共性特征与具体特点。
5. 分析与反思传统课堂教学行为的弊端，认识新课程对教师教学行为的新要求。
6. 明确在新课程理念指导下教师课堂教学行为的合理取向。

【关键词】

行为　教学行为　教学理念　有效教学行为　教学方法

第一节　教学行为概述

一、行为与教学行为

（一）行为的概念

行为是人在主客观因素的影响下所表现的和生理、心理活动紧密相连的外显运动、动作或活动，包括有意识活动与无意识活动。在正常情况下，人的行为不仅是有意识的，而且是作为人的特有的生命活动方式存在的。如果将人类的行为与动物相比，动物的行为是基于本能，是自在的，在其所属物种诞生之时就已经定格于基因之中，所以动物的行为仅以满足生物意义上的生存为目的，其行为也仅能满足生物意义上的生存。而人类的行为有基于本能的，但人类行为的目的主要不是为解决生物意义上的生存问题，而是为获取社会意义上的生存——谋求更加舒适的生活状态。

人类在诞生之初，生存斗争主要表现为争取与其他物种同等的生存权，此时行为是人类与大自然抗争、维系种系发展的手段，无论对个体还是对群体而言，行为仍然是生物意义上的。在原始部落内部，人们的劳作是以团体合作的方式进行，这种合作的劳动方式使得人类行为不再是个体化的，每一个体的行为都具有了社会意义，因此人类行为在表现出浓厚的生物性特征的同时也表现出社会性特征。当人类的发展超越了单纯地与自然抗争的阶段，进入人与人之间的社会性竞争阶段，人类的行为也就从根本上超越了生物性特征，而成为个体在社会生活中追求更好的生存发展条件的手段，社会性就成为人类行为的根本性特征，即使那些由单纯的生物意义上的生存需要所引发的行为也成为社会性行为。

每个人每天的生活就是由无数的社会行为组成的，社会行为的主要特征在于行为的目的意识性。动物的行为只是合目的的行为，而人类的行为则是目的性行为，是人在意识的控制之下进行的。虽然对于个体的人来说，并不是生活中的每一行为都是有意识的，但大多数无意识行为不是人的本能行为，而是个体对规则、习惯、习俗等群体有意识行为的产物内化的结果，从人类整体的角度看，它仍然是在人的目的意识支配之下，是目的性行为。目的性决定了人总是以目的为参照来控制自身的行为，于是人的主观倾向性就渗透在人的行为过程和结果中，人类就可以协调目的与客观条件之间的矛盾，实现主客观的统一，人的行为因此就成为"合理性"行为。[①]

合理性行为中总是负载有人的目的、需要、价值观念等因素，因此，它总是能够表达出一定的意义，即使行为主体没有察觉到自身行为的意义，但对于旁观

[①]　阳鲁平：《合理性人和人类行为的普遍特性》，《求索》，2002 年第 2 期。

者来说，它也可能产生了某种意义。一般情况下，人对物的行为是纯粹的对象性关系，所负载的信息简单，所表达的意义是直接的，而人对人的行为是人与人的交往行为，所负载的信息和所代表的意义由于人与人之间互为对象的关系而变得十分复杂，既包含以目的需要等形式存在的信息，也包含人在互动过程中要交流的信息和在互动中产生的信息。

人的行为是文化行为。其一，文化直接塑造着人类行为。因为文化具有"化人"的功能和职责，虽然是人类通过其行为创造了丰富的文化，但文化一经形成就变成外在于每一个体的客观精神产品，成为人类这一生物种群内的行为规则，它总是要将生活在本文化圈中的个体塑造成适应本文化的个体。我们能够经常看到，对于同一事件，成长于此文化中的个体行为与成长于彼文化中的个体行为不同，这便是行为的文化烙印。其二，文化通过需要介入人的行为。人的行为是外界的刺激与个体的内部状态共同作用的结果，由人的需要引起，也是个体满足自身需要的手段。① 但人的需要大多不是本能的需要，而是文化的产物，文化的发展使得人的需要不断地推陈出新，人的行为也因此成为文化行为。

由此可见，人的行为是人自觉的生命活动方式，是具有目的意识性的社会性行为，是文化行为。

（二）教学行为的内涵

基于上述对行为概念的一般分析，着眼于教学作为人类的一种特殊的复杂实践活动，我们对教学行为的分析有必要从社会系统和教学系统两个层面来进行。

1. 社会系统中的教学行为

从社会系统来考察教学行为，教学行为是一种社会行为，是教师在充分考虑教学系统中各种条件的基础上有意识选择的社会行为。在这个层面上，教学行为与一般社会行为有着明显的不同之处。

第一，教学行为价值的外在决定性。教学行为以及教育系统都不是为教师而存在的，学生的成长和发展是教育系统和系统内各种人、事、物存在的基础。教学行为固然是教师自身价值实现的手段，但对教学行为的价值判断不能基于教师，而应以学生的成长为依据，因此教学行为的价值就具有了外在决定性。

第二，教学行为目标的外部决定性。教学行为价值的外部决定性决定了教学行为目标的外部决定性。教学行为目标是具体化了的教育目的。教育目的由国家制定，它通过课程目标、学科教学目标等渗透到教学中，规范着个体教师教学行为目标的确定，从而使教学行为目标比教学行为具有逻辑上的先在性。教育目的只是一种外在的规范，教师将教育目的内化为自身的教学目的并付诸于实践只是促使教育目的实现的条件。然而在现实的教学中，虽然教师个体对教育目的、课程目标等的理解总是带有个体特色，但是受评价机制的影响，教师无法抗拒外部

---

① 贺汉魂、刘信森：《人性观与行为决定论》，《长沙大学学报》，2001 年第 3 期。

力量对教学行为目标的规范，教师在教学过程中只能就行为方式而不是行为目标进行选择，因而教学行为具有浓厚的工具性色彩：教学行为本身不是目标，目标在行为之外。

第三，教学行为主客体之间是不对等的关系。一般情况下，人对人的行为发生于主体性水平相当的个体之间，双方之间存在着"可交往性"，行为双方的理解和互动是行为得以维持的基础。教学行为虽然是人对人的行为，但教师的主体性水平高于学生的主体性水平，"可交往性"水平降低，教学行为的发起和维持主要依赖教师，学生对此几乎不负任何责任。因此，即使学生对教学行为没有任何理解、对教学行为没做出任何回应，教师仍然可以继续其教学行为，这在一般的人对人的行为中是不可能的。此外，教师发出某种教学行为要依据他对学生的理解，并且追求学生对自己所传递信息的理解，学生则不必理解教师，也不一定把理解教师传递的信息作为自己的学习目标。这就使得"教"与"学"可能产生脱节，因此，教师自觉地提高教学行为的有效性是十分必要的。

第四，教学行为具有意识性，但其水平因人而异。任何教师在真实的课堂教学活动开始之前，其教学活动过程都已经在头脑中预演过，他们在课堂中呈现的教学行为也是经过预先的设计，既设计所采用的教学行为类型，又设计教学行为在教学过程中的呈现方式，因此教学行为是教师的意识性行为。课堂是一个复杂而且快速变化的情境，教学行为的意识性使得教师可以控制自身行为，保证教学有序进行。但教学行为是个体行为，每一个体对自身行为的意识性水平差异很大，有效的教师往往能够较好地把握自身的行为，无效的教师的精力主要用来应付应接不暇的课堂事件，很难有精力知觉自身的行为。

第五，教学行为负载的信息十分特殊。教学行为中负载着大量信息，但教学行为所负载的不是原初形态的信息，而是经过从国家到学校的层层筛选后，再经过教师的心理化改造，最后将之加载到教学行为之中的信息。信息的加载过程是教师的知识、观念、态度和能力全面参与的过程，出现在学生面前的信息已经与教师的个人特质融合，成为教师个体及其教学行为中不可分割的一部分，当教师出现了对某种信息的特定加工方式，那么我们就认为该教师形成了自己的教学风格（教学风格在这里是中性词）。

2. 教学系统中的教学行为

当我们从教学活动过程来考察教学行为时，教学行为又显现出何种面貌呢？

教学系统，从横断面看可以分成三个部分：观念系统、行为系统、物质系统。观念系统包括教师和学生的教育教学观念和渗透于课堂中的学校制度、文化等因素；行为系统是教师和学生在课堂中的行为；物质系统包括教室中的各种物资设备和以书本形式出现的客观精神产品。这三个系统相互交织在一起就构成了教和学得以发生的环境，其相互作用形式如图 7-1 所示。

从图 7-1 我们可以看出，行为是教学系统中最生动、最具有变革力量的成分。行为改造观念、选择合适的物质，激活并主导着教学系统中的其他要素，再好的

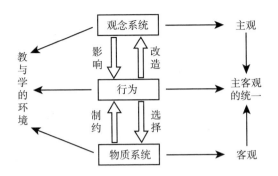

图 7-1　教学系统的横断面

物质手段都必须通过行为才能起作用，再深刻的观念只有借助行为才能发挥作用。行为是影响课堂教学各种因素发挥作用的中介，使教学中"人"的因素和"物"的因素相互结合，实现了主观因素与客观因素的统一。因此，没有师生行为的介入，无论是观念系统还是物质系统都只是与教学无关的静态存在物。

在行为系统内部，教学行为和学习行为之间是动态的、互动的关系。学生的学习行为表现影响着教师对学生学习动机和知识水平的假设，从而影响教师教学行为的选择。[①] 教学行为虽然不一定必然地导致每一个学生的学习行为发生，但它的确是课堂学习行为产生的一个最重要因素。因为教师对学习的认识比学生深刻，他们掌握着学生所需的学习技能，[②] 教师既拥有引导和规划学生学习行为的能力，又负有引导和规划学习行为的责任，而教学行为是教师知识、能力和职责等的物质载体，教师引导和规划学习的目标都要通过行为实现，所以教学行为对学习行为的影响是必然的。在学生缺乏自主学习的意识和能力时，没有教学行为的引导，学习行为很难产生，也不可能深入，甚至会陷入混乱，即使以学生为中心的发现学习，也无法离开教学行为的引导。由此我们可以判断，教学行为是教学系统的核心部分。

从教学的纵向发展来看，它是一个不断发展变化的活动过程，是师生之间的互动过程。互动不能借助无形的东西，行为即为互动的中介，即使那些以观念交流为目标的教学，其观念也必须首先转换成人们可以理解的行为才能实现交流。另外，在影响教学有效性的众多因素中，教学目标、教学计划、教学策略等都不是有形的存在物，只有行为是教学活动的实体，是真实可见的。所以，无论是教师、学生还是课堂观察者，能够直接观察和体验到的不是作为整体的教学，而是人的直接行为。图 7-2 是教学活动过程的一个时间片断。

---

①　Thomas L. Good Jere E. Brophy 著，陶志琼等译：《透视课堂》，中国轻工业出版社，2002 年版，第 46 页。

②　Gavin Brown.(2000).*Year 11 Teacher Views on Student Studying*.〔on line〕availble：http://www.NZCER.com.

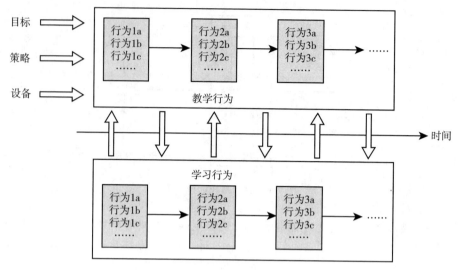

图 7-2　教学活动片断

从图中可以看出，教学活动随时间的推移而逐渐展开，教学行为发生在其中的每时每刻，是教学活动链条上的一部分，是教学活动过程的细节。教学活动的丰富多彩以教学行为的多样化为前提条件，教学行为单调，教学活动必然呆板，教学行为的质量低下，教学活动的质量也必然不高。

在某一时间阶段内，总有一些主导的教学行为，依据这些主导的教学行为，人们可以对正在进行的教学活动进行划分，如划分出教学环节，也可以对教学行为进行整合，教学就可以被理解为由多个局部活动构成的整体。不同层次和类别的教学行为在一定时空中进行组合与抽象，就能够形成诸多冠以"教学"名称的事物，如教学方法、教学技能、教学策略等。

总而言之，<u>教学行为是教师在课堂生活中展现出来的行为，是教师的职业行为，是教学的核心和实体部分，是构成教学活动的细节和内容，也是教学系统中最具能动性的部分</u>。教学行为的职责与教学活动以及教育系统的职责是一致的，教学活动以及教育系统的职责是概括的、指导性的，而教学行为的职责则是具体的、实践性的。教学自诞生之日就开始负责儿童的学术进步和社会性发展，教学行为也就有了这两方面的职责。儿童学术进步即为儿童掌握那些作为文化产物的非本能的知识和技能，如读、写、算，教师通常是将这些知识、技能分解成为相互联系的"知识块"和更细小的"知识点"，然后加载在教学行为中。儿童社会性发展即儿童能够掌握人类社会的基本行为规范和准则，以便未来能够在社会中正常生活。由于教师是社会中的一员，教师的所有行为都带有社会性特征，因此，教学行为不仅是学术信息传递的载体，也是教师人格、道德、学识等的综合体现，对学生的社会化起到重要的示范作用。

（三）教学行为的基本特性

教学行为是一种特殊的人类行为，它是教师这一特殊职业群体在工作中，尤其是在课堂这一特殊场景中表现出来的特殊社会实践行为。有了教师的教学行为，课堂教学才真正地展现出了它的实践特点和艺术魅力。所以，认识与理解教学行为的基本特性，是促进教师自觉的教学行动、实现教师与学生主体间有效交流的理论基础。研究表明，教学行为的基本特性主要表现为三个方面。

1. 目的性

教学行为总是受某种教学意图的支配，并指向特定的对象——学生，如为了激发学生的思考而提问，为了帮助学生理解新概念而做演示实验，为了培养学生的实践技能而示范，等等。教学行为的目的性根源于教师对国家教育方针、课程计划、课程标准、各级教育行政部门颁发的有关教学法规的理解与把握，根源于教师对教学过程本源的把握和教师的个人教育信念。它是教学思想观念的集中表现。

2. 序列性

教学行为总是包含着一定的操作步骤，包含着若干按照一定程序予以完成的动作，而表现出一定的连续性、周期性。例如，课堂提问一般包括引入（表示即将提问，使学生做好心理上的准备）、陈述问题、提示与追索答案、评价等基本环节。

3. 个体性

任何教学行为都不能脱离活动的主体——教师而存在，必然显示出教师的某些个体特性。在许多情况下，教学行为带有鲜明的个性色彩。教师或直陈明述，坦诚自然；或幽默机智，旁敲侧击；或情真意切，如春风化雨；或简明朴实，如清水出芙蓉。当然，也有的教师因循守旧，日复一日，年复一年，"重复着昨天的故事"。教师因其自身素质的不同，对教学过程的理解不一，而形成各自的行为模式、教学风格。

专栏 7-1

评价教师教学行为的指标

如何评价教师教学行为水准的高低呢？有学者提出以下三个基本的指标。

第一，看其教学行为是否具有高度的自觉性。虽然教学行为总是受到某种教学意图的支配，但是，不同的教师有目的地控制的程度不一，意识水平不同。有的深思熟虑，表现出高度的自觉性；有的考虑欠成熟、周密，表现出一定程度的盲目性。有的行为方式与主观意图相适应，或基本相符合，整个教学行为序列能有效地促成教学目标的实现；有的则不相适应，甚至南辕北辙。

第二，看其教学行为的熟练性。不同的教师从事某种教学行为序列操作时的熟练程度不同，巩固情况不一，有的驾驭自如，达到"自动化"的程度；有的却不熟练，生硬地操作，孤立地进行。那种在长期教学实践中逐渐形成的熟练的（自动化的）行为就是通常所说的教学技能。

第三，看其教学行为的艺术性。富有艺术性的教学行为主要表现在能够顺应学情，灵活应变，创造性地运用各种教学方法和手段，而不是僵化机械地进行；能够充分挖掘教学中的艺术因素，不仅讲得明确，而且说得动人；不仅写得正确，而且书得漂亮；不仅仅是教学时、空、人、物组织合理，而且注重师生双方的心理协调、情感沟通、气氛和谐，达到审美化的教学境界。

[**资料来源**]柳夕浪著：《课堂教学临床指导——教学行为的分析与指导》，人民教育出版社，1998年版，第4页。

二、教学行为与相关概念的关系

在教学论的研究框架中，有一系列的概念都与教学行为有着不同程度的关系。要正确认识教学行为，更好地把握教学行为的理论性与实践性，我们不仅要明确它的定义与特性，而且还应该了解它与相关重要概念的联系与区别。下面就教学理念、教学模式、教学方法和教学艺术等概念与教学行为的关系进行简要辨析。

（一）教学理念与教学行为

如果我们对教学活动的全过程进行线性的、伸展性的考察，就不难发现，教学活动一般是沿着"教学理念→教学准备→教学实施→教学效果→教学评价"这样的轨迹发展的。在这样的活动进程中，教学理念是先导，它在很大程度上影响着教师的教学准备行为、教学实施行为和对教学效果进行评价的行为。当然，这里所说的教学理念是指经过内化的教师个体的教学观，而不是书本上的理念或培训班上的理念，它一定是教师在学习和实践的基础上所构建和发展起来的、主体拥有的教学思想，只有这样的思想才能对实践中的教师行为起到有效的指导与支配作用。换句话说，书本上的理念或培训班上的理念是基于理论研究的思想成果，这些成果只有通过教师的头脑才能对实践产生影响。这也就是为什么我们一方面会看到理念与行为统一的好教学，另一方面又会看到在真实的教学实践中出现的教学理念与教学行为严重脱节的现象。前者的关键是教师真正获得了这些理念，而后者的问题就在于教学理念并没有被教师内化。

在研究目前我国基础教育课程与教学改革实践时，我们也发现，尽管不少教师通过培训已经了解了新课程教学的新理念，但在实际的课堂教学中其行为往往还是很难跟上，出现理念和行为相脱节的普遍现象。这说明，先进的教学理念并没有被教师内化为自己的内心教学信念。因为理念是个体的认识、经验、行为在其头脑中的反映，所以教师的教学理念也必然是其自身对教学实践的理性认识。只有将先进的教学理念与自己的教学实践感受联系起来，才有可能构建起属于自身的新理念。理念通过行为来体现，理念更是在教学实践中构建和发展起来的。

简言之，教学理念支配着教学行为，教学行为也必然反映教学理念，进而还会强化教学理念，使其向更高的认识层次迈进。

（二）教学模式与教学行为

在现代教学理论研究中，一般对教学模式的解释是：在一定的教学思想或教学理论指导下，为实现预定的教学目标而设计或发展起来的相对稳定的教学流程及其方法体系。从教学理论的角度来看，科学完整的教学模式一般应由五个基本的因素构成，即指导思想或理论依据、达成目标、操作条件、活动程序和评价方法。这五个方面不仅是设计或总结科学教学模式应具备的基本因素，而且也是检验已有教学模式合理性与科学性的基本标准。从教学实践的角度来看，教学模式就是要把比较抽象的教学思想和教学理论转化为具体的可操作性策略。教学模式应体现教学组织、教学方法和教学手段的综合运用，它应该使教师明确教学活动的具体操作程序和所要达成的具体目标。通俗地说，就是要让教师通过对教学模式的把握，清楚地知道在教学过程中他们应先做什么、后做什么，先怎样做、后怎样做。可见，作为被界定为在一定的教学思想指导下导向特定学习结果的一步步程序的教学模式，是无法离开教师的具体教学行为而独立存在的。

（三）教学方法与教学行为

佐藤正夫在《教学原理》一书中对方法所作的界定是："规定从某一初试条件引出某一目标的可能运作体系时，其特定部门的规则体系。"① 可以看出，方法是行为规则体系，因而教学方法也就是教学行为的规则体系。那么，这个规则体系是如何获得的呢？答案是：它来自于教学实践，来自于教师在课堂教学活动中的具体行为表现。所有的教学方法都是对大量的具有某种共同特征的行为的抽象和概括，所以从根本上看，教学方法是抽象的和静态的行为。行为的存在依托于具体的人，离开了人，行为就不成其为行为。而方法则不然，当方法从行为中抽象出来，就成为客观精神产品中的一种，其存在不再依托于人。

行为是具体而且细微的，方法则是行为的框架。与行为的活生生形态相比，方法发生了根本的变化：方法所能提供的是教师教学行为的框架，框架中的细节需要教师用各种行为将其补充上去。为什么同样的教学方法在实践中会展现出不同的形态，取得不同的效果呢？究其原因，根本就在于教学方法只是提供了行为的框架和特征，教学行为的细节需要在实践中依靠实践者的个人智慧来补充，而个人的实践智慧是个体人格、学识、理论等与实践情境的有机融合后所形成的一种应付和处理实践的一种能力，是一种对实践的综合把握能力。因此，我们认为，教学方法只有在实践中以行为的方式展现出来才具有真正的实践意义，离开了有效的行为付出，作为静态存在物的方法知识，是无法转化为教学实践效果的。

（四）教学艺术与教学行为

尽管从纯艺术的角度来看，艺术可以被划分为动态艺术与静态艺术两大类，但在教学领域，教学艺术则永远与教学实践紧密相连，教学艺术主要是教学行为的艺术。而基于教学艺术的教学行为则具有四个突出的特点，即情感性、形象性、创造性和个性。世界上没有完全相同的两个人，教学中也不存在两个教得一模一样的老师。教学实践的形态之所以如此丰富，就是因为人们的实践智慧的差异。即便依照相同的方法，教学活动仍然可以表现出很大的差异，甚至取得完全不同

---

① ［日］佐藤正夫著，钟启泉译：《教学原理》，教育科学出版社，2001年版，第283页。

的结果。这正是教师教学艺术的体现。我们提出的"教学有法而无定法"的论断，倡导的行动研究之所以有意义也就在于此。简言之，教学艺术主要是教师在课堂环境中所表现出来的行为艺术，是一般教学行为的升华。

三、研究教学行为的意义

作为教学研究的微观领域，尽管教学行为的研究可以说是早已有之，但早期对教学行为的研究往往混杂在诸如教学方法、教学艺术和教学模式等之中，并未作为一个独立的问题受到学者们的重视。直到20世纪六七十年代，随着西方教学效能（teaching effectiveness）运动的兴起，教学行为的研究才开始成为现代教学论研究视阈中的一个重要命题，并受到学者们的普遍关注。尤其是进入21世纪以来，随着我国新一轮基础教育课程改革的新理念对一线课堂中教师教学行为转变的强烈要求，加之教学行为研究对于教学论理论体系重建的价值，它很快就进入了教学论理论研究者的视野，并取得了初步的研究成效。我们以关键词"教学行为"在中国期刊网上的统计表明：1994年至2004年发表的有关教学行为研究的论文总数为179篇，而2003和2004两年的合计共97篇，超过了过去8年的总和。这一统计结果说明了目前人们对教学行为研究的关注程度。

研究教学行为不仅是我国基础教育新课程改革的需要，也是转型时期我国教学论理论体系重建的需要。有学者认为，教学行为研究不仅有利于加强教学理论与教学实践的联系，也有利于教学主体的进一步张扬，还有利于增强教学评价的客观性。总之，教学行为研究以其对教学中师生行为的深入而具体的揭示，将教学论的问题更加细致化、深入化了，从而使教学论的实践品质得到进一步彰显，使教学论的许多问题得到落实与发扬。[1]

第二节　教学行为的分类

教学是一种复杂的社会实践活动，这已是教育理论界公认的看法。美国学者多勒（W. Doyle）曾从六个方面对教学的复杂性进行了具体的讨论与分析。他认为，人们之所以认为教学是一种复杂的活动，主要是因为教师在课堂中的任务不仅仅是向学生传授知识，而是要面对：多维的工作任务、同时发生的课堂问题、刻不容缓的问题反馈、事件发生的不可预测性、活动的公开性和社会历史文化传统对教学的制约。[2] 正因为教学本身的复杂性，也就必然形成了教学行为的复杂系统和多类型特征。而从不同的角度对其进行审视，可以获得不同的认识结果。

为了加强对教学行为的认识，这里，我们首先从教学行为的分类取向入手，对其进行多角度的剖析，构建出一个多层次的教学行为系统。然后，根据课堂教

① 张建琼：《教学行为研究的教学论意义》，《教育理论与实践》，2004年第9期。
② 陈晓端：《当代教学范式研究》，《陕西师范大学学报（哲学社会科学版）》，2004年第5期。

学实践的特点对其进行具体的分析与讨论，以便为人们提供一个基本的认识框架和行动指南。

一、教学行为的一般分类

（一）根据教学媒介分类

根据教学行为展开的媒介，可以把教学行为划分为言语行为（speech behavior）和非言语行为（non-speech behavior）两大类。

研究表明，言语行为是课堂中最主要的教学行为，包括主动的讲话和对学生的反应，占所有教学行为的80％左右。[1] 虽然传播学的研究表明：在人们面对面的交流中，35％的信息通过言语行为传播，65％的信息通过非言语行为传播，[2] 但教学交往不是人与人之间的随意交往，交往一方总是力求使另一方掌握他所传播的信息，所以大量的信息仍然是通过言语行为传播的。由于言语行为主要传递的是学术信息，所以教师的言语行为质量决定了学生的学术成就水平。西方学者的研究表明：在教学过程中，教师能否清晰地表达自己所要讲授的内容和传递的信息，是衡量教师言语行为有效性的重要标准。

非言语行为很少在教学中单独使用，通常以伴随着言语行为的表情、姿势和动作等为表现形式，对言语行为起到烘托、强化、补偿、替代等作用。大多数非言语行为是教师的无意识行为，教师的真实意图往往不加掩饰地体现于非言语行为中，因此它所表达出的信息通常反映了教师的真实情感和态度，比教师有意识的言语行为有更高的可信度，也更具说服力，教师一般应意识到自身的非言语行为并充分加以利用。

（二）根据教学任务分类

依据教学行为在所要完成任务中的作用来划分，可以将教学行为分为主要教学行为（main teaching behavior）和辅助教学行为（assistant teaching behavior）。

主要教学行为是为完成教学任务而直接采取的行为，如教师的陈述、展示、指导、提问等行为。大多数的主要教学行为是教师在教学计划中规划好的，以学生的学术学习为其主要指向，其质量影响着教学整体的质量。

辅助教学行为是为主要教学行为服务的行为，如强化、管理、提出期望、倾听等行为，以主要教学行为的顺利开展为目标。大多数辅助教学行为是师生在互动过程中产生的即时行为，无法预先计划，其质量取决于教师条件性知识和实践性知识的水平。过多的辅助教学行为必然挤占主要教学行为的时间，所以课堂教学中的辅助教学行为应少而精，在辅助教学行为上花费过多时间的教学必然不是有效教学。

（三）根据行为的对象指向分类

依据行为的对象指向，可以把教学行为划分成以学生为对象的行为（behav-

---

[1] 肖锋：《课堂语言行为互动分析》，《辽宁师范大学学报（社会科学版）》，2000年第6期。

[2] 张治库：《试论教师课堂教学中的非言语行为》，《中国电力教育》，1997年第3期。

ior based-on students）、以教师自身为对象的行为（behavior based-on teacher themselves）和以资源与环境为对象的行为（behavior based-on resource and enviroment）。

教学活动是师生之间的互动，师生双方的行为是相互依赖的。[①] 教师的行为如果不以学生为其主要的对象，师生之间的互动就无以为继，教学也就不成其为教学，所以教师在课堂教学中的大多数行为都是指向学生的。

以自身为对象的行为包括对教学内容的传递过程、传递方式和传递结果的观察和体验，是教师调整和控制所有教学行为的纽带，该类型的教学行为反映了教师的教学监控能力。以自身为对象的行为通常没有十分明显的外部特征，如果大量出现在教学过程中必然会扰乱课堂教学秩序，因此教师总是要将其控制在学生不易察觉的水平，并且在瞬间完成，以免分散学生的注意力。

以资源和环境为对象的行为是教师管理或使用各种教学资源、教学手段的行为，在教学中处于辅助地位，其使用状况取决于教学目标和内容以及所选取的教学设备的要求。

（四）根据所追求的目标分类

根据所追求的目标，教学行为可划分为以认知发展为目标的行为（behavior based-on developing cognition）、以情感发展为目标的行为（behavior based-on developing emotion）和以动作技能发展为目标的行为（behavior for developing skills）。

认知目标是教学永恒的基本目标，因为教学行为中无处不渗透着认知的因素，人类要传承的任何内容都凝固在知识中，当它为个体所内化或利用时才成为我们所谓的能力、情感或态度，所以指向学生认知发展的教学行为是教师教学行为系统中一个不可或缺的成分。

指向情感发展的教学行为受教学内容的影响比较大，人文社会学科的课程内容思想性比较强，与自然学科相比，更注重学生的情感发展，因此指向学生情感发展的教学行为的数量也相应地就多。

以技能为目标的教学行为通常情况下与以认知为目标的行为是结合在一起的。一是因为技能本身包括认知成分和操作成分，二是因为知识如果不转化成为能力，无疑将会影响学生以后的发展。

（五）根据师生在教学中的协作程度分类

依据师生在教学中的协作程度，教学行为可以被划分为教师独立的行为（independent behavior of teacher）和学生协助下的行为（behavior of student assistant）。

教师独立的行为是不需学生任何形式的配合就可以完成的行为，如陈述、呈现、评价等行为。这类行为自身就可以构成一个活动整体，学生的支持和配合不

---

① 亢晓梅：《师生课堂互动行为本质的社会学分析》，《天津市教科院学报》，2000年第6期。

是该行为存在的条件，只是促使该行为更加有效的条件。这类教学行为的数量不多，但大部分教学时间为它们所消耗。

学生协助下的行为是必须有学生参与才能够完成的行为，学生的参与配合是行为存在的条件，二者共同构成了一个活动整体，没有学生的相应活动，教学行为的存在就没有意义，如提问、讨论、反馈、指导等行为。这类教学行为数量很多，由于强烈的互动性特征，此类行为很难完全按照教师的设计进行，教学事件一般发生在此类行为的使用过程中。

（六）根据行为目标达成情况分类

根据行为目标达成情况，教学行为可以划分为有效教学行为（effective teaching behavior）与无效教学行为（ineffective teaching behavior）。

有效教学行为是有助于目标达成的教学行为，无效教学行为是与目标不相关或干扰目标完成的行为。有效教学行为可以是对儿童发展长期有效的行为，也可以仅局限在一堂课或者课堂的某一时间片断内。同理，无效教学行为可以是长期的，也可以是短期的。无效教学行为导致学生学习的困难、师生心理疲劳以及学生的厌学情绪。有效教学行为则相反，它使得教师乐教、学生乐学，形成学生发展的良性循环，所以，提高教学行为的有效性是所有研究教学的人们和从事教学活动的人们的共同理想。

上述基于教学媒介、教学任务、教学目标以及师生关系等方面对教学行为的分类，为人们清楚地认识教学行为提供了一个参考性的理论框架，而基于有效教学实践的取向，我们还必须对课堂教学行为的具体化进行探讨。

二、课堂教学行为具体化

如上所述，教学行为是一个十分复杂的系统，在教学中存在各种类型的行为，且各类行为之间还是相互兼容的，属于某一类别的具体行为也可以在其他类别中找到自己相应的位置。如言语行为可以是主要教学行为、指向学生的行为、追求认知目标的行为、偶发的行为，也可能是无效的教学行为等。由于同一类教学行为在教学功能和行为方式上有着某种共同的特点，其他类型的教学行为与之有明显的区别，故同一类型教学行为在不同教师的教学实践中也往往具有一致性。[1] 因此，为方便研究，更有利于对实践的指导，我们依据教学行为的功能、任务以及在课堂教学中的表现形式，并遵循有学者提出的"排他性原则、整体分解的原则和简明性原则"，[2] 在对教学行为进行细化后，将教学行为划分成10种具体的行为类别，即陈述、指导、展示、提问、反馈、管理、观察、倾听、反思以及评价（见表7-1）。

---

[1] 北京教育学院微格教学研究室：《关于教师课堂教学行为聚类分析的实验研究》，《北京教育学院学报》，1994年第3期。

[2] 柳夕浪著：《课堂教学临床指导——教学行为的分析与指导》，人民教育出版社，1998年版，第6页。

表 7-1	课堂教学行为的种类及其特点			
行为类别	行为特点	行为功能	行为时空	行为要求
陈述行为 （presentation behavior）	教师为中心	传递信息	课堂环境为主	清晰的语言表达
指导行为 （directing behavior）	学生为中心	促进实践	课堂环境为主	及时、恰当
展示行为 （exhibiting behavior）	教师为中心	加强感知	课堂环境为主	技术支持
提问行为 （questioning behavior）	师与生互动	启发思维	课堂环境为主	恰当设计问题
反馈行为 （feedback behavior）	学生为中心	提供信息	课堂与课外	及时、准确
管理行为 （managing behavior）	教师为中心	维持教学	课堂环境	讲究技巧
观察行为 （observing behavior）	教师为中心	了解教学	课堂环境	全面、客观
倾听行为 （listening behavior）	学生为中心	了解学生	课堂环境	真诚、用心
反思行为 （reflective behavior）	教师为中心	改进教学	课堂与课外	及时、客观
评价行为 （evaluating behavior）	学生为中心	促进学习	课堂环境	全面、客观

（一）陈述行为

陈述行为是"知识丰富的人对缺乏某种知识经验的人的形成性谈话"，[1] 是一种以口头语言为手段传递信息和表达意义的教学行为，它包括教师的讲解、背诵、叙述、总结等活动，"是教师只提供信息，不要求学生回答或不评估学生行为的真正的（针对学习内容）语言或非语言行为……教师的提问、步骤说明、表扬和批评都不属于教师的陈述，而讲课、向全班学生朗读、回答学生的问题以及其他任何由教师提供的信息的行为都属于教师陈述"。[2] 在学生学会批判思考和行动之前，需要很长时间同化作为思考基础的知识，讲授是保证学生达到这一点的非常

---

[1]　Donald R. Cruickshank, Deborah Bainer, Kim Metcalf. （1995）. *The Act of Teaching*. McGraw-Hill Companies, p. 198.

[2]　Thomas L. Good, Jere E. Brophy 著，陶志琼等译：《透视课堂》，中国轻工业出版社，2002年版，第 89 页。

有效的途径。①　因此，陈述行为是一种非常重要的教学行为。

（二）指导行为

指导行为发生在学生的实践活动阶段，是教师在学生的练习、阅读、操作等过程中提供帮助的行为。指导行为是教师完全独立的教学行为，但教师充当脚手架角色，教师的控制水平低于使用陈述行为时教师的控制水平。②　随着学生自我控制能力的提高和学习责任感的增强，学生的独立实践越来越多，指导行为在教师教学行为系统中的作用也越来越重要。

（三）展示行为

展示行为是教师利用某种媒介向学生提供学习信息的教学行为，是教师完全独立控制的教学行为。教学过程中有大量需要直接通过感官知觉体验而获得意义的信息，语言在传递这些信息时表现得苍白无力，此时教师必须发现和利用比语言有力得多的东西，展示行为即充当语言替代和补充。展示行为一般很少单独使用，也很少单独用来支撑一堂课的教学。

（四）提问行为

提问也是一种以语言为媒介传递信息的工具，是师生之间的线性对话，表现为"师问生答"。提问行为是师生合作完成的教学行为，教师提出问题，学生要对隐含在问题中的期望做出语言的和非语言的反应，教师的自问自答则不属于提问行为，而是一种变换语气的陈述行为。

（五）反馈行为

反馈行为是教师向学生提供有关学生对学术问题回答准确性等方面信息的教学行为，③　是学生应答后教师对学生所提供答案的分析、扩展或评价，反馈可以是书面的，也可以是口头的。在教学活动中，教师回答学生的问题、检查作业、倾听学生的阅读等活动都可以实现反馈的功能。

（六）管理行为

管理行为是一种组织行为，在任何有多人共同生活的群体中都要有管理，管理的目的是维持组织的正常运转。班级组织不同于一般的社会组织，是为促进组织成员的发展而建立的，发生在这种组织中的管理也是针对这一目标。

（七）观察行为

观察行为是教师借助其视觉器官收集学生信息的教学行为，以学生外显行为为观察对象。倾听和观察共同构成了教学中教师的"察言观色"活动，倾听是"察言"，观察即为"观色"。人们从外界获得的信息中来自视觉的占 83.0%，来

---

①　Stephen D. Brookfield 著，张伟译：《批判反思型教师 ABC》，中国轻工业出版社，2002 年版，第 5 页。

②　施良方、崔允漷主编：《教学理论：课堂教学的原理、策略与研究》，华东师范大学出版社，1999 年版，第 219 页。

③　Academic Feedback，［on line］Available：http://www.usu.edu/teachall/text/behavior/LRBIpdf.

自听觉的占 11.0%。① 所以，观察行为是教师获得学生信息的重要手段，观察行为的质量也影响着教学的质量。

（八）倾听行为

倾听是教师借助自己的听觉器官收集学生言语信息的教学行为，是教师主动获得教学反馈信息的手段。教师要为学生提供适宜的反馈信息，必须建立在教师对先前教学状况了解的基础上，倾听就是获得这一信息的主要手段，所以教师的倾听行为的质量影响着教学效果。目前，教师通过倾听行为，把话语权交给学生，变课堂教师话语霸权为师生互动与交流，已经成为世界教学改革的趋势。"教学是倾听（teaching is listening），学习是交谈（learning is talking），"② 已成为美国一些教育者挑战"教师讲，学生听"这一传统教学实践的新理念。

（九）反思行为

反思是教师分析和探究自身行为的行为，是一种内部行为。教师进行反思的目的在于理解自身教学行为的合理性，探寻自身教学行为的原因。反思的介入不仅可以使教师的行为从自在转向自觉，而且可以促进教师教学专业的持续发展。日本学者佐藤学认为，教师的反思与学识是推动教师职业专业化发展的基础。③可以肯定地说，在教师专业化发展的历程中，反思行为对于保证教学的有效性有着非常重要的作用。

专栏 7-2

反思型教师教学行为的特点

反思型教师强调教师在选择、确定、审视和检讨自己的教学行为时，必须加进理性的思维，实现自己与自己对话。在教学过程中，教师不仅要把教材、学生这些客体作为研究和认识的对象，而且要把自己的教学行为和过程也作为研究和认识的对象，把教学行为和思维紧密地结合起来，使自己的每一个教学行为都受到理性思维的审视。反思包括对自己行为的反思和对行为过程的反思。前者要求教师做到：（1）用批判者的眼光审视自己的教学行为，把思考的注意力由外显的教学行为转到教学行为背后隐含的教育目的、课程原理和观念上。（2）比较分析各种教育理论的特点，善于对各种观念提出质疑，并在权衡各种对立或非对立的主张的基础上，选择正确的观念来指导教学行为。（3）教学中出现的问题能从多重角度出发进行清晰而透彻的分析，并提出具有独创性的、恰当的解决方案。（4）决策时不把自己的思想拘泥于某一点，而应想到还有哪些可供选择的行为和方法，并在情境变化时及时调整和改进原有的决策和行为。（5）要思考教学行为本身和行为可能带来的社会和个人后果，以及教学行为的伦理价值。对行为过程的反思分长期性反思和短期性反思两种形式。长期性反思应特别关注：（1）自己在教学生涯中表现出来的思

---

① 施良方、崔允漷主编：《教学理论：课堂教学的原理、策略与研究》，华东师范大学出版社，1999 年版，第 192 页。

② Dennis Littky.（2004）. *The Big Picture：Education Is Everyone's Business.* Alexandria：ASCD Products，p. 11.

③ ［日］佐藤学著，钟启泉译：《课程与教师》，教育科学出版社，2003 年版，第 239 页。

想特征和个人风格，习惯使用的教学方法和手段。（2）分析和揭示偏好这些方法背后的教育理念以及使用这些方法的条件。（3）记述教学生涯中成功、不足和困惑的地方，分析它们对当前教育、教学工作的启示和影响。（4）对未来生活的渴望。短期性反思是指以一年的教学经历为内容的反思。

[**资料来源**] 田杰：《反思型教师教学行为的特点》，《高等教育研究》，2002年第2期。

（十）评价行为

课堂中的评价行为是教师对学生在课堂中表现出的学术行为和社会性行为的价值判断。"做出价值判断是指把事物、行为或思想确定为好或坏、正确或错误的过程"[①]。通常，教师的评价行为对学生的学习行为有着决定性的影响，积极、恰当的评价，不仅能够使课堂活动顺利进行，而且能够引起学生积极、主动的学习动机。

对于上述10种教学行为，如果我们从时间占有和外在表现形式来划分，可以将他们划分为三种基本的类型：第一类是占用较多的课堂时间，且有明显外部表现的教学行为，诸如陈述行为、展示行为、提问行为和指导行为等；第二类是贯穿在教学活动始终的教学行为，通常情况下不具有明显的外在表现形式，也不占用太多的课堂教学时间，只有在特定的场合中才具有明显外部表现的教学行为，诸如管理行为、观察行为、倾听行为和反思行为等。第三类是既明显占据一定的教学时间，又有明显的外在表现形式，但在教学中是分散的点状分布的行为，一般由第一、第二类行为的结果引起的教学行为，诸如反馈行为、强化行为和评价行为等。每一类教学行为都有各自明显的目标取向和实践特点，教师只有明确地认识不同类型教学行为的特点，才能有效地选择与合理地运用。

第三节　有效教学行为

一般而言，教师在选择教学行为时总是自觉不自觉地遵循着效用最大化的原则，追求最大程度的教学"满足感"。在现实教学中，学生成长所给予教师的自我价值实现感是最有价值的满足感，学校与教师总是希望自己的学生能够获得学术进步或人格成长，因此，有效教学和有效教学行为也就成为学校工作与教师的必然追求。

一、有效教学的内涵

关于对有效教学的理解，我们认为可以分为两个基本的层面。

第一个层面：有效教学就是有效果与有效率的教学。所谓有效果就是指达成预期的目标，而有效率就是指以少的投入取得高的产出。教学作为一种培养人的活动，我们更重视教学的效果。我们期望和追求的教学应该是达成或超越预期的

---

① Bruce Joyce 等著，荆建华等译：《教学模式》，中国轻工业出版社，2002年版，第101页。

目标，是能够实现预期目标的增值的教学。有效教学是一种教学思想和教学理想，也是一种教学实践。作为一种思想的有效教学倡导的是教学活动应该有一种理念的支撑，这一理念告诉教师教学活动的结果应该与预期的教学目标相一致，不能够达成教学目标的教学就是低效的或无效的教学。它追求的是教学的效能，有着深刻的哲学与心理学理论背景。作为一种理想的有效教学则体现着它对教师教学活动的持久要求和期望，教师必须时刻树立教学有效性的远大理想。作为一种实践的有效教学则体现了对教师教学活动过程方向的基本定位和教学策略选择的基本要求。它告诉教师要通过有效的教学准备、有效的教学过程和有效的教学评价保证良好教学效果的实现。

第二个层面：有效教学就是在特定的环境和条件下，教师与学生通过有效的教与有效的学以及有效的教与学的交流与互动实现预期教学目标的实践活动。这一理解既体现了人们对教学的基本看法，符合现代教学论把教学过程看成是师生交往、积极互动、共同发展过程的基本观点，又体现了有效教学是一种追求效果与效率的新的教学理念与实践的特点。

将这两个层面整合在一起，我们可以给有效教学下这样一个定义：所谓有效教学就是教师与学生在特定的环境和条件下，基于预定的课程教学目标，通过交流与互动所达成的有效果与有效益的教学。它的核心是达成课程与教学目标，它的表现形式是教的有效与学的积极。

二、判定有效教学行为的标准

判断教学行为有效与否可以选取不同的标准，教学作为培养人的活动，其根本目的在于培养人，学生的学术进步与人格成长应该是判断教学以及教学行为有效性的根本标准。但学生的成长不是一个空泛的概念，而是一个复杂且漫长的过程，不仅教学，学校中的其他力量以及家庭和社会都不同程度地影响着学生的成长，这导致我们在短时间内很难以学生的成长作为判断教学有效性以及教学行为有效性的标准。由于教学目标是人们对学生成长质量和规格的表述，所以对教学行为有效性的判断应依据教学目标，凡是有助于教学目标完成的教学行为都是有效教学行为。

教学目标分为长期目标和学期目标、课时目标，其中课时目标是判断教学行为有效性的基本依据。因为学期目标和长期目标的实现不是某一具体行为的结果，是各种教学行为综合的、长期的作用的结果，我们很难说出前一阶段内的哪种教学行为造成了儿童今天的发展状态。而课时目标是长期目标的具体化，是实践性的教学目标，其较小的时间跨度使得各种干扰因素被降到最低水平，所以，对教学行为有效性的判断主要应依据课堂教学目标的达成情况来进行。

从教学发展历程看，教学是蕴涵着价值追求的功利性活动。以教学目标的方式表达教学价值追求最终必须体现在其结果上，否则教学以及教学行为存在的合理性就会受到质疑。有效教学行为是人们价值判断的结果，借助于理想的教学效果，教学行为不仅确证了自身有效性，也确证了教师以及整个教育系统的价值和存在的必要性。

（一）有效教学行为是高效率的教学行为

教学行为的效率是在规定的时间内教学投入与教学产出的比例。教学投入包括精神投入和物质投入，教学产出直观表现为学生的有效学习时间的相对量。教学的时间有限但内容繁多，如何保持高效率的教学是每一位教师都要面对的问题。为取得一定效果而投入了大量时间和精力或投入大量时间和精力取得较小的效果都是无效或者低效的教学行为而不是有效教学行为。① 因此，高效率是有效教学行为不可缺少的成分，没有效率指标的制约，仅依赖教学效果来判断教学行为的有效性必然导致学生学习时间的膨胀，从而剥夺学生的休息娱乐时间，引起学生厌学。

（二）有效教学行为是有效益的行为

效益是效率和公平的统一，是在保证效率的前提下最大限度地追求公平，所以有效教学行为必须是总体上有效的教学行为，不是对个别学生有效的教学行为，它要体现着教学的效率并实现着教学的公平，为追求教学效率而出现的仅对个别学生有效的教学行为是不公平的，因而也是无效的。在教学发展的历史中，古代社会的教学相对公平但缺乏效率，近代以来出现的班级授课制是工业社会追求效率的产物，其统一化、标准化和同步化的教学方式在提高教学效率的同时牺牲了教学公平，而目前一些西方发达国家在解决了效率问题的基础上已经将"公平"提到议事日程。② 有效教学行为的效益包括个体收益和社会收益，由于教学生活由师生的共同活动构成，所以教学行为的个体效益不仅包括学生的成长，还包括它所带来的教师满足感和进一步自我完善的欲望；社会收益是由学生的成长所带来的社会发展进步，是间接的收益。

（三）有效教学行为是能够促进学生有效学习的行为

教师有效地教是为了学生有效地学，而有效学习行为的结果是学生学习的成功，学习成功又给予学生继续学习的兴趣和信心，使得学生付出更多的努力，进而引发学生的再次成功，如此不停地反复，形成教与学之间的良性循环，教学即成为有效教学。然而有效的学习行为不是依靠强迫获得，是依靠"诱导"获得，其关键在于创设一种民主和谐的课堂文化、追求真理的精神氛围，让学生在其中获得精神的满足，自觉地产生学习行为。因为教学行为对学习行为起主导作用，有效教学行为是学习环境中的主动性的因素，可以创设出有效学习发生所需要的课堂文化环境，使得师生之间就什么是有价值的、什么是成功的等达成共识，并指导和约束学生的学习行为。同时，有效教学行为中负载的除学术信息外，还有教师对知识、对学生的态度和观念等方面的正向信息，所以能够创设出积极的课堂文化，从而引发出有效的学习行为。因此，有效学习行为的发生以有效的教学行为为前提。

综上所述，有效教学行为是有助于达成教学目标的教学行为，它统一了效果、

---

① 陈佑清：《教学效率刍议》，《现代中小学教育》，1996 年第 1 期。
② 彭钢：《整体研究视野下教学论的主要问题》，《教育评论》，2000 年第 1 期。

效率、效益，将有效教学所要求的质量、时间、适合性、激励等要素整合在一起，引发出有效的学习行为，是有效教学的前提基础。[①] 有效教学行为与一般教学行为的不同之处在于，一般教学行为是描述性概念，表征的是"实际怎样"的问题；而有效教学行为是规范性概念，它确定的是教师个体"应该怎样行为"的问题，是对教学行为的规范和引导。它不仅能够使教学系统中的各要素连接成一个整体，而且可以使这个整体表现出流畅、有序、富于艺术美的特征。

专栏 7-3

有效教学的先决条件

美国学者斯壮格（J. H. Stronge）在《有效教师的特征》一书中，概括出有效教学的先决条件如下。

1. 语言能力：教师的语言能力测验分数与学生的学习成绩成正相关。

2. 教育理论知识：教育理论知识是有效教学的重要基础。

3. 学科知识：教师的学科知识影响着他/她的教学工作表现，也影响着学生的成绩。

4. 教师资格证书：一般有资格证书的教师比无证书的教师教学效果好。

5. 教学经验：有效教学需要教学经验的支持，有经验的教师教学会更有效。

[资料来源] James H. Stronge. (2002). *Qualities of Effective Teachers*. ASCD Products, pp. 4—9.

三、有效教学行为的特征

（一）有效教学行为的共性特征

教师在教学实践中使用的教学行为十分丰富，不同类型的教学行为具有不同的有效性标准，因此具有不同的有效性特征。但是当我们抛开各种具体条件的限制从整体上分析这些有效教学行为时就会发现，有效的教学行为具有一些"共性"，这使得各不相同的有效教学行为呈现出整体性特征。

1. 有效教学行为具有时代性

教学行为总是随时代的发展而变化的。通过对教学行为的历时性考察，我们可以发现，人们对有效教学行为的认识不停地变化，过去的有效教学行为很可能变成今天低效甚至无效的教学行为。教育的最高理想是培养出具有相应时代人们所认同的自我本质的人才，但不同时代的人对自我的本质有不同的认识，人们对教育的追求不停地变化，所以人们对有效教学行为的认识也在不断地变化。在夸美纽斯时代，人们认为机械的模仿和重述是一种有效的学习方法，"在每一节课上，当教师简要地做完了他所预备的工作，讲解过字的意义以后，就让一个学生站起来，按照原理次序，把刚说过的重述一遍（好像他是其余人的老师一样），他

---

① 曲铁华、张爽：《一种有效教学模式探微》，《现代中小学教育》，1998年第3期。

的讲解要用同样的字眼，要举同样的例证，如果他错了，就应替他改正。然后再另外叫起一个，再作同样的表演，旁人仍旧静听……直到看得出人人都已经明白了那堂功课，都能解释为止。"① 而在今天，这种机械的模仿和重述因为对学生主体性的压抑而备受批判，与此相应的教学行为就成为无效的教学行为。

不同时代为教育提供的物质条件的变化也是导致人们对有效教学行为的认识不断变化的原因。物质条件的变化主要以技术进步为表现形式，它可以改变人的社会行为方式，使得人们对传统行为的价值进行重新思考和定位。② 近代以来，迅猛发展的技术为人类提供了历史上不曾有过的物质条件，变化的物质条件对教学行为产生巨大的冲击，导致了具体教学行为的变更及其价值的蜕变。最明显的变化是由于电教媒体的出现，展示行为在教学行为系统中逐渐变得举足轻重。这些变化也促使人们开始立足于所处时代的背景来重新认识教学行为，并重新界定有效教学行为的有效性内涵。

有效教学行为的时代性特点决定了同一种教学行为在不同时代具有不同的价值，我们必须依据时代的新要求对旧有的教学行为进行改造，使之适应新时代的特点，否则很可能因故步自封而使其失去生命力。

2. 有效教学行为具有文化性

教学行为是一种文化行为，即教学行为是以一定的文化背景和教学实践为基础的行为，与教师自身的文化素质之间存在着有机联系，并需要教师以其文化意识自觉对之进行关照。③ 一个民族的历史传统和文化模式通过个体社会化过程来塑造着该民族的国民特性，成长于该文化环境中的教师必然具备与之相应的国民特性，这就使得教学行为表现出强烈的民族特色。有效教学行为是人们基于特定文化背景对教学的实践取向进行价值判断的结果，价值判断体系的文化依附性决定了有效教学行为具有极强的文化依附性。

文化影响人们对教学行为有效性的判断主要通过两种途径实现：一是影响教育价值观念。在其文化共同体内部，人们形成了一套关于什么教师是好教师、什么学生是好学生、什么教学是好教学的观念体系，生活于该文化环境中的个体依据这些观念对教学行为进行价值判断，而教师则根据这一套价值观念塑造自己的行为、接受自我和外界的判断并对其他教师的行为进行价值判断。生活于不同文化背景中的人，由于其价值观念不同而往往对有效教学行为会提出不同的要求，甚至是矛盾的行为要求。二是影响人的思维方式。"人总是不自觉地按照自己的思维方式开展与外部存在的相互作用；人们的行为总是受其思维方式的支配；有什么样的思维方式，就有什么样的行为方式。尽管人们的具体行为不可避免地受制于具体的外部情境，但作为相对固定模式的行为方式却总是相应思维方式的外部

---

① ［捷］夸美纽斯著，傅任敢译：《大教学论》，教育科学出版社，2001 年版，第 133 页。
② 傅长吉：《论人类文明的"标志"——主体行为方式与技术开发》，《前沿》，2001 年第 1 期。
③ 夏国英：《人口的文化行为》，《理论月刊》，2002 年第 1 期。

表现。"① 中国人思维方式表现为辩证思维和整体思维，折中地处理矛盾，综合地考察事物，而西方人的思维则明显地具有分析性的特点。② 也正是因为这样的差别，我国教育者通常会认为学生的问题是受多方面因素影响的，而有效教学则应该是能够协调处理校内外各种因素的教学，课堂中的有效教学行为是能够为教学整体服务的行为，不仅要能帮助学生取得学术成功，还要能促进学生以思想道德品质为中心的社会性发展；而在西方教师看来，有效教学行为主要是指能够促进学术成功的课堂教学行为。可见，不同的文化对于教学行为功能的认识是有差异的。换句话说，有效教学行为是特定文化背景下的产物。

3. 有效教学行为具有情境性

有效教学行为是人的内部状态与环境的函数，它总是在不可逆转的时空中发生，具有强烈的情境性，内外环境任何微小的改变都可能引起行为结果的变化。从行为自身来看，任何行为都是实时发生的，不是一个时间点，而是一种运动的状态，包括一个从发起到结束的过程。进行中的行为既不代表过去也不代表未来，尽管现时的行为承接过去并影响着未来，但就行为本身来说，它是当时当地的，其蕴涵的意义只能是当时当地的，所以某一类型教学行为可以重演，但其有效性无法保证。从行为中的人来看，无论教师还是学生都不可能在任何环境中持有完全相同的心理和生理的状态，此时此刻的有效教学行为是适应此时此刻师生双方的状态，当时空变换，精神和体力发生变化，同样的教学行为是否仍然有效我们就无法肯定。同时，教学环境中的变化每时每刻都在进行，要么原来毫不相干的因素凸显出来，要么充满意义的因素变得毫无生机，这些变化的因素反过来又成为环境中的构成影响着后继教学行为的有效性。一位教师的某一教学行为之所以总是有效不是因为该行为是"全能"的，而是因为教师依据情境进行了调适。

有效教学行为的情境性特征是教师追求最佳教学质量的必然结果。现实社会生活中人和人之间的互动具有表演性，③ 教学行为也具有表演性。教书育人的根本任务决定了教师总是力图将自己最完美的一面展示给学生，总是力求使自己的行为接近观众——学生的需要，这使得教学行为比一般的人类行为更具表演性，在有外来人员观摩时则表现得尤其突出。为使自己的"表演"达到最佳效果，教师必须根据"观众"的状态不停地调整自身行为，教学行为因此表现出情境性特征。

情境依附性使得有效教学行为的出现是不确定的。不同的动机可以导致相同的行为结果，相同的动机其行为结果却可能大不相同。在一些情况下，偶然的、不经意的行为能够取得意想不到的效果，精心的设计却徒劳无功；有时教师"苦口婆心"的劝导，千方百计的启发，并不能提高学生的学习积极性，而偶尔一句

---

① 王天思：《存在方式、思维方式和行为方式的互动结构》，《求实》，2003 年第 3 期。
② 侯玉波：《文化对中国人思维方式的影响》，《心理学报》，2002 年第 1 期。
③ 黄建生：《戈夫曼的拟剧理论与行为分析》，《云南师范大学学报》，2001 年第 4 期。

鼓励的话，一个赞许的眼神，或一个不经意的事例却可能激起学生努力学习的动力，而这种动力还可能被持续加强，以至于教师的"投入"和"产出"不成比例。①

情境性特征决定了不存在对学生发展一定有积极作用的"特效药"式的教学行为，也不存在可以确定不移的适合于任何场所、时间、对象、内容和教师个体的全能的教学行为。而且同一教学行为所引起的结果依据情境的变化而表现多样，看似无效的行为其效果却不是确定无疑的无效，其真正的效果取决于此时此刻此地所存在的各种因素的综合作用。

有效教学行为的情境依附性特征要求教学行为的选择和使用要立足于环境。时间流逝，往昔的情境已经不复存在，如果我们对教学行为的质量不作要求，那么教师就可以无视一切变化，固定不变地采取某种教学行为，但有效教学行为是对质量作了规定的教学行为，教师必须根据情境的变化来调整自己的行为，否则其教学行为必然是无效的。

4. 有效教学行为具有整体性

有效教学行为的整体性特征首先表现为多种教学行为要通过相互之间的整合互动共同发挥作用以实现有效教学。教学行为之间的交互作用，既有共时性的互动，又有历时性的互动。许多教学行为之间存在着相互依赖、共存共生的关系，一种行为有效性是建立在另一种行为有效的基础上。教学行为的相互作用使得教学的效果不取决于某一具体的教学行为，而是作为整体的教学行为，即使有一些无效的教学行为，也不能够说教学是失败的，其缺憾可能被其他行为所弥补。所以，教学行为总是要结合在一起发挥作用，教学的有效性取决于教学行为整体的有效性。

有效教学行为的整体性特征还表现为教学行为负载的信息是整合的信息。教学行为是教师综合素质的载体，在教学行为的现实化过程中，所负载的学术性信息和情感意志等社会性信息之间也存在交互作用，不仅影响教学行为的表现形式，还影响其有效性水平。混乱的学术信息无法给教师带来积极的情感体验，消极情感影响下的学术信息很难有效地传递，于是教学行为的有效性也就无法保证。因此，有效教学行为所负载的信息是整体有效的信息。

有效教学行为的整体性特征决定了有效教学行为的序列性，要求教师在教学过程中要按照一定的顺序逐步展现教学行为。不同顺序可以产生不同的教学效果，组织有序能够促进学生的学习，组织无序则导致教学行为的失效。据研究，新知识的教学通常借助呈现、提问、学生思考、反馈（提示）、讨论等教学行为来完成，在这些教学行为的各种组合顺序中，"呈现—提问—讨论—呈现"序列和

---

① 潘洪建：《知识观：教学论研究的新课题》，《新疆师范大学学报（哲学社会科学版）》，2001年第 4 期。

"呈现—提问—反馈—讨论—呈现"序列比其他组合的效果好。[①] 因为不同的组合方式对学生智力活动的操作方式要求不同，教师所提供的反馈和强化信息也不同，因此造成了教学效果的差异。

教学生活是教师的生活，也是学生的生活，学生在其中不仅要取得学术的进步，还要获得人格、情感等因素的发展，我们通常把对学生发展的要求整合在教学目标中。但这种要求的实现不是某一种教学行为可以完成的，因为一种教学行为的作用是有限的，只对学生某一方面的发展有作用，不可能实现学生的全面发展，教学行为必须相互依存共同发挥作用，所以教学目标的实现要借助整体的教学行为来实现。另外，学生身心的各个方面是相互作用的，社会性需要的满足能够带来学术上的努力以至学术进步，社会性需要得不到满足则很容易出现问题学生，问题学生很少有学术成功的个体。所以，有效教学行为必须是整体有效的教学行为。

5. 有效教学行为的功能具有多样性

有效教学行为不是只能够实现某种特定功能的教学行为，某一具体的教学行为在完成其主要任务的同时还能产生其他辅助性功能。如有效的提问不仅是强化、检查、深化理解的手段，也常常被教师用来激活学生的思维和集中学生的注意力，而且还能够以满足学生自尊需要的方式起到激励作用。同时，在不同的情境中，同一种行为内容、目的都有可能发生变化，如管理行为在合作学习中的主要作用是创造出合作的人际关系，而在自主学习中，其主要作用是纪律维持和行为问题的管理。教学行为功能的多样化使得教学行为之间可以实现功能补偿，某一行为质量不高，但其他教学行为可以补偿其欠缺，使得教学行为从整体上看仍然是有效的。教学行为的多重功能有时是教师有意识设计的结果，有时是教师无意识实现的，高质量的主要教学行为可以避免教师在管理行为等辅助性教学行为上花费过多的时间，能节省教学时间，提高教学效率。

课堂问题多元性以及课堂问题发生的同时性要求教学行为的功能是多样的。课堂中同一时刻可能发生很多事情，教师必须在同一时刻对所有事情做出反应，否则就容易引发教学事件。教师可以通过在同一时间发出多种教学行为的方式来解决此问题，但人的自身能力是有局限的，教师在同一时刻所发出的教学行为的数量是有限的。所以，在已经确定了中心任务的时间阶段内，最好的方法是拓展同一教学行为的功能，使得同一行为可以解决多种问题。

人发展的整体性也要求有效教学行为必须具有多重功能。人的发展是整体的发展，学生知情发展是融合在一起共同进行的，相互之间没有泾渭分明的界限，教学中的认知目标和情感目标只是人为的划分，所以有效教学行为必须在促进学生认知发展的同时使得学生获得情感的满足。而且，情感是行为的动力之一，学

---

① 教学成效相关研究课题组：《中学教师教学行为与教学成效的相关研究》，《天津师大学报》，1998 年第 2 期。

生情感的发展有助于其知识的获得和能力的发展，优秀教师的教学中都带有浓厚的情感色彩的事实也证明缺乏情感因素参与的教学即便是条理清楚、结构严谨，其有效性也大打折扣。① 有学者认为要使学生对教师所教知识产生共鸣，这些知识要能够突破学生的逻辑防线、情感防线和伦理防线并能达到"最近发展区"。② 突破学生的逻辑防线是比较容易的，教师只要保证自身知识的科学性和逻辑性即可，突破情感防线和伦理防线比较困难。乌申斯基说过"灵魂只能由灵魂来培养，人格只能由人格来塑造"，同理，学生情感的发展必须要求教师情感投入。情感相互感染的特性使得教师的冷漠无法唤起学生的热情，学生缺乏热情也就没有行为的动力，以致教学的有效性水平不高。

6. 有效教学行为的结果具有相对性

有效教学行为只是我们依据一定标准主观判断为有效的教学行为，其有效性不是绝对的。教学行为结果具有延时性，此时看似无效的行为反而可能在日后发挥作用，即使是在有明确目标的课堂教学中，我们往往也很难直接说出哪种教学行为有效、哪种教学行为无效，因此对教学行为有效性的即时判断不一定准确。

教学行为之间的相互作用使得对某一具体教学行为有效性判断十分困难。教师是一个整体的人，教学行为作为教师素质的载体是以整体的方式影响学生的，学生所感知的教学行为不是某一具体的教学行为，而是整体的并且已经融入教师个人特质的教学行为。不仅如此，教学行为所负载的信息也以整体的面貌出现在学生面前，我们一般很难判断出究竟是哪种教学行为导致了我们期望的结果。所以，有学者说："有效教学行为和无效教学行为在课堂教学过程中不存在明显的界限，我们不能一概而论哪种教学行为是有效的，哪种教学行为是无效的。"③

学生的多样化导致了有效教学行为的相对性。在课堂教学中，师生之间是一对多的格局，由于个体差异性的影响，不同学生对同样的教学行为会产生极其不同的感觉，从而导致教学行为结果的方向不确定。教师让一位学生回答问题可能提高了该学生学习的积极性，同时却可能挫伤了其他学生的积极性。有的学生要求教学行为有突出的情感性特征，有的学生对教学行为的理性成分要求很高，最优秀的教师也无法使自己的某一教学行为在同一时间里适应所有的人。"有时学生给予教师良好的评价，有时是教师迎合学生偏见的结果，那些对学生自发形成的思考和行为方式从不提出挑战，或允许学生只用他们喜欢的方式去学习的教师，几乎肯定会受到欢迎。"④ 仅从学生的反应看，这样的教学行为无疑是有效的，但本质上却是无效的。

复杂的环境因素导致有效教学行为是相对有效的行为。作为文化行为，影响

---

① 傅道春编著：《教师行为访谈（一）》，黑龙江教育出版社，1996年版，第59页。

② 肖川：《论继续教育有效教学的特征》，《江苏高教》，2001年第2期。

③ 王曦：《有效教学与低效教学的课堂行为差异研究》，《教育理论与实践》，2000年第9期。

④ Stephen D. Brookfield 著，张伟译：《批判反思型教师ABC》，中国轻工业出版社，2002年版，第21页。

教学行为演进的并非一个概念化的单纯性因素，而是一个"因素群"，各种有形和无形的力量都或明或暗地影响着教师的思想和行为。这些力量交织在一起形成一个教师无法完全控制的强有力的外部环境，它影响甚至决定着教师教学行为的选择以及教学行为的展现方式，它们的变化也必然引起教学行为有效性的变化。

总之，有效教学行为的共性特征是超越具体历史条件限制的特征，不因人们所处时代和所拥有的物质条件的变化而改变。这些特征使得我们对有效教学行为的评判超越了课堂实践中具体教学行为的局限，可以从更广阔的视角来把握有效教学行为。当然，仅从宏观上对有效教学行为进行讨论是非常不够的，着眼于教学研究的实践取向，我们还必须对课堂情境中的有效教学行为特点进行具体的考察，以便为教师提供实际的指导。

专栏 7-4

促成有效教学的关键行为与辅助行为

五种关键行为
- 清晰授课
- 多样化教学
- 任务导向
- 引导学生投入学习过程
- 确保学生成功率

五种辅助行为
- 利用学生的思想与力量
- 组织
- 提问
- 探询
- 教师影响

［资料来源］［美］加里·D. 鲍里奇著，易东平译：《有效教学方法》（第四版），江苏教育出版社，2002 年版，第 8 页。

（二）课堂中有效教学行为的特点

实施有效的课堂教学既是学校全部工作的核心，也是教师全部工作的核心。学校的一切工作与环境建设都应该围绕着支持教师有效地进行教学而展开。正如美国学者斯拉夫（R. F. Slavin）所说："只要有教育就会有课堂教学，而学校的所有工作，从校舍建设到校车安排再到管理规程，都是为了支持教师有效地进行教学而设计的。"[①] 而教师在教学进程中表现出的有效教学行为则是达成有效教学目标的关键所在。上面，我们在理性分析的框架下，宏观地讨论了有效教学行为的

---

① Slavin, R. F. (2004). *Educational Psychology*：*Theory and Practice*，Seventh Edition，Person Education，p. 221.

共性特征，那么，从实践的角度来考察，有效的教师教学行为又应该具备什么具体特点呢？

专栏7-5

教师有效教学行为的表现

美国学者鲍里奇教授在对有关文献研究的基础上，提出了教师有效教学行为有如下具体的表现。

● 个人对学生的学习承担责任，并积极期待每个学习者。

● 让课时难度和学生的能力水平匹配，根据需要变化难度，从而达到中高水平的成功率。

● 给学生提供机会练习学到的概念，并及时获得自己成就的反馈。

● 尽可能增加教学时间，从而拓宽内容覆盖面，并给学生最多的学习机会。

● 通过提问、组织和探询来指导和管理学生的学习。

● 使用多样的教学材料和口头与视觉辅助，促进对学生想法的运用和学生对学习过程的投入。

● 每次提问后诱导学生回答，然后再转向另一个学生或者另一个问题。

● 鼓励学生反复考虑并详细阐述正确答案。

● 引导学生参与口头问答。

● 运用自然发生的课堂对话，引导学生对所学内容进行陈述、延伸和评论。

● 把学习的责任逐步转到学生身上——鼓励独立思考、解决问题和作决定等。

● 为学生提供所教内容的组织和学习心理策略。

[**资料来源**] [美] 加里·D. 鲍里奇著，易东平译：《有效教学方法》（第四版），江苏教育出版社，2002年版，第27—28页。

尽管有效教师并非是掌握了所有关键教学行为和辅助教学行为的人。但是教学所需要的，远不止有关如何执行个别行为的知识。教师与艺术家相类似，艺术家把颜色和质地融合成一幅画，产生出一致的印象，而有效教师则必须在不同程度上混合各种个别行为，从而提高学生的成就。这需要精心安排关键行为和辅助行为，把它们组合成富有意义的模式和节奏，在课堂上达到教学目标。

真正的有效教师知道如何执行个别行为，他心中有更高的目的。更高的目标要求以某种方式安排各个行为，从而使积累和产生的效果比任何单独的或一组的行为所能达到的效果都要强烈。这就是为什么教学需要时间、序列和节奏等意识的原因，这些意识不能用任何行为条款来传达。这些行为的内在关系在特定课堂背景下适当地强调了每种行为，这对于有效教学非常重要。课程、学习目标、教学材料以及学习者等组合在一起，为恰当的行为连接提供了决策的环境。[①]

---

① [美] 加里·D. 鲍里奇著，易东平译：《有效教学方法》（第四版），江苏教育出版社，2002年版，第27—28页。

专栏 7-6

高效率教师的教学行为表现

● 教学目标明确；

● 熟悉教学内容和策略；

● 使学生明白寄予他们的期望以及原因；

● 恰当运用现有的教学材料，以便提供给学生更多的实践机会，使之深刻理解教学内容；

● 了解学生，满足学生需要，预见他们知识中可能存在的误解；

● 教给学生"元认知策略"（meta-cognitive strategies），并创设情境让学生掌握；

● 提出高低不同的认知目标，给予经常的适当的反馈以检测学生的理解水平；

● 使自己的教学与其他学科交融为一体；

● 对学生成绩负责；

● 反思自己的实践。

[资料来源] Alma Harris. (1998). *Effective Teaching：A Review of Literature*. School Leadership and Management，Vol 18，No. 2，pp. 169－183.

我国也有教育者认为，课堂教师的教学行为是否有效，可以从以下五个方面来衡量。[①]

（1）教师的教学行为是否明确。

（2）教师的教学方法是否灵活多样，调动学生学习积极性的手段是否有效。

（3）教师在课堂上的所有活动是否围绕教学任务来进行。

（4）在课堂教学中，学生是否都积极地参与到教学活动中去。

（5）教师能否及时掌握学生的学习状况和课堂中出现的问题，并能据此调整自己的教学节奏和教学行为。

我们在对当代西方有效教学研究的 16 个文献进行归类统计后显示，在有效教学特点研究中出现频率较高的 12 个特点依次如下（括号内数字为出现频率）。

（1）清晰的表达（10）

（2）灵活的方法（8）

（3）教学有热情（6）

（4）强调目标与任务定向（6）

（5）能够引起学生学习兴趣（5）

（6）善于创造良好的课堂气氛（4）

（7）积极利用评价促进学习（4）

（8）对学生有高的期望（4）

---

① 罗雅萍：《成功的课堂教学来自于教师的有效教学行为》，《湖州师范学院学报》，2002 年第 4 期。

（9）课堂管理有效（4）

（10）强调解决问题（4）

（11）善于提问（4）

（12）具有良好的个人品质（4）

很明显，在这12个特点中，除第12个特点可以看作是促成有效教学行为的先决条件外，其他特点均体现了课堂教学活动中教师的具体行为表现。

尽管上述研究结果中所显示的表现可以作为有效教学行为的基本参考框架，但面对复杂的教学情境和多样的教学需要，真正的有效教师远不只拥有有关如何执行个别行为的知识。更重要的是他/她能否根据新教学理念的要求和自己内心的教学信念，面对不同的教学需要和情境对自己的教学行为做出合理、恰当的定位与选择。而且，更为重要的是，为了保证教学持久的有效性品质，教师必须根据时代的变化和教育的变革，不断地改变与调整自己的教学行为，以使自己的教学行为符合新的课程与教学理念的要求。

专栏7-7

清晰教学的表现

1. 告诉学生课时目标（比如叙述哪些行为将会作为课时成果，出现在考试或今后的作业中）。

2. 为学习者提供先行组织者（把当堂内容放在过去和/或将来课时的背景下）。

3. 在上课开始时，检查与学习任务相关的先前学习内容（比如，弄清学生对于必备事实或概念的理解水平，如有必要就对它们重新教授）。

4. 缓慢而明确地发出指令（比如在需要时重复指令，或者把指令划分成若干小指令）。

5. 知道学生的能力水平，教学适应学生的当前水平或略高于当前水平（比如知道学生的注意力保持期）。

6. 用举例、图解和示范等方法来解释和澄清（比如，利用视觉来辅助解释和强化重点）。

7. 在每一节课结束时进行回顾总结。

［资料来源］［美］加里·D. 鲍里奇著，易东平译：《有效教学方法》（第四版），江苏教育出版社，2002年版，第9页。

第四节　新课程理念下课堂教学行为的转变

学习社会的教育变革已经把教师的角色变成了学习者，作为变革中的教师必须学习新的教学法，而新的教学法又必然包含着对课程、教学、学习和知识等的新观点。比如，学习是社会性的知识建构的过程；教学过程是师生交流与互动的活动；教师要超越文本，与学生一起创生课程；等等。在这样的背景下，教师只有不断学习这些新的理念、探索新的方法，才能使自己的教学行为适应时代的要求，并保持可持续发展的潜力。

由于与传统教学相比，当代教学从理论与实践两个层面均已发生了很大的变化，表现出与信息时代和学习社会相一致的新理念与新特点。这些转变涉及教师角色、学生角色、师生关系、课程意义、知识获得、教学方式、学习方式和教学评价等诸多方面，体现了现代教学理论与实践的发展趋势以及我国基础教育课程改革的基本方向。我国基础教育新课程要求教师提高素质、更新观念、转变角色，必然也要求教师的教学行为产生相应的变化。比如，在对待师生关系上，新课程强调尊重、赞赏，"为了每一位学生的发展"是新课程的核心理念；在对待教与学的关系上，新课程强调帮助、引导和互动；在对待教师专业发展上，新课程强调教学反思，提倡通过积极地反思实践活动促使教师形成自我反思的意识和自我监控的能力；在对待与其他教育者的关系上，新课程强调合作；在教学评价方面，新课程强调发展性评价等。了解与认识当代课程教学的新变化与新理念，对于教师按照时代的要求，积极转变教学行为，有效地开展教学活动有着重要的意义。

这里，我们结合当代国际教学理论的发展趋势和教学实践的基本取向，着眼于我国基础教育新课程教学的新理念，对课堂教师教学行为的转变进行简要分析。

一、教师角色行为的转变

在传统的教学中，原有的教师角色行为可以用"教书匠"三个字来概括，教师是知识的传授者，是教学的表演者，是课堂教学的主宰者。而在新课程理念指导下的教师则应该成为学生学习的引路人，是学生自主学习、自主发展的组织者、指导者、参与者、研究者、服务者，是教学全程的管理者，是学生成长的引路人。知识的训导、传授只是教师的一种角色，而不是唯一的角色。所以，教师应该充分认识传统教师角色单一性的弊端，树立教师角色复合性特点的新理念，在教学活动过程中，应该根据教学的需要和学生的发展，实现其多重角色行为的有效转换。

二、教学准备行为的转变

在传统的教学中，教师的备课是为讲授做准备的，是以完成对课本知识的讲析为目的的。备课的形式也是教师各自为战，以教师教学用书为依据写出教案——教师教的内容和程序步骤，有的甚至照抄现成教案。这样的备课行为不仅不能真正实现从文本备课向大脑备课的转变，更不能为有效的课堂教学奠定基础。

而新课程要求的备课行为从目的上看是以研究指导学生怎样以自主学习促进自主发展，以指导学生怎样学为目的。强调在个人备课基础上，年级教研组研讨交流的集体单元备课方式。备课时应对照新课标与学情、根据集体研究和个人体会，参阅教师用书和相关资料信息，写出教学方案——教与学双边的活动程序。强调重点研究某学科本章、本单元内容的预期目标、基本程序方法，以及有争议的问题。而将分节内容备课留给个人。要用课前、课中、课后三个时段完成备课任务。课前重预测设计，课中重个别服务，课后重反馈调控。在教学设计方面，强调教学目标是站在学生角度描述学生学习行为变化的过程与结果。面向不同差异学生设计目标，采取分类目标设计或个别化目标设计，达到"知识与能力"、"过程与方法"、"情感态度与价值观"三维目标的整合设计，且应根据新内容将教学目标与要求分类设计。

三、教学实施行为的转变

在传统教学实施过程中，教师的教学行为表现可以概括为"三中心式"，即以书本知识为中心，以教师为中心，以课堂为中心展开教学；"三转式"，即教师围着书本转，学生围着教师转，师生围着分数转。教师的课堂教学行为在基本程序上的表现是：先教后学，先讲后练，以教论学，学服从于教，师讲生听，师写生抄。

新课程则主张多元互动的教学方式。在教师指导下，学生与教材、学生与老师、学生与学生、学生与问题情境、学生内部等进行多元互动教学，以实现多元智能的个性建构。提倡先学后教，以学定教，教"学中做"，学、做、教互动合一；先做后导，以做论导，导"做中学"，做、学、导协调发展。坚持教为学服务，课前的教学设计服从于课中学生学习需求实际。通过用教材教，培养学生自主学习能力，促进学生整体素质的和谐发展和个性充分发展。以"知识与能力"、"过程与方法"、"情感态度与价值观"三维目标的互动整合为目标指向。教学指向不同需求、不同差异的学生个体，体现面向全体，使每个学生都能成为待点燃的火种。在教师指导下，每个学生都学会选择、认定自己的学习目标。在新课程理念指导下，教师应该学会训导、学会诱导、学会倾听、学会交往、学会沟通、学会反思、学会体验、学会评价、学会探究、学会调控、学会创新。

四、教学评价行为的转变

传统的教师以学生的学业成绩作为评价的唯一尺度，且具有甄别和选拔的"精英主义"功能倾向。这压抑了大部分学生的个性和创造潜能，使他们成为"应试教育"下潜在的牺牲品。真正的评价应该起着激励导向和质量监控的作用。

新课程教学评价要求不仅要关注学生在语言逻辑和数理逻辑方面的发展，而且要通过建立新的评价指标和改革评价方法，发展学生其他方面的潜能，诸如与人交往的能力、适应环境的能力等。评价应充分了解学生发展中的需求，关注个别差异，帮助学生认识自我，建立自信。评价方式也要多样化，不仅要重视量的评价，还要注重质的评价，如现在流行的档案袋评价方式、苏格拉底式研讨评定方式等。评价的功能要由侧重甄别筛选转向侧重学生的发展。另外，还要强调评价的真实性和情境性，不仅要重视学生解决问题的结论，更要注重学生得出结论的过程。[1]

---

[1] 王义堂等编著：《新课程理念与教学策略》，中国言实出版社，2003年版，第62—65页。

【主要结论与启示】

1. 教学行为是使教学活动之所以成为教学活动、教学实践之所以成为教学实践的根本。在教学目标的指引下，教学行为将会成为体现教学理念、落实教学策略与方法的实质性教学行动。

2. 教师的有效教学行为对促进学生有效的学习行为有着积极的作用。教师的教学行为是否有效，直接关系到学生学习的效率与效果的高低和好坏。

3. 研究教学行为的分类及其有效性特点的意义不仅在于能够为教师提供认识与运用教学行为的参照性框架，而且对于当代教学论体系的理论重构也有着重要作用。

4. 课堂教学的具体行为主要包括陈述行为、指导行为、展示行为、提问行为、反馈行为、管理行为、观察行为、倾听行为、反思行为和评价行为。

5. 有效教学行为是有助于达成教学目标的教学行为，它是统一了效果、效率、效益的教学行为。将有效教学所要求的质量、时间、适合性、激励等要素整合在一起，引发出学生有效的学习行为，是保证有效教学的前提基础。

6. 有效教学行为是对教学行为的规范和引导，它不仅能够使教学系统中的各要素连接成一个整体，而且可以使这个整体表现出流畅、有序、富于艺术美的特征。

7. 教学方法只有在实践中以行为的方式展现出来，才具有真正的实践意义。离开了有效的行为付出，作为静态存在物的方法知识是无法转化为教学实践效果的。

8. 认识当代课程教学的新变化与新理念，对于教师按照时代的要求，积极转变教学行为、有效地开展教学活动有着重要的意义。新课程指导下的教学行为转变主要包括教师角色行为的转变、教学准备行为的转变、教学实施行为的转变、教学评价行为的转变。

【学习评价】

1. 名词解释：行为、教学行为、有效教学、有效教学行为、教学方法。
2. 研究教学行为的教学论意义是什么？
3. 教学行为与教学理念的关系是什么？
4. 有效教学行为有什么特点？
5. 试比较传统课堂与当代新课程课堂教学行为的不同。
6. 你是怎样理解有效教学与有效教学行为的？

【学术动态】

● 教学行为（teaching behavior）研究起始于20世纪60年代，与有效教学的研究密切相关。60年代之前有效教学研究的重点是教师的品质，研究者试图找出导致教学有效性的教师个人品质，这一研究取向因为没有关注课堂中实际发生的活动而受到批判。从60年代起，课堂教学活动本身成为人们的关注点，教师的教学行为就是人们研究课堂教学的切入点。从70年代中期开始，伴随着有效教学研究的深入，纯粹的教学行为研究逐渐让位于有效教学行为的研究，人们把教学行为与学生的学习活动联系在一起进行考察，主要研究那些能够引发或促进学生学习的教学行为。90年代以后，教学行为研究是与具体的教学情境结合在一起的，更强调其情境性与实践性。

● 从国际范围来看，教学行为研究在经历了20世纪70年代以"过程—产出"（process-products）为研究范式的支配阶段之后，已经迈向了多元化方法论的新时期。课堂观察、行动研究、个案研究和人种学研究在教师有效教学行为的研究中正在发挥着各自的积极作用。由于整体论研究方法的盛行，人们开始把教学活动作为一个整体来看待，教师的教学行为与教学观念、教学策略共同构成教学过程变量中的一个组成成分。

● 20世纪90年代末期以来，在英美国家，由于以统一课程和标准为本的基础教育运动的兴起，强调学生学习成绩和为了每个儿童的发展已经成为教育改革的主旋律。在这样的背景下，教师促进学生学习成就的有效教学行为就成了研究者关注的重点。有效的直接教学行为已成为西方教育研究者再次关注的课题。

● 随着我国新一轮基础教育课程改革的推进，新的课程与教学理念，诸如自主学习、合作学习和探究学习等，已经为素质教育注入了新的活力，这也使得如何将这些新的教学观念转化为广大一线教师实实在在的教学行为，成为教育理论界广泛关注的研究课题。

● 目前，国内学者对教学行为的研究已更加具体化，研究的范围和对象已不再局限于常规课堂中教师的教学行为，网络教学行为、视频教学行为等以新技术为基础的教学行为也开始为人们所关注。

【参考文献】

1. ［美］加里·D. 鲍里奇著，易东平译：《有效教学方法》（第四版），江苏教育出版社，2002年版。

2. 柳夕浪著：《课堂教学临床指导——教学行为的分析与指导》，人民教育出版社，1998年版。

3. 魏传宪著：《课堂微观教学行为艺术研究》，香港新闻出版社，2001年版。

4. 施良方、崔允漷主编：《教学理论：课堂教学的原理、策略与研究》，华东师范大学出版社，1999年版。

5. 唐松林著：《教师行为研究》，湖南师范大学出版社，2003年版。

6. 王义堂等编著：《新课程理念与教学策略》，中国言实出版社，2003年版。

7. Paul R. Burden and David M. Byrd. (1994). *Methods for Effective Teaching*，Third Edition，Boston：Allyn and Bacon.

第 八 章

教学组织形式

【内容摘要】

教学组织形式所揭示的是教学活动人员的组合形式、时间空间安排以及需要服从的教学程序。任何教学活动都离不开一定的组织形式，教学组织形式在教学理论与实践中处于具体落脚点的地位，教学目标、教学内容、教学行为等都最终综合、具体地落实在一定的教学组织形式中，教学目标与内容的变化也必然带来教学组织形式的变革。因此，掌握教学组织形式的理论与实践关系着教学的质量和效果。本章首先在分析教学组织形式内涵的基础上，按照时间顺序阐述了教学史上先后出现的一些影响较大的教学组织形式，以便帮助学习者对教学组织发展的历史有一个概略性的认识和总体性的把握；接着重点讨论了教学的基本组织形式——班级授课制，其产生与发展、特点与不同的变式；最后，依据教学组织中不同的人员结构、不同的时空安排这两个维度，阐述了针对班级授课制的不足而提出的各种教学组织形式的变革。

【学习目标】

1. 理解教学组织形式的内涵。
2. 了解教学组织形式的历史沿革。
3. 识记班级授课制的概念，了解其产生与发展的过程。
4. 理解班级授课制的特点。
5. 了解分组教学、小队教学、合作学习、活动课时制等教学组织形式的基本特点。
6. 掌握当代教学组织形式的发展趋势。

【关键词】

教学组织形式　班级授课制　教学组织形式的变革

第一节　教学组织形式概述

一、教学组织形式的概念

学校的教学活动不仅要明确教学目标、选择教学内容，而且还必须通过一定的形式才能有效地展开。也就是说，教学活动必然会涉及教学内容、教师、学生、时间和空间的组织安排问题，这正是教学组织形式所要探讨的问题。

关于教学组织形式的概念，不同的学者给出了不尽相同的表述。有的学者认为，教学组织形式是指为完成特定的教学任务，教师和学生按一定的要求组合起来进行活动的结构。[①] 有的学者认为，教学组织形式就是由既定的作息制度和规章制度规定的师生之间的相互作用。[②] 还有学者认为，教学组织形式所要研究和解决的问题，就是教师以什么形式把学生组织起来，并通过什么形式与之发生联系？教学活动如何安排？教学时间如何规定和分配？等等。[③] 虽然不同学者对概念的表述各有侧重，但对其内涵的揭示存在着共同的要素，具体地说，教学组织形式要研究和解决的问题如下。

（1）教学活动的人员组合形式。即确定教师以什么形式把学生组织起来，并通过什么形式与学生发生关系？是个别的、小组的，还是集体的？教师在各种形式的教学活动中起什么作用？这种作用方式是直接的，还是间接的？

（2）教学活动的时间、空间安排。即确定教学活动的时间是固定的，还是灵活变动的？教学活动的场所是封闭的，还是开放的？

（3）教师和学生都需要服从的教学程序。可以是集体上课，也可以是小组或个人完成教师规定的学习任务。

根据以上分析，可以这样界定教学组织形式：教学组织形式是指为完成特定的教学任务，教师和学生按照一定制度和程序相互作用的结构形式，或者说，是师生的共同活动在人员、程序、时空关系上的组合形式。

教学组织形式在教学理论和实践中，处于具体落脚点的地位，教学目标、教学内容以及教学行为等要素，最终综合、具体地落实到一定的组织形式，借助不同的教与学组合方式，在一定的时空环境中实现教学活动的展开。因此，教学组织形式是教学理论的一个重要问题，是各国教育工作者关注的课题之一。

二、教学组织形式的历史沿革

随着社会政治经济和科学文化的发展及其对培养人才要求的不断提高，教学

---

① 王道俊、王汉澜主编：《教育学（新编本）》，人民教育出版社，1989年版，第267页。

② ［苏］斯卡特金主编，赵维贤、丁酉成等译：《中学教学论——当代教学论的几个问题》，人民教育出版社，1985年版，第265页。

③ 王策三著：《教学论稿》，人民教育出版社，1985年版，第272页。

组织形式不断演变和发展。在教学史上先后出现了一些影响较大的教学组织形式，我们大致按时间顺序来阐述这些教学组织形式。

（一）古代学校以个别施教为基础的教学组织形式——个别教学制（individualized instruction system）

个别教学制是指教师分别对个别学生进行传授与指导的教学组织形式。它是历史上最早出现的教学组织形式，古代中国、埃及和希腊的学校教学基本上采用这种个别教学的形式。当时，由于受教育的人数少，且年龄层次和知识水平相差悬殊，教师只能根据不同学生的水平分别施教。在这种组织形式中，教师虽然与一群学生接触，但学生不属于一个固定的班级，在同一时间内，学生所学的内容不相同，进度也不一致；学生入学、毕业都是不固定的，可以随入随学，也可以随时结业。个别教学最显著的优点就在于教师能根据学生的特点因材施教，使教学内容、教学进度适合于每一个学生的基本状况。但也正是由于这种师生之间一对一的教学组织方式，使教师无法在有限的时间内有效地影响更多的学生，使得个别教学只能处于低效率、小规模、慢速度的状态；并且学生之间难以相互观摩、共同成长。这种个别教学形式在古代学校的普遍采用是与古代社会生产力发展水平较低的状况相适应的。

（二）近代以集体学习为主的教学组织形式

1. 班级授课制（class-based teaching system）

班级授课制简称"班级教学"，它是指将学生按大致相同的年龄和知识程度编成人数固定的班级，教师根据各门学科教学大纲规定的内容和固定的教学时间表进行教学的组织方式。近代学校的教学组织形式是以班级授课制为主，它产生于16—17世纪资本主义兴起的时代，捷克教育家夸美纽斯总结了兄弟会学校的教学实践，对班级授课制从理论上加以总结和论证，使它作为一种基本的教学组织形式得以确定；德国教育家赫尔巴特提出了教学过程的形式阶段理论，即明了—联想—系统—方法，对班级授课的教学过程进行了阐述，明确了班级教学过程的设计与安排的问题；苏联教学论专家提出了课的类型和结构的概念，使班级授课制这种组织形式进一步完善。班级授课制相对于个别教学而言具有高效、经济、规范等优点，也有利于学生在集体中的相互切磋与启发。但它本身也存在先天的不足，如统一的教学进度难以照顾学生的个别差异；教学活动多由教师做主，不利于发挥学生的主动性等。因此，从19世纪开始，欧美各国针对班级授课制的基本结构进行了多样化的改革，提出了一些新的教学组织形式。

2. 贝尔—兰卡斯特制（Bell-Lancaster system）

18世纪末到19世纪初，为了适应工业生产对大批有初级文化的工人的需要，英国牧师贝尔（Dr. Andrew Bell）和教师兰卡斯特（Joseph Lancaster）在英国小学进行了学生相互教学制度的实验，设立"导生制"，也称"贝尔—兰卡斯特制"。这种教学组织形式仍以班级为基础，但教师不直接面向全体学生，而是在学生中选择一些年龄较大、学习成绩好的学生充任导生（monitor），教师首先对这些导生进行教学，然后由他们去教其他学生。采用这种教学组织方式，学生的数额可以极大地增加，在一定程度上缓解了教师奇缺的压力。因此，它一度受到人们的欢迎，在英国风行三十余年，并流传到法、德、美、瑞士等国家。但是，采用这种"转授"的方式进行教学，不可避免地会造成教育质量的下降，最终被人们所放弃。我国在 20 世纪 30—40 年代，少数地区曾经试行过这种教学组织形式。

（三）向个别教学回归的多样化教学组织形式

1. 道尔顿制（Dalton plan）

19 世纪末 20 世纪初，针对班级授课制的不足，尤其是容易造成学生处于被动地位、缺乏主动性、学生的个别差异得不到应有的照顾等问题，而提出了一种个别教学制度——道尔顿制。道尔顿制产生于 1920 年美国进步主义教育家帕克赫斯特在马萨诸塞州道尔顿市的道尔顿中学所进行的教学改革实验。这种教学组织方式的特点是：（1）废除教师面向全体学生的课堂讲授，废除课程表和年级制，代之以教师辅导学生按"公约"个别自学。也就是将各科学习内容制成分月作业大纲，学生以公约的形式明确自己应完成的各项学习任务，自己按兴趣自由支配学习时间。学习进度快的学生可以提前更换公约，并缩短毕业年限，能力差的学生不必强求一律。（2）将教室改为各科作业室或实验室，按学科的性质陈列参考用书和实验仪器，供学生自学使用。各作业室配有该学科教师一人，负责辅导学生自学。（3）设置成绩记录表，由教师和学生分别记录学习进度，既可以增强学生学习的动力，让每个学生能够对自己的学习进度更多地负责，也可以使学生管理简单化。

道尔顿制的两个重要原则是自由与合作。要让儿童自由计划、自我约束，允许他们根据自己的需要安排学习，借助自由的手段养成学生独立工作的能力。它还强调在学校里打破班级界限，让儿童在团体中生活，加强师生之间、学生之间的合作，以培养学生的社会意识。

道尔顿制对改变班级授课制整齐划一的缺陷，注重因材施教和学生独立工作能力的培养，对改变机械、被动的学和呆板、划一的教有积极作用。因此，在 20 世纪 20 年代，这种组织教学的形式在许多国家如英国、苏联流行一时，曾产生过较大影响。1922 年道尔顿制被介绍到中国，一些教育家纷纷著文、著书大力宣扬，一些学校也尝试使用，全国教育会联合会通过《新制中学及师范学校宜研究试行道尔顿制案》，要求在研究基础上逐渐推广。1925 年，帕克赫斯特访问中国，将道尔顿制的宣传和试行推向高潮，至当年 7 月，全国约有 100 余所中小学试行。之后，实验渐少。由于道尔顿制过于强调个别差异，对教师要求过高，在实施时容易导致放任自流，并且它要求有较好的教学设施与条件，如各种作业室、实验室和丰富的图书、仪器，这些是一般学校难以具备的，所以，道尔顿制在我国试行的时间不长。但它注重学生自学与独立作业的意向，对后来的一些教学组织形式有较大的影响。

2. 文纳特卡制（Winnetka plan）

文纳特卡制是比道尔顿制更为激进的一种个别教学组织形式，它与道尔顿制几乎同时出现在美国,因其在芝加哥市郊文纳特卡镇实施而得名,创始人是美国教育家华虚朋。华虚朋关注学校的功课对儿童个别差异的适应,但他认为道尔顿制缺乏科学的课程结构和教材,缺乏创造性的活动技巧,因此,他提出将个别学习与小组学习结合起来,个性发展与社会意识培养相联系。

文纳特卡制设定了四个目标:(1)给儿童以优美快乐的生活;(2)充分发展儿童的个性;(3)个人的社会化;(4)养成儿童普遍必需的知识和技能。

依据这些目标,将课程分为两个部分:第一部分为儿童将来生活必需的知识和技能,如阅读、拼字、习字、写作、计算等工具性学科。按学科以学生自学为主,采用个别教学的方式,平时有进度记录,学生在自学一个单元的教材并完成作业后,必须通过正式测验才进行新单元的自学。第二部分是使儿童的创造性和社交意识得到发展的社会性活动。这种活动是为了使儿童表现自己,以起到教育的功能。如低年级的堆沙、黏土制作、剪纸、积木游戏;高年级的缝纫、木工、烹饪、美术、文学欣赏,等等;团体活动特别受到重视,如组织自治会、办小商店、编辑墙报、演奏音乐、表演自己编写的剧本、展览自己的工艺作品和美术作品等。这些活动由学生自己设计,自己进行,教师指导学习是以小组为单位随机进行的,无确定的形式,没有考试。这样做既可以发展儿童的创造能力,也可以加强不同年龄儿童之间的联系,培养合作精神。

文纳特卡制与同是个别教学的道尔顿制相比,显然更成熟、更稳健。它既注重儿童的个性和自由,也强调儿童的团体意识和社会化过程;既改造传统班级教学的标准化而注重教学程式个别化,又重视自我教学的教材建设和课程体系的科学构造,并且有效地重视诊断测试。因此,文纳特卡制在20世纪三四十年代的美国得到迅速而广泛的传播,对世界不少国家的教学改革产生了重要影响。

当然,文纳特卡制也有其自身的不足,由于小学低年级学生自学能力比较差,此时运用自学和个别作业的教学方式,缺少教师的直接讲授,影响了学生对学科的深入学习以及系统扎实的基础知识的获得,导致教学质量的下降。因此,文纳特卡制于20世纪50年代逐渐衰落。

3. 设计教学法 (project method)

设计教学法在理论和实践上有不同的流派,在此主要讨论克伯屈的"设计教学法"。"设计"(project)这个词最早是由美国哥伦比亚大学工艺训练部主任理查德(C. R. Richard)于1900年所发表的文章中提出的。理查德主张,中学的工艺训练不应当以教师为主、要求学生按照教师规定的蓝图去做,而应当采取问题解决的方法,创设一个问题情境,由学生自己计划、自己实行、自己解决。因此,"设计"在当时的美国教育界被理解为学生自己计划、运用他们已有的知识和经验,通过自己实际操作,在实际情境中解决实际问题。1918年,克伯屈发表了题为《设计教学法》的论文,系统地归纳和阐述了设计教学法的理论,赢得了国内外很大声誉,被称为"设计教学法"之父。克伯屈强调"有目的的活动"(purposeful activity)是设计教学法的核心,儿童自动的、自发的、有目的学习是设计教学法的本质。他着重突出学生通过主动操作，掌握解决问题的能力，学习实际有用的知识，同时，通过学习内容与学生经验的相关性来调动学生的兴趣和学习动机。因此，克伯屈将"设计教学法"定义为在社会环境中进行有目的的活动，重视教学活动社会的和道德的因素。

在教学内容上，克伯屈主张放弃固定的课程体系，取消分科教学，取消教科书，把学生有目的的活动作为所设计的学习单元。根据不同的目的，将设计教学法分为四种类型：（1）生产者的设计，或称建造设计，以生产某物为目的，用物质的形式去体现一个思想或观念；（2）消费者的设计，以消费为目的，如欣赏别人的画、演出文学作品等，也称"欣赏设计"；（3）问题的设计，目的在于解决一个问题，如阳光对植物生长的影响等；（4）练习的设计，目的在于掌握某种技能或知识，如学习读、写、算等。这四种设计的分类并不是固定的，一个具体的学习单元经常可以包含两个或两个以上的设计，活动的完成既可以是个人的，也可以是集体的。①

克伯屈根据杜威的"思维五步法"，提出设计教学法的四个步骤：决定目的、制定计划、实施计划和评判结果，这四个步骤的实行只是逻辑上的而非次序上的，主要以学生为主，由学生自己找材料、自己研究，同时他强调教师在学生学习与研究过程中的指导和决定作用，必须使目的具有教育价值。

设计教学法在美国出现后很快传到国外，受到广泛的欢迎并派生出多种形式。20 世纪 20 年代设计教学法传到中国，许多学校竞相仿效，进行了多种试验。设计教学法能够充分发挥儿童的主动性和积极性，使儿童成为学习的主人；而且注重培养儿童的合作精神，加强内容与儿童实际生活的联系。但由于它打破了学科的逻辑体系，忽视知识的系统性和逻辑性，虽然注意到认识的整体性、综合性，却忽视了认识的分析性和科学的逻辑体系，因而这样的教学组织方式往往使学生对概念的系统缺乏认识，而只能学到与中心主题有关的横向的片断知识。

4. 分组教学（group teaching）

分组教学也称为"多级制"或"不分级制"，它是一种将学生按智力水平或学习成绩分成不同的班或组，通过定期测验决定学生升级（组）或降级（组）的教学组织形式。根据分组时是否打乱原来的班级组织可以分为两类：外部分组与内部分组。外部分组是在一所学校内按学生智力或学习成绩分成年限长短不一、教学内容相同的教学组织；内部分组是在同一个班级内根据学生学习成绩的变化，分成教学内容深浅不同或学习进度各异的小组。

分组教学出现在 19 世纪末。由于工业生产迅猛发展和资产阶级自由竞争的需要，要求教育不仅培养大批人才，而且要适应学生个别差异，西方现代教育派针对班级教学不能适应学生个别差异的局限性，提出了以班级教学为基础的按能力、按成绩分组的教学形式。后来一些教育工作者认为这种做法容易导致对学困

---

① 吴式颖主编：《外国教育史教程》，人民教育出版社，1999 年版，第 464—465 页。

生的歧视，又会助长成绩优异儿童的骄傲习气，被认为不民主，在 20 世纪 40 年代开始受到尖锐批评。1957 年以后，随着国际间科技竞争加剧和培养尖端人才的需要，分组教学在美、英、法等发达国家再度受到重视。关于分组教学的利弊还有待于我们进一步探讨。

5. 特朗普制（Trum plan）

特朗普制，又称为"灵活的课程表"，出现于 20 世纪 50 年代的美国，由教育学教授劳伊德·特朗普创立。这种教学组织形式试图把大班上课、小班讨论和个人独立研究结合在一起，并采用灵活的时间单位代替固定划一的上课时间，以大约 20 分钟为计算课时的单位。(1) 大班上课，把两个或两个以上的平行班结合在一起上课，讲课时应用现代化的教学手段，由出类拔萃的教师担任；(2) 小班讨论，每个班 20 人左右，由教师或优秀生领导，研究、讨论大班的授课材料；(3) 个人独立研究，主要由学生独立完成作业，作业有指定的、也有自选的，以促进学生个性的发展。在教学活动中，大班课、小班课和个人独立研究穿插在一起，各自所占的教学时间为：大班上课占 40％，小班讨论占 20％，个人独立研究占 40％。

这种教学组织形式，要求教师在上大班课时必须充分备课，负责小班的教师也须随时指导，教师仍然起着重要的作用。而且，由于学生有一定时间的自学、讨论和独立钻研，因而有利于培养学生思考问题、解决问题以及独立研究的能力，并有利于学生获得多种渠道的信息。①

以上是教学组织形式从古代发展、演变到现代所出现的几种主要形式，通过分析这些组织形式的主要特点，我们可以依稀感到教学组织形式变化的基本趋势——从以个别施教为基础的教学形式发展到以学生集体共同学习为基础的班级教学，又从集体教学向个别教学回归。但是，那些试图克服班级授课难以照顾学生个性差异的个别教学组织形式，如道尔顿制、文纳特卡制等，在目前学校教育状况下都无法彻底取代班级授课制的基础性地位。

第二节　教学的基本组织形式
——班级授课制

教学组织形式随着社会政治经济和科学文化的发展及其对培养人才要求的不断提高，在不断发展和改进。当社会从封建制度向资本主义制度过渡，工商业逐步发展、科学文化日益繁荣，新兴资产阶级要求学校教育扩大教学规模、提高教学效率、培养更多人才的时候，最能反映这一改革要求的教学组织形式——班级授课制便应运而生了。

---

① 李秉德、李定仁主编：《教学论》，人民教育出版社，1991 年版，第 239 页。

一、班级授课制的产生与发展

（一）班级授课制的产生——"班"的确立

班级授课的组织形式是在文艺复兴之后，受教育对象逐渐增多的前提下出现的。在教育史上，最先采用这种教学组织形式的是 15 世纪末德国的部分人文主义学校，这些学校将学生划分为三个阶段的班级，各个班级学习不同的古典教科书。① 这种根据学生学习状况分成若干阶段、编成班级进行集体教学的形式，旨在能同时有效地指导大量学生。第一个为采用班级授课制提供理论基础的是捷克教育家夸美纽斯。他在总结以往学校教学中实行班级授课的初步经验的基础上，全面系统地论述了班级授课制。他认为，班级授课可以有效地提高教学效率，一个教师同时面对一群学生进行教学不仅是必要的，而且是可能的。

专栏 8-1

夸美纽斯对班级授课制的论证

我认为，一个教师同时教几百个学生不仅是可能的，而且也是要紧的；因为，对教师、对学生，这都是一种最有利的制度。教师看到跟前的学生数目愈多，他对工作的兴趣愈大；教师自己愈是热忱，他的学生便愈会表现热心。同样，在学生方面，大群的伴侣不仅可以产生效用，而且也可能产生愉快（因为人人乐于劳动的时候有伴侣）；因为他们互相激励，互相帮助。

假如事情按照下列方式去安排，一个教师是容易对付很大一群学生的。就是说：

1. 假如他把全体学生分成班级，比如十人一组，每组由一个学生去管理，管理的学生又由上一级的管理，如此等等。

2. 假如他绝对不进行个别教学，不在学校以外私下地进行，也不在学校以内公开进行，而只是一次去教所有的学生。因此，他决不应该走近任何一个学生，或让任何一个学生单独走到他跟前，他只应坐在他的座位上面，让所有的学生全都看得见，听得清，如同太阳把光线照到万物身上一样。

[资料来源] [捷] 夸美纽斯著，傅任敢译：《大教学论》，教育科学出版社，1999 年版，第 124—125 页。

在这里，夸美纽斯参照自然界太阳照耀万物的现象，推断出教师也可以像太阳那样，能同时向所有学生发出同样的光，均匀地照亮每一个学生，而不是任何一个单独的学生。

夸美纽斯不仅提出了以班级的方式进行授课——教学人员组织的方式，在教学时间的安排上，他还提出了统一的学年、学日制度。他认为各年级应在同一时间开学和放假；每年招生一次，学生同时入学，全班学生的学习进度保持一致，学年结束时，经过考试，同年级学生同时升级；每个班要详细规定每年、每月、

---

① ［日］佐藤正夫著，钟启泉译：《教学原理》，教育科学出版社，2001 年版，第 369 页。

每日所要达到的目标；每个班有固定的教科书，学生在同一时间内学习同样的功课。这样，学校对全体学生的学习、休息和生活都能做出合理的安排。

（二）班级授课制的发展——"课"的提出

对班级授课制的发展做出同样重要贡献的是苏联教学论工作者，他们提出了"课"的概念，使所有学科的教学活动以"课"为基本单位展开。德国教育家赫尔巴特从统觉论出发，对教学过程进行了分析，他认为教学过程是观念被统觉的过程（即旧观念对新观念的同化作用），是从清楚明确的感知到与旧观念的联系以及扩大到应用的过程，即教学过程分为明了、联想、系统和方法四个阶段，这是第一次在班级授课背景下对教师的教学行为进行的规范。虽然赫尔巴特并未就此提出"课"的概念，但其教学过程的思想则为"课"的划分与安排提供了理论基础。以凯洛夫为代表的苏联教育家最早提出了班级授课制中"课"的概念。他们认为，学生无论是掌握概念还是获得技能，都要经历感知、理解、巩固等相互联系的阶段，尤其是对一些难度较大、分量较多的学习内容，难以在一个单位时间（"课"）内完成，需要一系列的"课"共同完成任务，这样每一节"课"所承担的任务就各不相同，有的课着重于感知教材、理解教材，而有的课则关注学生复习、巩固知识。因此，"课"就具有了不同的类型。而对课的类型的划分，既可以根据每节课所要完成的主要任务，也可以依据组成教学过程的基本要素的特点，或课堂教学所使用的方法等因素。[①]"课"不仅可以划分为不同的类型，还可以具体地区分出不同的教学环节或步骤，如复习旧课、导入新课、讲授新课、巩固新课等环节，这就是课的结构，不同类型的课，其结构是多样化的。

由于苏联教育家提出课的类型和结构的概念，使班级授课制这个组织形式进一步完善。这样，教学活动得以在一个统一而既定的课时内，对按照年龄和知识水平所组织的学生集体进行着彼此连续而又相对完整的课堂教学。

班级授课制在学校教育中的普及是非常缓慢的，它的广泛普及经历了将近两个世纪的时间。17 世纪以后资本主义的发展，尤其是 18—19 世纪的工业革命，迫切需要对广大民众普及知识与技术，同时基于启蒙思想的社会民主化运动以及伴随而来的民族主义运动，要求教育从少数特权阶级向国民大众开放，从 19 世纪后半叶开始，几乎所有的欧美国家都确立了旨在为国民大众服务的国民教育制度，这种教育制度使班级授课制得到了广泛的普及，成为西方学校教学的基本组织形式。我国学校的教学采用班级授课制，始于 1862 年在北京开办的京师同文馆。此后，随着新学制的颁布以及各种新式学堂的兴办，班级授课制在我国学校得到了广泛普及。

二、班级授课制的含义及基本特点

班级授课制也称班级教学，是将学生按年龄和文化程度编成有固定人数的班

---

① 吴文侃主编：《比较教学论》，人民教育出版社，1999 年版，第 349 页。

级，由教师按照教学计划统一规定的课程内容和教学时数，根据课程表进行分科教学的一种教学组织形式。它是我国目前学校教学的基本组织形式。

（一）班级授课制的基本特点

班级授课制的基本特点可以归纳为以下三个方面。

1. 在教学人员的安排上，以"班"为基本活动单位。班级是由年龄和知识水平相近的学生组成，并且人数固定，教师同时对班级全体学生进行同样内容的教学。

2. 在教学活动程序的安排上，以"课"为组织单位。"课"体现了教学过程的所有教育因素：目的、内容、手段、方法等方面的活动，将教学内容以及实现这种内容的教学手段、教学方法展开的教学活动，按学科和学年分成许多小部分，每一部分大致均衡、相对完整，而各部分间又密切联系，这样一些小部分就被称为"课"，教学活动就是一节课接着一节课进行的。①

3. 在教学时间安排上，以"课时"为基本单位。每一节"课"都规定在统一而固定的单位时间内进行，课与课之间设有间歇。教学活动按照预先排定的课程表在规定的课时内展开。目前，我国中小学每节课的时间为 40～50 分钟。

（二）班级授课制的优越性

班级授课制产生于 17 世纪，广泛流行了一百多年，并成为世界各国学校教学的主要组织形式，这与其突出的优越性密切相关。

1. 它有效地扩大了教育规模，促进了学校教育的普及。在班级授课条件下，一个教师按照预设的教学计划，同时对一个班级的学生进行教学，使全体学生共同学习，极大地提高了教学效率，也能在一定程度上大面积提高教学质量。

2. 它有利于学生获得系统的科学知识。班级授课是以周课程表的方式安排各科教学活动的，这样可以保证学习活动有条不紊、循序渐进地推进，使学生获得比较全面的发展。

3. 它有助于教师充分发挥主导作用。教师可以根据课程标准的规范，选择适宜的教学内容和教学方法，合理组织教学活动，指导学生有效地掌握知识、发展能力。同时，它还有利于教师对学生活动的调控，确保教学任务的完成。

4. 它有利于学生之间的相互切磋、交流。由于学生是按照年龄和程度编成班级，学业水平接近，因此有利于在他们共同的学习目标与学习活动中，通过互动、交流、观摩等多种方式，彼此之间互相启发、共同成长。

（三）班级授课制的局限

可以说，没有班级授课制，就难以完成普及教育的重要使命。当然，班级授课在其广泛实施的一百多年中也暴露出明显的缺陷与不足。

1. 它不利于对学生因材施教，难以照顾学生的个性差异。在班级教学中，教学面向全体学生，教学内容与进度整齐划一，教学目标主要针对班级中占多数的

---

① 王策三著：《教学论稿》，人民教育出版社，1985 年版，第 275 页。

居于中等水平的学生，对学优生与学困生的关注不够，不能照顾学生的个别差异，更难以因材施教，这是班级授课遭到指责与批判的最突出原因。

2. 它在一定程度上限制了学生的主体地位、独立性和创新精神等方面的发展。班级教学关注的是学生在教师指导下以获得间接经验为主，通常采用的是"讲授—接受"模式，学生比较多地是接受教师所传授的现成知识，而实践性学习、探索性学习的机会比较缺乏，不利于学生主动性、探究精神、创新意识等方面的发展。

3. 以"课"为基本的教学活动单位，某些情况下会割裂内容的整体性。由于授业是以"课"的形式一课接着一课，不得不将完整的教学内容划分成若干小部分，对某些整体性较强的内容和活动而言，人为的分割将影响学生对学习对象的整体把握。

4. 缺乏真正的生生之间的合作。班级教学中教师虽然同时向全体学生施教，但每个学生以各自独立的方式完成学习任务，学生之间没有为完成共同的任务而进行的分工合作、互相帮助的活动，而是彼此不承担任何责任，独立掌握所学的知识。

当然，任何教学组织形式都有其优势与局限，班级授课制在广泛流行的同时，也经历了种种怀疑和非难，人们在不断批判它的同时也在不断地对其进行改革，而且许多改革实际上是对于班级授课制的完善和发展，而不是彻底的否定。

三、班级教学的变式

（一）复式教学（combined instruction）

以上所述的班级授课制，主要关注的是教师在一个教室内，用同一种教材对同一个年级或同一水平的学生进行教学，这是班级教学中的"单式教学"。实际上，班级教学还可以表现出另一种变化的形式——复式教学。它是把两个或两个以上年级的儿童合编在一个班级，教师在同一教室、同一课时内用不同的教材分别对不同年级学生进行的教学，它通常采用直接教学和布置、完成作业轮流交替的方式。在复式教学中，教师为某个年级学生授课（称为直接教学），同时布置其他年级学生从事各种作业和练习（称为间接教学或自动作业）。这种教学组织方式主要适用于人口居住分散的农村和边远地区。

1. 复式教学在我国的历史发展

复式教学在我国学校教学的采用可以追溯到清末，当时学校规模较小，不少学校只能采用"单级教授"（即单班学校，one-class school）的教学组织方式。地处穷乡僻壤的学校，由于经费、师资缺乏而学生也较少，于是教学就采取单班教学。单班教学通常是指一个学校只有一个班，将年龄、程度不同的各年级儿童编成一班，在一个教室内由一个教师执教。当时的单级小学一般是学制为四年的初级小学。辛亥革命后，随着学校数量的发展，师资相当缺乏，单级教授成为解决"师荒"的一种办法。这种单班教学就是复式教学的一种形式。当一个教师在给一个年级上课时，其余的年级完成"自动作业"。

2. 复式教学的编班形式

复式教学的编班形式有多种情况。

(1) 单班多级复式。即学校仅有一个复式班，几个年级的所有学生全部编在一个班里，同时由一名教师上课。

(2) 多班多级复式。即学校有几个复式编制的班级，每个班包含两个或三个年级学生。编班的方式既可以是相隔年级组织在一起，如把一、三年级或一、三、五年级编成一班，把二、四年级或二、四、六年级编成另一班；也可以是相邻年级编班，如一、二年级为一班，三、四年级为一班，或一、二、三年级为一班，四、五、六年级为一班。

(3) 单、复式混合编班。即单式教学班与复式教学班在一所学校同时存在。

3. 复式教学的实施要求

复式教学的实施比单式教学要复杂，因此，实施复式教学时要特别注意以下几点。

(1) 在复式教学中，要根据各年级人数多少、教室大小、师资数量与质量合理编班。

(2) 要根据不同年龄学生的认识规律和教学内容的特点，确定直接教学与间接教学的时间和轮换次数，使每一课时的教学中直接教学与间接教学之间、学生活动的动与静之间的合理搭配，做到衔接自然、协调有序。

(3) 为了便于教师教学，学生座位的安排可以采用多种方式，如将不同年级的学生排成不同纵列的纵列式、不同年级学生排成不同横列的横列式、不同年级学生背对背横向排列的背列式，以及将不同年级学生按不同方向排列的分组式等。

(4) 根据班级学生人数、认知发展水平等因素，合理确定复式教学中在同一节课内科目的安排，既可以是相同的科目，也可以是不同的科目。

(5) 由于复式教学中教师的直接教学时间相对较短，教师在教学中更应关注学生自学能力的形成与提高；而学校师资数量的匮乏，又要求教师尽量培养学生小助手，以协助教师完成检查学生课前准备情况、组织班上学生的自动作业、维持课堂秩序等工作。

(二) 现场教学（on-the-spot teaching）

班级教学的场所通常是在学校、在教室内，但它同样可以安排在校外、在事件发生的现场。当教师组织学生到与教学内容有关的场所进行教学时，就是采用现场教学的组织形式。现场教学的组织实施者不仅有本科目的教师，一般还需要邀请现场的有关工作人员共同完成相关内容的讲解、指导任务，也就是说，现场教学的人员组成具有协作性。在教学内容与时间安排上，现场教学会突破教材的范围与固定课时；学生的组织既可以以班级为单位，也可以以小组为单位进行学习。这种教学组织形式是在 1958 年我国为贯彻教育与生产劳动相结合的方针而创造的，是对班级授课制的一种改革措施。

目前，许多学校为了丰富学生的感性认识，提高学生解决实际问题的能力，强化教育效果，纷纷使用这种组织形式。如某小学为培养学生生活所必需的基本技能，结合学校自身特点，设置了生活适应、活动训练、实用语数三大教育板块，结合这些内容，组织了相关的现场教学活动，内容包括：认识超市中的公共厕所；过马路走斑马线；按红绿灯过马路；使用滚梯；操作电子门；到超市购物等。通过在现场的实际感受与指导，每个学生不同程度地形成了生活所必需的能力，达到较好的教育效果。又如，一些中学针对青春期学生情绪不稳定、易波动的年龄特点，组织学生到法院现场观摩对某被告人涉嫌寻衅滋事案件的公开审理，这样的现场教学活动，震撼了每一位学生的心灵，使他们接受了一次生动的法律教育。

班级授课制自 17 世纪捷克大教育家夸美纽斯系统提出，后经德国教育家赫尔巴特完善而基本定型，一直成为世界范围内学校教学的主导形式。然而，多年的教学实践证明班级教学也存在其固有的缺陷。为了提高教学质量，国外相继出现了多种教学组织形式，力图从"班"、"课"、"时"以及"教师集体结构"等维度进一步完善和改革班级教学。

第三节　教学组织形式的变革

教学组织形式的演变经历了从简单的个别教学发展到班级授课制的过程。近代工业革命后，班级授课制顺应大规模、高效率培养工业生产者的需要而产生，曾为促进经济繁荣和社会进步做出了贡献，发展至今在学校中仍是世界范围内学校教学的主要组织形式，这是因为它有着个别教学和其他集体教学所不可替代的优势，只要它赖以生存和发挥作用的条件存在，它就不会被彻底取代。20 世纪以来，随着经济的发展和社会的进步，随着社会对人才需要的多样化，人们越来越认识到班级授课制存在的种种弊端，抨击它对学生个性成长的压抑，对学生整体发展的阻滞。为此，改革传统教学组织形式的呼声日益高涨，并涌现了种种新的探索和尝试。改革大致上可以归为三类：（1）仍旧以班级教学为基本组织形式，充实以新的教学组织形式弥补班级教学之不足，实现以班级为基础的教学形式的多样化；（2）主张取消班级、年级的界限，探索全新的教学组织形式；（3）寻求一种既不失集体影响，又有个人独立探索的教学组织形式，以提高教学质量和效率。基于这些构想，自 20 世纪初开始，相继出现了"道尔顿制"、"文纳特卡制"、"能力分组"、"作业分组"、"不分年级制"、"特朗普制"、"活动课时制"、"开放课堂"等教学组织形式，力图从不同的教学人员组合方式、不同的教学时空组织方式等维度进一步完善和改革教学组织形式。以下我们将从两个角度阐述教学组织形式的变革。

一、不同的人员组合方式

（一）分组教学（group teaching）

1. 分组教学的历史发展

前面我们已经初步了解了分组教学，分组教学是班级教学的改革，它的发展经历了一个从兴起、低落到又流行的过程。19 世纪末，随着西方国家义务教育的实施与推广，各阶层子女纷纷进入学校，学生的学业水平参差不齐，而传统的按年龄编班的教学组织形式，对全班学生给予同样的教学内容，结果造成大批学生留级。针对这种情况，资产阶级现代教育派便提出各种各样的按智力、能力和学习成绩将学生分成不同水平的组或班的教学组织形式。它们被后来的教育家们称为分组教学。

分组教学的组织形式在 20 世纪 40—50 年代初曾受到过批评，一些人士认为这种歧视"低能儿"的做法不民主，使这种教学形式一度处于低潮。1957 年，苏联第一颗人造卫星上天以后，西方资产阶级特别是美国受到震惊，感到了科学技术落后的危险，产生了加速培养科技精英的紧迫感，于是学校又恢复了对"能力分组"教学的重视，并不断开展实验、研究，从而形成了分组教学的新高潮。西方教育家们认为，他们正处在一个高度发达的工业化社会，这种社会的重要特点是它有着高度的分工，不同的职业领域需要具有不同专业知识的人才，这就意味着学校教育要培养多样化、个性化的人才。因此，有必要通过分组教学的形式对学生进行因材施教。至于一些人士所宣称的分组教学不民主，这些教育家们则认为，民主教育不应当解释为人人接受机械雷同的教育，民主教育就在于根据个人的能力提供适当的教育机会和教育权利。他们认为，传统的按年龄编班的教学组织形式，不考虑学生客观存在的差异，而教以同样水平的教学内容，表面上看似乎是机会的均等，或者说是平等对待，实际上这种面向全体的"同一性"、"齐步走"，势必造成学困生吃不了、学优生吃不饱的现象，而这恰恰表现出机会的不均等。

分组教学在中国的尝试始于 20 世纪初。1913 年，《中华教育界》杂志介绍了"分团式教育"；1914 年朱元善开始试行分组教学方式。当时，中国教育界一方面注意到了西方教学组织形式的一些改革措施，也注意到了当时学校的基本状况，如入学儿童年龄参差不齐，程度不一，有的学生读过一、二年私塾，再上小学一年级，有的学生进过幼稚园，也有的受过较优裕的家庭教育。另一方面，当时许多学校存在复式编制，复式教学面临的许多组织上的问题与分组教学是共同的，因此，研究分组教学，尤其是研究应当采取怎样的分组教学形式将有助于复式教学的改善。鉴于民国初，中国新式学校的规模较小，不少学校中一个年级只有一个班，故而校内分班的形式并不受重视，采用的是班内分组，当时叫"分团教授法"①。

2. 分组教学的类型

纵观各国的分组教学，其类型主要有能力分组和作业分组。

（1）能力分组，是根据学生的能力发展水平来分组教学的，各组课程相同，学习年限则各不相同。如某些学校在正常的教学班之外，招收智力超常儿童，为他们单独组成一个教学班，学生们只需要用 4 年的学习时间就可以完成通常 6 年

---

① 丁证霖：《分组教学法在中国》，《教育论丛》，1990 年第 3 期。

才能学完的课程内容。

（2）作业分组，是根据学生的特点和意愿来分组教学的，各组学习年限相同，课程则各有不同。如当前许多学校开设了大量的选修课，学生可以根据个人的意愿与爱好分别选择不同的课程进行学习，教师分别对每一个班或组进行教学。

分组教学的形式还可以依据分组范围的大小，将其大体划分为以下几种：校外分组，如我国目前依据入学考试成绩的高低而分别进入不同的学校，学生在不同等级的学校完成学业；校内分组，即在一所学校内，根据学生的学习成绩将他们分在不同的班级，如某些学校存在的实验班（重点班或尖子班）和普通班，学生在不同班级接受课程内容或教学进度有一定差别的教学。除了按综合成绩分班外，一些学校还根据学生在某些容易产生较大差距的学科（如数学、英语等）的学习状况，组织部分学科的分组教学，这就是当前国内流行的"分层递进教学"。班内分组，则是把同一个班内不同水平的学生分为几个组，对"后进生组"加强辅导，使他们能基本完成课堂学习任务，对优等生组给予额外的指导，让他们扩大知识面，学得更深入。

专栏8-2

有关班内分组的实验

在西方一些国家中，班内分组曾经是这样进行的：某一班学生经过一段教学时间以后，进行会诊测验，根据测验结果，把学生分为甲、乙、丙、丁四个组。甲组学生自学补充教材，乙组学生上附加课，丙、丁两组由不同教师给他们复习基础知识。三四周以后再对甲、乙组进行附加测验，对丙、丁组进行复习测验，测验后各组再合而为一回到原班进行新课教学。经过一个单元之后再进行分组，这样循环往复直到学期结束。

这样分组的好处是可以保证一部分学生能够掌握基本知识，达到基本教学要求，而优等生又能扩大知识面，使之能力得到充分的发展。但其缺点是经常分合，增加了师生的负担，加深了个人竞争，打断了教学连续性，不但影响教学，也影响师生关系。但西方教育学家们认为：如果一个班学生人数在20～30人左右，而且认为因材施教是必要的，那么分组教学就是势在必行的。

苏联从1972年到1978年对班内分组也进行了专题实验，分析总结分组教学中各组学生的特点，发现学生在小组内掌握知识的过程比在整个班集体中能更好地表现出主动性、独立性。

近年来有些学校也在逐步实行班内分组教学，大体上是分为4组，中间两组占大多数。其中一所学校的实验数据显示了分组教学的良好效果，学年初第一组学生占19%，第二组学生占30%，第三组学生占31%，第四组学生占20%；学年末，各组学生比例变为：第一组22%，第二组50%，第三组22%，第四组6%。

［资料来源］http://ftp.haie.edu.cn.

---

3. 分组教学的优点与局限

分组教学最显著的优点在于它比班级授课能更适应学生个人水平和特点，便于因材施教，有利于人才的培养。但是，它仍存在一些值得关注的问题。例如，如何科学地鉴别学生的能力和水平；在分组的标准上，学生、家长和教师的意愿常常与学校的要求相矛盾；分组教学如何处理学生之间差距的增加；等等。

是否采用分组教学的方式，决定于组成一个班的学生之间的个别差异程度。差异总是存在的，但学生间的个别差异小，就无须采用分组教学，个别差异大就可以考虑采用分组教学。因此，一般认为，分组教学方式是在学生个别差异较大的情况下，补救班级授课制难以适应学生较大个别差异的一种方法。

（二）小队教学（team teaching）

教学组织形式在人员组合方式的变革上既可以表现为改变学生的组织方式，也可以对教师的组织结构进行改革，其中影响最大的就是"小队教学"或"协同教学"。

1. 小队教学的含义和组织结构

小队教学（协同教学）是 20 世纪 50 年代中期首先在美国兴起的一种教学形式。它是由两名或多名不同的教师组成协同教学小队，教学小队一般包括高级教师、普通教师、助理教师、实习教师及其他助手，他们共同负责一个班或几个平行班的教学工作，教学计划由教学小队成员共同拟订，教学任务根据各人专长、分工合作共同完成。小队教学中教师的编组可以采用两种结构：（1）常规的或分等的小队组织。即小队中有"带头人"，还有教师和其他助手，各级教师负责不同的工作。在讲授某一专题时，由主讲教师（即小队的"带头人"）上课，其余教师听课、帮助作演示试验，操作录音机、幻灯片等，之后所有教师在教室内对学生的小组学习和独立学习进行辅导；（2）合作的或平等的小队组织。即小队中的负责人由各成员轮流担任，教师按需要及个人专长轮流进行教学。协同教学认为，协同是指系统中的诸要素或子系统间的有机合作和相互作用，协同作用的公式：$1+1>2$，表达了系统整体的价值大于各子系统部分价值的总和这一种理念。因此，这种方式旨在发掘每个教师的特点与专长，从而提高课堂教学效果。当然对每一节课的准备，从制定教学计划、教学实施到成绩检查都共同商量。

在实际的教学中，这种协同教学方式经常与特朗普在 20 世纪 50 年代创建的教学组织形式——"特朗普制"结合起来共同组织教学，从而提高了教师的教学效果。这种教学形式不分年级，采取学科升级制；根据教学活动的性质分别采用合班教学、小组讨论和个人独立学习三种组织形式。合班教学旨在给予指导说明，由优秀教师担任，运用演讲方法提示教材内容、学习方法，并辅以教育电视、电影和程序教学机等教育技术手段，人数为 100～150 人。小组讨论由教学小队内的教师或优秀的学生担任，任务是进一步深入研究、讨论大班授课内容的某些章节，巩固知识、形成技能和技巧，其人数为 10～15 人。个人独立学习是指学生独立完成教师布置的作业或自选作业，他们可以在资料室或图书馆完成学习任务。三种教学形式的课时比例分别占总教学时间的 40%、20% 和 40%。这种教学形式可以更充分地发挥教师各自的兴趣和才能，同时，它为学生在同一个专题上或同一个年级里配备更多的教师，使学生有更多的机会去接触他们所喜欢的或对他们激励最大的教师，不仅调动了学生自主学习的积极性，而且使学生的学习更具个性化。

2. 小队教学的优点与局限

小队教学改变了班级授课制下由一位教师全面负责教学的状况，是一种充分、有效地利用教师的不同特点进行优化组合的人员组织方式，它可以让每个教师的个人潜能、兴趣、特长得到更好的发挥，可以更合理地使用教师力量。同时，由于协同教学要求教师集体备课、分工协作，因此，它为教师之间创造了更多的相互学习、交流、相互评议的机会，有利于教师集体的专业发展。当然，小队教学也面临着一些问题，缺乏优秀的小队领导者，缺少合理设计的教学场地，小队成员组合的费时费力等因素，影响着小队教学组织形式的普遍采用。

（三）开放课堂（open teaching）

开放课堂，也称"开放教学"或"开放班级"，20世纪50年代以后在英国幼儿园及小学低年级开始广泛推行。1967年，英国中央教育咨询会（British Education Advisory Council）发表了题为《儿童和他们的小学》（*Children and Their Primary School*）的报告，正式肯定了这种教学组织形式。20世纪60年代末，经美国西伯尔曼（C. Spearman，1863—1945）等人引入，开放教学流行于美国部分小学。开放教学的最大特点是放弃了班级授课的形式，教学没有固定的形式与结构，也没有固定的教学计划和教材。全校学生集中于一个大教室或大厅中，不考虑能力、年级分组，学生按自己的兴趣在教室内的各个"兴趣区"采用不同的学习速度、不同的学习方式，学习不同的内容，教师的任务在于创造一种令儿童喜爱的环境，并作学习上的引导、建议、鼓励和帮助，而不直接介入学生的学习活动。因此，开放教学实质上是一种组织结构松散、不分教室的教学形式。

国外相关的研究和实验表明，开放教学可以促进儿童的独立性、创造性的开发，促进他们求知欲的提升，培养儿童对教师、对学校的积极态度，帮助儿童逐步形成合作能力。但是，开放教学也有其无法克服的缺陷，它无法保证大多数学生获得必备的基础知识和技能，这也是它引起争议的地方。因此，这种教学组织形式的影响范围是有限的。

（四）个别化教学

19世纪末20世纪初，西方现代教育学派针对班级授课关注学生的共性，难以适应学生个别差异的弊端，积极倡导个别化教学，从而在世界范围内进行了广泛而持久的教学形式革新的实践。

从个别化教学发展的历程看，它的演变大致经历了三个阶段。

第一个阶段是调整型教学阶段（19世纪末期）。它假设学生在学习起点上、在一般能力和各种特殊才能上均有很大差异，个别化教学就是要适应这种差异，依据学生的能力倾向，施以相应的教学。持这种观点的教育者提倡通过班级编排的调整来减少同一班级内学生之间个别差异的范围与程度，一般采取能力分班、分流教学等调适性措施，它是最早的个别化教学，这种相对同质性的班级组合产生了许多特殊班级。

第二个阶段是分化型教学阶段（始于 20 世纪 20 年代）。它强调教师通过合理的教学设计，使其教学能够适应学生的个别差异。这种教学强调两点：一是教学设计必须首先要考虑学生的个别差异，二是要求教师在教学中负有全责的任务与使命。道尔顿计划与文纳特卡计划开了这种个别化教学的先河，随后人们探索了很多有意义的教学形式。如：斯金纳的程序教学、美国威斯康星大学开发的"个别指导教学"（individual guidance teaching）、哥伦比亚大学凯勒的个人教学计划（personalized system of instruction）、美国匹兹堡大学温勃教授提出的"个别处方教学"（individual prescribed teaching），以及布卢姆掌握学习的理论和教学模式等都属于这种分化型教学的探索。

专栏8-3

凯勒的个人教学计划

凯勒的个人教学计划，又称为凯勒制，是由美国哥伦比亚大学的心理学教授凯勒及其同事开发、实验的一个强调学生自我控制学习速度，以适应个人差异的个别化教学方案。1968 年，凯勒在美国心理学会年会上首次阐述了他的个人教学计划的主要观点和主张。

理论基础：（1）道尔顿制和文纳特卡制强调学生按自己的速度自学，不受课程表的时间安排的约束等主张，构成了凯勒制基本框架的主要依据；（2）斯金纳程序教学强调学生依事先精心编制好的程序教材自我学习，以适应学生的个别差异等思想，成为凯勒教学理论的重要组成部分；（3）布卢姆的掌握学习强调要将教材分成许多小单元，在每一小单元教学结束后，都要进行形成性测验，保证学生掌握好前一单元才能进入后一单元的学习以及使绝大多数学生都能达到掌握的标准等见解对凯勒的教学理论也产生很大影响。

主要特征：

（1）定向地掌握教材。教学的主要目标是掌握规定的教学内容，为了达到目标，需要进行多次的单元测验。学生若能通过单元测验，即表示已经达到掌握标准，可以学习下一个单元。

（2）根据个人进度学习课程。学生的学习速度应由学生自行决定，这是因为学生之间在学习能力、学习速度、时间安排等方面均有很大差异。

（3）用少量的讲课激发和诱导学生学习。凯勒主张教师不用每天讲课，只要安排少量几次即可（或许一学期仅 6 次），这几次讲课的主要目的是要激发学习动机和兴趣，而不是向学生讲解教学内容。

（4）印发学习指南传递信息。教材分成许多小单元，每一单元的内容不宜太多，单元结束时安排一些测试题目，以便进行单元测验；给学生提供学习指导材料，如对各单元教学目标的明确说明、教材内容的分析以及一些练习题等，使学生能够进行自学。

（5）由学生监考人评定非正式测验的成绩。学生助理的主要作用是：按照标准答案，评阅学生的单元测验卷子，使学生能得到及时反馈；帮助学习上遇到困难的学生，进行学习辅导；记录学生的学习进度，并向教师报告学习情况。

综合以上五个特征，可以认为，掌握是其目标，其他特征都直接为这一目标服务。在课程的各个部分中，为达到掌握标准，每个学生必须要有充足的学习时间保证。因此，个人定速是必需的，虽然集体上大课与个人定速是不相容的，但为"激励"学生而规定的讲课是可行的，编制完整的教材通常都是书面资料，这样可以用来指导学生按自己的学习速度进行学习。最后，由于教师时间有限，有必要安排学生助理进行批阅测验试卷，或有时进行一对一的个别指导。

1974 年凯勒提出了教学设计及运作程序。

第一，建立明确的教学目标。

第二，编制教材，分解成小单元。

第三，教学之初，教师讲解、提示学习方法，引起动机。

第四，提供自学教材供学生学习。

第五，学生认为达到目标，要求评估。

第六，教师评估予以反馈。

第七，期末全体学生总评估。

凯勒制最大的特点是区别传统教育中以教师或教学控制教学活动，而是以学生为中心，由学生决定学习速度，在关注学生个体差异、满足学生的个别需要等方面，富有创造性。但在实践中遇到诸多困难，因此，在风靡了三五年之后也就销声匿迹了。

[资料来源] 中央教育科学研究所比较教育研究室编译：《简明国际教育百科全书·教学》（下册），教育科学出版社，1990 年版，第 364 页。

第三个阶段始于 20 世纪 70 年代后期至今，又称后个别化教学时代。它与前两个阶段相比，在本质上有所不同。它将学生的自主性作为教学的出发点和归宿，更积极地寻求如何因材施教以促进个体发展，强调具有个别差异的学生在教学过程中应扮演积极角色，通过学生的自我指导、自我负责和自律达成自我发展，从而将目的与手段统一起来。如非指导性教学，以学生为中心，学习目标和学习进程都由学生自己确定，体现出高度的个别化。这种个别化教学是师生共同设计的个别化教学，不仅强调教学要适应学生个别差异，还要求教学要发展学生的个性。后个别化教学以社会价值为取向，兼有个别化教学和群体化教学的优点，同时摒弃这两种教学的缺陷，它以适应并发展学生的社会性为基本宗旨。目前已经产生了多种形式，如小组教学、合作教学、角色扮演、社会交往技能教学等。①

专栏8-4

罗杰斯学生中心的非指导性教学

理论假设

非指导性教学是个别化教学的一种类型，是根据人本主义心理学设计的。人本主义相信每个人都有健康发展的自然趋向，有积极促进多方面发展的可能性。充满真诚、信任、理解的人际关系是个体潜能发展的基本条件。因此，教学设计不是以教材为中心，而是以人际关系建立为中心。教师的主要责任是帮助学生建立起良好

① 史耀芳：《从个别化教学到后个别化教学》，《外国中小学教育》，1994 年第 5 期。

的人际关系，来引导学生成长。

教学目的

培养"完整的人"，形成正确的自我观念。

教学过程

(1) 创设有意义的教育情境，鼓励学生自由地表达自己的情感；

(2) 鼓励学生开放性探索，教师帮助学生澄清和明确自己的问题；

(3) 学生自由讨论问题，教师支持以形成见识；

(4) 学生提出计划，教师澄清可能的决定；

(5) 学生获得较深刻的见识，并做出积极的行动。

基本原则

教师要特别关注环境的创设，让学生感到安全、自由；课堂教学气氛是融洽的、真诚的、开放的、相互支持的，以便学生能自由表达个人的想法。因此，教学中要注意建立良好的师生关系，教师要尊重学生的意愿，把学生作为教学的中心，由学生自己选择如何学习，教师以非指导性应答为基础，对学生在学习中的表现和发表的见解应表示理解和同情，使学生全身心地投入学习，使学生的自信心、独立性、创造性得到自我完善。

这种教学模式突出了教学活动中学生的情感和价值观的作用，其主要功能不在于传递系统的学科理论和发展学生的智能，而是要充分发挥学生自身的潜力，促使学生实现自我完善。

[**资料来源**] 钟启泉、黄志成主编：《美国教学论流派》，陕西人民教育出版社，1993 年版，第 260 页。

个别化教学从学生的个体需要出发设计教学过程，成为增进学生个性发展的一条有效途径。但是，上述各种方式取得的效果不尽相同，人们担心的是个别化教学在关注学生独特性培养的同时容易丧失学习的社会性，而且实施个别化教学的结果常常加深了学生之间的分化，这种分化在某种程度上又常常与社会分层相对应，于是旨在促进个体发展的个别化教学可能成为让某些学生处于不利境地的手段。

20 世纪 70 年代，美国著名教育心理学家布卢姆针对学生的个别差异，提出"只要提供适当的先前与现实的条件，几乎所有人都能学会一个人在世上所能学会的东西"[1] 的著名论断。他认为学生的个别差异不是由先天因素造成的，而主要是由环境因素所致。通过改变学生接受教育的外部环境，提高他们的学习动机和兴趣，他们的学习成绩就会发生变化。因此，他提出了"掌握学习"教学理论。掌握学习是一种个别化教学理论，这个理论的重要前提就是"如果进行系统的教学，如果学生在学习遇到困难时得到帮助，如果学生得到充足的时间以达到掌握，如果对什么构成掌握具有明确的标准的话"[2]，所有学生均能掌握学校里所教的大量东西。但掌握学习教学理论又不同于个别规定教学、个别指导教育等"纯粹"个别化教学模式。主要表现在以下几个方面[3]。

---

① ② ③ 吴文侃主编：《当代国外教学论流派》，福建教育出版社，1990 年版，第 245 页，第 249 页，第 250 页。

首先，掌握学习教学理论是根据传统的学校教学情境，即班级教学组织形式提出来的。实施这种教学并不要求对现有的教学组织进行大的结构性的变动，而只要求在这种群体教学中辅以某些个别化的教学手段确保一部分学生获得较多的学习时间，并根据学生自己的需要得到适当的矫正教学或辅导即可。

其次，掌握学习教学理论既强调班级群体教学的重要意义，又主张根据教学需要进行经常化的个别化教学。它所寻求的是群体教学与个别教学的最佳有机结合，是一种班级群体教学和小组或个别教学交替进行的教学方式。其中，班级教学是基础，小组或个别辅导教学是补充。这样使教学既照顾全体学生的共同需要，又可针对个别的弱点和不足因材施教，以提高绝大多数学生的学习成绩。同时，也使班级教学与个别教学由彼此对立、排斥走向相互协调、补充与结合的发展道路。

再次，与其他个别化教学相比较，掌握学习更加强调反馈与矫正在教学过程中的重要作用。它把反馈—矫正手段看成是一种向学生提供从事每一种学习任务所必需的认知方面和情感方面的先决条件的教学方法，即评价不仅是促进教学的一个重要手段，也是教学的一个重要组成部分。

当然，作为体现学习自主性，鼓励学生参与教学过程，培养学生个性的努力，个别化将继续作为一种教学组织形式的改革趋势而不断得到发展。

（五）合作学习（cooperative learning）

个别化教学所面临的困境促使人们从另一个角度考虑教学组织的更新——教学集体中的人际互动。关注教学中的人际互动源于杜威的民主主义教育思想，倡导教学应发挥民主主义的职能，教给学生交流经验、协商解决问题的本领。这一主张或者关注以同伴的相互影响组织集体思维，促进学术问题的研究，并间接地干预学生的人际行为；或者强调以改善人际关系、训练社交技巧为目的，在教授社会技能的同时间接地促成学术性成果。前者包括同伴教学、小组研究法等。后者则注重集体活动中的社会过程和情绪体验，并以非批判性的自由学习气氛发挥智力激发作用，如 T 聚会法，也有的则直接进行社会技巧训练，如角色扮演教学等。①

1. 合作学习的内涵

兴起于 20 世纪 70 年代末的合作学习也着眼于课堂上的人际互动，它是一种班级授课与小组活动相结合的教学组织形式，它试图通过组织合作性人际交往促成所有学生在认知、情感和社会性等方面的全面发展。合作学习理论认为，学习者在学习过程中通过有组织的协同合作活动完成学习任务，有助于调动学习积极性，提高学习水平，改善学习者之间的人际关系。因此，合作学习的倡导者们认为，课堂应当兼顾教学的个体性与集体性特征，应当把个别化与人际互动有机地结合在一起。合作学习将学生的个别差异视为积极的教育资源加以利用，组织学生之间的交流与合作，让每个学生带着自己的认知倾向、思考方式和价值观念参与到集体学习中，在讨论各自见解和进行社会性协商的过程中彼此启发、相互激

---

① 王红宇：《教学组织的未来走向》，《黑龙江教育学院学报》，1995 年第 1 期。

励，在解决认知和价值观冲突的交往过程中，促使学生形成新的思想、观念、方法，从而促进学生的发展。这种教学形式充分利用了同伴交往的激励机制，使得学习水平差的学生在同伴的帮助下逐步掌握教学内容，而学习能力强的学生通过帮助同伴，与同伴交往则可以进一步加深对教学内容的理解，并在共同讨论的情境中生成学习的新问题。在教学组织形式上，合作学习强调以集体授课为基础，以合作学习小组活动为主体形式，力求体现集体性与个体性的统一。在小组合作学习中，每个学生不仅对自己的学习负责，而且要对他人的学习负责，同伴互助的效应不仅有助于每个学生的学业进步，而且学生之间直接的认知和情感交流也有助于消除人际偏见，形成建设性的人际氛围，提高学生的社会交往技能，促进学生的全面发展。如果说个别化教学通过适应学生的个别差异促进学生的个性成长的话，合作学习作为一种新型集体性教学方式则通过利用学生的个别差异在人际互动中增进学生个性的全面发展。

2. 合作学习的组织形式

合作学习以小组学习为主要组织形式，通常将全班学生按照性别、学业成绩、能力倾向、种族等方面的差异划分成由4～6名学生组成的异质性小组，成员之间存在着一定的互补性，而班内各合作学习小组之间又具有同质性，为各小组之间的公平竞争创造条件。以这种方式组成的既有差异又有一定共同目标的集体，它不同于班级授课形式中缺乏联系、互不沟通的个体所组成的集体，他们在学习内容和学习结果上有很强的依赖性，为了完成一系列合作性任务，为了集体目标与个人目标的共同达成，就必然需要建立起积极的互帮互学、互相切磋、相互依赖、互为"教师"的关系，这样，合作学习过程就成为师生间、生生间合作交往的主要形式，它有利于发挥人际互动的教学功能，不仅充分开发和利用了教学中的人力资源，也培养了学生的群体意识，为每个学生公平参与学习过程创造了时间和机会。

3. 合作学习的优点与局限

合作学习以学生之间的协同、合作性活动促进个体学习，克服了传统教学既忽视学生自主性又丧失了学习共同性的弊端，有助于淡化班级授课制中师生的单向权威关系，有助于将积极的人际互动引入课堂，充分发挥人际关系对个体发展的作用，建设性地处理学生的个别差异，以合作性同伴交往带动师生合作，从而突破了传统教学忽视人际交往的整体划一性，构建了新型的集体性教学组织形式，对教学组织的更新做出了贡献。当然，合作学习的教学形式在实际操作中会遇到一些问题，如异质分组是否会令小组内交流时彼此间缺乏共同语言；如何避免异质小组内的"小权威"的独断专行、包办任务；对小组内异质成员如何公平、有效地进行评价[①]；怎样使合作学习在有限的时间内获得最好的学习效果等。

---

① 王凯：《论合作学习的局限性》，《河北师范大学学报（教育科学版）》，2003年第6期。

二、不同的教学时空组合方式

（一）活动课时制

活动课时制出现于 20 世纪 50 年代的美国，它试图打破班级授课制统一、固定课时的做法，改为根据不同学科和不同的教学活动确定所需要的上课时间的一种教学组织形式。这是对班级授课形式中的"时"所进行的积极改革。活动课时制把原来 45～50 分钟的一节课，缩短至 15～25 分钟作为一个教学单位时间。某些课程，如数理化等核心课程可以连续使用 2～3 个单位时间，而另一些课程则只需用一个单位时间进行教学。活动课时制在改变课时结构的同时，也会对教学对象的组织结构做相应的调整。[①]

这种教学组织形式在我国也曾有学校尝试使用。上海育才中学曾在 20 世纪 80 年代进行了活动课时制的实验。他们将学校的教学课时分为大课和小课两种类型，大课 55 分钟，小课 30 分钟，不同学科使用不同的教学时间。对于一些需要进行较强逻辑思维的课程，如数学、物理等，多采用大课教学，而那些重在进行形象思维的课程，如音乐、生物等，则采用小课。每个学日分为三段，每段包括大小各一节课，在全天的六节课中，第一、三、六为大课，第二、四、五为小课。[②]

活动课时制的采用，有助于学校根据教学内容的特点、根据学生的不同年龄特征，灵活地安排每节课的长短，更好适应教学多样化的需要，对传统的班级授课制中的固定课时是一种重要的变革。当然，由于教学时间与课间休息时间的错位，有可能造成不同班级之间的相互干扰。同时，大小课之间的有效安排也会给教学管理增加一定的难度。

（二）现场教学

现场教学反映了教学组织形式在教学空间上的变革。它在我国的出现是 1958 年以后，是为了贯彻"教育为无产阶级政治服务，教育与生产劳动相结合"的教育工作方针而产生的，当然，这种教学形式在国外早已有一些尝试。它实质上是针对班级教学主要在课堂实施、教学内容脱离现场情境这种现实，而提出的一种补充性的教学改革尝试。它使学生可以在事件发生的现场直接掌握所学习的内容或技能，有利于理论联系实际，有利于学生在实践中获得知识。但是，现场教学的特点决定了它不可能取代课堂教学，而只能作为课堂教学的补充。

（三）计算机辅助教学与网络教学

计算机辅助教学（Computer Assisted Instruction，简称 CAI）是把计算机作为一种新型教学媒体，将计算机技术运用于课堂教学、实验课教学、学生个别化教学（人—机对话式）及教学管理等各教学环节，以提高教学质量和教学效率的教学方式。

[①]　吴文侃主编：《比较教学论》，人民教育出版社，1999 年版，第 339 页。

[②]　王策三著：《教学论稿》，人民教育出版社，1985 年版，第 294 页。

采用以多媒体技术、网络等支持的计算机辅助教学，教学组织的人员结构中，学生的人际互动的范围将得到极大的扩展，不再仅仅向教师学习，而且可以通过计算机网络、电话会议等通讯技术向国内外专家请教，与其他学校甚至其他国家的教师、学生联系，进行广泛的交流，即教学交往中既有人—人交流，也有人—机之间的交互作用；采用计算机辅助教学，学生由过去的被动学习在很大程度上变成了主动学习。在学习内容选择、学习进度控制上，学生有很大的主动性。特别是在有多媒体技术和网络支持下的计算机辅助教学中，学生可共享更多的教学资源，不仅可以学习书本，还可以通过课件光盘学习、可以通过网络在网上学习。同样，学生的学习方式、学习地点和学习时间的安排都将是生动活泼、丰富多样的；学生可以在家里的计算机通讯中心上学习教师设计的个别化学习单元，然后参与相关课题的课堂讨论或借助计算机的小组交流；运用现代化手段，教师可以开展有效的大规模教学，或组织跨学校、跨地区的学术交流，也可以组织小组学习或进行个别化教学；师生可以利用社会的文化设施和通讯网络扩展与深化教和学的内容，扩大学生人际交往的范围，满足学生不同的兴趣和需要。于是，教学更能适应于个性不同的学生，这种教学方式使教学的时空组织也相应地发生了巨大变化。

采用计算机辅助教学，教师除了具有传统的教师职能以外，更重要的职能是对教学信息的重组与加工，使之具有可以在计算机辅助教学中应用的各种形式，例如多媒体光盘、因特网网页、信息数据库等。同时，学校也可以没有明显的校园界限，教育资源向公众开放，学生没有年龄的限制，学习是由学生根据自己的特点安排和选择的。在这种环境下的学习，不仅是教育方法和技术的更新，而且更深入地影响到教学结构、教学体制和教学管理的整体改革，促进了教育的现代化。

三、当代教学组织形式的发展趋势

（一）教学组织形式的多元化

教学组织形式从个别教学发展到班级教学，直至班级教学的演变过程并不是完全的后者取代前者，事实上，在同一时期不同教学组织形式是并存的，因此，从历史的角度看，教学组织形式的变革就是多种形式的合理并存、共同发展。从现实的角度看，由于不同国家的社会发展程度存在着巨大的差异，学校教学就必然要运用适合自己教育发展程度的教学组织形式，这样，多样化教学组织形式的存在也就有其合理性。所以，未来教学组织形式会呈现多元化状态，班级教学、小组教学和个别教学等形式均有其适用的范围和存在的条件。

（二）教学组织形式的综合化

每一种教学组织形式都有其优点和局限，都有其特定的目标指向和适用范围，不存在能够适合一切教学需要的万能的组织形式，于是，优化组合不同的教学组织形式，综合运用具有互补性的教学组织形式，成为当前教学组织形式发展的重要趋势。如学校教学可以将班级教学、小组教学和个别教学这三种形式结合在一起协同运用，同时，又保持某种教学形式在某个阶段的主导作用。

（三）教学组织形式的个别化

人们对教学组织个别化形式的新探索是基于对班级授课制弊端的批判，以及着眼于学生集体中人际互动的人际关系教学流派的出现，这种复兴于 20 世纪初的个别化教学不同于原始形态下手工作坊式的个别教学，而是指建立在普及教育基础上，吸收班级教学合理因素，从学生的个体需要出发设计教学过程，通过调整教学进程，适应学生个别差异，增进学生个性发展的教学思想。教学组织个别化体现了个别化与人际互动相结合的趋势，如果将完全的个别化作为教学组织的一个极端，而完全的集体性作为教学组织的另一个极端，那么未来的教学组织则存在于这两端之间，根据学习目标、内容和学生的需要，以及学习环境提供的可能性，采取个别化与人际互动组合的各种方式，促进学生个性的主动发展。

总之，教学组织形式作为教学活动的重要因素，在不断变革与完善。从总体上看，由个别教学到集体教学，再发展到个别化与集体相结合成为其发展的主要趋势。在此基础上，随着各国经济和社会的发展对教育的不同需要，呈现多样化、综合化和个别化的趋势。

【主要结论与启示】

1. 教学组织形式作为教学理论的一个重要问题，所探讨的是教学活动中师生按照怎样的制度和组织程序，在相互作用时所采用的结构方式。它主要涉及教学人员的组合形式、教学活动的时间、空间安排。它在教学理论与实践中，处于真正具体落脚点的地位，带有综合、集结的性质。教学任务的完成、教学过程的实现、教学方法的运用、课程的开设等，最终都要落实到一定的教学组织形式中。因此，教学组织形式直接关系着教学质量的高低。

2. 教学组织形式是一定历史条件的产物，它随着社会生产的发展和科技的进步，以及教学内容和教学手段的变化而不断发展变化。古代学校采用个别教学的形式；17 世纪捷克教育家夸美纽斯在总结当时教育实践的基础上，提出班级授课的教学形式。19 世纪德国教育家赫尔巴特提出的教学基本结构奠定了"课"的基础；20 世纪上半叶，苏联教育家们进一步完善班级授课的组织形式。

3. 班级授课制是应社会发展需要应运而生的，它以其强大的优势取代个别教学而成为学校教学的基本组织形式，但在其广泛流行的同时，也因自身的缺陷而经历了种种怀疑和非难乃至猛烈的抨击。人们在不断批判它的同时也在持续地对其进行改革，但是那些试图克服班级授课难以照顾学生个性差异的个别教学组织形式，如道尔顿制、文纳特卡制等，在目前学校教育状况下都无法彻底取代班级授课制的基础性地位。目前，许多改革实际上是对于班级授课制的改良和发展，而不是彻底的否定。

4. 20 世纪以来，针对班级授课制难以促进学生的个性发展等种种弊端，相继涌现了多种教学组织形式的新探索，这些变革主要指向班级授课的几个基本特点——固定人员的班级组织、内容与活动相对独立的授"课"方式、统一与固定的上课时间，试图从不同的教学人员组合方式、多样化的教学时空组织方式等维度进一步完善和改革班级教学。

5. 针对班级授课制容易忽视学生主动性、对学生个别差异关注不够等局限，提出了个别教学制度——"道尔顿制"和"文纳特卡制"；考虑到传统的按年龄编班的组织形式，忽视学生客观存在的差异，而教以同样水平的教学内容，即表面上的平等对待，而实际上表现出机会的不均等，在组织形式上提出了"能力分组"、"作业分组"等分组教学形式；合作学习是一种班级授课与小组活动相结合的教学组织形式，它着眼于课堂上的人际互动，试图通过组织合作性人际交往促成所有学生在认知、情感和社会性等方面的全面发展；而"活动课时制"则试图打破班级授课制统一、固定课时的做法，改为根据不同学科和不同的教学活动确定所需要的上课时间，这是旨在对班级授课形式中的"时"所进行的积极改革。"开放课堂"基于培养儿童独立性、创造性，提升求知欲诉求，放弃了班级授课的形式，教学没有固定的形式与结构，也没有固定的教学计划和教材，让学生按自己的兴趣在教室内的各个"兴趣区"采用不同的学习速度、学习方式、学习不同的内容，它实质上是一种组织结构松散、不分教室的教学形式。

6. 从总体上看，教学组织形式由个别教学到集体教学，再发展到个别化与集体相结合。随着全国经济和社会的发展对教育的不同需要，教学组织形式将呈现多样化、综合化和个别化的趋势。

【学习评价】

1. 名词解释：班级授课制。
2. 结合教学活动实际，谈一谈对教学组织形式内涵的理解。
3. 简述班级授课制的主要特点，分析其优缺点。你认为应该如何改进？
4. 简述当代教学组织形式发展的主要趋势。

【学术动态】

● 20 世纪 80 年代以来，对教学组织形式问题曾经展开广泛而深入的讨论和争鸣，出现了以课堂教学为基本组织形式，多种教学组织形式同时并存的局面。争论的焦点是：课堂教学作为教学的基本组织形式，如何有效地克服其局限性，提高教学质量。围绕这个问题，出现了几种主要观点[1]：

（1）以课堂教学作为教学的基本组织形式，同时以课外作业作为课堂教学的继续，以课外辅导作为课堂教学的辅助形式，以课外活动作为课堂教学的补充形式；

（2）以个别化教学为主，同时结合班级授课制的某些长处来作为教学的组织

---

[1]　张武升主编：《教学论问题争鸣研究》，南开大学出版社，1994 年版，第 195 页。

形式；

（3）建立以课堂为基础，课内外结合的新的教学形式，把集体教学和因材施教结合起来；

（4）实事求是、区别对待班级授课制，把加强、完善和改革统一起来；

（5）以现场教学作为教学组织形式；

（6）采用复试教学的形式组织教学，以解决班级授课制带来的学生之间差距悬殊而不能因材施教的问题。

这些不同观点的争鸣，表明了人们对班级授课制不断改革与发展的愿望。

● 关于班级授课制如何分班的问题。第一种观点主张按学生的实足年龄分班，即学生进校时将同一年龄的学生编在一个年级，并按学年升降。第二种观点主张按智力年龄的不同分别编为尖子班、普通班和低能班。第三种观点主张按教育年龄的不同编为优中差班，以不同的要求和速度进行上课。

● 近几年，在针对班级教学的诸多改革实践中，有几种教学形式值得关注。

（1）无班级授课制。它是芬兰高中教育阶段的主要教育组织形式，属于个别化的教学形式。它强调以弹性学制充分照顾学生的个别差异；取消学期而代之以学段；以模块为基础的学习；不同科目的学程与年级无关；学生对学习的选择性极大；学生的学习计划充分体现个性化；学生评价的多元化；等等。

（2）"走班制"。国内部分学校开展了以"走班制"为主要形式的分层次教学实验，对传统编班授课制进行相应的调整和变革。即在差异较大的学科实行"走班"制，学校根据学生学习需求的不同，按层次授课，学生根据自己的需要和愿望，自主选择某一层次班学习。

（3）合作学习。合作学习的教学形式重新得到教育理论工作者的青睐，研究者们认为，它不仅表现为一种教学组织形式，而且应被视为重要的教育理念，即合作既是学生有效学习的方式，更应成为学生必须具备的意识与能力。

【参考文献】

1. 王策三著：《教学论稿》，人民教育出版社，1985 年版。

2. 李秉德、李定仁主编：《教学论》，人民教育出版社，1991 年版。

3. ［日］佐藤正夫著，钟启泉译：《教学原理》，教育科学出版社，2001 年版。

4. 吴文侃主编：《比较教学论》，人民教育出版社，1999 年版。

5. 中央教育科学研究所比较教育研究室编译：《简明国际教育百科全书·教学》（下册），教育科学出版社，1990 年版。

6. 瞿葆奎主编：《教育学文集·课程与教材》（下册），人民教育出版社，1988 年版。

第 九 章

教学媒体

【内容摘要】

　　媒体延伸了人体，中介了我们与世界的互动。媒体有多种形式，关于媒体也有不同层面的理解。作为学习者外部经验的组成部分，媒体无论在宏观层面还是在微观层面，都对学习与教学产生着直接的影响。教学媒体能够描述并提供学习经验，因而可以大大拓宽学习时间和空间；教学媒体也可以营造学习情境，把各种具体经验联合起来，并实现与抽象经验的连接，帮助学习者整合已有经验，从而促进对知识的学习和理解。现代信息技术的高度发展从根本上改变了知识的传播与生产方式，因此也提供了课程与教学改革与发展的重要支撑。本章首先探讨了关于媒体和教学媒体的基本概念、分类和发展简史，介绍了现代信息技术和学习资源；其次描述了媒体的一般特性、媒体对学习的影响，以及现代教学媒体的功能和作用，从中我们可以认识到 Internet 及多媒体计算机系统的教学功能及教学特点；再次介绍了历史上两个经典的教学媒体研究发现——美国教育家戴尔的"经验之塔"理论和弗里曼的电影教学实验研究结论，呈现了一些关于媒体对学习与教学影响的不同看法，以及关于高新技术媒体（多媒体和虚拟真实）在教育领域中运用的研究和观点；接着回顾了我国现代信息技术与课程教学整合的历程，展示了现代信息技术带来的课程教学领域中的变化，列举了现代信息技术与课程教学整合的策略；最后详细介绍了 ASSURE 模式，这是基于系统化教学设计（ISD）的思想而改进的开放的教学设计模式，它的重点在于通过提供关于课堂中基本"教学事件"的引导性思考和设计工具，帮助设计者和教师将媒体有效地与教学过程整合起来。

【学习目标】

　　1. 理解媒体及教学媒体不同层面的概念。

　　2. 了解教学媒体的种类及其对学习的影响。

　　3. 理解教学媒体的作用。

　　4. 了解基于多媒体及网络的教学特点。

　　5. 了解现代信息技术与教学整合的策略。

　　6. 熟悉常见的教学媒体的优势与局限。

　　7. 学会运用 ASSURE 模式选择教学媒体与设计教学过程。

【关键词】

　　媒体　教学媒体　现代教学媒体　现代信息技术　ASSURE 模式

第一节 教学媒体概述

一、媒体、教学媒体

(一) 关于媒体及教学媒体两种意义的理解

1. 通常意义上的理解

媒体，也称媒介、信息媒体、传播媒体。"媒体"这一术语来源于拉丁语"medium"，复数形式是"media"，意为"两者之间"，是指传播信息过程中，从信源到信宿（接收者）之间一切承载、传递和控制信息的材料和工具，如报纸、书刊、广播、电影、电视、电话、广告栏、幻灯机、录音机、录像机以及与各种机器相配套的片、碟、带，等等。

教学媒体是媒体的一个派生概念。当上述媒体被用于教学场景，承载、传递和控制以教学为目的的信息，并介入教与学过程之中的时候，就成为教学媒体（instructional media）。所有能承担这一教学信息传播任务的物质工具，如我们熟悉的印刷课本、黑板、电视，以及教师等，都可以看作是教学媒体。

从以上表述难以看出教学媒体与其他媒体有什么本质区别。媒体就是两个个体之间进行交流的信息中介或载体，只是因为被整合进入的情境（或行为场景）以及使用者的意图不同，同一媒体形态可以发挥不同的作用。也就是说，同一媒体形态，被称作"大众媒体"还是"教学媒体"，要视二者所处的信息传播情境和意图而定：一个处于广泛的生活情境，另一个处于具体的教学场景；一个可以面向社会各阶层人的不同需要，另一个则要首先符合一定社会教育目的的需要，向特定教学对象传递达成特定教学目标所需要的教学信息。

2. 符号意义上的理解

从更准确或更概括的意义上讲，"一种媒体就是一个符号的生产、发送与接收的工具系统"[①]。该系统对自身所进行的符号加工有着特定的限制。珀斯纳（Roland Posner）曾据此提出了不同的媒体概念，而西尔（Norbert M. Seel）和温（William D. Winn）则在珀斯纳研究的基础上区分出了六种不同层面含义的媒体概念（见表 9-1）。

[①] ［德］诺伯特·西尔、威廉·温：《对媒体和学习的研究：分布式认知和符号学》，载［美］罗伯特·坦尼森、［德］弗兰兹·肖特、［德］诺伯特·西尔、［荷］山尼·戴克斯特拉主编，任友群、裴新宁主译：《教学设计的国际观（第一册）：理论·研究·模型》，教育科学出版社，2005 年版，第 329—367 页。

表 9-1	六种媒体概念①	
不同的媒体概念	特点暨划分媒体的标准	例子与说明
生物学概念	信息的生产、发送和接收所涉及的生物器官	视觉媒体、听觉媒体、嗅觉媒体
物理学概念	创建发送者的生产器官跟接收者的感知器官之间的连接所必需的物理条件	视觉符号加工需要电磁发送波
技术概念	符号生产所用到的技术装置	与视觉符号加工有关的纸笔、眼镜、望远镜、投影仪、幻灯、电影、电视、录像等
社会学概念	把生物的、物理的、技术的手段组织起来以发起有目的的符号加工的社会机构或场所	艺术画廊、博物馆、出版物、剧院、广播及电视台、学校、培训机构等
文化相关的概念	通过媒体传递信息的意图	不同流派的文学、艺术、音乐；以及各种电影，由于"意图"不同而可区分为是教学媒体还是大众媒体（是娱乐还是传递知识）
编码相关的概念	在信息生产过程中，人们使用的借助符号提供信息以及赋予符号在交流场合中意义的规则	如不同学科领域中的符号规则。此概念构筑了对交流与表征符号学意义上理解的基础

可见，这些概念所强调的符号加工的性质是不同的。有的强调跟信息传递有关的基本加工；有的强调以符号加工为基础的、与媒体互动时个体的加工能力。其实，一种媒体往往具备上述概念所描述的各种性质，只是在不同的抽象水平上一种媒体主要体现出其中某一种（或几种）特征，因此，这六种概念也可以被认为是媒体概念的六个方面的含义。西尔和温根据这些概念的抽象水平和符号加工的相关程度不同，把它们进一步划分为彼此相关的三类。第一类包括物理的和技术的概念，强调媒体在物理和技术方面的重要性，体现的是媒体的外部特征；第二类包括生物和编码相关的概念，强调进行思维和交流时信息加工和符号运算的作用（比如用图示或语言交流时），体现的是符号加工中认知和符号学方面的特征；第三类包括媒体的社会学和文化相关的概念，强调符号加工的目的性和所处的特定情境（如教学场景）（见图 9-1）②。

---

① 根据〔德〕诺伯特·西尔和威廉·温的观点整理，参见〔德〕诺伯特·西尔、威廉·温：《对媒体和学习的研究：分布式认知和符号学》，载〔美〕罗伯特·坦尼森、〔德〕弗兰兹·肖特、〔德〕诺伯特·西尔、〔荷〕山尼·戴克斯特拉主编，任友群、裴新宁主译：《教学设计的国际观（第一册）：理论·研究·模型》，教育科学出版社，2005 年版，第 329—367 页。

② 〔德〕诺伯特·西尔、威廉·温：《对媒体和学习的研究：分布式认知和符号学》，载〔美〕罗伯特·坦尼森、〔德〕弗兰兹·肖特、〔德〕诺伯特·西尔、〔荷〕山尼·戴克斯特拉主编，任友群、裴新宁主译：《教学设计的国际观（第一册）：理论·研究·模型》，教育科学出版社，2005 年版，第 353 页，对原图有改动。

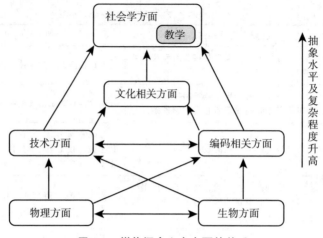

图 9-1 　媒体概念六个方面的关系

（二）教学媒体的分类

通常，根据承载与传递信息的工具或装置是机械的还是电子的，把教学媒体分为传统教学媒体和现代教学媒体。传统教学媒体主要是一些机械的物质工具，承载和传递的是静态信息。现代教学媒体是指具有记录、存储、传播和再现教学信息的电子媒体。关于现代教学媒体有着不同的分类方法。比如，按照接收信息所涉及的主要人体器官的种类，可以分为视觉媒体（如幻灯、投影）、听觉媒体（如广播、录音、CD）、视听媒体（如电视、电影、VCD、录像）和交互媒体（如程序教学机、计算机、网络）等。若按照媒体存在的形态，现代教学媒体通常又可分为硬件和软件。硬件是指各种用于现代教学技术的机器和设备，如幻灯机、投影仪、录音机、计算机等；软件是指幻灯片、投影片、录音带、录像带、磁盘、光盘及其所存储的视觉材料、音像材料以及各种教学信息材料（如课件、学件）等。硬件和软件是构成现代教学媒体的两大要素，缺一不可。通常，按照运行硬件和软件时所依赖的主要技术的类别，把现代教学媒体分为电光媒体、电声媒体、电视媒体、计算机媒体、综合媒体等类型（见图 9-2）。

（三）教学媒体的历史发展

众所周知，从人类教育活动的历史演化和发展过程来看，技术一直是教育发展的动力和所依赖的手段，媒体的发展变革总是带来教育方式、教育方法的重大改革，使教育得到质的飞跃和重大发展。有教育家认为，人类对教育中媒体的认识和利用经历了四个历史阶段，也形成了历史上的"四次革命"。

第一次是语言媒体的使用（其标志是专职教师的出现，大约在公元前 30 世纪），使人类摆脱了只依靠简单动作的原始教育方式，形成了口耳相传、口授手示的教育方式，语言变成了人类教育活动中传意达情、相互交流的主要手段。这个时期的教学形式一般是在群体中结合生活进行学习，学习的是直接经验。

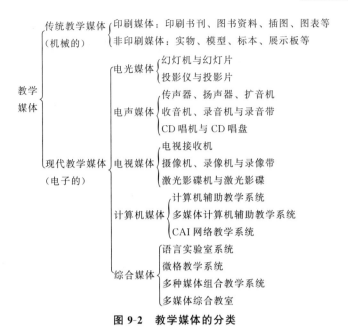

图 9-2　教学媒体的分类

　　第二次是文字体系的诞生（其标志是文字和手抄书的利用，大约在公元前 11 世纪），促使人类通过文字符号获得知识、交流经验，教育方式由口耳相传、亲身体验上升为能够通过语言符号接受教育，即文字和文字载体技术的阶段。这个时期的教学形式由在群体中学习转变为以个别学习为主，学习的主要是间接经验。

　　第三次是印刷书籍及教具运用于教育（大约在公元 15 世纪）。印刷书籍成为传播知识的媒体，既扩大了传播的范围，又大大提高了传播的效率，同时，各种标本、模型、展示板等实物媒体教具也广泛地运用于教育教学活动之中。印刷书在普通教育中的广泛使用，也促进了班级授课制的产生。从此，原来的个别教学逐渐被集体教学所代替，学习的主要是间接经验。

　　第四次是电子技术媒体在教育中的广泛应用（约在 20 世纪初），使教育摆脱了"手工业方式"的束缚，走上了现代化的道路。然而，具有根本意义的第四次教育革命的冲击波并未出现在现代教学媒体的幼年期，而是在它诞辰 90 周年之后，即在新经济形式和生产方式的挑战之下，计算机和网络迅速向教育领域普及，随之产生了学习的革命。新的学习与教学的方式充分利用了多种媒体的优势，努力提高人类学习与工作的绩效，不但借助语言和书本学习间接经验，更可以借助计算机和网络学习替代性经验，从而便于学习者获得对真实世界的体验。

二、现代信息技术、多媒体计算机和网络

（一）现代信息技术

　　信息媒体由电子化的比特取代传统的原子形态，是社会的一场重大革命。信息技术是指对信息的采集、加工、存储、交流、应用的手段和方法的体系，其中

的手段是指各种信息媒体，包括印刷媒体、电子媒体以及计算机网络，它是一种物化形态的技术（硬技术）；其中的方法是指运用信息媒体对各种信息进行采集、加工、存储、交流和应用的方法，是一种智能形态的技术（软技术）。

今天的信息技术一般指多媒体计算机和网络技术，又称现代信息技术（IT），以区别以传统印刷技术为代表的传统信息技术。现代信息技术已成为世界新技术革命的先导。

专栏9-1

身边无形的"比特"

比特具有完全不同于原子的性质：比特没有颜色、尺寸或重量；能以光速传播；是信息的最小单位；是一种存在的状态；是数字化计算中的基本粒子。比特可无限复制，超越时空障碍，不存在任何边界和疆域。它是一种新的"DNA"突变基因，正迅速取代原子而成为社会发展的基本内核，并创造出全新的观念和社会。

1946年，美国普林斯顿大学的统计学家约翰·图基把二进制（binary）和数字（digit）这两个单词合二为一，变成一个专门术语比特（bit），在计算机领域被译作"位"。8个"位"构成一个字节，即"Byte"，相当于一个英文字符，一个汉字占2个字节。

一切智力创作的成果均可化作"比特"在网上传输。比特不仅创造了新的文字，也制造出真实的音乐、电影、静画等，给人们带来了一种全新的、多感官的认识世界的方式。

"比特"世界，已经超越了时间和空间的概念。因为比特本身没有质量和体积，在一张光盘上刻录100部小说或其他任何比特信息，光盘的质量和形状都不会有一点改变。这就意味着通过网络的连接，世界将变得越来越小，就像一个"地球村"。同时也意味着世界将越来越大，人们可以摆脱地域的局限，来到网络所延伸到的任何地区。网络中没有空间方位的坐标，只有一个个网点。时间和空间被压缩为零，这意味着工作和社会的节奏将大大加快，并改变着人们传统的生活方式。它会融解学校与社会乃至国家的边界，于是有了超时空的网上大学、网上商店、网上诊所、网上书店、网上游览等新事物。

时空观念的变化，对一个民族的文化精神具有十分重要的影响。同时，由于所有类型的信息的数字化、凭借因特网的远程指导以及计算速度的提高和记忆容量的快速增加，使得技术可以以新的方式应用于教育。

（二）多媒体

多媒体（multimedia）是相对于单一媒体而言的。人类在认识世界和对某一事物做出判断时，不仅仅依靠某一媒体和某一时刻的信息，而且还要具有高度的信息综合能力，处理和利用来自媒体的各种信息。具有多种媒体信息的计算机系统就是研究和接近人工智能的一个平台。多媒体的含义是使用计算机交互综合技术和数字通信技术处理多种媒体信息（如文本、图形、图像和声音等），使多种信息建立逻辑连接，集成为一个交互系统。多媒体本身是计算机技术与视频、音频和通信等技术的集成产物。多媒体技术主要涉及图像处理、声音处理、超文本处理①、多媒体数据库、信息存储体和大容量存储技术，以及多媒体通信（如FAX、局域网、广域网、都市网、窄带与宽带综合业务数字网络等宽频带通信）。把这些技术或其中的某些技术集成到一个计算机系统中，这个系统就称为多媒体计算机系统。换句话说，多媒体技术把"电视式"的视听传播能力与计算机交互控制能力结合起来，创造出集文、图、声、像于一体的新型信息处理模型，使计算机具有了数字式全动态、全屏幕的播放、编辑和创作多媒体信息的功能，以及控制和传输多媒体电子邮件、电视会议等视频传输功能，使计算机进入了社会生活的各个方面，从而极大地改变了人们的生活与生产方式。

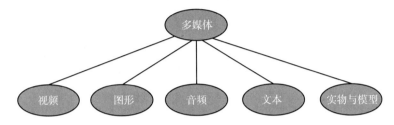

图 9-3　多媒体是不同形式的媒体在计算机系统里的整合

（三）计算机网络

计算机网络是信息时代教育新观念的基石和出发点，它是现代通信技术与计算机技术相结合的产物。计算机网络系通过通讯线路（有线或无线）把多台地理位置上分散且独立工作的计算机互联起来，以达到快捷通讯和共享信息资源目的的系统。根据网络覆盖的范围，把计算机网络分为局域网（LAN）和广域网（WAN）。局域网（Local Area Network）是指一个部门内的电脑连在一起。广域网（Wide Area Network）是指两个以上的局域网连在一起，最初是美国将政府各部门的网络、高等院校的网络、科研机构的网络，以及民间团体组织的网络等联网，而形成的一个"网上网络"（Internet，也称为互联网、因特网）。现在，Internet早已超出了美国国界，成为国际互联网。

三、学习资源

随着教学媒体与技术的不断发展，近年来又出现了"学习资源"的概念。今天，渴求新知识的人们，已经可以不再像过去那样只能到学校去求助教师和书本了，诸多现代教学媒体与传统的教学媒体相结合，已经构成了无所不在的学习环境，它可以随时随地地供学习者根据自己的学习需要有选择地利用。因此，人们

---

① 超文本是多媒体系统的信息管理技术，它以结点为单位来组织信息，在结点与结点之间通过表示它们之间关系的链加以连接，构成表达特定内容的信息网络。超文本的信息组织方式与人脑的联想记忆方式有相似之处，从而可以更为有效地表达和处理信息。浏览超文本我们可以不必像浏览传统文本那样按部就班地逐页翻阅，超文本是一个非线性的网状结构，可以根据个人的阅读需要，利用超文本机制提供的联想式查询能力，迅速找到自己感兴趣的内容和有关信息。

就把各种各样的教学媒体与一切可以用于学习的物质条件、自然条件以及社会条件综合到一起，统称为"学习资源"。从这些资源的存在形态和对学习的作用来分，学习资源包括各种教学材料、支持系统、环境资源和人际资源等。媒体属于学习资源，但不是全部。现代教育又提出"资源是媒体的延伸"，从外延上说明了二者的关系。学习资源是媒体在广度和深度上的拓展。

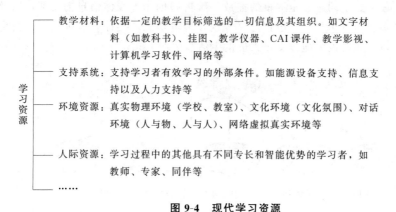

图 9-4　现代学习资源

第二节　现代教学媒体的功能及作用

教学中常常要处理的一个关键问题就是，让学习者通过什么样的方式来体验信息。解决这一问题常常需要媒体的介入。因此，教师有必要首先搞清楚：不同形式的媒体具有怎样的特性？它们是怎样影响学习的？它们在教学中可以发挥哪些作用？

一、媒体的一般特性

一般来说，所有媒体都具有以下几个方面的特性。[1]

1. 工具性。媒体是可以被人使用或利用的，在获取、存储和传播信息的过程中，它能够帮助人们达到延伸各种感官的目的。

2. 从属性。媒体是人创造的，人仍是主体，各种媒体与人相比毕竟是第二位的。因此，它的延伸作用也只能靠人的操纵和指挥来完成。

3. 能动性。尽管媒体具有工具性和从属性，但媒体本身是一种客观的物质实在，在特定的时空条件和信息内容的作用下，可以离开人的主观意识而独立发挥作用。

4. 可替换性。这一特性也与媒体的工具性和从属性有着密切的关系，当人们为了使某种延伸或信息的交换更为有效时，可以选择或替换更为适合的媒体。

---

[1] 邹檬、姜忠元、焦景林主编：《现代教育技术》，科学出版社，2004 年版，第 13 页。

此外，从媒体与信息的关系角度来看，媒体还具有固定性、扩散性、重复性、组合性等特性。所谓固定性，是指媒体可以以各种方式将信息记录、存储并固定下来；扩散性是指媒体可以将各种符号形态的信息传送到其他地方，并在扩大的范围内再现；重复性是指媒体可以被重复使用并复制，且可在不同的地点使用；组合性是指媒体可以组合在一起，共同发挥多种功能。

当然，不同媒体传播和存储信息的方式、效率及对学习的影响是不同的，因而不同媒体在教学中发挥的作用也是不同的。

二、媒体对学习的影响

关于媒体技术对学习影响的认识，决定了人们对媒体运用于课程教学的研究和开发的空间。从技术上说，每个媒体都只不过是一个传送信息的载体，它们对学习的影响是间接的，并不改变学习的本质过程。而从大量的认知心理学、符号学及语义学的研究来看，传播信道与心理表征之间有着密切的相互作用，不同媒体的根本差异并不在于它们可以传播不同的内容，或是信息组织的方式及规则的不同，而在于其技术特征和传播信息的符号会对学习者在思维过程中运用符号进行心理加工施加极为不同的影响。这就是说，不同形式的媒体以及对其不同的使用过程会直接影响学习者对信息的感知、保持和再认，某种特定的媒体可能直接导致某种符号加工的方法和心理表征的方式，使学习者趋于形成某种特定的认知图式。

显然，对媒体概念的理解不能只局限于技术层面，在教学场景中，更重要的是其社会学的、文化相关的、编码相关的含义。正是基于这一认识，许多研究者关于媒体对学习影响的研究都得出一致的结论：媒体无论对直接教学还是对学生自主的知识建构，都会产生独特的影响。

专栏9-2

媒体对学习的影响

1. 媒体有着像教师一样向学生直接呈现信息、传授知识的基本功能，从而可以启发和引导学习者的理解。

2. 媒体所具有的不同特性会影响学习者对信息的感知组织，而且影响着学习者对信息诠释的偏好，使学习者倾向于做出某种特定的解释，而不是其他的解释。

3. 媒体决定了学习者内部表征或"心智模型"的性质，从而影响学习者信息编码和译码的方式。

4. 媒体用以传递信息的各种符号可以作为知识建构的认知工具而被学习者使用和内化。

[资料来源] ［德］诺伯特·西尔、威廉·温：《对媒体和学习的研究：分布式认知和符号学》，载［美］罗伯特·坦尼森、［德］弗兰兹·肖特、［德］诺伯特·西尔、［荷］山尼·戴克斯特拉主编，任友群、裴新宁主译：《教学设计的国际观（第一册）：理论·研究·模型》，教育科学出版社，2005年版，第356页，有改动。

三、现代教学媒体的功能

媒体的特性决定了媒体的功能，媒体的基本功能在于两个方面：一是传播和获取信息，二是积累和存储信息。但是，在教学中使用媒体，特别是现代教学媒体，并非仅限于媒体的这两个基本功能，而更主要在于处理好具体经验与抽象经验之间的关系这一重要动因，从这一点来说，现代教学媒体的功能主要体现在以下方面。

1. 能够描述学习经验并提供实物替代物或具体经验的替代经验，拓宽学习的时间和空间，从而拓展学习的可能范围；

2. 可以通过多元化的途径创设情境，把各种具体经验联合起来，帮助学习者整合已有经验，从而增加理解抽象知识和解决问题的可能性。

除此之外，现代教学媒体在教学中还表现为文化塑造的功能。其实，每一种标志性媒体的出现都会引发学习者、教师、学习内容、学校、社会之间关系的更新，并由此孕育出新型的学习文化（如协作、探究、创新）。现代教学媒体，尤其是现代信息技术，通过为学习者提供更为便捷和灵活的学习路径和更为多样的学习空间，并以其对学习的支持性服务（如作为认知工具、建模工具和丰富的学习资源），使得学习者在具体经验与抽象经验之间的连接更为生动、丰富与真实，从而加速了新型文化的构筑进程。

四、现代教学媒体的作用

成功的教学实践和经验表明，在教学中运用适当的现代教学媒体，充分利用其功能特性，可以使教学组织形式和方法更加灵活多样，从而有利于学习者对知识意义的理解。具体来说，在教学中借助现代教学媒体可以实现以下作用。

1. 按照学习者容易接纳的方式呈现材料（如视频可以清晰地展现繁殖早期的细胞分裂）。

2. 不受教师的统一控制来传送材料，这样学生可以对学多少以及何时学进行自我调控（比如，学生可以控制录音带或录像带的播放速度来与自己的学习需要相匹配）。

3. 使学习者调动不同感官体验材料（如就某一学习内容，学生可以观看投影片、阅读文本材料、聆听口头描述等），以全面体验信息。

4. 为学习者提供关于学科内容的重复的或不同的经验，促进学习者建构自己的理解或意义。

5. 以生动的形式引起并保持学习者对学习内容的注意。

6. 提供激发学习者朝向学习目标努力的动机。

7. 超越时空限制，为学习者提供无法体验到的信息和知识（如加速或减慢事件的变化过程，改变原子、宇宙空间等的大小），适应不同规模班级的需要。

除以上作用之外，现代信息技术（网络和多媒体计算机等）在教学中的主要作用在于促成协作学习，创设真实情境，提供丰富的学习资源、认知工具和信息的多元表征。

五、Internet 及多媒体计算机系统的教学功能及教学特点

计算机和网络的诞生改变了信息传播与存储的方式，从而改变了教育的传输模式，催生了新型的学习文化。由于各类信息（如听觉的、视觉的、文本的、动画的等）都可以以数字化方式储存，因而使多媒体得以广泛运用于计算机系统。这场数字化革命也使为了某种教育目的而将各种表征整合起来成为可能。同时，因特网的普及大大扩大了互动时空，方便了信息获取，日益丰富的信息资源既增加了提高学习者解决问题能力的可能性，同时也增加了教学设计任务的复杂性。今天世界范围的教育改革，都是建立在高度发展的信息技术支撑基础上的，这主要得益于 Internet 及多媒体计算机系统特有的功能优势，使学习和教学呈现出与基于传统媒体的学与教所不同的特点。

1. Internet 的便捷性。随处可得的网络接口，使学习者不需要多少花费就可以在不同地点随时通过网络获得教学信息和知识。

2. Internet 的强交互能力。教学活动是一种互动过程，而 Internet 的超文本形式和友好的界面可以实现教学互动，包括学习者与学习内容之间、学习者与教师之间、学习者彼此之间、教师彼此之间以及学生与专家之间的互动，从而使"人—机对话"充满人性。

3. 多媒体或超媒体计算机的强大信息处理能力。多媒体计算机综合了处理文字、图形、图像、声音、视频等多种单媒体的优势，并日趋智能化和人性化，使教育者能够为学习者设计出需要更加复杂互动的学习经验和逼真的学习环境。

4. 基于 Internet 的学习方式与内容的多样性。通过 Internet 可以为学习者提供多样化的学习方式和学习内容，使自主学习成为可能，从而实现了对学生个性的尊重。

5. Internet 资源的丰富性。Internet 提供了丰富的学习资源和工具，拓展了学习的时空，学生可以在真实的问题环境中，尽自己所想和所需，锻炼自己创造性地解决问题的能力。

第三节　关于现代教学媒体对学习与教学影响的研究和讨论

关于将媒体，尤其是现代电子媒体引入教学的理论与实验研究一直是人们关注的话题。

一、两个经典的教学媒体研究

第一次世界大战后期，媒体研究就开始了，并形成了一批具有影响力的研究结果。其中，最为著名且对今天的教学仍有着重要指导意义的当数美国教育家戴

尔（Edger Dale，1900—1985）的"经验之塔"（cone of experience）理论，以及弗里曼（Frank N. Freeman）的电影教学实验研究结论。

（一）戴尔的"经验之塔"教学理论

戴尔在其 1946 年所著的《视听教学法》（*Audio-visual Methods in Teaching*）一书中阐明了"经验之塔"理论。他认为："人们学习知识，一是由自己的直接经验获得，二是通过间接经验获得，当学习是由直接到间接、由具体到抽象时，获得知识和技能就比较容易。"① "经验之塔"（图 9-5）把人们获得知识与能力的各种经验，按照抽象的程度，分为 3 个大类 11 个层次。

1. "做"的经验

（1）有目的的直接经验。指直接地与真实事物本身接触所取得的经验，通过对真实事物的看、听、尝、摸和嗅，即通过直接感知获得的具体经验。

（2）设计的经验。指通过模型、标本等学习间接材料获得的经验。

（3）演戏的经验。指把一些事情编成戏剧，让学生在戏中扮演一个角色，使他们在尽可能接近真实的情境中去获得经验。

2. "观察"的经验

（4）观摩示范。看别人怎么做，通过这种方式可以知道一件事是怎么做的，以后，他便可自己动手做。

（5）见习旅行。可以看到真实事物的各种景象。

（6）参观展览。使人们通过观察获得经验。

（7）教育电视。

（8）电影。屏幕上的事物是真实事物的替代，通过看电视或电影，可以获得一种替代的经验，即间接经验。

（9）录音、无线电、静止画面。它们分别提供听觉的与视觉的经验，抽象程度高于电影电视所提供的视听经验。

3. "抽象"的经验

（10）视觉符号。主要指图表、地图等。它们已看不到事物的实在形态，是一种抽象的代表。

（11）言语符号。包括口头语和书面语的符号，是一种抽象化了的代表事物或概念的符号。

从"经验之塔"中我们看到，学习者首先应该是实际经验中的参与者，然后是一名真实经验的观察者，接着又观察到了真实事物的替代物，最后观察到了事件的抽象符号。学习就是这样一步步由具体到抽象的过程。学习者积累了一些具体经验，并能够理解真实事物的抽象表征，在此基础上，才能有效地参与更加抽象的学习活动。各类学习经验是相互联系的，教学中应充分利用各种学习途径使

---

① 中华人民共和国国家教育委员会（电化教育司）编译：《教学媒体与教学设计》，高等教育出版社，1990 年版，第 45 页。

学习者的直接经验与间接经验发生有机联系。在这一过程中，教学媒体发挥了重要的作用，其中视听媒体为学习者提供了替代性经验。但是，强调实际经验的重要性，并不等于说一切学习都要从直接经验开始，这里更关注的是要引导学生向抽象思维发展，在学习过程中，注意弥补直接经验的不足，以使学习者较容易、较好地理解概念。因此，"经验之塔"提供了一套在特定情境中学习抽象概念的适当方法，或者从某种意义上说，"经验之塔"提供了一种基于视听媒体的概念学习的教学模式。

20 世纪 60 年代，课程改革的代表人物布鲁纳强调发现式教学法，提倡课程改革中的项目需要用大量的媒体来达到教学目标，并提出了有效组织课程的模式：从直接经验到图像经验和抽象经验，即学生理想的学习程序应由直接经验开始，逐渐向图像和抽象经验展开。他指出："教授基本概念最重要的一点，是帮助儿童不断地由具体思维向概念上更恰当的思维方式的利用前进。"[1] 不难看出，这恰与戴尔的"经验之塔"不谋而合。通过对二者的对照，我们可以对媒体的功能特性及其与学习的关系有更进一步的认识（见图 9-5）。[2]

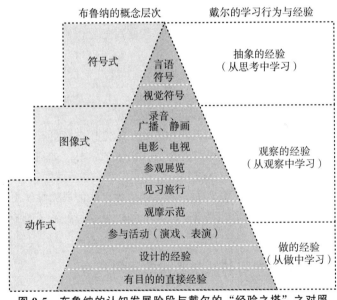

图 9-5 布鲁纳的认知发展阶段与戴尔的"经验之塔"之对照

应当注意的是，布鲁纳关于课程组织序列的观点是基于他对儿童认知发展阶段（即从动作式，到图像式，再到符号式）的研究而提出的，其研究旨在揭示学习的心理操作过程（即表征过程），而戴尔关注的是向学习者提供外部的"刺激"的性质——具体或抽象的程度，这是二者的根本不同。另外，戴尔强调提供实际

---

① ［美］布鲁纳著，邵瑞珍译：《教育过程》，文化教育出版社，1982 年版，第 53 页。
② 钟启泉编著：《学科教学论基础》，华东师范大学出版社，2002 年版，第 320 页。

经验帮助学生学好概念，从学习方式上看类似于杜威学派倡导的实用主义的"儿童从做中学"，但戴尔意在建立一套按照一定序列系统地掌握与理解概念体系的模型，而杜威追从者们的"做中学"的关注点并不是学科知识学习的系统性，他们强调儿童通过自身体验去获得知识，但时常由这种过分注重经验、忽视学科逻辑的方式获得的知识往往是零碎、片断的。① 所以，尽管出发点不同，但从理论研究的目的来看，戴尔认同的学习方式与布鲁纳的掌握学科结构的思想更加接近。

（二）弗里曼的电影教学实验研究的启示

弗里曼于第一次世界大战结束时得出了电影教学实验研究的结论。② 他的研究是在对媒体对比研究③的基础上完成的，揭示了不同媒体的特殊功能以及人与工具的关系，这对后来的媒体研究以及媒体在教学中的使用都具有重要的启发。

1. 与视觉媒体中各种具体的或现实的材料相比，言词教学的效力高低取决于教学内容的性质和学习者事先对该材料了解的多少。

2. 与幻灯片、立体画、图片等视觉媒体相比，电影仅在一些类型的教学内容和有限的范围内（如表现汽船游动的电影同表现汽船游动的图画相比）具有优越性。如果教学内容不属于上述类型或范围，其他视觉媒体则同样有效，甚至更为有效。

3. 电影特有的价值，不在于能激发学习动机，而在于能提供某种类型的经验。

4. 教师完全能够示范的动作没有必要拍成电影。

5. 在教科学和教怎样做或是如何制作方面，示范比电影更有效。

6. 电影必须用来向教师提供其他媒体无法提供的素材，如何完成这一单元的教学任务必须大部分留给教师去考虑。

7. 在引起并保持学生的注意方面，教师被认为比任何视觉媒体更为有效。

8. 运用视觉媒体的教学形式都有一些长处和短处，每种形式都有最能发挥其优势的一些环境条件。

二、关于媒体对学习与教学影响的不同声音

1983 年克拉克（Richard E. Clark）发表了《关于从媒体中学习研究的思考》

---

① 我们认为，应将杜威追从者跟杜威本人区分开来。从杜威的著作中可以看到，杜威追求的理想课程不是不重视结构，他强调的是按照儿童的理解来组织的结构，而不是以成人的理解来组织的结构，且这种结构最终要由儿童通过适宜儿童自己的方式来获得意义。

② 中华人民共和国国家教育委员会（电化教育司）编译：《教学媒体与教学设计》，高等教育出版社，1990 年版，第 51 页。

③ 媒体对比研究：一般指针对同一教学话题，采用不同的教学媒体（如电影、无线电广播、电视等）上课跟教师的现场教学相比较，根据学生收获（制定指标，用同一量表测试）的大小，判定某种媒体的优劣或适合性。

（*Reconsidering Research on Learning from Media*）一文，提出媒体本身对学习没有任何影响，曾引起了学界及商界的一阵波动，这一对媒体作用的判断几乎使人们相信，教育中对媒体技术的开发已经穷尽，很多公司机构暂缓了对技术的投资。然而自考兹玛（Robert Kozma）提出要用建构主义理论解释媒体对教学的影响后，媒体在教学中的空间豁然开朗。从 1991 年到 20 世纪 90 年代中期展开的媒体作用大辩论中，不同媒体对认知和符号的加工活动所产生的重大影响重新得到重视，并最终将人们的注意力从争论"媒体技术有没有用"引向"媒体技术是通过什么方式对学与教发挥作用的"这一根本议题上。[①] 事实上，在我们分析媒体对教学的影响及教学功能时，还是常常只注意到它作为一种内容传递的技术性特征，而容易忽视它作为一种传播渠道和心智表征之间的相互作用。

研究和教学经验的发展已表明，媒体不仅可以在传授型的课程中呈现信息，或者替代教师的讲解，更重要的是，媒体作为一种认知工具，可以成为学习者加工信息、诠释信息和知识建构的一个有效变量。正是因为媒体拥有这种能提供给我们以新的方式来获得对世界的心智表征和对它们进行推理的潜质，在 20 世纪 90 年代有关媒体作用的争论中，那些认为媒体并不比传统教学方法优越的怀疑才逐渐得以消除。我们注意到，上述争论展开的过程中，网络正在迅速走进并普及到发达国家的学校和课堂。尽管网络也曾经和其他媒体一样被视为教师的替代（即由教师提供信息变为由网络提供信息而已），但到了 20 世纪 90 年代末，网络作为一种新兴的媒体技术已经成为一个研究、开发与实施教学设计的共同语境。现在，关于网络的教学功能的认识，同样共享着上述更为深刻的媒体观。

三、关于多媒体和虚拟真实技术运用于教学的研究与认识

电子信息技术的高度发展使知识的传播与生产方式发生了根本变化，如何利用高技术的优势实现最优化的教学已成为今天教育技术，乃至整个教育研究领域最关注的话题之一。1990 年以后，国际上已将两种高科技媒体技术：多媒体（multimedia）或超媒体（hypermedia）和虚拟真实（Virtual Reality，简称 VR 技术）[②] 引入了学校教学，并且取得了较快的发展。不过，在我国，关于把多媒体和虚拟真实技术用于教学还存有很多争议，甚至怀疑。其中，还有很多概念和关系没搞清楚。

（一）作为新型学与教工具的多媒体

研究者的探索表明，利用多媒体手段来学习，其目的并不在于让学习者在预先设定好的选项中进行选择，而在于让学生尽可能多地创造出他们自己的想法。多媒体技术用于学习的价值并不在于呈现信息，而在于其具有这样的能力，即赋

---

① Kozma，R.（2000）. Reflections on the State of Educational Technology Research and Development. *Educational Technology Research and Development*，Vol48，No. 1，pp. 5－15.

② 虚拟真实，有的也译作虚拟现实、拟真、人造真实（artificial reality）。

权给学生，让他们成为多媒体产品的生产者和设计者，让他们通过做和学创造出自己的作品。由于把不同的媒体整合了起来，多媒体就可以迎合学习者个体使用不同感觉信道进行学习倾向的差异。

值得注意的是，尽管我们的学生今天生长在高科技的环境中，但他们往往并不了解这些开放的工具究竟有多大的优势和潜能（包括潜在的隐患和污染）。那么，我们怎样才能让我们的学生永远能够策略地组织自己的学习过程并免遭"污染"呢？这就需要设计者精心地对媒体运用于教学过程做出设计，为学生们提供可以自我操纵且剔除"污染"的信息系统。

（二）发展中的虚拟真实技术

今天，各种虚拟真实技术正迅速走进学生们的生活。能否利用这样的高科技改进学校的学科教学服务呢？

1. 关于虚拟真实的基本理解

虚拟真实技术是 20 世纪末才兴起的一门崭新的综合性信息技术，它融合了计算机图形技术、计算机仿真技术、人机接口技术、多媒体技术，以及传感技术等多个信息技术分支，迄今还没有统一的定义。根据现有的研究，可以这样理解虚拟真实，它是通过计算机生成一种模拟环境（如飞机驾驶舱、实验操作现场、专家访谈现场等），利用多种传感设备提供给用户丰富逼真的感觉和行为参与，来实现与"客观"真实的互动，以构筑起一个人造的世界而建立的一种真实。这种真实一方面是"虚"的，即它是由计算机软件生成的图形、图像、声音等感官符号，构成一个并不存在（或本地不存在，但远地存在）的三度环境，人可以在其中漫游并与之交互，体会其中的感受；另一方面，它又是"实"的，它的信号输入源自于自然世界，设计者根据实际的物理规律对虚拟环境中的对象进行物理建模和行为建模，这就使得这些对象的表现符合实际，操作者与其交互也就能获得真实感受。多感知性、存在感、交互性和自主性构成了虚拟真实的主要特征。特别是借助网络技术的发展，虚拟真实已可实现多人实时通过网络进行交互，并共享信息，成为基于共同任务目标的实践共同体活动的支持。

2. 教育领域中的虚拟真实

虚拟真实技术的应用领域和交叉领域非常广泛，涉及各行各业，几乎到了无所不包的程度，并正日益显示出巨大的社会和经济效益的潜力。在教育领域中，VR 技术也显示出令人鼓舞的应用前景。国外已开发出大量的用于各科教学的虚拟学习空间（如各种虚拟实验室）。学生在虚拟实验室内可以完成全部实验步骤。系统向实验者提供观察实验过程的视频窗口、实验预备知识、实验交互过程和实验指导，使实验者在完成实验过程中获得全新的感受，同时，实验室具有"导航、自测、自评"的助学功能，实验时无须教师在场，实验者本人通过自己的努力即可完成实验。另外，智能代理（agent）可作为虚拟教师出现在学习环境中，它可以担当"导航"和"解惑"的重任，指导和帮助学生获取所需要的学习资源，防止出现"信息滤漏"和"资源迷向"，并根据网络教学资源回答学生有关的问题。

虚拟教师的出现有利于增加教学的趣味性和人性化色彩，从而改善教学效果。还有，已为我们熟悉的虚拟图书馆，也称电子图书馆，是一个高智能、集成化、数字化，集多种文献于一身的信息资源系统，为读者提供多种内容、多种形式和方便快捷的支持服务，利用虚拟图书馆实现知识的全球传播已渐成趋势，它代表了未来图书馆的发展方向。现在，还开发出了虚拟辅导系统，这是基于智能辅导系统（ITS）构筑的虚拟环境，可向学习者提供一种有效的不需要真人教师帮助的学习手段。

可见，虚拟真实对教育的作用远远不只是应用 VR 技术开发虚拟真实教学系统，更重要的是，虚拟真实对教育领域的全方位渗透，从根本上改变人们的思维习惯和对传统学习环境的认识。今天的虚拟真实技术不仅模拟了我们熟悉的真实，更重要的是拓展了我们与真实互动的方式，尤其是将我们的行为延伸到我们借助一般手段难以触及的真实（如微观世界、远距离的专家等）的互动中。这大大拓展了一般媒体技术的启发性功能，为学习者提供了复杂与"真实"的学习环境，使学习者可以有效地掌握与运用知识。

3. 关于虚拟真实技术的研发与教育运用的局限

正如其他新兴科学技术一样，虚拟真实技术也是许多相关学科领域交叉、集成的产物。它的研究内容涉及人工智能、计算机科学、电子学、传感技术、计算机图形学、智能控制、心理学等。我们必须清醒地认识到，虽然这个领域的技术潜力是巨大的，应用前景也是很广阔的，但仍存在着许多尚未解决的理论问题和有待克服的技术障碍，甚至存在着由于一些人道德认识水平上对"虚拟世界"与"真实世界"中身份的不分而导致的各种道德和刑事犯罪等社会问题。客观而论，目前虚拟真实技术所取得的成就，绝大部分还仅仅限于扩展了计算机的接口能力，仅仅是刚刚开始涉及人的感知系统和肌肉系统与计算机的结合作用问题，还未根本涉及"人在实践中得到的感觉信息是怎样在人的大脑中存储和加工处理成为人对客观世界的认识"这一重要过程。只有当真正开始涉及并找到对这些问题的技术实现途径时，人和信息处理系统间的隔阂才有可能被彻底地移除；也只有当对虚拟世界建立健全必要的法律、法规保障制度时，人才能明晰身处不同世界的责任，才能保证人们和平友好地生活在安全的世界中。我们期待有朝一日，虚拟真实系统成为一种对多维信息处理的强大系统，成为人们进行思考和创造的助手，成为人们对已有的概念进行深化和获取新概念的有力工具，成为人们生活的伙伴和文化。

第四节　现代信息技术与课程教学的整合

一、现代信息技术与课程教学整合的历程

在教学过程中应用以多媒体计算机和网络通讯为基础的现代信息技术（IT），

重构鼓励创新和合作的新型学习文化，彻底改变人的学习方式，充分发掘人的学习潜能，促进教学质量的全面提高，已成为当今世界各国为优化人力资源所必须面对的重要任务。2001 年 6 月，我国教育部颁布的《基础教育课程改革纲要（试行）》正式将信息技术教育纳入到课程实施常规，并将其确定为综合实践活动必修课的主要内容之一，从而跨越了依托 IT 与课程教学整合实现教育范型更替的具有战略意义的重要一步。运用 IT 可为用户（学生和教师）提供丰富的学习资源和强大的认知工具，从而为实现 IT 与课程教学的整合建立了广阔的平台。

基于 IT 的现代学习资源，主要是指以计算机为基础的教学软件、CAI 课件和网络学习资源。它们是用于整合课程教学内容的主要支撑。

IT 与课程教学整合意味着把计算机视作课程内容学习的一个有机组成部分，让它成为学习的重要资源和工具，在学习活动中全面结合使用计算机，更好地完成教学目标，即让计算机来系统地处理课程教学的各个方面，建立满足学生需要的整合系统。

我国信息技术教育虽然起步晚，但发展迅速。从 IT 与课程教学相整合的历程上看，大致经历了三个阶段。

（一）起步阶段：20 世纪 80 年代初至 90 年代初，其基本特征是"为学习计算机而教"

学校开展了以学习计算机基本操作为内容的课外兴趣小组活动或设置了计算机选修课。这时，相应的教学设计开始注重视听媒体资源的选择，利用幻灯片、录音、录像、各种图片来辅助学科教学，初步形成了基于电化视听媒体的以"教"为中心的教学设计。教师开始用简单的计算机程序批改标准化试卷或处理成套的习题。

（二）初级发展阶段：20 世纪 90 年代初至 90 年代中期，基本特征为"为教学而用计算机"

学校出现了以学习计算机应用为内容的选修课，学科 CAI 实验普遍展开。这时的教学设计侧重考虑利用多媒体计算机、课件等促进教学，各种教学软件也开始出现；发展并完善了以"教"为中心的教学设计范型，这种设计着重考虑围绕如何帮助"教"而展开教学活动，其主要环节为：教学目标和任务分析（确定教学内容）→学生特征分析（确定教学起点）→教学策略设计和媒体选择设计→形成性评价→反馈、调整、修正教学内容与策略。经过多年的努力和实践，这种基于计算机的以"教"为中心的设计在教学中产生了重要影响，受到教师的欢迎，成了教师对教学进行组织、管理、控制的有力工具，教师的主导作用得到了充分的展现。可以说，这类设计为推动信息技术在学科教学中的应用起了重要作用。

（三）迅速发展阶段：20 世纪 90 年代后期，基本特征为"网络学习资源的崛起"引起教学中心转移

此间，诞生了信息技术教育必修课，并强调 IT 与各科教学的整合。大量的学科学习软件问世，各种网络资源迅速发展。对教学的影响在于，在以"教"为中心的教学模式广泛盛行的情况下，悄然出现了强调以"学"为中心的设计，并很

快受到学习者的欢迎（实践中教师们的探索）。这类设计强调以学习者为中心，在设计上主要有两大特点：一是重视学习环境的设计，二是关注自主学习策略的设计。其设计思想主要受到建构主义思潮的影响，试图通过设计学习环境、创设良好的外部条件，促进学习者的意义建构；同时通过有效的教学策略激励学习者的动机、主动性和创造性。这类设计由开始的完全"自学式"很快融入了把教师作为学习资源中的引导和支架的要素，来更有效地促进学生在从事真实问题的解决中形成对知识的意义建构。这种以"学"为中心的教学设计，在突破传统教育观念、改变学习方式、促进学习者自主发展上无疑实现了对长期统治课堂的以"教"为中心的教学设计的超越，从此，人们终于把目光由观看教师的表演转向欣赏学生的学习。

二、现代信息技术带来的课程教学领域中的变化

（一）学习环境的变化

现代信息技术应用于教学过程会带来学习环境的变化，这种新型学习环境的特点如下。

1. 鼓励好奇、创新与团队合作。

2. 教师作用被转变，成为学生学习的中介和指导。

3. 支持教育的学徒式模式。

4. 减少了对学生的胁迫和挫伤。

5. 减少了学生的行为习惯问题，提高了注意力，改进了自我形象。

6. 获得更多的信息（必要的背景及相关的材料）。

7. 更丰富的信息环境贯穿于"超载"的媒体。

8. 拆除了教室的围墙，与家庭、城镇和世界融通。

9. 打破了学期或学年教学计划的时间界限。

10. 增进了学生对学科的主权意识。

11. 支持真实情境的学习并为心智建模提供支撑。

12. 建立了与外界人与物更多的联系。

（二）学习方式的变化

现代信息技术运用于课程教学会带来学习方式的变化，具体表现在以下三个方面。

1. 新的教学形态出现：个别制以及智能分布的学习共同体

古代社会个别教学形态因效率低下而被近代社会的班级授课制所替代。现代社会信息技术的发展，将会出现新的学徒制教学形态，但它不是师徒的直接交流，而是学生借助计算机多媒体进行的"人—机对话"的学习。当然，这种利用机器的学习，也不同于斯金纳的单机程序教学。借助基于计算机网络和多媒体技术的教学软件，可以实现因材施教。教师可以指导学生根据自己的程度和需要通过软件的帮助和反馈进行选择性学习，教师还可以根据教学需要以及计算机提供给每个学生的反馈信息，采取措施，随时修改教学内容，变更课程安排，改进教学。

通过网络可以把来自不同区域的学习者联系起来，使他们就共同关注的话题进行长期互动和联手探究，从而逐步形成具有共享知识、价值和目标的基于网络的学习共同体。这种学习共同体拓展了传统的课堂空间，"教室"不再是一个有边界的物理空间概念，而是一个虚拟的合作空间，通过 IT 把学习者的经验链接到真实的社会生活，可以在学习过程中赢得更广阔的学习资源支持。例如，Vision Athena、Inspiration®、Thinking Maps®等一些经过特别设计的网络学习工具，可以有针对性地支持学习者将不同的经验和专长在一个虚拟空间中汇集到一起，使学习者把包含在学习活动中的理解可视化，从而为分布的学习共同体成员搭建了一个协作探究的共享平台，学习者可以观察、讨论、反思抛锚在真实学习情境中的概念、理论和实践，并彼此相互促进把这些外显化的知识内化为自己实践中的知识。

2. 自主学习成为可能

今天，凡是媒体，特别是电子媒体都可能是"教师"，而且学习材料多以文字、图像、声音等相互结合的"超媒体"① 形式呈现，促使学习者利用多种感觉通道参与学习。一方面，设计人员借助对媒体的设计可以调动学习者大脑的学习潜能，使学习者自主地选择自己最有效的学习方式；另一方面，由于教学软件的编制采用了非线性技术，它可以按人脑的联想思维，把相关的信息联系起来，从而可以提供多种解决问题的方式。再者，IT 也对学习提供了必要的支撑，其中包括必备的先拥知识技能、认知工具和人际支撑等。当学生输入信息指令后，它便展示各种途径，引导学生积极、主动地进行探索式、发现式的学习，而不是被动地储存知识。学生可以自由选择各种不同的学习路径和学习进度来达到共同的学习目标。另外，课程软件可以为学习者提供多元化的课程"菜单"，从而实现学习内容的个性化。学习者不但可以根据自己的需要通过计算机网络选择不同的课程（包括可以选择不同国家和地区的同一课程），也可以选择同一课程的不同单元或学习专题，从而满足学习者个性化的学习需要。

3. 学习时空的革命：终身学习成为 21 世纪教育的定位

现代信息技术所带来的知识激增与衰变，没有人能与之保持同步。以培养创新精神和实践能力为本的教育必然成为知识经济时代的主题，而且，着眼于知识创新的教育必然是以人的终身学习为基点的。我们已经进入了一个终身学习的时代、一个学习化的社会，学习成为每一个公民的权利和义务，成为人的生存方式。今天的学习主要不是记忆大量的事实性知识，而是掌握学习的方法——知道为何学习？从哪里学习？怎样学习？如果一个人没有掌握学习方法，即使他门门功课都很优秀，他仍然是一个失败的学习者。

有人做过统计，如果一个人平均在学校受教育的时间是 15 年（7～22 岁），活到 80 岁，按照知识更新的速度，他这一生中的知识有 85％以上是在走出大学校门以后学到的。所以，每个人都要树立终身学习的观念。这是一种贯穿于人的

---

① 超媒体：意为超文本加多媒体。

一生的学习，是不断提出问题、解决问题的学习，是敢于打破狭隘的专业界限、面向真实复杂任务的学习，是与他人协作、分享、共进的学习，是不断进行自我反思的学习，是依托信息技术将真实情境与虚拟情境融会贯通的学习，是以信息技术作为强大认知工具的潜力无穷的学习。今天的学习化社会，学习成为个人、机构、国家、社会进步的重要机制，是知识经济的中心。正是从这一意义上说，我们正在经历着一场学习的革命。这场革命将彻底革除传统的旧的教育观念以及与之相应的教学与学习方式，创造出一种真正意义上尊重人的创造性、充分发掘人的潜力、促进人与人的交流与合作的崭新的教育观念以及基于现代信息技术的教学和学习方式。

三、现代信息技术与课程教学整合的策略

学生的学习是否有效，关键要看教师如何把技术与课程教学整合。简单的形式上的替代不是整合，整合的目的在于更为有效地培养学生对抽象复杂的知识的理解力和解决实际问题的能力，以促进其整体素质的提升。成功的教学实践表明，通过 IT 为学生提供从事真实问题解决活动的机会（比如：生成、检验和提出假设→探索发现概念→反思观察和学到的知识），可以成为 IT 与课程教学整合的突破口。在这种教学设计中，为学习者提供认知帮助是关键而有效的策略，具体可以着手以下几个尝试。

（一）利用视觉图像操作工具为学习者提供认知线索

很多学习系统软件是通过设计一些图像操作来把现象复杂或难以观察的科学实验分解，帮助学生通过观察这些虚拟实验来探索发现某种理论。

（二）利用真实情境和思维表征工具引导概念发展

教学中，初学者往往因为一些不精确或不真实的观察，而导致概念理解的错误。让学习者浸润于学习软件模拟的真实情境中，并利用思维可视化表征工具查找概念网络的缺损，这样可以帮助他们找到新经验与先前知识的适当结合点，从而使前概念得到进化，使概念得到发展。

（三）利用资源中丰富的环境提供元认知活动

元认知对帮助学习者确定搜索空间、从不相关的信息中滤出相关信息、有效地把某一问题与支撑信息统一起来是很关键的。但初学者的背景知识缺乏，且经验有限，让他们在行为、信息和反思之间维持动态平衡是很困难的。利用 IT 学习资源中含有的大量的帮助工具和信息反馈，可以提供元认知活动。

（四）提供形成性评价和总结性评价，帮助学生检验自己的进步

在学习过程的某个阶段有意设置一些问题，或建立问题库，并提供有关问题解决的多种观点的"策略库"，让学习者先通过自我判断了解自己的学习进展，并借助访问"问题库"和"策略库"来拓展理解。

（五）利用网络实现不同学习个体之间的互联

利用 Internet 的优势，建立学习者之间的联系，如信息之间的共享、学习共

同体的建立，以及借助可视化表征工具实现个体内在知识与理解的共享等。

（六）提供丰富的信息资源支撑问题的探究

根据学习主题，将散落的各种资源进行编汇，建立专题学习资源库或网站，方便学习者解决问题之用。

表 9-2	可用于课程教学中的现代信息技术工具	
工具类型	功　能	举　例
搜索工具	查找信息的地点	● 网络工具（Yahoo、Sohu、Google 等）查找数字资源
加工工具	为学习者搜集、组织、统整和生产信息提供认知支持	● 多产性工具（Word、Database、Webbrowsers）中的"拷贝—粘贴"功能使学习者可以获得可随机存储和提取的信息，使学习者将来自于不同资源的信息片断汇集起来 ● 组织工具（MindManager、Inspiration®、Spider® 等）可以让学习者表征概念理解，并可以跟其他多种资源（电子表格、认知地图、图形组织器等）形成链接，使各种信息之间的关系表征得更加生动和科学 ● 理论模型表征工具可以辅助学习者进行领域内或领域间知识联结 ● 问题解决的模板或程序可使学习者形成特定的知识表征
操作工具	检验理论、信念和观点	● 电子表格（Excel、Spss 等）可用于检验来自不同研究者或不同层次研究的各种数据，检验假设的正确性 ● 不同学科学习的操作工具（如数学的几何画板、化学的 E-Chem® 等）可供学习者不必借助复杂的命令，就可直接操纵复杂的概念，来检验自己的理解
交流工具	使学习者以多种方式（文本、声音、影像等）分享不同观点	● 异步交流工具（E-mail、Listserv、Bulletin Boards）可使学习者快速交换来自不同时间和地点的观点 ● 同步交流工具（如视频会议、聊天室、OICQ、MSN）可使不同区域的学习者同时交流信息

实现 IT 与课程教学的整合，关键在于教师要把运用 IT 促进教学作为专业发展的自觉追求，在教学的各个阶段，要有意识地将教学媒体和技术运用进来。对此，教师需要有意识地思考一些问题。

专栏9-3

实现 IT 与课程教学的整合，教师需要有意识地思考的问题

教学计划阶段

● 在哪些方面，教学技术可以有效地帮助学生理解和表达学习任务

● 在哪些方面，教学加工技术（如方法、技巧等）、高技术或其他媒体技术可以有效地帮助我设计和开发教学材料

● 我或我的学生怎样通过技术来提高对某话题的关注和探究动机

● 怎样运用教学技术提高我的教学准备的有效性或学生学习的有效性

教学实施阶段
- 我怎样使得教学技术能够帮助和改进学生体验教学的方式
- 我怎样运用教学技术使我的教学更有效

教学评价阶段
- 我怎样运用技术来判定学生已有学习的程度
- 我怎样运用技术来搜集学生的反馈
- 在哪些方面，我可以运用技术来评定所用教学材料的效果、效率和对学生的吸引力

对 IT 与课程教学整合的研究在我国还刚刚起步，还有许多问题需要研究，这些研究需要来自技术、哲学、文化、社会学、心理学、教育学、脑科学等多方智慧的融合。

第五节　整合教学媒体的课堂教学设计：ASSURE 模式

教学媒体作为一种工具，其选择和运用是与教学方法、教学内容、教学环境、学生特点以及教学活动的进程等密切联系在一起的。

专栏 9-4

有助于教师选择教学媒体的几个引导性问题

关于学生

(1) 他们的一般特点是怎样的？如年龄、年级水平、家庭经济状况、已有经验，以及特殊需求，等等。

(2) 他们已经掌握了哪些知识和技能？

(3) 他们有着怎样的学习风格和倾向？

(4) 他们喜欢通过听觉材料、视觉材料、人际经验，还是动手做活动来学习？

(5) 任教的班级有多少学生？

关于目标

(1) 本节课的学习目标是什么？

(2) 这些目标是怎么分类的？

(3) 需要用到哪些类型的学习？

(4) 这些目标对学生有哪些认知要求？

(5) 应该按照什么样的序列来呈现学习内容？

关于学习环境

(1) 学习空间有多大？

(2) 这样的学习空间是否便于将学生分成小组？

(3) 这样的空间是否允许学生独立专心地工作？

关于可利用的资源

（1）可由教师配置的资源有多少（包括材料、设备、资金等）?

（2）在使用资源时存在哪些限制?

（3）准备材料、备课以及完成教学活动需要多长时间?

（注：究竟选择什么样的媒体，还要了解不同媒体在教学中的优势和局限，参见表 9-4）

我们可以把课堂中的"教与学"视作一系列按照若干阶段和顺序而展开的过程。美国心理学家加涅把这些阶段称作"教学事件"（events of instruction）。我们介绍的 ASSURE 模式就包括了课堂中的六大基本教学事件。该模式以对课堂教学中媒体的使用设计为重点，着眼于个体教师的日常教学活动中所必须遵循的系统化设计步骤，为设计者提供了设计与反思教学的基本思考框架。ASSURE 模式不仅适用于日常教学活动设计，也适用于引发学生主动探究的教学方案的开发，对开放式的研究性学习设计也具有一定的启发。下面就是 ASSURE 模式的几个设计要素。[①]

一、分析学习者（analyse student characteristics）

若想有效地运用教学媒体和教学方法，就必须首先了解学习者的特性。对学习者特性的分析主要包括三个方面。

（一）一般特性

一般特性指年龄、年级、工作或职位以及文化或社会经济因素等。譬如，若学习者的阅读能力远低于一般水准，则以非印刷媒体进行教学可能比较有效；如果学习者对所选用的教材显得热情不高，则应考虑选取高度刺激的方式如角色扮演、录影录像，或是计算机模拟等活动；如果学习者是第一次接触某个新的概念，则需要较为直接、具体的经验，如教师演示或学生做实验观察。学习者的准备程度越高，就越能接受视听的，甚至是文本的材料。如若学习者对将要学习的概念或原理的先前认识差异很大，则可以借助录像等视听媒体展现共同的背景经验，以此作为探究的依据，并推动协商的进行。

（二）特定的起点能力

学习者的起点能力是指学习者已经具备的，或是还缺乏的知识和技能。如先拥知识和技能、目标知识和技能、态度，等等。

经验表明，教学前教师有必要借助一些非正式的方式（如随堂提问、课外谈话等）或正式的方式（如测验）来检定学习者的起点能力，目的在于了解学习者是否具备学习新的知识和技能所必备的先拥知识和技能。学习者只有具备了这些

[①] 参见 R. Heinich, M. Molenda, J. D. Russel, S. E. Smaldino：《教学媒体与技术》（第七版，影印版），高等教育出版社，2004 年版，第 52—84 页。本章作者根据我国教学实际及本书的编写体例，在参考原作的基础上进行了改动和编写。

先拥知识和技能，才可能从教学中获益。

分析学习者已经知道的东西之后，就可以选择合宜的教学方法和教学媒体。如果所教的学生起点能力良莠不齐，就应考虑布置给学生自学的教材，以便让学生自调步骤地学习，当然也可采用个别化教学的方式。

（三）**学习风格**

教师在选择教学方法和媒体时，还必须考虑学生的学习风格。学习风格是学习者对学习方法的定向和偏爱，指学习者个体在教学过程中通常喜欢采用的学习方式。学习风格的差异是由学习者个体的若干心理特质组合的性质决定的，这些心理特质足以决定个体在学习环境中对事物的知觉，乃至情感的反应等方面的表现。比如焦虑、性向、视觉或是听觉的偏好等。教师可以利用有关学生学习风格的资料来调整自己的教学方式，以利于特定学习风格学生的学习。

专栏9-5

学习风格的表现及影响因素举例

1. 知觉的偏好强度

学习者所偏好或擅长的感觉方式因人而异。一般而言，人们主要的感觉为听觉、视觉、触觉及动觉。研究表明，学生大多较为不喜欢，也较不擅长接受听觉媒体的信息，由此，应善用讲述法。研究还发现，学习迟缓的学生比较偏爱触觉或动觉经验。成熟度越低，越依赖触觉或动觉的方式来学习。

2. 信息处理的习惯

按照"具体—抽象"和"随意—序列"两个维度，将学习者处理信息的风格分为具体序列、具体随意、抽象序列和抽象随意四类。具体序列地处理信息的学习者喜欢直接的、亲自动手的经验，偏好有结构、有组织的呈现方式，练习、程序教学、示范、结构化的实验操作等学习方式对他们来说会有好的效果。具体随意的学习者则倾向于采用试误的方式，往往获得了初步尝试的经验就直接下结论，他们偏好游戏、模拟、独立研究的作业，以及发现式的学习方式。抽象序列的学习者擅长解析文本和抽象的信息，特别是以合乎逻辑的顺序呈现信息的学习方式是最佳选择。他们偏好阅读、听演讲等方式。抽象随意的学习者较擅长从以人为媒介的报告中提取意义，他们会对说话者的语气和风格有所反应，也喜欢对说话者所传达的信息做出反馈。他们善于参与集体讨论，也喜欢带有问答或配有影像观赏的讲述式教学。

3. 动机因素

情绪因素与个体所注意的事物、维持注意力时间的长短、对学习心智投入的多寡，以及情感对学习的干扰等有关。焦虑、制控观（内控/外控）、结构化程度、成就动机、社会动机、警觉性、竞争性等都是影响学习过程的关键因素。

4. 生理因素

性别、健康状况以及环境条件也会对学习产生重要的影响。

二、叙写目标（state objective of learning）

教师对每位学习者的学习结果有怎样的期望？或更确切地说，在完成一段教学之后，学习者应该具备什么样的能力？这是 ASSURE 模式第二步要解决的问题。所谓目标，并不是指教师计划在教学活动所要教授的内容，而是指学习者在学完某一段课程之后，应会的东西。即目标是指将要达成"什么"的叙述，而非仅仅"如何"的叙述。这里的"目标"是指"学习目标"，也是"教学目标"。

对目标的叙述要力求具体、明确，这有助于：（1）教师选择适当的教学方法和媒体，安排教学活动顺序和有利于达成目标的学习环境；（2）教师确认合适的评价方式；（3）使教学成为目标定向的活动，减少盲目性，而且叙写良好的目标本身也成为教师和学生之间的契约，使学习成为教师和学生共同的责任。

专栏9-6

良好的教学目标的要素：ABCD

一个叙写良好的目标包括四个要素，它们也可以作为衡量一个教学目标叙写是否得当的标准。

1. 观众（audience）：搞清目标所指的教学对象（或观众，这里指学生）。
2. 行为或能力（behavior 或 capability）：说明所要学习的行为或能力。
3. 条件（conditions）：所习得的行为或能力应在何种条件之下表现出来。
4. 程度（degree）：评判该项能力的标准，如时间限制、正确的程度、所要求的正确反应比例、量化标准等。

这里需要说明一点，并不是所有的教学目标都能够或必须明确地表述出来。教学目标通常有不同的类型，分类方法也有不同。如果以教学所预期的学习结果的主要类型为依据，可将教学目标分作认知领域、情意领域、动作技能领域和人际关系领域四类目标。认知领域的学习包括一系列心智能力，可以细分为记忆、理解、应用、分析、综合、评价等。情意领域涵盖了情感和价值，包括激发学习者对学校各科的学习兴趣、鼓励学生保持积极的社会态度，以及培养学生树立与遵守某一伦理标准等。动作技能领域中的学习，包括运动、手工操作等与身体动作有关的技能。从简单的机械操作，到精细的实验技巧，再到需要精确的神经肌肉协调的运动竞技，都包括于其中。人际关系领域的学习包括人际之间的各种互动。人际关系技能是以人为中心的技能，要求的是如何与人和谐相处的能力，如团队合作的能力、协商的技巧、管理组织能力、讨论的能力、与对手相处的能力等。

一般来说，认知领域和动作技能领域的教学目标可以较为容易地明确表述，而情意领域和人际关系领域的教学目标则难以达到量化的标准，它们往往是难以直接观察、无形的、不易测量的抽象目标（如情感态度和价值观），对这样的目标我们可以"放宽"标准。应注意的是，目标并不是用来限制学生的学习，它们只是为预期的成就标明最低的标准。在学生朝向目标努力的时候，往往会产生目标之外的偶发学习。每位学习者都有自己不同的经验领域和特性，所以，不同的学生会产生不同的偶发学习。因此，在实际教学情境中，全班的学习活动很少是限定在朝向某一目标的达成上，偶发的学习是正常的、合法的，且其结果应该得到承认，并能受到全班学生的分享。

三、选择方法、媒体与教材（select methods、media and materials）

（一）选择适当的教学方法

没有一种教学方法一定好于另一种教学方法，在教学过程中总是在不同时间通过不同的方法达到不同的目的。依照教学内容和教学目标的不同、教学过程的进展情况、学习风格差异等选择的教学方法也不同，因此，与教学方法相匹配的教学媒体也会有所变化。表 9-3 选列了一些与常见教学方法相匹配的现代教学媒体的形式。

表 9-3			教学媒体与教学方法的匹配					
教学方法 ＼ 教学媒体	计算机软件	视频	图 示			音频	文本	实物及模型
			图片	幻灯或电脑投影	展示板			
讲解		√	√	√	√	√	√	
演示	√	√	√	√	√			√
讨论					√			
合作学习	√		√					√
发现	√		√				√	
问题求解	√	√			√		√	
教学游戏	√		√				√	
模拟	√		√				√	√
练习	√						√	
辅导	√						√	

（二）选择媒体形式

每种媒体都各有长处和短处，究竟选择何种媒体应视教学环境和组织方式（大班或是小组教学，或是自学方式）、学习者特性（信息处理的习惯）、教学内容与目标的性质（认知、情意、动作或人际关系）等变量加以权衡。

不应忽略的是，教材也是一种重要的媒体，教材的选择对确保教学的有效性至关重要。一般来讲，为了取得合适的教材，可采用三种方式：选择现成的教材、修改现成的教材、设计新的教材。显然，如果有现成的教材可供学生完成教学目标，则是省时省力之事。但是，若现成的媒体或教材不完全符合教学目标，或不能适合教学对象的需求，则需要对现有教材加以改造，或者干脆自行设计符合需求的新教材，查找新资源。

我国现在实施的研究性学习及校本课程在教学内容的选择上多是以学生为中心，更多地关注到学习者的先拥经验、兴趣、自然和生活实际，强调动手实践、适应本校和本地区实际，鼓励学生自定课题，教师主要当好促进者和发挥资源中介的作用。因此，在研究性学习中教材的含义是广泛的，不仅包括各种印刷文本、声像，还包括一切可以利用的资源、生活乃至文化。在此，教材是广义的媒体。因此，在充分利用技术媒体资源的前提下，我们可以选择、修改或自行设计合适教学媒体的策略。

1．选择合适的教学媒体

应当说，媒体生产商、图书馆、因特网提供了大量的媒体资源，但如何从中选择合适的媒体作为探究性学习的教材呢？可参考以下标准。

（1）媒体的目标是否符合探究性学习内容的要求？

（2）媒体的内容是否正确，资料是否更新？

（3）媒体是否包含了清新而简洁的语言说明？

（4）媒体呈现之后，是否能激发与维持学习者的兴趣？

（5）媒体是否能提升学习者主动参与的程度？

（6）媒体是否具有良好的制作品质？

（7）媒体制作人是否提供了有关效能的证据（诸如实地测验的结果)？

（8）媒体的内容是否会引起某些偏见？

（9）是否附有媒体使用的指南及其他文件？

2．修改现成的教学媒体

倘若教师们无法在现成的媒体中找到合适的，可对现成的教学媒体加以修改，此时教师们可以发挥自己的创意。比如：

（1）选用合适的部分，如某个录影带的画面适用，而其声音不合适（比如概念层次过高或太低，或讨论的议题不合适，或语音语调不合适），则可只放映影像，而由教师自行旁白。

（2）改变播放顺序或方式，如可以分段播放，即只播放合适的某一段影像或声音，讨论之后，再播放另外一段。有条件的教师，还可自行对选择使用的片断进行编辑、配音，形成一套合适的音像材料。

（3）用录影机从电视台播放的节目中录制合适的电视节目，斟酌教学情境进行使用。

（4）修改教学游戏，如运用原有的游戏形式，但改变游戏规则增加或减低复杂程度；或将游戏中须由玩家（学生）回答的问题改为小组讨论的问题，或准备一套新问题，可以是与原来的问题程度不同，或主题不同。

（5）对修改过的媒体要加以试用，针对学生的反应不断修正，直到符合您的需要为止。

需要注意的是，以上提供的对教学媒体的修改建议完全是基于教学之需，如作他用须考虑原设计者的版权问题。

3. 自行设计新的教学媒体

这项工作极富挑战性，对教师的要求也很高。一般来讲，自行设计教学媒体要考虑如下事项。

（1）教学目标：您希望学生学会什么？

（2）教学对象：学生的特性如何？是否具有学习新媒体的先拥知识和技能？

（3）制作成本：制作的经费预算是否足以支付材料费用（录像带、录音带、光盘、计算机软件、硬件等）及制作费用？

（4）制作技术：您是否具有设计和制作该教学媒体的必要专业知识和技能？若没有，您是否能获得必备的技术支援或指导？应在您的能力可以胜任的范围内设计和制作新的教学媒体，应遵循实用和经济的原则。

（5）制作装备：是否具有足够的制作器材、工具、材料、场地以供您制作新的教学媒体之用？

（6）制作时间：是否有足够的时间允许您制作称心的教学媒体？

四、使用媒体与教材（utilize media and materials）

一旦选择、修改，或设计好教材或媒体之后，就要计划应该如何去使用这些教材及媒体技术。

（一）试用媒体和教材

要先试用教学媒体，并把自己要教授的内容预览一番，以确保内容的合适、健康与科学性，并充分理解其中的内容，发现使用的外部要求，以确保该媒体和教材的有效使用。同时，还要把必须使用的各种器材和设备准备好，特别要准备并调试好让学生使用的各种设备（计算机、网络、仪器等）。

（二）布置教室环境

把欲在教室、实验室或其他场所使用的教学媒体妥善安排好，布置好各种教学需要的物理环境，如器材摆放的位置、便于学生讨论的座位、声音、通风、光线的效果等。

（三）学生做好准备

为了保证在一定的教学时间内学得有效，要让学生在正式教学活动开始前，进行"热身"。为此，教师可以在课前或课堂的前几分钟做这样的事情。

1. 做一个简单介绍，提供本堂课的概览。

2. 说明该堂课的背景或理由，以使学生了解学习主题的由来。

3. 说出激发学习动机的话，以让学生知道集中注意力来学习的好处。

4. 直接揭示本堂课学生所要探索的部分。

（四）提供学习经验

充分准备之后，就可以将学习经验提供给学习者了。若学习经验是以教师为中心的，则可用讲授的方式把内容呈现给学生，媒体由教师来操作；若学习经验是以学生为中心的，则教师要扮演引导者或帮促者的角色，帮助学生通过媒体（如在网络上）探索所要学习的课题，讨论学习内容，准备学习档案的材料，或是把所汇集到的资料报告给全班同学。

五、激发学习者参与（require learner participation）

为了让教学活动能有效地展开，必须让学习者积极地投入其中。对此，行为主义、认知主义、建构主义都提出了各自的建议，但均非常重视要让学习者通过充分的实践（或练习）并得到反馈（建设性的、批判性的，且经过评价的反馈）来积极参与到学习活动中来。如行为主义者认为，学习者知道了正确的反馈，可以增强其表现的适切行为；认知主义者认为，让学习者获得正确的信息，可以丰富学习者的认知图式；个人建构主义者认为，融入了个人的经验，使学习者觉得学习才有意义；社会建构主义者认为，人际间的反馈可以为学习者提供正确的信息和情绪的支持。因此，必须给学习者提供机会让他们充分实践其所学的知识和技能，并能及时对其努力是否适切给予反馈。实践包括自我检查、亲自动手实验、计算机辅助教学、因特网学习活动、讨论、问答、小组合作解决问题、团体竞赛等活动，反馈可由教师提供，也可由计算机、其他同学或自评的方式提供。

六、评价与修正（evaluate and revise）

教学设计中最常被误用的就是评价与修正。评价与修正的主要目的在于衡量教学的品质，检查存在的问题，改进教学的效果。评价伴随着整个教学过程。教学前，教师对学生的起点行为和教学媒体本身都须加以评价，以确定学生的经验背景与教学媒体是否确实适配；教学中，教师随时从学生的练习与回答，以及学生的自评中诊断出教学目标的达成情况和教学中的问题与困难，并对不足之处进行补救；教学后，则可以借助较为正规的测验方式检查学生对所学知识与技能的掌握情况，并可以此作为某一学段教学效果的检验。评价教学效果并非是教学的终点，而是有效使用教学媒体 ASSURE 模式中下一个教学轮回的开始。

（一）学生学习成就的评价

学生是否学到了他们应该学到的东西？这是教学评价要解决的问题。回答这一问题，还必须回到当初叙写的教学目标中所制定的标准。根据这些标准，就可以评价学生所学到的新知能是否达到了该标准的要求。值得注意的是，如若这些教学目标只说明以纸笔测验的方式评价学生所学到的事实和信息，那么，就要改写这些目标。

评价学生学习成就的方法，应随着目标性质的不同而不同。对一些只涉及简单认知活动的目标，如回忆某个概念的定义、描述实验操作的要领等就可以采用传统的笔试或口试；对涉及历程的行为（如画出概念图、解剖家兔、配制溶液、解一元二次方程等）、成品制作（一件雕刻、小发动机、实验报告、统计图表等）、态度的形成（对不同观点的包容态度、对作品的鉴赏、对实验的专注、团队协作精神等）等方面的能力只用纸笔方式是难以衡量学生真实水平的。

探究性学习活动通常需要用到真实性评价。真实性评价通常是以实际表现为主的评价，而且通常是要求学生在自然的情境中展现自己的学习成果，有着纸笔测验所不具有的功能。真实评价的重点在于展现学生精熟某些能力，并且能将新学习的知识和技能迁移到不同的情境中。真实评价为学生提供了机会，以便在真实情境中能展现其所习得的知识和能力，而这些情境是同专业领域的真实情境相仿的。与历程、技能及态度有关的能力常用真实评价检验。关于操作技能技巧的评价必须通过观察来进行，并配以较为客观的标准。态度的评价较为困难，就某些目标而言，必须经过长期的观察，这要求教师在日常教学活动中要随时随地地观察学生的表现，当然可以借助态度量表使观察有的放矢。

专栏9-7

真实性评价的任务与方式

可以用真实评价的任务所具备的特点

- 完成任务的方法有多种；
- 可以激发学生的深度思考，而不只是作回忆或再认；
- 需要学生自己做出决定，而非只是死记硬背，可以用多种方式思考；
- 可以引导学生进行各种不同的问题解决的学习；
- 学生可以提出各种不同的问题。

真实评价的常用方式

- 学生的专题作业（要求学生写科学专题作业、制作海报等）；
- 表演（发表演说、角色游戏、操作技巧）；
- 由教师或同伴进行的口试；
- 具有争议性质的专题讨论；
- 学习文档，包括学生作品及其所作的反思等。

（二）教学媒体与方法的评价

教师可以通过问自己这样几个问题，来知晓对教学媒体（及教材）与方法的使用是否得当。

（1）使用的教学材料是否有效？

（2）学生们能借此改进学习吗？

（3）对它们的使用是否符合与学生成就相关的成本效益的要求？

（4）用来呈现教学材料的时间花得是否值得？

（5）该教学媒体是否与教学目标相匹配？

（6）是否能使教学更生动有趣？难易度如何？

（7）是否给学生提供了参与教学活动的机会？

教师也可以通过让学生针对某项活动中教学媒体的使用、与学生交谈等方式来评价媒体与方法。评价之后，教师就要针对评价结果进行总结：所设想的与实际进行的有哪些差距？学生的成就是否在某一个或多个教学目标方面没有达到要求？学生对所使用的教学方法和媒体反应如何？如果评价指出在某一方面有缺点，就必须找到问题出在何处，并加以修正、解决。在完成一堂课之后，应立即记录下对该堂课的反思，以便日后再次进行此课的教学时有所参照，使自己的教学得到不断的完善。

教学媒体的有效使用有赖于好的教学设计。ASSURE 模式提供了一个如何将教学媒体适当地与教学过程整合的设计过程的引导性参照。关于 ASSURE 模式的使用，应注意以下几点：第一，该模式只是展现了教师在设计日常教学中通常应考虑的几个基本步骤及其主要因素，而并没有囊括所有不同情境下教学活动的所有步骤和因素。因此，该模式所提供的是解决日常教学中一般问题的、带有一定的原则性和概括性的方式或方法；而且，该模式所提供的一切方法只是供设计者采用的可能的方法，而不是绝对的、必须采用的方法，也就是说，这些方法可以增加达到目标的机会，而不一定保证目标的实现。第二，该模式关照到了教学的生成性，实际上是开放式的，并非某种固定的程序，它为设计者留出了很大的创作空间。第三，在设计具体的教学活动时，设计者除了要考虑该模式所提及的教学的几个基本步骤以外，还应关注具体情境的特殊性，灵活运用该模式，形成更具操作性的具体的方法与策略。

表 9-4	常用教学媒体的优势与局限一览表	
教学媒体	优　势	局　限
1. 多媒体	有利于学习和保持。交互式多媒体可以提供多种学习形式，且使学习者主动参与。 可针对不同的学习风格和偏好。多种媒体形式的整合为针对个体学习者的教学提供了机会。 适用于不同学习领域。交互式多媒体教学在所有学习领域均已显示出有效性。如在心理技能训练中，为问题解决和高级思维技能提供情境，呈现学习的情感因素等。 重塑真实。交互式多媒体可以再现事件起初的面貌，使学习者可以借助多个感觉通道获得对学习内容高度真实的感受。 动机激励。学习者会对交互式多媒体持续表现出积极的态度。 互动。充分显示了计算机能与用户互动这一最为显著的作用，它可以呈现信息，引起学习者的反应并对反应做出评价。 个别化。计算机可以使教学针对不同个体的需要而进行，可以即时地评价和监控学习者的表现。 一致性。计算机可以使所有学习者用同样的方式处理某一特定话题。 学习者控制。计算机可以让用户自定教学空间和教学步骤。	装备配置要求较高。与计算机相配套的其他外部复杂系统装置的条件有时难以满足。 初装费用较高。购置和安装计算机、各种媒体设备以及其他软硬件需要较高的费用。 复杂且无统一的标准。交互式多媒体系统本身可能比较复杂，若想单独使用某一部分有时很不方便。而且，由于在安装和配置上没有统一的标准，也给使用者带来诸多不便。 兼容性有限。不同品牌的计算机及多媒体配件之间有时兼容性较差。 智能性有限。大多数计算机软件与学习者的智慧交互能力是有限的，往往只是一些简单的多项选择或正误判断式的互动。

续表

教学媒体	优　势	局　限
2. 视频① 　2.1 录像	动态的。动态画面可以有效地展现某一重要过程。如可以用录像展示许多科学实验的重要操作。 　提供真实生活经验。录像可以让学习者观察到难以直接观察到的、危险的或罕见的现象（如微观粒子运动、日食、火山爆发、太空探险、战争）。 　重复。录像可以为学习者提供重复学习的信息和机会，以便于学习者更好地掌握知识。	速度固定。只能按照一个速度播放录像，这样难以满足不同观众的观看要求。 　预先安排。通常教师要提前对教学中用到的录像安排好顺序，准备好需用的装置，同时还需要教学辅助人员的帮助。
2.2 影碟	大容量。影碟的每一面可以存储30分钟以上的视频内容。 　访取便捷。影碟播放器可以快速访取碟片上任一静画或视频段节，师生可以方便地在远处用遥控器控制。 　声道选择灵活。影碟可以含有2～4个声道，方便不同听众的喜好。 　经久耐用。影碟不会因多次播放而损失品质。 　高品质画面和低价格。影碟比大多数录像的画面品质要高，而复制影碟的花费则相对低廉。	设备投资及画面制作成本高。影碟播放机的价格通常高于录像机或投影机，而且制作影碟的商业成本较高。 　播放时间有限。每面影碟在影碟播放机上的播放时间比录像带要短得多，而且若获取另一面不同的信息通常要靠手动控制。 　格式匹配。与CD不同，很多影碟不是数字记录格式的，不能直接与计算机匹配。
2.3 DVD	大容量。每张DVD片可存储8小时的动态影像。 　高保真的声音。 　数字格式。DVD是数字媒体，可直接与计算机配用。	素材有限。当下可用于教学场景的素材较少，因而高品质的教学DVD片价格较高。 　使用率不高。学校里很少使用DVD播放器。
3. 图形 　3.1 图片	形象直观。图片可为口头表达提供生动直观的信息表征。 　现成易得。可以在书本、杂志、报纸、挂历等中找到合适的图片。 　使用方便。多数图片不需要特殊的设备，减少了使用上的麻烦。 　便宜。只需少许或无须花费即可获得所需的图片。	大小受限。一些图片太小，在全班使用可见度低，可以借助投影仪将图片放大。 　二维。图片没有实物和实景的立体感，若将一个物体不同角度的图片叠加呈现可以弥补这一缺陷。 　不具动感。图片是静态的，若将一系列的静画连续呈现则可显示动画。

————————

　①　录像、影碟和DVD等是随着技术的发展而相继出现的视频媒体，前者的诸多优势后者也具有，如动态性、真实生活经验、便于随机访问等。其他类型的媒体也有类似的情况。

续表

教学媒体	优　势	局　限
3.2幻灯片	<u>灵活</u>。幻灯片可以被安排或重新安排成不同的序列，较电影胶片或其他顺序固定的材料灵活。 <u>容易制作</u>。用带自动曝光和调焦的照相机以及高速彩色胶卷就可以制得高品质的幻灯片。 <u>使用方便</u>。用配套的放映机可以在全班放映（可以远距离遥控）。 <u>可用性强</u>。教师容易积累，需要时随处可用。	<u>没有固定顺序</u>。幻灯片主要是个人制品，往往缺乏对片子的组织和统筹安排，存放往往也较为随意。 <u>受人为因素影响大</u>。幻灯片的制作和放映完全受个人的安排，在内容设计上没有标准可依。 <u>易损</u>。幻灯片外没有保护层，易累积灰尘和手印，影响放映效果，而且存放不当易损坏。
3.3电脑投影片	<u>功能多样</u>。可以在遥控投影片的同时与听众和观众面对面地互动。 <u>教师容易控制</u>。教师可以对呈现的材料和重要主题进行多种操作（如强调、变色、超链接等）。 <u>容易准备</u>。教师可以较为容易地准备好自己要用的投影片。 <u>易于编辑</u>。可以在课堂上根据需要进行修改。 <u>便于共享</u>。通过网络传输、浏览或下载。 <u>图像及画面清晰</u>。	<u>依赖教师</u>。投影系统不能脱离教师而独自按需要呈现信息，也不利于独立学习，而适于全班呈现。 <u>辅助准备要求高</u>。在制作投影片时，要准备好文字打印材料、其他类型材料中的图片、视频、音频等，制作高质量的投影片常常还要用到彩色复印机、扫描仪，以及视频和音频设备等。
3.4展示板	<u>功能多样</u>。无论学生还是教师都可以将展示板用于多种意图。 <u>色彩丰富</u>。在展示板上可以用不同的色彩（或符号卡片）展示信息，为课堂增添情趣。 <u>学生参与</u>。学生在设计和使用展示板的同时获益匪浅。	<u>易被忽略</u>。展示板过于普通，教师或不把它视为教学设施，或草草使用而没有使它充分发挥有效作用。 <u>不便携带</u>。展示板大多是不能搬动和携带的。
4. 音频 　4.1音带	<u>师生容易准备</u>。可以简单且经济地录制所需的音带，也可以擦除和多次使用。 <u>熟悉</u>。师生大多数早已用过音带。 <u>传递语言信息</u>。为学生提供基本的语言学习经验（如英语学习）。 <u>刺激适当</u>。音频媒体可以提供比源自教师和课本更为生动和形象的语言信息。 <u>携带便捷</u>。录音机可以携带且可以用于各种学习场所。	<u>顺序固定</u>。音带内容的播放顺序是固定的，且不便查看和确定播放的具体材料。 <u>不易保持注意</u>。学生听录音时注意力容易分散，往往听到了信息但不能理解。 <u>速度难以控制</u>。难以按照一个适当的速度为有着不同背景经验和学习能力的学生提供信息。 <u>易误操作</u>。音带很容易被擦除，有时会把本应保存的内容误擦除。

续表

教学媒体	优　势	局　限
4.2 CD	<u>定位选择</u>。师生可以快捷地确定选择的内容，并可以按照期望的顺序随意播放。 <u>不易损坏</u>。表面没有凹槽，从而不易遭刮擦，也不像音带那样容易绞损。表面上的污点可以清洗，且一般的划痕不影响再次播放。	<u>花费较高</u>。高品质的教学CD片及CD机价格较高。 <u>录制受限</u>。师生难以自行制作CD。
5. 文本	<u>易得</u>。很容易找到有关某个主题的印刷材料。 <u>灵活</u>。可用于任何环境，便于携带且内容组织可以很友好。 <u>经济</u>。可以重复使用。	<u>受读者阅读水平影响较大</u>。 <u>偏重记忆</u>。 <u>较为支持孤立学习</u>。
6. 实物及模型	<u>具体</u>。可以提供动手做的学习经验，强调在真实世界中的应用。 <u>易得</u>。能在学校和生活场景中较为容易地找到合适的实物或模型。 <u>吸引学生注意</u>。针对实物或模型，学生容易做出积极反应。	<u>不便于存放</u>。体积大的实物或模型需要占用较大空间，活的生物材料需要特殊的保存方法。 <u>易损</u>。通常原材料相对脆弱，容易损坏。

【主要结论与启示】

1. 媒体是学习者外部经验的组成部分，对学习者的学习有着直接且重要的影响，因此媒体一直是教学研究的关注点。从宏观层面来看，由于整个外部环境，以及将媒体整合进该环境中的方式都会对学习者如何学习与思考产生极大的影响，因此，支撑学习者与中介信息进行互动的较大的社会或教学的情境就成为媒体研究的焦点；而进一步地从微观层面来看，研究者们又借助符号系统来研究精细的信息加工，尤其是关注个体的加工能力，以及个体与某种媒体互动的符号学特征。为了认清媒体对学习在不同层面上的作用，应当首先全面理解媒体的概念。我们讨论了关于媒体的六种概念或媒体概念六个方面的含义，它们是：生物的、物理的、技术的、编码相关的、文化相关的，以及社会学的媒体概念。

2. 充分认识媒体对学习的影响对有效发挥媒体的教学作用是必须的。媒体用以传递信息的符号的不同性质直接影响到学习者对摄入的信息进行加工、编码、表征以及提取的方式。让学习者运用媒体（尤其是现代信息技术）中介的表征，可以使他们拥有某种经验，支撑学习者之间有效的协作或对知识形成过程的反思，从而有效地促进他们对问题的理解。而且，中介的信息本身也成为将文化信息世代传播的手段。

3. 媒体的选择与使用必须与教学方法、教学内容、教学目标、学习环境、学生特点等相匹配。要处理好"目的—手段"的关系。使用媒体，一切要从有利于学习者掌握教学内容和实现教学目标出发，而不能为了使用而使用。

4. 教育的发展总是与媒体技术的进步相伴相生的，教学媒体是教育领域最活跃的因素之一。一部教学媒体的发展史，几乎反映了教育的发展历史。但是教学媒体并不是教育领域唯一的推动力量。生产力才是最革命的因素。生产力中的两个要素——人和工具必须同时发展才会导致革命的到来。教育生产力同样也包括人和工具这两项。值得注意的是，现代高科技发展所带来的教育媒体的巨大变化，使得教育者和受教育者的思想观念也发生了相应的变化，教育已不再是传统的学校班级授课的同义语。生活教育、终身学习等观念已为人们所接受，并成为一种需求，学习者的身份感已内化为当今信息与知识社会中人的主人翁意识。与此同时，现代教育思想和理论的发展，也在促进和深化着媒体在教育领域中的应用。因此，教育改革既要引入新的工具，又要形成相应的思想观念，二者相辅相成，缺一不可。

【学习评价】

1. 比较以下概念：媒体、教学媒体、现代教学媒体、信息技术、多媒体、现代信息技术、互联网、学习资源。

2. 试分别从一般意义和符号意义说明媒体的概念。

3. 媒体对学习的影响表现在哪些方面？

4. 如何理解教学媒体的功能与作用？

5. 信息技术与课程教学整合的含义是什么？

6. 举例说明将信息技术整合于课程教学会带来哪些变化？

7. 讨论：选择与使用教学媒体时要考虑哪些因素？

8. 试用 ASSURE 模式设计一份运用教学媒体实施教学的教学方案。

9. 调查：目前，我国中小学的信息化建设已经取得了很大成就，大大加快了我国基础教育的发展。在一些大中城市，计算机多媒体系统已经普遍用于中小学课堂教学。但是，不少师生反映，计算机对学科教学的促进作用并不大，甚至教学效能很低。请选择一两所学校就这一现象展开调查，并分析导致这一现象的原因。写出调研报告。

【学术动态】

● 近十年来，有关媒体学习研究的一大焦点是人们如何有效地通过基于计算机的学习环境来学习。乔纳森（David H. Jonassen）、曼德勒（Heinz Mandl）、涅尔森（Jakob Nielsen）、奥利维拉（Armand Oliveira）、威尔逊（Kathleen Wilson）等人都是 20 世纪 90 年代初率先探讨多媒体运用于创设学习环境的著名专家，他们对教学媒体的研究与开发走在了世界前列。比如，威尔逊的研究是把超文本（学习内容材料）与光学技术（如 CD-ROM）、计算机软件结合起来，通过电视显示屏将学习内容情境化，鼓励学生通过探究来学习，并且通过设计提供给学生多种工具和活动，如认知监控工具和游戏等，以及代表不同观点的标志等，来引导学生探究。乔纳森则将学科内容提炼成不同类型的问题，通过设计基于计算机的学生中心的学习环境，帮助学生通过解决问题的形式来学习学科知识。目前更有许多技术专家与学科专家、认知科学家等不同领域的专业人员组合成研究共同体，共同研究不同学科领域（如数学、科学、阅读、历史等）中媒体学习的特点，并开发了配合国家和地区新课程方案的学科学习系统。

● 学界十分关注"虚拟真实"在教学中运用的理论思考，纷纷对"真实"的含义提出不同的见解。譬如，从建构主义的观点和皮亚杰"守恒"的概念来看，真实是建构而来的，任何真实的建构只有通过互动才能实现。因此，真实就是一种我们与之互动的建构，人类的学习就是在与这种真实进行互动并对其试验修正的过程中发生的。这种真实的建构是一个辩证的过程，在这一过程中，个体既是他们的社会世界的创造者，同时也成为这个社会世界的一分子。这是他们将内在和主观的意义、经验及行为外化和客观化的结果。为了清楚地认识这一辩证过程，研究者区分了客观真实和主观真实。所谓客观真实就是指存在于个体之外的被经验到的世界，它以各种事实（如实物等）以及由有关世界的概念（如文学、艺术、规则、媒介的内容）的符号式表征所构成的"符号化真实"的形式展现在个体外部。而同时，客观世界及其符号表征也被融进了个体的意识之中，成为主观真实。个人建构的主观真实为个体在客观世界中的行为提供了根本的基础，从而保证了客观真实及其符号表征丰富意义的存在。显然，符号化真实是人造（或人为）的真实。从这一点理解，某种程度上说，我们的课堂或实验室的真实都是人造真实，学生可以与它互动并对之进行试验。从另一个角度说，人造真实意味着是一种虚拟真实，或说是"假的"真实。但是，今天的虚拟真实技术已经让人们有了亲临其境的"真的"感受。

● 也有不少研究者的目光聚焦在媒体的"行为结果"（比如，大众媒体的暴力或亲社会行为）、"选择性曝光"、"训教功能"、"认知失调"、"态度诱导"、"动机作用"等方面。显然，媒体研究已经与人们的生活及学习的各个方面（如社会行为、认知机制及道德信仰等）紧密联系在一起。

【参考文献】

1. 邹樱、姜忠元、焦景林主编：《现代教育技术》，科学出版社，2004年版。

2. 李秉德主编：《教学论》，人民教育出版社，2000年版。

3. R. Heinich, M. Molenda, J. D. Russel, S. E. Smaldino：《教学媒体与技术》（第七版，影印版），高等教育出版社，2004年版。

4. ［美］罗伯特·坦尼森、［德］弗兰兹·肖特、［德］诺伯特·西尔、［荷］山尼·戴克斯特拉主编，任友群、裴新宁主译：《教学设计的国际观（第一册）：理论·研究·模型》，教育科学出版社，2005年版。

5. ［美］戴维·H. 乔纳森主编，郑太年、任友群译：《学习环境的理论基础》，华东师范大学出版社，2002年版。

6. ［美］布鲁纳著，邵瑞珍译：《教育过程》，文化教育出版社，1982年版。

7. 赵健：《网络文化与课程状态》，《中国教育：研究与评论》，2005年第七辑。

8. D. H. Jonassen, J. L. Howland, J. L. Moore, R. M. Marra. （2003）. *Learning to*

Solve Problems with Technology：*A Constructivist Perspective*，Second Edition，Merrill Prentice Hall.

9. C. M. Reigeluth. (ed.) (1999). *Instructional-Design Theories and Models*：*A New Paradigm of Instructional Theory* (V. 2). NJ：Lawrence Erlbaum Inc.

10. D. H. Jonassen. (ed.) (2003) . *Handbook of Research on Educational Communications and Technology*. NJ：Lawrence Erlbaum Inc.

11. T. J. Newby，D. A. Stepich，J. D. Lehman，J. D. Russell. (2000). *Instructional Technology for Teaching and Learning*：*Designing Instruction*，*Integrating Computers*，*and Using Media*，Second Edition，NJ：Prentice Hall，Inc.

12. R. E. Mayer. (ed.) (2005). *The Cambridge Handbook of Multimedia Learning*. New York：Cambridge University Press.

第 十 章

教学评价

【内容摘要】

教学评价是教育评价的基本类型和主要内容之一。教育评价是随着心理和教育测量的发展与教育研究和实践的需要而产生的一门独立的教育学科。教育评价研究甚至被称为是与教育基础理论研究和教育发展研究并列的当代教育科学研究的三大领域之一。因此，教育评价与心理和教育测量、教学评价与教学研究之间不仅具有密切的联系，而且也具有本质的区别。一般而言，教学评价包括学生评价和教师评价两个方面。其中，学生评价主要是指学生学业成就评价，而教师评价则主要是指教师教学工作评价。本章的主要内容就是围绕学生学业成就评价与教师教学工作评价来展开的。具体而言，在简要介绍教学评价的历史发展（包括教育测量与评价的早期发展、心理和教育测量与教育评价的近现代发展）、教学评价的基本含义与功能、教学评价与教学研究的关系，以及教学评价的基本模式和教学评价的基本类型等基本理论的基础上，较为详细地分析了学生学业成就评价与教师教学工作评价。学生学业成就评价主要包括认知评价、情感态度价值观评价和动作技能评价等；而教师教学工作评价则主要包括教师教学成果评价、教师教学行为评价与教师素质评价等。

【学习目标】

1. 了解教育评价与心理和教育测量的含义及其关系。
2. 了解教学评价与教学研究的含义及其关系。
3. 理解教学评价的各种分类标准及其基本模式和类型。
4. 理解学生学业成就评价的含义及其基本内容。
5. 明确学生学业成就评价中的测验方法与其他方法。
6. 明确教师教学工作评价的含义及其基本类型、标准和方法。
7. 能够进行具体的学生学业成就评价和教师教学工作评价。

【关键词】

心理和教育测量　教育评价　教学评价　教学研究　学业成就评价　教学工作评价

第一节　教学评价概述

评价是人类的本质活动之一，它在教育教学领域中的反映就是教育评价（当然包括教学评价）。因此，教育评价就是"伴随着教育的产生而产生的，并且是随着教育的发展而发展的"。[①] 但是，"教育评价"成为一种专门的教育理论或者一门独立的教育学科则是近几十年来的事情。

一、教育测量与评价的早期发展

中国是考试制度的发源地，早在三千多年前的西周社会，学校教育就初步建立了考试评价的内容、标准和程序的框架。学校通过对士子的"考核"，将优秀者逐级地往上报，直至"献贤能之书于王"。从士以下"选"出来的"贤者"与"能者"，可授予官职，这是"乡学"。至于中央的"国学"，虽然都是贵族子弟，但也要通过"考校"，方能分出高低级别，"因其才而用之"。总之，西周社会发展具有重教、尚贤、选士、授官等特点，孕育出早期的考试评价制度，它对后来的学校考试、用人考试，特别对科举考试制度的建立，产生了重要而深远的影响。

春秋战国时期是我国社会处于大变革、大动荡的时代，原来的"考校"任官制度也逐渐被破坏。就教育而言，"学在官府"也逐渐被打破，私家讲学之风盛行。而私人设教，注重于平日的考察，所以教育家孔子对他的弟子，尤其是"七十二贤人"，哪个品行最好，哪个学业最好，哪个长于聚敛，哪个长于外交，哪个长于斗勇……他都了如指掌。就任官制度而言，除了一部分官员仍然从国家或地方办的学校中加以"考核选拔"外，相当一部分官位是通过向社会"择善而用之"。由此可见，春秋战国时期在选官制度与评价人才标准方面，不像西周时期那样有普遍的"考校"制度，但"学而优则仕"的思想仍然是存在的社会事实。此外，春秋战国时期国家在人才评价方面，较侧重于对士子的日常考察，其评价人才的标准似乎更加道德化与多元化。

两汉时期，我国的考试制度正式建立。汉代的"察举制"是一种承前启后的任官制。所谓"察举"，就是察其贤能，举以授官。魏晋南北朝时期，由于长期战乱，疆土分裂，政局不稳，以致文教不兴。学校考试制度与方法也没什么重要发展。只是这一时期，在任官制度上，淡化了"察举"制，实行九品中正制。

公元 606 年隋炀帝设置的"科举制"是一个"学生学业成就测试"的制度。所谓科举制度，就是"开科取试"的制度，即国家设立许多科目，通过定期的统一考试以选拔人才的一种制度。科举制度始于隋炀帝大业二年（606 年），直到清光绪二十九年（1903 年）举行最后一科进士考试后宣告结束。

而西方直到 1720 年才开始试行笔试，在此之前则几乎都是口试。但是，古代

---

① 张玉田等编著：《学校教育评价》，中央民族学院出版社，1987 年版，第 1 页。

中国的"科举制"尽管延续了 1 300 多年的历史，却由于其自身存在的缺陷和不足，并没有滋生出近现代教育评价理论和方法。

19 世纪中后期，在自然科学技术突飞猛进的大背景下，随着西方尤其是英、法、美等国的教育普及与进步，心理和教育测量获得了迅猛发展，并于 20 世纪20 年代在美国形成了波及全球各国教育的"教育测验运动"。当然，"教育测验运动"的兴起除了自然科学技术的迅猛发展之外，还有教育（研究）内部的三个动因。这三个动因就是：对特殊儿童教育问题的研究、对个别差异的教育研究和统计学在教育领域中的应用。

专栏10-1

教育测验运动的兴衰

针对传统论文式考试的弊端，并在德国实验心理学、英国对个别差异的研究以及法国对于不适应者的临床关心等历史背景的促动下，美国在 20 世纪初形成了一场教育测验运动。在教育测验运动中，美国心理学家、教育家桑代克和他的学生做出了突出贡献。

1904 年，桑代克发表了《精神与社会测验学导论》（*An Introduction to the Theory of Mental and Social Measurement*），这是教育测量史上划时代的巨著，标志着教育测验运动的开始。书中提出"凡是存在的东西都有数量，凡有数量的都可测量"的著名论断。1909 年，桑代克又用统计学上的"等距原理"编制了首批标准化的教育测检量表，如《书法量表》、《拼字量表》、《作文量表》等。从 1909 年到 1915 年，教育测验逐渐增多，并且从单独的学科测验扩展到综合测验，即由几种主要学科的测验组合而成。同时，教育测验不再限于小学的学科测验，中等学校以上的各科测验大都一一编制出来。不仅学科测验有了发展，诊断测验和练习测验也陆续有所编制。

桑代克带领他的弟子陆续编制了各科标准测验（standard test）和标准测量表（scott）。经桑氏努力，美国的教育测验运动蓬勃展开，不到 20 年（1909—1928），美国便有了 3 000 多种教育测验问世，大致包括学业测验、智力测验、人格测验三类。教育测验运动使考试客观化、标准化，但随着教育测验运动的不断发展，人们认识到它毕竟不能测得人的全部，因此，教育测验开始受到批评。对运动中暴露出的测验问题进行研究和课程改革实验（譬如，"八年研究"）的进行促进了美国评价理论的产生，即泰勒的目标评价模式。仅此而言，教育测验运动即为教育评价理论的产生奠定了基础。

[资料来源] 余文森：《论美国教育评价的历史发展》，《福建师范大学学报（哲学社会科学版）》，1995 年第 4 期；吴钢：《谈谈西方教育评价发展历史给我们的启示》，《上海师范大学学报（社会科学版）》，1998 年第 4 期；张敏强：《教育测量学》，人民教育出版社，1998 年版，第 10 页；沙红：《教育评价的产生及其发展》，《天津市教科院学报》，2005 年第 5 期。

二、心理和教育测量与教育评价的近现代发展

随着心理和教育测量的进一步深入与发展，对它们的批判与反思也越来越

多、越来越尖锐。尽管心理与教育测量使得"学生学业成就测试"可以尽可能地客观和标准化，但是单纯的测量却对教育所特别关注的情感、情绪、态度、兴趣和鉴赏力等无法做到客观与标准化。这就直接导致了由美国教育进步协会（Progressive Education Association）发起，泰勒主持并负责的"八年研究"（Eight-year Study，1933—1941）。"八年研究"现在已经被认为是教育评价学独立于心理和教育测量学的"奠基性"研究工作，而泰勒则被教育界人士称为现代"教育评价之父"。泰勒的突出贡献主要表现为以下三个方面。[①]

（1）在 20 世纪 30 年代，泰勒向当时的心理和教育测量权威伍德（B. Wood）发起了尖锐的挑战。伍德认为，测验只要能够测量出学生对事实和知识的回忆和认识就可以了；而泰勒则认为，对高级智慧技能的测量和对事实与知识的测量不是一回事。也就是说，如果高级智慧技能也是教育目的的话，那么，这些技能也需要加以直接的测量。

（2）泰勒认为，20 世纪初发展起来的常模参照测验（norm-referenced testing），一般并不能提供教育评价目标所需的信息。起源于智力测验的常模参照测验是以区分学生为目的的，它对了解学生学习的进展并无多大价值；而与此相对应的目标参照测验，则可以用来判别学生学习的变化和进展状况。

（3）在"八年研究"的基础上，泰勒提出了著名的"泰勒评价原理"，即以教育目标为核心的教育评价原理，并明确地提出了"教育评价"（educational evaluation）这一概念。而教育评价学则是在"泰勒评价原理"的基础上发生与发展起来的一门独立的教育学科。

"泰勒课程原理"（内化了"泰勒评价原理"）的基本精神主要体现在他于1949 年出版的《课程与教学的基本原理》一书中所提出的四个基本问题上。[②]

（1）学校应该试图达到的教育目标是什么？ （What educational purposes should the school seek to attain?）

（2）为了达到这些教育目标所能提供的教育经验是什么？（What educational experiences can be provided that likely to attain these purposes?）

（3）这些教育经验如何才能被有效地组织起来？（How can these educational experiences be effectively organized?）

（4）我们如何确定这些教育目标正在被得以实现？（How can we determine whether these purposes are being attained?）

由此可见，教育评价与心理和教育测量之间的关系非同一般，但也有其本质的区分。

教育评价与心理和教育测量的密切关系主要体现在以下几点。

---

① 陈玉琨著：《教育评价学》，人民教育出版社，1999 年版，第 61 页。

② ［美］泰勒著，汪世清等译：《变化中的教育评价概念》，安徽教育出版社，1989 年版，第 7 页。

（1）现代教育评价起源于心理和教育测量，尤其是美国 20 世纪 20 年代兴起的"教育测验运动"。

（2）如果没有心理和教育测量，那么，教育评价就会缺少有效和客观的信息依据，甚至会导致"没有评价的评价"。因此，我们可以说，没有科学、合理的心理和教育测量，就没有科学、合理的教育评价。

（3）现代教育评价是以心理和教育测量为基础的一项综合性活动。因此，在当代，论述教育评价一般会结合心理和教育测量来展开，而在讨论心理和教育测量时也会论及教育评价。关于这一点，我们从美国著名学者桑代克（R. L. Thorndike，1874—1949）和哈根（E. P. Hagen）合作的《心理与教育的测量与评价》（*Measurement and Evaluation in Psychology and Education*）① 一书的书名就可以看出。

教育评价与心理和教育测量之间的区分主要表现在如下几点。

（1）心理与教育测量的信条是桑代克所提出的假设："凡是存在的必有数量，即有数量即可测量。"而教育评价的基本信念则是美国学者格朗兰德（N. E. Gronlund）所提出的公式：（教育）评价就是测量（量的记述）或非测量（质的记述）再加上价值判断。其实，质的记述也是一种"测量"（非数字化的测量）。

（2）心理和教育测量所关注的是"客观的"事实判断（不论是量的记述还是质的记述），而教育评价所中意的则是"主观的"价值判断。

（3）心理和教育测量更倾心于技术和手段，而教育评价则寄希望于在技术和手段的基础上，促进发展和解放。

那么，什么是教育评价？什么是心理和教育测量？什么是教育评价学？什么是心理和教育测量学呢？

测量就是依据一定的准则对所测量的事物的属性给以数量化的分配，其结果是数值。与此相似，心理和教育测量就是根据一定的法则对心理和教育准备、心理和教育过程，以及心理和教育结果的数量化的分配，其结果当然也是数值。而心理和教育测量学则是以心理学和教育学以及统计学为基础，对心理和教育（包括心理和教育状况、教育教学效果、学生学业成就及其能力、情感、情绪、态度、兴趣、性格、品德、学术能力倾向等）进行科学、有效、合理测量的工具、方法和手段等进行专门研究的一个相对独立的教育学科。

评价是人类所特有的一种价值判断活动，是对"客体"满足主体需要程度的一种"主观"判断。教育评价则是对教育活动（即"客体"）满足社会和个人（即主体）需要的程度做出判断的活动，它包括对教育活动现实和潜在的价值所做出的判断。而教育评价学则是以教育学、心理学、心理和教育测量学、统计学、管理学等为基础，对教育活动的准备、过程和结果进行科学、合理、有效的判断所

---

① ［美］桑代克、哈根著，叶佩华等译：《心理与教育的测量与评价》（上、下册），人民教育出版社，1985 年版。

做的专门研究的一个相对独立的教育学科。

三、教学评价的基本含义与功能

一般认为，作为对教学活动的准备、过程和结果的测量、分析、整理和价值判断的教学评价，具有以下一些基本的功能或作用。

（一）导向功能

一般而言，教学评价总是要依据一定的标准来展开，而这个评价标准通常就是课程目的或教学目标。通过这样的教学评价，不仅教师可以判断自己的教学活动与目的或目标之间的"距离"，而且学生也能够获得自己"达标"的水平与层次，有利于教师的教与学生的学指向或转向课程目的或教学目标。因此，教学评价的实在性标准而不是理论性指标，事实上左右着教师和学生的教学活动的准备、展开和结果，以及对这些准备、展开和结果的认同。所以，要切实发挥教学评价的导向功能，就必须制定切实可行的课程目的和教学目标。

（二）诊断功能

不论是何种类型的教学评价都或多或少地具有诊断的功能。因为通过教学评价，师生不仅可以了解自己的教学和学习的变化与进展，而且还能够发现其中事实上存在或可能存在的问题。而这些现实的和潜在的问题就是我们思考和促进教学和学习的出发点与依据。教学评价的诊断功能尤其体现在诊断性评价上："诊断性评价是好的教学工作的一个基本组成部分，进行诊断性评价，是为了使教学（更好地）适合（于）学习者的需要和背景。"[①] 而且"有效的教学取决于教师对学生的经验、能力、兴趣、动机和情感的了解，这种了解是提出现实的学习目标，并操纵适当学习情景去帮助学生达到既定目标的基础。"[②]

（三）激励功能

也叫作教学评价的"发展功能"。一般而言，在教学评价中获得肯定性结果的教师和学生都能在某种程度上获得精神上的满足和"成就感"，从而就极有可能更加努力。而在其中得到否定性结果的师生也许会产生紧张或焦虑，但适度的紧张和焦虑也具有激励的功能，只不过过度的紧张与焦虑才具有破坏的消极作用。因此，不论对教师还是对学生（甚至学校与社会）而言，我们的教学评价都不应该在他们中间产生高强度的紧张与焦虑。适度的评价紧张和焦虑应该是我们所要把握和追求的"最佳"尺度。所谓"要发挥教学评价的发展功能"，就是要求我们去追求和创造"适度紧张和适度焦虑"的最佳评价尺度，并切实发挥其激励功能。

（四）教学功能[③]

由于教学过程前、过程中和结束后所进行的各种检测，其本身就是教学活动

---

① ［美］布卢姆著，邱渊等译：《教育评价》，华东师范大学出版社，1987 年版，第 174 页。

② ［加］江绍伦著，邵瑞珍等译：《教与育的心理学》，江西教育出版社，1985 年版，第 42 页。

③ 刘要悟著：《教学评价基本问题研究》，甘肃文化出版社，1997 年版，第 10 页。

的一个有机组成部分，即教学活动中必不可少的环节和重要的学习经验，因此，教学评价也就具有了教学功能。譬如，准备性评价就可以促使学生在施测之前对已学过的内容进行复习和统整。事实上，教学评价本身就具有训练和培养学生掌握"双基"和解决问题的作用，以及提高学生智慧活动品质的功效。譬如，反应的灵敏性、思维的灵活性、思维的条理性、思维的聚合性和思维的发散性等，并逐步养成其严谨、认真和负责的个人学习态度。其实，所有这些也都是教学活动所期望达到的目的。由此可见，我们尤其不能忽视教学评价的教学功能。

（五）管理功能

这种功能有时也被称为"证明"或"甄别"功能。因为不仅有形成性评价，而且还有总结性评价。尽管总结性评价也具有上述评价的诸多功能，但它的突出价值则是判断或证明教师教学和学生学习的水平和层次，并且还极有可能被用作教师的升职或提薪的重要依据之一，或者学生进入各类不同层次和级别的学校学习的重要参考之一。因此，教育管理部门和教育机构（包括学校）都会把教学评价的结果当作对教师和学生进行有效分流的根据之一，并据此调整学校教育发展的布局、方向和改进教育教学活动。

四、教学研究与教学评价的关系辨析

在日常的教育教学工作中，人们不仅会混淆教育评价与心理和教育测量，而且还会经常把教育评价视为教育研究的一种，而与此同时则把教学评价看作是教学研究的一类。其实，教学评价与教学研究确实有着很密切的关系，但它们之间也有着本质的区别。具体来说，有以下几个方面。[①]

（一）探究的重点不同

教学研究的核心目的在于寻求教学基本理论的发展、教学知识的扩展；而教学评价的主要目的则在于对教学现象和问题深刻理解之后，指导有关方面或人士的行为。此外，教学评价的结果还须对教育行政主管机构、学校、教师及行政人员，以及家庭和社会负责；教学研究一般则无此"额外的要求"。

（二）处理的结果不同

教学研究者的主要旨趣在于识别各种教育现象和问题的特征，其最理想的研究成果也不过是在广泛的教学现象和问题中建构普遍的原理和原则。而教学评价者的探讨重心却在于对特殊教学问题的解决，他们或她们无意对其他现象或问题做出综合，也无意作比较研究，而是就事论事地解决教学问题，厘定新的教育政策。

（三）探讨的任务不同

教学评价者的主要任务是确定教学计划或问题的价值，协助决策者做出最恰当的选择；而教学研究者的主要任务则是，只追求教育科学的真理，并无对其所有的发现作价值批判的意图。

---

① 陈玉琨著：《教育评价学》，人民教育出版社，1999 年版，第 9—10 页。

（四）研究的普遍性不同

教学评价的范围比较广泛，却受到时空的限制；而教学研究的范围尽管比较狭小，却不受时空的约束。

（五）学术基础不同

教学研究者可依据个人的特别兴趣与爱好，选择适当的方法，就某种教学问题或现象，在确定的范围内作精深的专门研究；而教学评价者却不能仅凭个人的意愿行事。

当然，教学评价研究应该属于教学研究的范畴①，因为它是对教学评价所作的教育研究，而非对教学活动所作的价值判断。由此可见，教学评价和教学评价研究分属于两个不同的领域：前者属于实践领域，而后者则属于研究领域。

第二节　教学评价的基本理论

一、教学评价的基本模式

如上所述，教育评价的范围比较广泛。我们可以依据不同的标准，对教育评价进行分类或区分。但是，无论如何区分，教学评价都是教育评价中最为重要的一个类别。而且，当代对教学评价的模式化研究更为盛行，因为教学评价的模式化研究更具有系统性和整体性。所以，先让我们来看看有哪些教学评价的模式，然后再对教学评价的类型进行分析和探讨。

（一）泰勒模式

教学评价的泰勒模式也就是目标达成模式（goal-attainment model）。它的运行机制是：课程或教学目标—课程实施或教学—教学评价—课程或教学目标—……它是一种围绕教学目标（达成）而建构起来的教学评价模式，具体包括以下七个步骤。

(1) 构建目的和目标；

(2) 把目标分成较为细小的类目；

(3) 以行为名词表达目标，包括界定和修订所使用的行为名词；

(4) 确定能够表现目标达成程度的具体场景；

(5) 选择和发展评价所运用的测量技术；

(6) 搜集有关学生表现的资料；

(7) 将搜集到的资料与行为目标进行比较。

目标达成模式尽管现在已经被人们称作"传统评价模式"，受到了来自各方面的批判，但它至今仍然是现实的"普遍模式"。不仅如此，它所讨论的基本问题还

---

① 关于教学评价研究，可参阅〔美〕高尔等著，许庆豫等译：《教育研究方法导论》，江苏教育出版社，2002年版，第六编"应用研究"。

奠定了教学评价领域的基础，后续的教学评价模式都或多或少地与它有着千丝万缕的联系。

（二）CIPP 模式

该模式也称决策类型模式，由美国学者斯塔弗尔比姆（D. L. Stufflebeam）于1966 年提出。它事实上是由四种评价组合而成：背景（context）评价、输入（input）评价、过程（process）评价和成果（product）评价。其基本过程或程序可参见图 10-1。

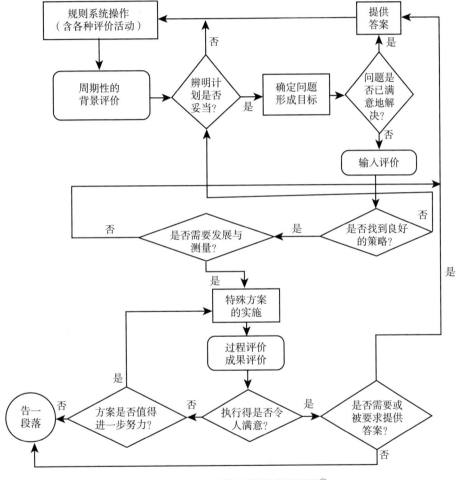

图 10-1　CIPP 教学评价模式流程图[①]

背景评价就是根据对象（比如学生、家庭和社区）的需要对教学目标本身进行判断，它的一个重要任务是"考察现存的目的与重点是否与使用者的需要相一

---

① 张玉田等编著：《学校教育评价》，中央民族学院出版社，1987 年版，第 14 页。

致"，"背景评价的结果都应为调节现存的目的、优先顺序所需要的变革提供坚实的基础"。① 它还应该是周期性的。

输入评价是在明确了决策目标之后，对达到目标所需要并且可以得到的条件所作的评价。它所讨论的问题有许多：目标实现的可能性、各种课程或教学方案的潜在成本、方案的优势和劣势、方案的合法性与道德性、各种人员的利用和对外界资源的需要等。

过程评价是针对方案计划实施情况的连续不断的检查。它所需要考虑的问题也比较多。譬如，有关活动是否按照预定的计划加以实施，是否以一种有效的方式利用了现有的资源。而且，在这种过程评价中，可能会发现最初的决策是有缺陷的，因此，过程评价就为计划的修改提供了必要的指导。

成果评价是测量、解释和判断教育教学成果，确证人们的需要是否被满足以及被满足的程度的教学评价。它仍然是教学质量控制的一种手段，而且与泰勒模式一样，都比较重视定量的教学目标。

毫无疑问，CIPP模式突破了泰勒模式的框架，拓宽了教学评价的范围和内容，但课程或教学目标仍然是它的一个重要概念。

（三）差别模式

差别模式（discrepancy model）由美国学者普罗沃斯（M. Provus）于1969年提出。它是一个以课程开发和管理为目的而建构起来的教学评价模式，其旨趣在于比较课程表现与设计标准之间的差异，以作为改进课程与教学的依据。它主要由四个部分和五个阶段所构成。它的四个部分如下。

（1）确定课程标准；

（2）确定课程表现；

（3）对标准与表现进行比较；

（4）确定差别是否存在。

它的五个阶段如下。

（1）设计阶段：确定并详细叙述课程标准；

（2）装置评价阶段：评价具体课程计划内的各种活动资源分配与上述设计之间是否存在差别；

（3）过程评价阶段：检讨课程实施过程中的各种活动是否与标准存在差别；

（4）成果评价阶段：评价课程的活动结果是否与预定标准存在差别；

（5）成本效益评价阶段：从整体上评价该课程设计与其他类似设计在效益上的异同。

教学评价的差别模式不仅吸收了泰勒模式的优点，而且它在目标管理的技术性上更进一步，是系统管理理论在课程与教学领域中的应用。

---

① ［美］斯塔弗尔比姆著，陈玉琨译：《方案评价的CIPP模式》，载自瞿葆奎主编：《教育学文集·教育评价》，人民教育出版社，1988年版，第314页。

（四）外貌模式

教学评价的外貌模式（countenance model）由美国教育评价专家斯太克（R. E. Stake）于 1967 年提出。该模式继承了泰勒关于评价是确定目标达成程度的观念，并在分析、批判泰勒模式的缺点基础上提出了"先在因素"（antecedents）、"实施因素"（transactions）和"结果因素"（outcomes）等概念，并由此建构起教学评价的外貌模式。所谓先在因素就是教学的前提条件，是指"教学之前业已存在的某种条件"；实施因素是指教学中学生与有关人员和事务之间的际遇；而结果因素则是指教学所产生的全部影响。其具体构成可参见图 10-2。

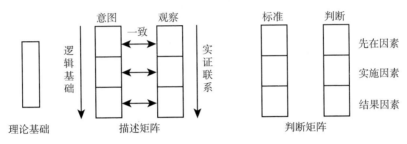

图 10-2　教学评价的外貌模式示意图

教学评价的外貌模式是在泰勒模式的基础上发展起来的。该模式对三个因素的分析提醒我们要注意影响教学结果的其他因素，拓展了教学评价的视野，也促使人们意识到影响课程开发的先在因素。其中的描述矩阵和判断矩阵使得评价建立在更加充分的资料基础之上，而且意图和标准也使得评价能够更加清晰地判明课程计划各部分的价值所在。显然，这些都是外貌模式相对于泰勒模式的优点。

（五）回应模式

众所周知，有些教育教学的价值是扩散的、潜伏的，是长期起作用的，而这样的教育教学价值显然是不可能由即时的评价所能反映的。而这些价值正是教学评价的回应模式（responsive model）所关注的。该模式由美国教育评价专家斯太克于 1973 年提出。如果一项教学评价满足：（1）牺牲某些测量上的准确性以换取对评价听取人的有用性；（2）更关心方案的活动而不是方案的意图；（3）更注意反映与方案有关的各方面人员的意志而不仅仅是其中一部分人的意志，那么，这种教学评价就是回应模式的教学评价。它由以下一些步骤组成。

（1）评价者与一切和评价对象（譬如，课程方案）有关的人员进行接触，以获取他们对评价对象的看法；

（2）根据获取的信息确定评价的范围；

（3）评价者亲自对方案的实施作实地观察；

（4）通过观察，评价者对方案希望达到的目标与实际取得的成果进行比较；

（5）评价者对评价应该回应的问题进行理论上的修正；

（6）在此基础上，评价者设计评价方案；

（7）根据不同的需要，选择不同的搜集信息的方法；

（8）对搜集来的信息资料进行加工处理；

（9）将处理过的信息按需要回答的问题进行分类；

（10）把分类评价结果写成评价报告，分发给有关人员；

（11）在分类评价报告的基础上对方案做出全面的判断。

重视教学评价为当事人服务的意识，重视实际的活动过程和反映多种价值观对课程计划或教学计划的观照是回应模式最为显著的三个特征。回应模式被认为是教学评价模式的发展趋势。因为这种模式不再仅仅从理论出发，而是从评价结果的听取人的需要出发；而且它还回答了所有其他模式希望回答的问题（包括目标的达成程度、决策和判断等）。所以，它更适合于我们这样一个多元、复杂、丰富、客观的教育教学世界的现实和处于不同地位、持有不同信念和不同观念的评价听取人的需要。回应模式的评价结果具有非常大的弹性和应变能力。

此外，还有目标游离模式（goal free model）和对手模式（adversary model）等，这里不再赘述。

二、教学评价的基本类型

（一）最佳表现评价和典型表现评价

根据评价对象的实际改进教学和学习，以便更好地促进评价对象的发展，我们可以将教学评价分为最佳表现评价（maximum performance evaluation）和典型表现评价（typical performance evaluation）两种。所谓最佳表现就是师生在动机得到充分调动的情况下，所能达到的最好教学表现，相应的最佳表现评价则是判断学生潜在的学习能力和学习结果以及教师潜在的教学能力和教学效果的教学评价。能力倾向测验、学业成就测验和职业倾向测验等都是其常用的方法。而典型表现是指师生在日常状况下所表现出来的典型的教学和学习反映，相应的典型表现评价则是判断师生的学习或教学兴趣、态度等个性素养。观察和日常行为记述是其最为常用的方法。

（二）常模参照评价和标准参照评价

主要依据对评价结果信息资料处理方式（比如解释）的不同，我们可以把教学评价分为常模参照评价（norm-referenced evaluation）和标准参照评价（criterion-referenced evaluation）两类。常模参照评价主要是想描述评价对象（譬如，学生或教师）在既定的群体中所处的相对位置。而标准参照评价（有时也称目标参照评价）想要描述的则是依据明确的教学或学习任务范围，师生的具体行为表现。这两种教学评价实际上是处在一个连续的评价体系的两端（见图10-3）。[①]

① ［美］Robert L. Linn & Norman E. Gronlund 著，国家基础教育课程改革"促进教师发展与学生成长的评价研究"项目组译：《教学中的测验与评价》，中国轻工业出版社，2003年版，第36页。

图 10-3　常模参照评价与标准参照评价的关系

（三）客观题测验和复杂—表现性评价

根据评价任务的不同，我们可以把教学评价分成客观题（objective items text）测验和复杂—表现性评价（complex-performance evaluation）两个类别。客观题就是我们大家都知道的选择题、判断题、配伍题和某些限制性填空题和简答题等，因此，客观题测验就是运用上述客观题题型以构成测验，由此获取教学或学习效果的信息，并做出价值判断的教学评价。而复杂—表现性评价，有时也称替代性评价（alternate-form evaluation）或者真实性评价（authentic evaluation），则是指给评价对象提供一个通常都是要求很高的任务，然后要求评价对象来完成（口头、笔头或建构产品），最后依据其完成的"产品"性质来进行价值判断的教学评价。这三个概念尽管是一致的，但它们所强调的重点却各有侧重："表现性"是强调评价对象要实际完成一项任务，而不仅仅是再认或知道一个正确答案；"真实性"是强调评价任务应该来自教室之外的真实世界；而"替代性"则主要是指这种评价与我们所熟悉的客观题测验有所不同而已。[①] 复杂—表现性评价是建构—反应性评价（constructed-response evaluation），而客观题测验则是选择—反应性评价（selected-response evaluation）。其实，这两种教学评价也是一个评价连续体的两极，处在这两极之间的则是需要做出"简短"回答或反应的评价。

（四）安置性评价、诊断性评价、形成性评价和总结性评价

根据在课堂教学中的作用和运用时间的不同，我们还可以将教学评价划分为安置性评价（placement evaluation）、诊断性评价（diagnostic evaluation）、形成性评价（formative evaluation）和总结性评价（summative evaluation）四个类型。安置性评价也称定位性评价或预备性评价，它主要是用来判断学生在特定的教学活动或学习任务开展之前的准备状况的教学评价；诊断性评价主要是用来对那些学习确有问题或者特别优秀的学生进行深层次原因分析的教学评价；形成性评价是在教学过程中不断地搜集有关信息，以判明学习或教学的成败，并显示教学过程需要改进的具体的教学或学习的错误的教学评价；总结性评价是对教学目标达成程度进行价值判断的教学评价，同时它还能提供教学目标的适切性和教学策略与学习策略有效性的信息或资料。这种分类主要是针对学生学习而言的。但对教师的教学而言，也可作类似的区分。这四种教学评价之间的关系可以用图 10-4 来表示。

---

① ［美］Robert L. Linn & Norman E. Gronlund 著，国家基础教育课程改革"促进教师发展与学生成长的评价研究"项目组译：《教学中的测验与评价》，中国轻工业出版社，2003 年版，第6 页。

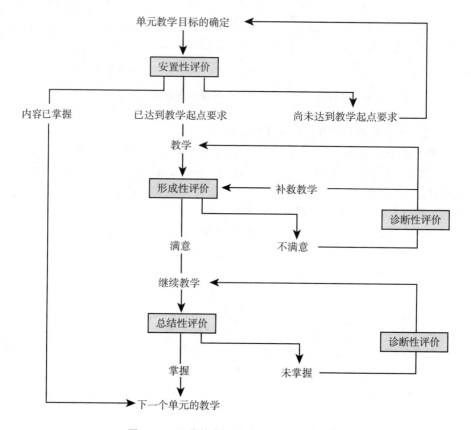

图 10-4　四种教学评价类型之间的关系①

此外，还有许多不同的分类。譬如，内部评价和外部评价，目标游离评价和目标本位评价，效果评价和内在评价，实证化评价和人文式评价，伪评价、准评价和真评价，数量化评价和非数量化评价，分析评价和综合评价，自我评价和他人评价，相对评价、绝对评价和个体内差异评价，等等。

尽管上面介绍了好几种教学评价的分类，但是，本章将采用另一种分类方法，即根据评价对象的不同而把教学评价分成学生评价和教师评价两个类别。其中，学生评价主要是指其学业成就评价，包括认知评价，情感、态度和价值观评价，以及动作技能评价等；而教师评价则主要是指其教学工作评价，包括教学成果评价、教学行为评价和教师素质评价等。

第三节　学生学业成就的评价

"工欲善其事，必先利其器。"测验就是学生学业成就评价中用得最多的评价

---

① 陈玉琨著：《教育评价学》，人民教育出版社，1999 年版，第 58 页。

工具，因而经常被称作成就测验。如果测验设计得好，它不仅可以用来测评学生的认知水平，而且也能够测评出学生情感、态度和价值观，以及动作技能等学业成就。那么，什么是测验呢？如何设计和分析测验？它有哪些类型？

一、测验与标准化测验

（一）测验与考试

所谓测验"实质上是行为样本的客观化和标准化的测量"。[①] 由此可见，测验包含了三个要素：行为样本、标准化和客观测量的评价指标。行为样本意味着构成测验的行为样本应该是相应的行为领域的一个有效的典型代表；而标准化则要求测验的编制、实施、评分以及对测验分数的解释等方面或环节都应该依据一整套的系统程序；客观测量的评价指标包括构成测验的题目质量（如题目难度和区分度）、测验的信度和效度。此外，我们通常所说的考试与测验还是存在着一些差别的，即测验所涵盖的范围要比考试广泛，并且测验具有一定的稳定性，而考试则经常会受目的、时间、地域等具体因素的影响；测验的标准化程度要求比较高，而考试的标准化程度一般都比较低。

专栏10-2

中国标准化测验的引入与初步发展

20世纪20—30年代起源于美国的"教育测验运动"，几乎同时也得到了中国教育界的关注与引进和发展。

最早在教育实践中参照并应用标准化测验的是俞子夷，而初步从学理上引入标准化测验并推动中国教育测验运动开展的是陈鹤琴、廖世承等人。

1921年，陈鹤琴与廖世承合著的《智力测验法》是中国第一本系统介绍智力测验知识的著作，也是中国教育测验运动开端的标志。在竞相编制和进行测试的同时，各种有关测验的书籍也不断问世，它们大致上可以分成两类：第一类是当时编制的各种测验及其说明书的小册子。据统计，至1925年秋，约计出版了17～18种，共40余类。第二类是介绍测验原理及其实施规则的综合性书籍，内容一般包括测验的性质、效用、种类，以及各种智力测验与教育测验的例卷和说明、测验实施的步骤、统计方法、图表的样式，以及编制测验的原理和经验等。20世纪20年代初至1927年这段时期，是中国标准化测验的引入阶段，在揭示和暴露传统考试诸多不足和缺陷的同时，也存在着某些偏差。

20世纪30—40年代是标准化测验反思和中国化阶段。这一阶段出现的以下事件值得我们关注：（1）"教育测验及统计"课程的普遍设立；（2）成立了专门的全国性测验研究和推进组织；（3）出版了一批具有较高学术水平的教育和心理测量著作。与此同时，在发展态势上也出现了如下趋势：（1）对标准化测验持探索反思的态度，并要求在实践中积极利用它作为促进教育改革工具的同时，也要克服其不足；（2）由倡导标准化测验转向提倡新法考试。所谓新法考试（new-type examination）是相对于旧法考试（old-type examination）而言的，它是20世纪20年代中

---

① 阿娜斯塔西语，转引自张敏强著：《教育测量学》，人民教育出版社，1998年版，第19页。

后期为克服旧法考试和标准化测验的缺点而首先在欧美发展起来的，又被称为客观性考试（objective-type examination），与此相对应的旧法考试则被称作主观性考试（subjective-type examination）；（3）努力促进测验与教学的结合。

标准化测验是近代实证科学应用于教育研究的结果，经20世纪20年代传入中国后，到30年代，无论在理论上还是在与教学的结合上都达到了不俗的水平。以后由于全民族的抗战和国内战争，标准化测验的发展也一度停滞。中华人民共和国成立后，因全面引进苏联的五级记分制，标准化测验曾被贴上资本主义的标签而受到冷落，直到改革开放后又重新受到重视。

近年来，在由"应试教育"向素质教育转换的呼声中，不乏对现行各种考试的批评。标准化测验作为一种考试方法，它的不足也常被专门挑出来作为指责"应试教育"的材料。其实，素质教育并不排斥考试，考试无论作为一种检查、促进教学的手段，还是作为一种选择人才的途径，在今后相当长的时间内都将发挥其不可替代的作用。事实上，近年来涌现的各种专业等级证书和资格证书考试，都基本上采用或一定程度借鉴了标准化测验的模式。

［**资料来源**］王伦信：《我国标准化考试的引入和初步发展》，《华东师范大学学报（教育科学版）》，1997年第2期。

（二）测验的分类

1. 成就测验、能力测验与能力倾向测验

根据不同的标准，我们可以对测验进行不同的分类。依据测验的目标要求的不同，我们可以将测验分为成就测验、能力测验和能力倾向测验三个类别。

成就测验旨在测评学生在各个学习阶段的学习结果或行为变化，以检查教育或教学目标期望在学生身上所能达到的具体行为。一般而言，成就测验又可以分成单一学科成就测验和综合学科成就测验两类。

能力测验就是我们通常所说的"智力测验"。它旨在测评学生个体不因外部环境因素的影响而经常改变的比较稳定的表现在认知能力方面的心理素质，譬如我们通常所说的观察力、记忆力、理解力、概括能力、空间能力和逻辑推理能力"五大智力"。所以，能力测验在教育教学中就有以下两个方面的主要作用，但是，一般来说，这两个作用的运用与解释需要"专业人员"来进行。

（1）预测，即作为学生升学或学生分组施教等的决策依据之一；

（2）诊断，即检测弱智学生，以便更好地为他们或她们进行教育或教学。

能力倾向测验有时也称学习能力测验，其目的是测评学生所具有的潜在学习能力（学生在未来教育中可能获益的能力）和学术发展倾向。它包括一般能力倾向测验和特殊能力倾向测验两种。这种测验也是需要"专业人员"来进行的。

2. 客观性测验与主观性测验

根据构成测验的项目或题目是否（全部）为客观性题目或主观性题目，可把测验分为客观性测验和主观性测验两类。客观性测验的题目都是客观性题目，而主观性测验的题目则都是主观性题目。一般情况下，构成测验的题目可能既有客观性题目，也有主观性题目，甚至还有介于两者之间的限制性题目。客观性题目一般有是非（或判断）题、配伍题、选择题等这样一些类型，主观性题目一般有解释性练习、论述题、证明题、作文题和操作题等，而限制性题目则是指填空题和简答题等。主观性题目和客观性题目各有利弊，一方的优点（或不足）可能就是另一方的不足（或优点）。

由客观性题目所构成的测验的优点如下。

（1）客观性题目的陈述一般都较"短小"，所以有利于我们获得较高的可靠性，即题目的覆盖率可以很大，并且在所覆盖的范围内可以分布得比较均匀，也就是说，通过客观性题目我们可以获得比较有代表性的"行为样本"；

（2）由于客观性题目本身所具有的答案"唯一"等特点，而且其"得分"也便于统计分析，所以，它是目前我们获取学生学习情况最为有效的手段；

（3）客观性题目比较适合于我们测评学生对知识与技能的记忆、理解和应用等能力，而且，如果客观性题目编制得好，它也可以用来测查学生对知识的分析、综合和评价等高层次的能力。

由主观性题目所构成的测验的优点如下。

（1）主观性题目的编制相对于客观性题目而言，比较简单易行，所以花费的时间和精力较少；

（2）主观性题目尽管不是获取学生学习情况最为有效的手段，但由于它没有提供现成的答案，学生要自己组织材料，所以，它能很好地避免"猜测"等不良影响；

（3）主观性题目需要学生做出建构性反应，所以，它能检测出学生对知识的分析、综合、应用和评价等能力，而且主观性题目本身还可以用来发展学生的思维和解决问题的能力。

3. 标准化测验与教师自编测验

此外，我们还可以根据标准化程度的不同，把测验中的成就测验分为标准化成就测验和教师自编测验两类。标准化成就测验要求在测验的设计、编制、实施、评分和对分数的解释等一系列活动或程序上，都要依据统一的事先所确定的标准。教师自编测验是日常教学评价中最为常见的学生学业成就测验，编制教师自编测验所遵循的基本原则与方法仍然是标准化测验编制所应遵循的原则与方法，只不过要求并没有那么严谨和周密而已。

二、测验的设计与分析

（一）测验的设计

测验的设计就是包括确定测验目标、内容、形式、时限、题量、题目编排、测验指导或说明、测验评分与测验分数的解释等一系列活动的计划或规划。

1. 测验目标的确定

对于教育教学测验而言，其目标就是教育教学目标。因为教育教学目标既是教育教学实践活动的出发点和归属，也是教育教学评价的基本依据。根据布卢姆等人的研究，教育目标可以分成三个领域：认知领域、情感领域和动作技能领域。

(1) 认知领域的目标分类。布卢姆将认知领域的教育目标分为六个主要类别：知识、理解、运用、分析、综合和评价（具体内容见第四章）。

教育教学测验的认知目标就可以据此来确定，而且，认知领域的目标分类还具有如下一些特点。①

①层次性。人类的认知过程可以划分为一个从低级到高级的层次结构，并且任何认知行为都可以归类于其中的某一类：知识、理解、运用、分析、综合和评价（见图 10-5）。

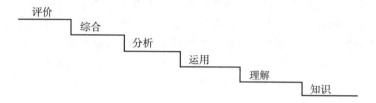

图 10-5　认知目标的层次性

②累积性。即知识、理解、运用、分析、综合和评价是由简到繁排列的，而且前一个类别是后一个类别的基础，后一个类别又涵盖了前面的所有类别。即较高层次的认知行为是建立在较低层次认知行为基础之上的，而较低层次的认知行为又可通过"积累"向较高层次的认知行为发展（见图 10-6）。

知识：a

理解：a＋b

运用：a＋b＋c

分析：a＋b＋c＋d

综合：a＋b＋c＋d＋e

评价：a＋b＋c＋d＋e＋f

图 10-6　认知目标的累积性

③觉悟性。即认知行为的层次越高，人们对它的意识性就越强烈；而层次越低，则对其意识性就会呈现下降的趋势。

④普遍性。即认知目标的类别在不涉及特定学科或领域知识的情况下，它是超越年龄、教学类型和教材内容的，具有广泛的普遍性。

(2) 情感领域的目标分类。根据克拉斯沃尔和布卢姆等人的研究，与认知领域的教育目标一样，情感领域的教育目标也可以构成一个层次结构：接受、反应、赋予价值、组织和形成品格（具体内容见第四章）。他们还发现，"注重情调、情绪或接受与拒绝程度的目标……在文献中，这类目标有许多是用兴趣、态度、欣

---

① ［美］西尔著，王钢译：《教育目标分类学与过程的层次理论》，载自瞿葆奎主编：《教育学文集·教育评价》，人民教育出版社，1988 年版，第 483 页。

赏、价值观和情绪意向或倾向这类术语来表示的"。

情感的形成是一个内化的过程："用'内化（internalization）'这个术语似乎可以最好地描述这一过程或连续体……'内化'这个词，似乎是对现象或价值逐步地、普遍地成为个体的一部分这样一种过程的恰当的描述。"而且，这个过程是这样发生的："情感连续体是从个体仅仅觉察到某种现象并能够知觉到它这样一个层次出发的。在下一个层次上，个体开始愿意注意某些现象。再下一个层次，个体对这些现象做出反应时具有积极的感情，最后，个体的感情可能强烈到以特别努力的方式来做出反应。在这个进程的某一点上，个体把自身的行为和感情概括化，并把这些概括化的东西组织成一个结构。这个结构不断增加复杂性，以致成为其人生观。"

（3）动作技能领域的目标分类。[①] 第四章介绍了辛普森的动作技能教育目标分类，在此我们介绍另一种分类。克布勒（R. S. Kibler）等人于1970年提出了动作技能领域的教育目标，依发展的程度所需要的四个步骤。

整个身体的运动，包括上肢运动、下肢运动，或两个肢体以上的部分肢体的运动。譬如，掷球、跑步和游泳等。

精细的协调动作，包括手与手指的协调，手与眼睛的协调，手与耳朵的协调，手、眼、足的协调，手、足、眼、耳的协调。譬如，书写、打字和弹琴等。

非语言交流动作，包括面部表情、手势、身体运动等身体语言。譬如，打手势传递信息、递眼色或眼神等。

语言行为，包括发出声音、音与字词的结合、声音投射、声音与手势协调等。譬如，朗诵和表演等。

显然，动作技能领域的教育目标并没有像认知领域和情感领域那样，按照层次结构有序地排列。而克布勒等人的研究也多属于体育、劳动技能及其类似的训练等范畴。由此可见这一领域教育目标的复杂性：不同学科所需要的动作技能之间可能存在着"千差万别"。

2. 测验内容的选取[②]

在教育教学测验中，测验内容就是从教育教学内容中抽取出来的一个样本，而且通常还只能是一个极其有限的"小样本"。因此，测验内容的选取一般要通过"命题双向细目表"来确定。具体来说，命题双向细目表就是用来解决以下三个问题的一种表格。

（1）测验内容中所涉及的每一个内容范围的相对比例；

（2）测验目标中所涉及的每一个层次目标的相对比率；

（3）每一个目标层次在每一个测验内容范围上的相对比重。

由此可见，命题双向细目表由三个部分所构成：测验目标、测验内容和测验

---

① 张敏强著：《教育测量学》，人民教育出版社，1998年版，第57页。

② 本问题主要改编自张敏强著：《教育测量学》，人民教育出版社，1998年版，第58—68页。

目标与测验内容的比例或"权重"。如前所述，测验目标就是教育目标；测验内容则可依据本学科课程标准中的内容标准或教学标准来选取；而权重的确定则需要考虑以下两个标准：①每一内容范围的比例应与该内容项目在整个课程或教学领域中的相对重要性相符合；②每一目标层次所占有的比例应与该目标对受测试的学生的水平所具有的重要性相符合。表 10-1 是一个以认知领域教育教学目标为例的"抽象的"命题双向细目表。

表 10-1			与认知领域教学目标有关的命题双向细目表				
目　标 内　容	知识	理解	运用	分析	综合	评价	合计
内容范围 1	1	13	9	3	4	2	32
内容范围 2	3	5	6	3	2	2	21
内容范围 3	1	5	3	2	2	2	15
内容范围 4		3	4	3	5		15
内容范围 5	1	6	2	2	4	2	17
合计	6	32	24	13	17	8	100

3. 测验形式与题目形式的确定

测验形式主要是依据测试对象的特征来划分的，主要有口头测试、纸笔测试和（实践）操作测试等。此外，我们还可以把它分为个别化测试和团体测试两种形式。测验题目形式主要是我们前面所介绍的主观性题目和客观性题目两种形式及其各自的类型。因此，在明确了测验目标和内容之后，就应该首先根据测试对象和其他实际因素等来明确测验形式和构成测验题目的主客观形式及其比例。一般而言，教育教学测验都是以纸笔测验为主，而对测验题目形式的选择则需要综合考虑测验目标、内容和其他实际因素或条件。

4. 测验题目具体类型的确定与编制

接下来的事情就是要明确各种题目形式的具体类型及其比例，并依据"命题双向细目表"和各种题目的编制原则或方法来具体编制各种题目，及其解答说明或指导语。

5. 测验的题量与时限的确定

题目编制好之后，究竟从中（按照事先确定的比例）抽取多少题目以构成测验，这就是测验的题量问题。具体来说，思考构成测验的题目数量，一般应考虑以下一些因素。

（1）规定的测验时间：比如国家的高考时间，各省的高中会考时间，等等。

（2）测验所选用的题目形式：客观性测验一般题目数量较多，而主观性测验的题目数量则较少。

（3）阅读量、计算量和文字书写量：若"总量"不多则花费的时间就会相对地减少，因而就可以相应地增加题目的数量。

（4）测验内容的覆盖面：总结性测验的题目数量可以稍多一些，而安置性测验、形成性测验和诊断性测验等的题目数量则可以少一些。

（5）测验的评价解释：一般而言，常模参照评价解释应该保证在规定的时间内至少有75％的测试对象能够完成每一道题目的解答；而标准参照评价解释则需要保证在规定的时间内至少有90％的测试对象完成每一道题目的解答。此外，纯粹的速度测验一般都要求题目数量应该足够大。

由此可见，测验的题量与时限的确定是相互牵扯的。此外，对教育教学测验而言，"解答速度"也是一个比较重要的因素。具体来说，我们可以根据"解答速度"重要性程度的不同而把测验分为（纯粹）速度测验和（纯粹）难度测验两类。速度测验应该对测验时限有严格的限制，因为它要使"解答速度"最快的测试对象在规定的时间内也不能完成所有测验题目的解答；难度测验的目的则在于考查测试对象的"能力差异"或"水平差异"，所以，理论上是不应该有时间限制的，但实际上时间限制是必不可少的。而具体的时间限制则可以依据专家和有经验的教师们的建议、预测等来确定。

6. 测验题目的编排与组织

其一般原则是，先按照测验题目的类型和内容进行分类：客观性题目在前、主观性题目在后，然后再参考题目的难度：先易后难。具体而言，下面是教育教学测验最为常见的两种编排与组织方式。

（1）并列递进式：根据测验题目材料的性质，先将题目分组、建构成若干分测验，然后再将属于同一分测验的题目，从易到难进行排列。

（2）混合螺旋式：为维护测试对象的解答兴趣和保持各类题目都有被解答的机会，先将各种类型的题目依据其不同的难度分为若干个层次，再将不同性质的题目进行组合，交叉排列，从易到难，循序渐进。

7. 测验的评分与解释

尽管在实际的日常教学测验中，对测验的评分与解释（标准）往往要等到测验之后才进行规定，但为了保证测验评分的公正性和分数解释的准确性，我们还是应该在进行测验设计时就事先考虑测验的评分标准与解释依据。

（二）测验的分析

1. 复本与预测

复本和预测是任何重大或重要的教育教学评价中所运用的方法或所包含的环节。复本是相对于正本而言的，它是指与正本具有相同的测验目标与内容、题目类型和题量，拥有相同或相近的题目难度和区分度，而仅仅是题目材料有所不同的正本的"备份"。预测则是为获取有关测试信息，而把测验正本或复本拿到和测试对象相似的样本中去进行的测试。这样，预测所获取的测试信息就可以作为测验质量的（定量）分析依据。因此，在预测中就应该注意以下一些情况。

（1）预测对象应该是正式测试总体的一个有代表性的样本，而样本容量不必太大，但也不能太小。

（2）预测的实施过程与情境应该尽量与正式测试时的情况相同或相似。

（3）预测的时间可以稍微放宽一些，最好能使所有的被试都把测试题目解答完，以便充分地收集被试的反应资料，而使统计分析的结果更为可靠。

（4）在预测过程中应该将被试的反应情况（譬如，被试完成测试所使用的平均时间，测试中题意不清楚的题目，被试的态度等）完整地加以记录。

（5）预测应该拥有高度的保密性。具体而言，可以采用提前预测和分散题目的方法来客观地提高保密性。

2. 测验质量的定性分析

测验质量的定性分析就是依据测验编制者的知识和经验，通过逻辑判断和推导，对测验做出质性评价。具体来说，它主要包括以下几点。

（1）评价测验目标是否妥当，测验题目类型是否能够达到测验目标的要求。

（2）检查命题双向细目表中测验目标和测验内容的权重是否合理，测验内容对教学内容是否有足够的覆盖率，测验内容与测验目标是否相符。

（3）评量测验题目的编制是否符合其相应的命题原则或方法。

（4）评估测验题目内容与数量的搭配（分配和组合）是否与命题双向细目表的要求相符合。

（5）检视测验题目的编排与组织是否合理，测验的印刷有无错误，施测是否符合要求。

对测验质量进行分析或评价，作定性分析是必要的。但是，如果还想要获得对测验更为客观、准确的质量分析，那么定量分析也是不可缺少的一个环节。

3. 测验质量的定量分析

测验质量的定量分析是依据预测所收集的数据资料，运用数理统计技术和方法，对测验的可靠性、有效性和测验题目的难度、区分度等所作的定量评价。主要包括以下两个方面。

（1）测验的题目分析。测验题目是构成测验的基本单元，其质量的好坏直接关系到整个测验的质量。因此，对测验题目质量进行客观的定量分析是十分必要的：①通过对测验题目的统计分析，可以为进一步修改和筛选测验题目提供客观的依据；②通过对测验题目进行统计分析，可以发现并剔除劣质的和不适当的题目，做到"选题"科学、合理，因而改进或提高测验的可靠性和有效性；③通过对测验题目所作的统计分析，可以把达到各项指标要求的测验题目积累并保留下来，为建立高质量的测验题库服务。测验的题目分析主要包括题目难度分析和题目区分度分析。

顾名思义，题目难度（item difficulty）就是测验题目的难易程度，即题目对被试知识和能力水平的适合程度的指标。题目难度通常用通过率来表示或计算，即以通过或正确解答某题目的人数比例来表示该题目的难度。

题目区分度（item discrimination）是指测验题目对学业水平不同的被试的区

分程度或鉴别能力。题目区分度一般以被试在该题目上的反应与其在效标上的表现之间的相关程度或相关系数来表示。效标是指衡量测验或题目有效性的外在标准，我们一般以测验的总分为题目区分度分析所使用的效标。

由于测验题目的类型及其评分的不同，题目难度和区分度的具体计算方法也有很多，这里不再赘述，请参考教育统计学、心理或教育测量学和教育评价学。

（2）测验的信度和效度。测验的信度（test reliability）是测验可靠性或稳定性程度的指标，即它反映了测验结果受随机误差影响的程度。因此，根据测验分数的不同误差来源，我们可以将测验的信度分为若干不同的类型：再测信度、复本信度、分半信度、同质性信度和评分者信度等。因而，不同类型的测验信度的计算方法也有可能不同，但多以相关系数来表征。

测验的效度（test validity）是指测验能够测试出它所想要测试的特质（譬如，知识技能水平、解决问题的能力、态度、兴趣、认知倾向和性格等）的程度，即它是测验有效性程度的指标。一般我们把测验的效度分为内容效度、效标关联效度和构想效度三类。内容效度是指测验内容对于测验所想要测试的行为领域的代表性程度。效标关联效度则是指测验对处于特定情境中的被试的个体行为进行预测的有效性程度，譬如，用高考模拟考试成绩来预测正式高考成绩和用能力倾向测验来预测被试在工作上的表现或成效等，而被试在"特定情境"中的具体行为表现就是效标（譬如，学习成绩、工作成就和特殊训练成绩等）。构想效度是指测验对于被称作构想的某一理论概念或特质所测量的程度。另外，任何理论构想都应该具有两个基本的属性：①对现象本质规律的抽象概括；②与具体可观察的本质或事件相联系。因此，从理论上来说，要想对任何测验的结果做出合理的解释都必须首先获得该测验的构想效度资料。

测验的信度和效度都是相对的而不是绝对的，用于不同的测验目的，测验的可靠性和有效性就有可能不同。也就是说，既没有没有信度的测验，也没有没有效度的测验，只是测验的信度和效度有高低不同的区分。但是，一个"好的"测验一般都要求具有较高的信度；而一个效度较高的测验，如果其信度也较高，则它就是一个"好的"测验；效度低而信度再高的测验也不能被视为一个"好的"测验。不过，有时测验的信度和效度不可兼得，即要提高信度就得降低效度，而要提高效度也不得不降低信度。

4. 测验的标准化

测验的标准化是指测验的编制、实施、评分以及分数的解释等这一完整过程的一致性。这个"一致性"是为获取真实、可靠且有效的测验结果而作的技术处理或要求。经过（严格）标准化处理之后的测验就是前面所论及的标准化测验。总之，测验的标准化处理过程主要包括以下一系列要点或活动。

（1）测验题目的标准化。对测验中的每道题目进行难度和区分度分析，修改或淘汰不符合各项指标要求的题目，把符合指标要求的题目留下编入测验。

（2）测验实施过程的标准化。为测验的实施过程制定统一的标准，即确定测验条件相同的标准。除了指导语和时限、材料等测验本身因素的统一之外，还应对测验周边环境或条件（光线、通风、干扰等）进行控制，以保证测验条件的统一。此外，指导语一般有两种类型，一是给被试的指导语，二是给主试的指导语。前者应包括对测验目的的说明，对被试解答的要求、时限和评分等内容；而后者则应包括对测验细节的进一步解释及测验材料的分发、计时方法等注意事项。

（3）测验评分的标准化。标准化测验的评分要求客观、公正：①及时并清楚地记录被试的反应（无论何种反应）；②确定标准答案表或正确反应表（无论是主观性题目还是客观性题目），也称记分键；③将被试的反应与记分键进行比较，给被试的反应评分。

（4）测验分数解释的标准化。这一"标准化"是指从同一分数应该能够得到相同的解释和推论。对于常模参照测验而言，就是要建立"常模"，作为分数解释的依据；而对于标准参照测验来说，就是要对测验所包含的内容尽可能地做出清楚准确的定量描述。

（5）测验说明书的标准化。是指在正式测验编制完成之后，还应编制一份包括对以下问题做出清楚描述的说明书：①测验的目的和功能；②测验选编题目的依据；③测验的实施程序、时限和注意事项；④测验的评分标准；⑤测验分数解释的依据；⑥测验的信度（系数）和效度（系数）及其计算方法。

专栏10-3

标准化测验的十大常见误区

1. 标准化测验能够激励学生，并且使他们提高成绩。事实上，这种说法是不客观的，许多测验都带有一定的种族和文化偏见，因此，往往有些学生付出了最大的努力却得到了最低的分数，这种评价的不公平性将极大地挫伤学生学习的积极性。

2. 在数学和阅读标准化测验里，所得的高分保证了好的职业。那么，在其他领域（诸如音乐、视觉艺术、人际交往或身体运动等领域）的教学思想和问题解决技巧又怎样呢？答案是不容乐观的，因为传统的标准化测验经常是以对于智力概念和真实学习活动的狭隘的、陈旧的认识为基础的。

3. 在成就测验中得分高的学校是好的学校。英国哥伦比亚的一所中学以自己优异的测验成绩而自豪。但是，如果仔细地调查一下，就会发现学校中一些经验丰富的教师，正是某些测验的编制者，他们正在教他们的学生怎样去应付这些测验。这是真正的成绩吗？难道学校仅仅为了"看起来不错"就不惜代价吗？

4. 测验分数为比较教师的工作成绩提供了准确的测量方法。由于来自各方面的压力，教师可能会教学生怎样更好地应付测验。这样一来，对于教师之间的比较还有什么意义呢？

5. 标准化测验分数会给家长较为明确的指标来判断孩子的学习成绩。如果一个教师强调学生的实际应用、问题解决、分析综合能力，那么测验本身就应该包括散文、成长记录袋、计划以及对学生理解和应用知识能力的评价。

6. 标准化测验所测查的知识是很明显的。正因为如此，教师们往往倾向于为测验分数而教，这样一来，就失去了师生互动学习的机会——在这种学习形式中，学生不再是被动的接受者，而是积极的参与者。

7. 标准化测验使所有的学生都能够涉猎广泛的课程。现在，即使不通过测验也能轻而易举地做到这一点，现代技术给学生提供了丰富的信息资源以及与人交流的机会，从而激励他们不断地探索和扩充自己的知识。

8. 测验分数将决定哪些学生可以在市场竞争中获胜。其实，不是竞争而是合作精神的培养，更能让学生在毕业后的工作中更好地与他人合作。

9. 标准化测验将帮助学生为迎接社会中的竞争做好准备。这种说法是片面的。孩子要从同伴、家长和社区的其他人那里学习，从书本、电视或者录像里学习，这些学习就像学校里的学习活动一样。而标准化测验却没有看到孩子学习活动和学习场所的多样性，只是仅仅把学习局限在学校里。

10. 标准化测验是促使学生智力发展和取得进步的有效方法。脑科学的新近发现提出了基于以下三个原则的新的学习方法，从而推翻了这种说法：①学习必须包括学习者的积极参与；②允许学习者以不同的方式和不同的速度学习；③学习既是一种个体活动，也是一种团体活动。

[**资料来源**] ［美］Ellen Weber 著，国家基础教育课程改革"促进教师发展与学生成长的评价研究"项目组译：《有效的学生评价》，中国轻工业出版社，2003 年版，第 209—210 页。

三、学生学业成就评价的其他方法

学生学业成就评价除了前面介绍的测验方法之外，还有等级评定、表现性评价和成长记录袋等评价方法，在对学生学业成就进行评价时可以结合具体情况选择某种评价方法，或者综合运用几种方法进行评价。

（一）等级评定

在论及等级评定时，我们并不是想要给出一个孤立的评判或者确定一门课程学习最终分数的过程，而是指教师通过课堂测验和课外作业来评定学生学习的过程或活动，也就是说，我们所关注的是学生的学习变化或发展状况。等级评定是一种与特定背景和情境相关，有多方面作用的复杂过程，具有评价、交流、激励和组织等作用。

教师在运用等级评定时，首先，要设定等级评定过程，即确定适用于等级评定的作业或任务；其次，在等级评定过程中，既要注意激发学生的学习动机，又要建立等级评定的标准。下面我们介绍的基本要素分析法（Primary Trait Analysis，简称 PTA）就是一种具体而有效的等级评定方法。[①]

1. 基本要素分析法及其基本特征

基本要素分析法是确定一个可以用来评价任何诸如书写、口语、艺术等学生表现的综合的评定方法。PTA 是一项具体任务，也就是说，对于每一个作业或任

① 本问题主要改编自 ［美］Barbara E. Walvoord & Virginia Johnson Anderson 著，国家基础教育课程改革"促进教师发展与学生成长的评价研究"项目组译：《等级评分——学习和评价的有效工具》，中国轻工业出版社，2004 年版。

务和测验都有着不同的评价标准。PTA 既可以用来为外部考试建立评价的标准，也可以为课堂作业建立评定标准。我们在这里介绍它，主要是将其作为教师明确地表述评定标准的方法，而且它在课堂上的使用还可以使等级评定更加清晰和具体。因此，我们在理解 PTA 时，就必须首先明确以下两个连续体。

（1）从没有明确说明的评价标准到高度清晰的评定标准；

（2）从常模参照评价（正态分布曲线评价）到标准参照评价（PTA）。

PTA 是一种具有明确、清晰评价标准的标准参照评价。因此，如果要想建立一个 PTA 评定量表，就要做到：①确定可能对评价起重要作用的要素；②编制测试学生在每一个要素上的评价量表；③以这些标准来评价学生的表现。

首先是要确定对评价任务或作业起重要作用的要素。譬如，高中生物教师要求学生设计并完成一个科学实验：比较两种可以买到的产品，并用科学报告的形式来说明这种比较。对这一任务的评价，教师就可以选择一些诸如标题、引言、格式、方法和资料、非实验信息、实验设计、操作性定义、变量控制、数据搜集和结果交流、数据的解释等作为要素。教师还应根据其评价目标来决定测量一个或多个要素。在形成或确定要素时，与同事进行交流是大有好处的；即使是在建立了各个要素的评价量表之后，这种教师之间的合作和交流也是极为有用的。

其次是要为每一个要素编制若干水平（一般为 2～7）的评定量表，以描述每一个表现水平。如上例中的"方法和资料"这一要素的量表，就可以分为五种水平，最低水平为 1 分，最高水平为 5 分，而且还要对每一水平给出一些描述性的语言予以界定。当然，每个要素究竟应分为几种水平要视评价目标而定。只有两种水平的评定量表实质上就是要做出一个是与非的判断，它可以运用于只需要判断水平差异的地方。建立 PTA 量表的基本步骤如下。

（1）选择一个想要进行评价的任务（测验或作业），并明确该项任务的目的；

（2）确定在完成评价任务中起重要作用的"基本要素"，并最好以名词性术语来表述；

（3）为所要评价的每一个要素建立 2～7 个水平的评定量表，并使用描述性语言；

（4）运用要素评定量表对学生的"作品"进行试评，或者事先与同事们共同商议并进行修改。

在 PTA 量表完成之后，教师就应该关注怎样运用这个量表来对学生进行评分。根据各要素量表中各水平的描述性界定对学生"作品"尝试进行等级评定，在尝试评定之后，可能会对这个量表提出修改建议，即在运用的过程中可以随时修改 PTA 各要素量表，事实上也应该对它们进行不断的修改，以完善量表。

虽然制定 PTA 量表需要花费很多时间和精力，但就其所具有的基本特征或价值而言，我们所花费的时间和精力还是有意义的。

（1）可以使等级评定更加可靠和公平；

（2）在等级评价的实施过程中节约了时间；

（3）能够具体地诊断学生的优势和不足，以便更有效地改进教学；

（4）可以与同事在普通考试、综合测试等各类考试的标准上达成一致；

（5）可以将更大的区分引入等级评定；

（6）可以作为教育机构和一般的教育评价的资料或数据来源。

2. PTA 和等级

虽然等级来源于 PTA，但基本要素分析法并不必然地等同于等级评定。因此，在将 PTA 量表转化为等级时，我们可以从以下几个方面来着手。

（1）直接运用 PTA 量表。使用一个完整的有相互独立的基本要素的量表：具有很强的诊断性，也很具体；学生在每个要素上的最高得分可以是不同的，这主要取决于教师赋予每一基本要素的重要程度。这些基本要素上的总的得分直接转化为一个等级。

（2）简化 PTA 量表。建立一个以 PTA 量表为基础的稍微简单一些的等级评定量表。譬如，可以将几个要素合并在一起，分成若干水平。

（3）整合 PTA 量表。将 PTA 量表的分数仅仅作为确定等级的一部分。

（4）有条件地使用 PTA 量表。学生必须达到一定的要求才能进入到 PTA 量表所要使用的范围。

总之，PTA 不一定完全等同于等级，但可以用它来获取等级。具体做法将因使用者的创造性的不同而呈现出差异：把 PTA 量表简化成单一量表或者一个具体的以等级为目的的量表；依据重要性程度对各个独立的要素进行权重分配而得到的量表；将 PTA 量表仅仅作为等级评分的一部分；确定入门标准，这些入门标准是在运用 PTA 量表评价学生作业之前必须达到的要求。

下面是一个 PTA 量表编制的示例：函数图形及其实际意义。

评价任务：请用文字描述图 10-7 中的图形所对应的函数形式的实际意义，并尽可能多地列举你所理解的实例。

评价目的：函数概念的形成，一般是从具体的实例开始的，但在学习数学函数概念时，却往往较少考虑其实际意义。因此，本任务旨在评价学生根据已有的知识和生活经历给出"函数图形"的实际解释，以及对抽象的函数概念的实际情境多样性的体悟。

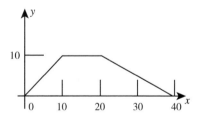

图 10-7　函数图形及其实际意义

要素分析：（1）"双基"，即基本知识和基本技能，具体为函数概念、函数的表达方式及其相互转换；（2）"双用"，即应用意识与应用能力，具体为用函数解释"因果关系"的欲望和具体解决"函数问题"的程序或能力；（3）书面表达能力，即用语言文字转换"图形语言"的能力；（4）实例的多样性，即寻找一个抽象的函数"图形语言"的实际情境的可能性。

PTA 量表：可参见表 10-2。

要素	水平三	水平二	水平一
"双基"	能依据图形准确地将其转化为函数（如分段函数），且相关数据吻合。	同"水平三"，但转化时不够完整，或转化中相关数据有不吻合的情况出现。	不理解图形，尽管可能有各种解释，但不能由图形转换成函数。
"双用"	能赋予图形中的函数自变量和因变量以实际意义，且图形中的数量关系与实际情境相符合。	同"水平三"，但在赋予实际意义时，出现部分错误，或有部分数量关系与实际意义不相符。	给自变量和因变量赋予的实际意义与图形不相符；或没有给自变量和因变量赋予实际意义。
书面表达能力	实际情境的选择或设计合理，表述清晰、连贯、完整，没有语法错误。	情境选择或设计合理，尽管没有语法错误，但表述有些含混、不连贯、不完整。	情境选择或设计不合乎逻辑；或者表达含混、不连贯、不完整，有语法错误。
实例的多样性	三个以上与图形相吻合的具有实际意义的情境。	两个与图形相吻合的具有实际意义的情境。	一个与图形相吻合的具有实际意义的情境。

表 10-2 "函数图形及其实际意义"的 PTA 量表

另外，值得指出的是，PTA 方法不仅适合于中小学生学业成就评价，也适合于高校学生的学业成就评价；不仅适用于对学生的评价，也适用于对教师或其他教育机构或组织的评价。

3. 等级评定中常见的错误和有效等级评定的原则

（1）等级评定中常见的错误。在等级评定中某些错误会经常发生或出现，这些常见的错误包括个人偏见、晕轮效应和逻辑错误等。由于这些错误是不可能完全消除的，因此，这就需要我们在进行实际的等级评定时，更要拥有"排除错误"的意识和毅力。

①个人偏见。这种错误是指对所有个体的评价都集中在量表中的某个位置上，即所有的个体都获得了大致相同的等级。具体而言就是，或偏向较高的等级，或偏向较低的等级，或者都指向中间水平。

②晕轮效应。这种错误是指评价者对被评者的一般印象会影响到对被评者个体特征的判断。如果评价者对被评者存在着偏爱就会倾向于给他（们）或她（们）以较高的等级；而如果评价者对被评者存在偏见，则评价结果就很可能会低于被评者的真正水平。

③逻辑错误。这种错误产生的原因是评价者坚信某些特征之间存在着（必然的）关系，所以对它们进行评价时就会出现其间更一致或更不一致的现象。譬如，在评价学生学业成就时，教师就有可能倾向于过高估价那些在智力测验中被评定为天才的学生，而低估那些在智力测验中被认为有"智力障碍"的学生。因为教师可能会认为学生的学业成就和其智商之间存在着正相关。

（2）等级评定应遵循的基本原则。为"排除错误"和改进并完善等级评定设计，我们需要认真关注评价目标的确定、评价内容的选择、评价形式的设计和等级分配的条件等问题，并有意识地遵循以下一些等级评定的基本原则。

①被评价的特征应该是教育上的重点；

②明确符合评价目标的学习结果；

③评价指标应该是可以直接观察到的；

④量表上的指标和等级应该是明确的；

⑤选择最适合于评价目的和评价任务的评分规则；

⑥提供 3～7 个等级；

⑦在评定另一项任务之前，应该对所有学生在这一任务上的表现都给予等级评定；

⑧在条件许可的情况下，应尽可能地进行匿名等级评定；

⑨当一个任务或行为评价的结果可能会对一个学生产生长期的影响时，应该综合考虑多个评价者的结论。

（二）表现性评价

前面的论述已经表明论述题是一种常见的表现性评价，但表现性评价还有很多其他形式，包括艺术作品、科学实验、口头表述，以及使用数学知识解决生活中的实际问题等。表现性评价强调的是做，而不只是知道；在表现性评价中，过程与结果同样重要。

1. 表现性评价及其基本特征

在教育教学实践中，不同的教育者常常用"表现性评价"这个词语来表达不同的评价方法。有些教师把简答题和论述题测验作为一种表现性评价的形式，也就是说他们基本上把表现性评价等同于各种形式的建构—反应性评价；而有些教师则使用较为严格的表现性评价概念。很多表现性评价的支持者都主张，真正的表现性评价至少必须具备以下三个特征。

（1）多重评估标准。学生表现的评判必须依据多个评估标准。譬如，学生"说英语"的能力就要从口音、句法、词汇等多方面因而也是多标准进行评估；

（2）预定的质量标准。用以评判学生表现的每一条评估标准，必须在评判前就已经十分具体和明确；

（3）主观的评估。真正的表现性评价与选择题的评分不同，它不能借助于计算机和扫描仪，它要依靠人的经验和智慧来决定学生表现的可接受程度。

因此，表现性评价就是指给评价对象提供一个通常都是要求很高的任务，然后要求评价对象来完成（口头、笔头或建构产品），最后依据其完成的"产品"性质来进行价值判断的教学评价。由此可见，学生学业成就的等级评定与表现性评价之间不是逻辑上的反对关系或并列关系，更不是相互对立的矛盾关系，而是相互交叉的关系。只是等级评定重在给出"学生表现"以"等级"，而表现性评价则重在对"学生表现"的认定上。

2. 表现性评价的基本类型

表现性评价有时也被称作"真实性评价"或"替代性评价"，但我们更倾向于使用"表现性评价"的表述，因为它比"替代性评价"更形象，又不像"真实性评价"那样难以理解。

表现性评价主要是用来测量那些不能被客观性题目很好地测量的学习结果。一般来讲，客观性题目在测量事实性知识和解决结构性很强的问题的能力（如解一道二次方程的题目）时，很有效，也很可靠。而表现性评价则更适合于评价提出问题，收集、组织、分析和处理信息等结构性不强的问题（如建造学校的最好地理位置在哪里）。表现性评价对于测量创作（如一篇文学作品或一幅画）、口头或行为表现（如演讲、自制或修理仪器等）也是必要的评价方法。

要求被评者在完成表现性评价的任务（暂称为"表现性任务"）中的表现或反应所受限制的程度和范围是有很大差异的。例如，一个打字测验，会完全受限于所打内容的格式和数量；而创作一个雕刻作品的任务，则可能完全不受方法以及艺术作品性质的限制。不过，大多数的表现性任务都处在这两个极端之间。由此，我们可以把表现性任务分成限制性的表现性任务和扩展性的表现性任务两类；而与此相应地，我们也就可以把表现性评价分为限制性的表现性评价和扩展性的表现性评价两种。

（1）限制性的表现性任务和限制性的表现性评价。限制反应的表现性任务通常描述得很明确。比起扩展反应的表现性任务，前者的结构性更强，所预期的表现更加明确。譬如，以下几个表现性任务都是限制性的表现性任务。

①打一封求职信。

②大声朗读一段故事。

③用五个塑料小棒组合拼出尽可能多的不同形状的三角形，并记录每个三角形的周长。

④说出在这两种液体中，哪一种含有糖的成分，并解释得出结论的理由。

⑤为两座城市制作一张能够反映一年内月平均降雨量的统计表。

⑥口头描述或用文字讲解正在做的事情。

⑦用图形表示到达学校的路线图。

⑧说出对正在做的事情的感受。

在编制限制性的表现性任务时，我们可以从一道选择题或填空题开始，然后通过追问以使对答案的解释得到扩展，也可以要求解释为什么没有选择其他的答案，等等。譬如，下面就是一个可以运用于四年级学生的数学问题解决的限制性的表现性任务和限制性的表现性评价。

学生衣服上口袋的数量

某班有 20 名学生。在星期二的数学课堂上，班上大多数学生都说他们穿的衣服上有口袋。请根据下面所提供的图 10-8 来回答下面几个问题。

①哪张图最有可能说明每个学生拥有口袋的个数？

②解释你为什么要选择那张图。

③解释你为什么不选择其他两张图。

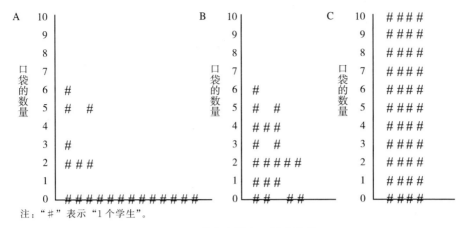

注："♯"表示"1 个学生"。

图 10-8　学生衣服上口袋的数量

（2）扩展性的表现性任务和扩展性的表现性评价。扩展性的表现性任务可以要求学生在任务本身所提供的信息基础上，从不同渠道去查找信息。如学生可以通过到图书馆查阅资料、做观察、收集和分析实验中的数据、设计一个调查、使用计算机检索等方式搜集资料，他们需要鉴别哪些资料与任务最为相关，对他们查找信息的过程与程序，教师要做好观察与记录，这是评价的一个重要组成部分。这一过程产生的结果可以有许多不同的形式，这些作品可以在过程中，以及以后的修改和装饰中不断完善。相对于限制性的表现性任务来说，这种扩展性的表现性任务能够使学生充分证明他们选择、组织、融合以及评价信息和观点的能力。这样做的代价包括效率的降低、内容覆盖面的减少，最大的困难就是"对表现的评估"。譬如，下面几个表现性任务就是扩展性的表现性任务（可用于扩展性的表现性评价）。

①准备并发表一个演讲，以劝说人们采取保护环境的行动。

②玩骰子是一种有趣的游戏。游戏的目标是得到尽可能多的分数。在一个大杯子里你扔多少个骰子都行。如果骰子上的点数没有一个是"1"，那么分数就是所扔骰子数目的总和；如果在任何一个骰子上的数字都是"1"，那么分数就是零。请问：你认为扔多少个骰子最好？为你的结论做出说明。

③设计并进行一个估计加速度的调查研究，研究对象自选，描述所用的程序，呈现所收集的数据并进行分析，并陈述你的结论。

表现性评价要求学生通过真正的表现来展示他们的技能，这就要求他们做而不只是知道或了解，有时候这两者之间的区别是很重要的。例如，一个学生可能知道某一仪器的组成部分和功能，却不一定能适当地使用它，以获取必要的信息来解决问题。这样的技能在纯粹的纸笔测验中往往得不到较好的评价效果。

要想有效地应用表现性评价，就要关注任务的选择和对学生表现进行评分的方法。我们需要澄清所测量的复杂技能是什么，设计恰当的任务以使学生展示这些技能，以及关注如何对这些技能的表现和结果进行评价。如果不认真关注这些方面的问题，就无法保证表现性评价的信度和效度。

表现性评价测量的是符合教学目标要求的、学生完成任务的能力。限制性表现任务一般集中在专门技能（如大声朗读一段文章）上，而扩展性表现任务则更多地涉及对问题解决、融合多种技能和理解力所进行的评价。表 10-3 列出了测量各种复杂学习结果的两种表现性任务的情况。

表 10-3	表现性任务的类型及其示例
表现性任务类型	可被测量的复杂学习结果（能力）示例
限制性的 表现性任务	◇　大声朗读 ◇　用外语问路 ◇　设计一个表格 ◇　使用一种科学仪器 ◇　打字
扩展性的 表现性任务	◇　建造一个模型 ◇　收集、分析和评估数据 ◇　组织观点、创作一种视听作品或一个内容完整的演讲 ◇　修理一台机器 ◇　编写一个具有创造性的小故事

3. 表现性任务的设计原则或方法

能有效测量复杂性学习结果的表现性评价才算是高质量的，这就要求我们关注任务的设计以及给表现进行评分的方式。以下是表现性任务设计的一些基本原则或方法。

（1）关注那些需要复杂认知技能和学生表现的学习结果。虽然任务的趣味性是重要的方面，但仅有这一点还不够，应根据学习内容的重要性，设计和选择任务。由于以表现性为基础的任务一般需要学生投入足够的时间，所以它们应该主要来测评那些通过费时少的方法评价不了的学习结果。

（2）选择和设计在内容和技能上能代表重要学习结果的任务。同样是问题解决技能，在一个领域和另一个领域之间的内容是不一样的。在任何情况下，内容和技能都是相互依赖的。因此，详细说明学生在完成任务时所涉及的内容和资料的范围是很重要的。对许多任务来讲，允许学生在他们的知识范围之外进行探究是可取的，在任何评价任务中，为确保学生能达到预期的结果，应使其对任务的内容有详细的了解。

（3）确保评价任务与评价目的高度相关。要把注意力放在评定的目标上，尽管阅读复杂的文章和交流的能力都是很重要的学习内容，但对于某个特定的评价来说可能不是必要的目标。

（4）为学生提供必要的指导，让学生能够理解任务的要求。挑战性的任务常常是模棱两可的，需要学生经历实验、搜集信息、形成假设、反思和解决问题的过程。教师在此过程中应提供必要的指导。

（5）设计出使学生能很好地理解任务的指导语。含糊的任务指导语会导致非常不一致的行为表现，以至于不可能用公平和可靠的方式来进行评价。表现性评价在探究用不同方法解决问题和提出新颖问题方面，给了学生足够的自由，然而，任务的这一特点不能成为没有指导语或指导语含混的借口。

（6）运用评分规则使学生清楚地了解完成任务的预期目标。详细说明在评价行为表现时所使用的标准，会帮助学生澄清任务的预期目标。这不仅可以为他们提供努力的方向，还可以帮助他们去抓住学习内容的重点。譬如，画一幅当地一年内的气象图，你的图将从信息和量尺的准确性、符号使用的适当性以及易读性三个方面被评估。

4. 表现性评价的标准

判断学生行为表现所用的标准对于评价的信度、效度和公平来讲都是很重要的，并且在选择和设计任务时就应该对标准进行详细的表述，教师和学生都需要理解这些标准，评价标准可以帮助学生澄清所预期的目标。在对完成任务的过程和行为表现的结果进行评价时，有三种主要的方法可被使用：评分细则、等级量表、核查表。

（1）评分细则。一个评分细则是一套用来评价学生的反应和表现的标准。一个典型的评分细则是对行为表现的言语描述，包括学生在高级的、熟练的、半熟练和初始水平上的行为反应。分项评分细则要求对学生表现的不同维度分别进行评分；整体评分细则则是对整体行为表现不同水平的描述，运用整体的评分细则效率较高，但是它不能给学生提供分项评分中的细致的反馈。下面是一个有关评分细则的示例。

表现性任务：让一年级的孩子按照季节顺序，把四幅有关树的画安排在四个箱子里，并在箱子上写出每个季节的名字。

评分细则：2分：学生从任意一个季节开始，把画的顺序安排对了。

1分：学生开始了任务，但是没有完全完成任务。

0分：学生没有做出适当的反应。

（2）等级量表。等级量表通常包含不同的水平等级（如优秀、好、一般、差）或频率等级（如总是、经常、有时、从不）。然而，在等级量表中加入一些描述，或细分为几种要素或维度，它和评分细则的区别就不是很明显了。前面已经介绍过等级量表，这里不再赘述。

（3）核查表。核查表在形式和用途上与等级量表相似，它们之间基本的区别是在于评价结果的类型不同：等级量表有若干等级，可以表明学生表现的程度或频率，而用核查表进行评价得到的只是简单的"是非"判断。显然，当程度和发生频率是评价的重要方面时，使用核查表作为评价的标准就不合适。核查表由两部分组成：一是对行为或结果的描述；二是记录肯定或否定判断的地方。和等级量表一样，其中陈述的学习结果是要评价的行为表现，并且核查表只是一种记录工具。表 10-4 就是一个表现性评价的核查表的示例。

表 10-4	数学技能核查表：初始水平
	指导语：在"是"或"否"上做标记，以表示学生是否掌握以下技能。
是　否	1. 认识从 0 到 10 的数目。
是　否	2. 从 0 数到 10。
是　否	3. 把物体聚合成从 1 个到 10 个的集合。
是　否	4. 认识基本的图形（圆、正方形、长方形、三角形）。
是　否	5. 区分硬币（一分、五角、一元）。
是　否	6. 比较物体并判断其大小、长短和轻重。
是　否	7. 说出 10 个物体的序数（第一、第二、第三等）。
是　否	8. 抄写从 1 到 10 的数字。
是　否	9. 说出半个小时是多长时间。
是　否	10. 确定一个面积的二分之一。

如果我们想测评一个由一系列有顺序的步骤组成的程序，那么就可以依据以下的一系列步骤来建构一个核查表。

①确定要评价的每一个行为；

②在核查表中假设常见的错误行为；

③把预期的结果总是按照发生的顺序进行排列（错误行为也是一样）；

④提供一个简单的检查每一行为的程序说明。

尽管我们在论述时将等级评定、评分细则和核查表等方法分别进行了介绍，但是，在评价学生行为时，它们常常是被结合起来使用的。表现性评价运用的范围很广，柯尔伯格（Lawrence Kohlberg，1927—1987）在研究道德认知发展时所运用的"道德两难故事法"，其实就是一种表现性评价的运用：先让被试听讲故事，然后请他们对故事中人物的行为进行评论，从而了解被试的道德发展水平。

专栏10-4

海因茨偷药——柯尔伯格的道德两难故事

欧洲有一个患癌症的妇女，生命垂危。医生认为只有一种药可以医治她的病，这种药是本镇一位药剂师新近发明的镭制剂。这种药造价很贵，而药剂师又要索取比造价高 10 倍的药价（药的造价为 400 美元，药剂师要价 4 000 美元）。患者的丈夫海因茨到处借钱，总共才借到 2 000 美元，只够药费的一半。海因茨无奈，只得哀求药剂师：他妻子快要死了，请求药剂师便宜一点卖给他或容许他赊欠。但药剂师却说："不行，我发明这种药就是为了赚钱。"海因茨在尝试了一切合法手段，但都失望之后，就撬开了药店的门，为妻子偷药治病。

[**资料来源**] [美] 劳伦斯·柯尔伯格：《道德教育的认知发展模式》，载 [美] 阿伦·C. 奥恩斯坦等编，余强等译：《当代课程问题》，浙江教育出版社，2004 年版，第 243—261 页。

听完这个故事后，让被试回答一系列问题，柯尔伯格就据此了解儿童道德判断的能力，并探讨儿童道德判断能力发展的一般状况。

柯尔伯格根据其特点将儿童的品德发展分为三种水平六个阶段，而这也就可以作为设计道德行为"核查表"的参考（见表10-5）。

表 10-5	柯尔伯格关于道德判断的三水平六阶段核查表	
判断的三个水平	六个阶段	可能的反应
前习俗水平 　　根据行为的具体结果及其与自身的利害关系判断好坏是非，认为道德的价值不是取决于人或准则，而是取决于外在的要求。	第一阶段：惩罚服从取向阶段 　　衡量是非的标准是由惩罚决定的，认为只要受到惩罚，不管其理由是什么，那一定是错的。对成人或准则采取服从的态度，缺乏是非善恶的观念，判断好坏，只注意行为的结果而不是动机。	赞成：可以偷药，因为先提出请求。 反对：偷药将会受到惩罚。
	第二阶段：相对公理取向阶段 　　是一种朴素的利己主义，判定某一行为的好坏，主要看是否符合自己的要求和利益，具有较强的自我中心性，认为符合自己需要的行为就是正确的。	赞成：他妻子需要这种药，他要和他的妻子共同生活。 反对：他可能入狱，妻子也许在他出狱前死去。偷药对他没有好处。
习俗水平 　　着眼于社会的希望和要求，从社会成员的角度思考道德问题，开始意识到个体的行为必须符合社会的准则，能够了解和认识社会，并遵守和执行社会规范。	第三阶段：寻求认可取向阶段 　　认为凡是社会大众认可的，就是对的，反之是错的。顺从传统的要求，谋求他人的赞赏。判断行为的好坏主要依据动机：认为有利他动机的就是好的，有利己动机的就是坏的。此阶段的儿童主要是考虑社会或成人对"好孩子"的期望与要求，并力求达到这一标准。	赞成：只不过做了丈夫应该做的事。 反对：偷药将给家庭带来麻烦，丧失名誉。
	第四阶段：遵守法规取向阶段 　　服从权威，遵守公共秩序，接受社会习俗，尊重法律权威，有责任感和义务感。认为只要行为违反了规则，并给他人带来伤害，不论何种动机，都是不道德的。相反，凡是维护权威和社会准则的行为，就是好的、正确的。	赞成：如果不这么做，就要对妻子的死负责。 反对：要救妻子是合情合理的，但偷东西是犯法的。
后习俗水平 　　以普遍的道德原则作为自己行为的基本准则，能从人类正义、良心、尊严等角度判断行为的对错，并不完全受外在的法律和权威的约束，而是力图寻求更恰当的社会规范或规则。	第五阶段：社会契约取向阶段 　　认识到法律或习俗的道德规范是一种社会契约，大家可以相互承担义务和享有权利，利用法律可以维持公正。同时也认识到，契约可以根据需要而改变，使之更符合社会大众权益。	赞成：法律没有考虑到这种情况。 反对：不论情况多么紧急，总不能采用偷的方式。
	第六阶段：普遍伦理取向阶段 　　根据自己的人生观、价值观去判断是非善恶，超越现实规范的约束，即以良心、正义、公平、尊严、人权等最一般的原则为标准去进行道德判断，行为完全自律。 　　当根据自己确立的原则活动时，个体就会觉得心情愉快；相反，当行为背离了自己的道德标准时，就会产生内疚和自我谴责感。	赞成：尊重生命、保护生命是最重要的。 反对：别人是否也像他的妻子那样急需这种药，要考虑所有人的生命。

（三）成长记录袋

"评价应是教学的一个有机组成部分，而不能与教学相分离"已经成为大多数赞同使用成长记录袋（portfolio）的教育者的共识。尽管成长记录袋进入教育测量领域的时间不是很长，但它却已经引起了教育者的广泛关注。

成长记录袋是个人作品的系统收集。在教育教学（评价）领域，成长记录袋则主要是指学生作品的系统收集。值得一提的是，成长记录袋也可以运用于教师等教育者，以促进教师素质的提高。成长记录袋的一个重要特点就是它要不断地更新，以反映个人成就和技艺的进步。

成长记录袋受到了那些对传统评价不满的教育者的青睐，国外有学者列举了成长记录袋和以标准化测试为主的传统评价方法的区别（见表10-6）。

表 10-6	成长记录袋和标准化测验的区别
成长记录袋	标准化测验
反映学生参与的多种读写活动。	依据有限的读写任务来评价学生的读写能力。
让学生参与自己进步与成就的评价，并提出进一步学习的预期目标。	由教师根据学生的大体情况评分。
在尊重学生个体差异的基础上评价每一个学生的成就。	用同一标准评价所有学生。
评价过程是合作性的。	评价过程是非合作性的。
自我评价是重要目标。	没有自我评价方面的目标。
关注学生的进步、努力与成就。	只关注学生的成就。
将评价与教、学结合起来。	教、学、评价是分离的。

一个学生的成长记录袋同时也是学生作品的收藏夹，但二者有着很重要的差别。成长记录袋中所收集的作品应当服务于某个特定的目的，如描述学生的进步。用于评价的成长记录袋与收集学生作品的文件夹不同，它不包括学生的所有作品，成长记录袋中的作品可能是"代表作"或者不同类别作品中的样本（如创造性的短故事、有说服力的短文或书评等）。成长记录袋中的作品一定要精心选择，以服务于成长记录袋评价的特定目的。

成长记录袋有许多潜在的优势，其中最重要的优势是，它便于与课堂教学结合起来；成长记录袋激励学生发展自我评价技能，为自己的学习负责，并成为反思性学习者；成长记录袋促进教师和家长及其他有关人员进行交流。成长记录袋最大的不足或缺点就是：对教师来说劳动强度较大，教师需要花费相当多的时间来计划、管理以及为学生提供反馈。另外，评分很难有较高的一致性。

要想充分发挥成长记录袋的潜在优势，并尽可能地减少其不足，就需要对成长记录袋进行认真的计划。除了需要准备计划外，教师还需要保证计划的实施和结果的使用，这些都需要时间和努力。下面是界定、实施和使用成长记录袋的几个连续的步骤。

(1) 明确使用目的；

(2) 为成长记录袋内容的选择提供指导；

(3) 明确学生在选择内容和自我评价中的作用；

(4) 确定评价标准；

(5) 在教学和交流中使用成长记录袋。

1. 成长记录袋的使用目的

与其他评价方式一样，在设计成长记录袋时要回答的第一个问题就是：成长记录袋的目的是什么？如果对成长记录袋的使用目的没有一个清晰的把握，很可能会将其等同于杂乱地收集材料。此外，学生需要一些指导来确定哪些作品该放进成长记录袋，在区分哪些作品符合既定目的、哪些作品与目的不相关甚至会破坏目的的过程中，学生应当充分理解成长记录袋的使用目的，并发展各种有关的技能（譬如，选择和组织信息的技能）。

表 10-7	区分成长记录袋使用目的的四个维度
教学	评价
当前成就	进步过程
最好作品展示	文件型
成果型	过程型

(1) 教学和评价。教学和评价是成长记录袋的两个基本的使用目的，这两个目的之间并不互相排斥，事实上，好的评价是有效教学的有机组成部分，不过，当主要目的是评价而不是纯粹的教学时，所强调的侧重点就要有所不同。

当一个成长记录袋的主要目的是教学时，成长记录袋可以作为一种手段来帮助学生发展和提高自我评价技能，可以作为家长和教师之间对学生的表现进行沟通的焦点，同时也是指导学生与不同的人进行交流的重要途径。当成长记录袋主要用于评价时，需要区分形成性评价和终结性评价的作用。收集某门课程在一个学期或一个学年中的作品而形成的成长记录袋，对反映学生进步的形成性评价来说尤其有效。

(2) 当前成就和进步过程。强调当前成就和关注进步过程的成长记录袋之间的区别是不言而喻的。当关注的重点是当前成就时，成长记录袋中的内容通常是比较完善的作品，并且仅仅包括短时期内的作品；当关注的重点是展示学生的成长和发展过程时，所收集作品的时间跨度一般较长。另外一个区别就是，关注成长与发展的成长记录袋经常包括某项作品的形成历程。

(3) 展示型和文件型成长记录袋。展示型成长记录袋中所包含的内容一般是由学生选择的，但学生必须考虑其他学生的反应和教师所提出的建议，同时，展示型成长记录袋的另一个重要目的是让学生学会根据特定的目的和参阅者的情况，确定收集那些最能够证明他们或她们知道什么和能够做什么的作品；文件型成长记录袋的目的则是为学生学习的广度和深度提供证据，因此它所涵盖的内容更丰富，并不一定局限于学生处于优势的领域。

（4）成果型和过程型成长记录袋。成果型成长记录袋只是简单地表明作品的完成是为了满足特定参阅者的要求；过程型成长记录袋的目的是表现进步和发展的过程，可能不适用于成果型成长记录袋的终结性评价标准。过程型成长记录袋经常用于表现学生日常的活动，对形成性评价来说最为有用。过程型成长记录袋可以为教师及时提供学生每日的变化或进展，同时还可作为一种手段为学生提供形成性反馈，以帮助学生改进和完善其作品。

2. 选择成长记录袋内容的指导

一个具体的成长记录袋要想达到的目的应当是上述四个维度的某种组合，对学生明确阐述成长记录袋的使用目的是创建成长记录袋的基础，但目的本身不能给学生充分的指导，目的应与清晰的指导相结合。对成长记录袋内容选择的指导必须非常明确、具体，并且能够使学生知道什么是所要求的，而且不会感到过分的束缚或约束。

成长记录袋内容选择的指导至少应该明确以下几个方面的内容：（1）建立成长记录袋的目的；（2）成长记录袋所面对的参阅者；（3）什么类型的作品适合放进成长记录袋；（4）将使用什么标准来评价作品。表 10-8 是一个课堂教学评价中成长记录袋使用指导的实例。

表 10-8	小学生数学成长记录袋
评价项目	作品收集指导
操作技能	在成长记录袋中可用绘图或照片来证明。
技术的运用	用书面或口头形式报告使用计算机、计算器的结果。
小组合作以解决问题	以书面或口头形式报告在课堂以外数学应用的实例。
所学知识应用于实践	可能包括教师的观察、学生互动的记录及个体贡献的陈述。
跨学科应用	在其他学科领域中应用数学和图表的样例。
期刊和班刊的运用	在成长记录袋中保留一份数学期刊。

3. 学生在选择成长记录袋内容和自我评价中的作用

要想实现成长记录袋的各种潜在价值或优势，必须让学生参与作品的选择，并让他们对作品进行自我反思。学生参与成长记录袋内容的选择，并不意味着学生可以简单地将他们选择的任何东西放进成长记录袋。相反，教师需要给学生以明确的指导。而具体的指导方式方法有赖于成长记录袋的创建目的和教师试图让学生达到的目标。

要帮助学生反思他们所选择的作品，不仅要在指导中明确提出要求，还可以建立让学生填写一张简单表格的方式（见表 10-9）。

表 10-9	学生在选择成长记录袋内容和自我评价中的作用

学生姓名：＿＿＿＿＿＿＿＿　日期：＿＿＿＿＿＿＿

关于所收集项目的描述：

学生意见：

我选择该项目放进我的成长记录袋，是因为：

请注意：

其他意见：

教师意见：

教师姓名：＿＿＿＿＿＿　日期：＿＿＿＿＿＿

所选项目的优点：

要考虑的事情或者需要改进的领域：

其他意见：

注：其实，有时也可以加入家长或其他"监护人"的意见。

4. 确定评价标准

清晰明确的评价标准可以增强评价的公平性。成长记录袋应该同其他类型的评价一样，让学生知道作品的要求以及他们的作品将被怎样评价。评价标准对帮助教师没有偏见（至少可以减少偏见）地评判不同学生的成长记录袋来说，也是非常重要的。

制定成长记录袋的评价标准首先要从明确阐述创建成长记录袋的目的开始，分项目的评分规则对形成性评价很有帮助，而整体评分规则更适合于终结性评价。成长记录袋中个别项目的评价可以采用或结合使用前面所介绍的几种评定量表或方法。表 10-10 就是一个成长记录袋评价标准的示例。

表 10-10	数学成长记录袋的总体评价（数学理解能力的发展）				
数学理解能力的发展	不令人满意的进步				杰出进步
从开始到最后在问题提出方面的进步	1	2	3	4	5
阐明和解决问题能力的提高	1	2	3	4	5
计算错误的减少	1	2	3	4	5
发现事件之间关系的能力的增强	1	2	3	4	5
同他人交流数学结果能力的提高	1	2	3	4	5
估计并检验推理结果能力的提高	1	2	3	4	5
运用图表技能的提高	1	2	3	4	5

注：其实这也可以看作是数学成长记录袋的一个部分：数学理解能力的发展。

5. 在教学和交流中运用成长记录袋

成长记录袋的一个突出特点是其动态性，随着每天、每周以及每月的流逝而不断地发生变化或改变。教师有很多机会来检查这些作品，并与学生讨论下一步或进一步的想法。在成长记录袋完成的过程中进行观察，可以为教师提供改进计划和形成性评价的依据。成长记录袋也可以作为同家长或"监护人"交流的一个很好的载体。学生作品和学生的自我反思可以为家长或"监护人"提供一个了解课堂教学和学生学校生活的窗口。家长对成长记录袋中各项内容及其整体评价同样可以作为成长记录袋中的一个组成部分。

第四节　教师教学工作的评价

如前所述，教师教学工作的评价主要包括教学成果评价、教学行为评价和教师素质评价等。因为教学成果主要就是学生的变化或发展（即学生的学业成就），所以对教师教学成果的评价也就转化为对学生的学业成就的评价。这已在本章第三节进行阐述，无须重复。因此，本节主要讨论教师素质评价、教学行为评价、教学工作评价的基本方法，以及教学工作评价与教师专业发展之间的关系等问题。

一、教师素质评价

（一）教师素质

教师素质评价所要解决的主要问题是：什么样的社会成员可以成为教师或从事教育教学这一"教书育人"的工作？或者说，教师应该成为怎样的专业人员？也即教师应该具备怎样的素质？

教师的素质一般包括两个方面：职业道德素质和业务素质。[①] 教师的职业素质主要包括职业精神，即"自立立人，自达达人，自强强人"；以及"政治上的，道德上的，对己、对学生、对同事等诸方面的一些行为规范"。教师的业务素质主要包括知识素质，即科学文化基础知识、学科专业知识和教育学科知识（包括一些心理学科知识）；能力素质，譬如，思维的条理性、逻辑性，口头表达能力，组织教学活动的能力等；以及适宜的个性品质。但是，素质只是一个潜在而非现实的"能力"，所以，我们通常依据教师的职责来评价教师所应具备或已具备的素质。

（二）教师职责

教师的职责，一言以蔽之，就是"教书育人"。具体而言，斯克里文（M. Scriven）认为，教师的职责应该包括以下九个方面的内容。[②]

（1）对职责的了解（knowledge of duties）。包括对学区或地方政府各项法规

---

① 胡德海著：《教育学原理》，甘肃教育出版社，1998年版，第416—425页。

② 陈玉琨著：《教育评价学》，人民教育出版社，1999年版，第114—117页。

的了解，以及对特定学校的期望的了解。

（2）对学校及社区的了解（knowledge of school and community）。包括对学校、师生员工的特点、背景和思想观念以及周围环境的了解。

（3）对教材的了解（knowledge of subject matter）。包括特殊技能领域或学科的知识，以及诸如英语、学习技能、人际交往技能、专业意识、信息技术等交叉学科的知识。

（4）教学设计（instructional design）。包括教程设计、教材的选择与更新、教学资源的适当使用、教程和课堂教学评价、特殊学生群体需要的知识和人力资源的使用等。

（5）对学生学习信息的收集（gathering information about student learning）。包括测试技能、评分的技能、评分的过程和分数的分配等。

（6）对学生学习信息的提供（providing information about student learning）。包括对学生、学校管理部门和学生家长或其监护人提供学生学习的信息。

（7）课堂技能（classroom skills）。包括人际沟通技能和课堂管理技能，而课堂管理技能又包括紧急情况下的管理技能和正常情况下的管理技能两个方面。

（8）个性特征（personal characteristics）。包括职责态度和敬业精神，以及专业发展或提高两个方面。

（9）专业服务（service to the profession）。包括专业问题的知识（譬如，本专业的性质、作用、历史和当前存在的问题的知识）、专业道德、同事之间的互助和对"初任教师"的帮助，以及为其他专业人员所进行的项目组织研究小组、安排学术讨论会等。

雷德芬（G. B. Redfern）则认为，教师职责应该包括以下七个方面的内容。[1]

（1）规划与组织：做出短期和长期的规划；校正个人的目标，使它与学校和学区的目标相一致；坚持规划中成长和发展的各项原则；对掌握各项技能做出时间顺序的安排；做出诊断和评定学生个体需要与进步的方案；对个体差异做出安排；促进学生参与规划工作；鼓励学生参与领导与决策；调整校园环境，以提供多样化的学习情境；根据日程安排和他人合作；有效地管理时间；精心组织各项活动；保持精确的记录；注意影响学生健康和安全的条件；组织有关工作，使后继的教师能以学生学习损失最小的方式发挥作用；以及其他。

（2）激励学生：通过积极的反馈、表扬和奖励以激励学生；对学生的需要、态度、理智和学习方式做出反应；开发各种对学生富有挑战性的各项学习活动；给学生提供各种以音乐、戏剧等文艺形式表达情感的机会；促进学生参与课堂讨论和活动；诱导学生中的同情心；帮助学生在社会和理智方面得到满足的经历；把学生在校内的成就和校外的生活联系起来；以及其他。

（3）和学生的关系：收集关于学生的相关信息，并为之保守秘密；表达对学

---

[1] 陈玉琨著：《教育评价学》，人民教育出版社，1999年版，第123—127页。

生个体的关心；为学生个体或群体提供咨询；创设开放的氛围，使学生能表达他们的观点；帮助学生形成积极的自我概念；鼓励学生为他们或她们自己确定现实的目标；对学生的生涯需要保持敏感；表达对有个人问题的或残疾或有心理障碍学生的关心；鼓励学生为更高的成就而奋斗；使学生能对班级做出有益的贡献；利用各种为学生服务的师生咨询资源；创造各种参加学生会议和学生一起讨论问题的机会；指导学生遵守民主的原则；在学生中创造正确的行为方式；在个体范围内处理学生的行为问题；与学生保持良好的关系；及时排除各种可能导致学生变坏的因素，不要等已经出现了苗头再设法处理；在处理学生问题时，要一致和公平；在处理学生问题时，要表现出热情和理解；请同事和家长分担对学生的关心；以及其他。

（4）资源的使用：对可资利用的资源有明确的意识；充分利用多种类型的资源；充分利用校园环境，以支持学生的活动；充分利用可资利用的资源，为学生个体的需要服务；在选择和利用各种资源时，充分利用专家的资源；有效地使用各种设备和材料；以及其他。

（5）教学技术：鼓励学生思考；使用多样化的教学技术；使用多种教学材料；为创造性的表现提供机会；帮助学生把他们或她们的经验运用于日常生活；促进课堂讨论；鼓励学生个人兴趣和创造力的发展；帮助学生评价他们或她们自己的成长和发展；为学生提供发展领导品质的机会；使学生能分担课堂活动的工作；与学生个体和群体经常交流；在实施教学活动中体现机动性或灵活性；在师生中创造相互尊重的气氛；帮助学生学会独立地工作和在群体中工作；提高群体的凝聚力；得心应手地使用反馈信息；掌握学生进步的情况；以及其他。

（6）专业成长与职责：参与学校各项政策和工作程序的制定与实施；和同事保持良好的关系；更新知识，跟踪专业的发展；善于运用各种在职培训的机会；参与校内和系统内的各种委员会；协助包括学生管理在内的各种课外活动；和本专业的同事交流各种学术观点、材料和方法；在评价教育方案的有效性方面，和同事交流看法；常向老教师、学科组负责人、部门负责人、顾问及专家咨询，改进教育—学习过程；善于运用各种机会，向家长及社区有关人士解释学校的教育方案；以及其他。

（7）与家长的关系：善于请家长帮助学校的活动；鼓励家长访问班级里的学生；组织各种建设性的家长会议；善于向家长解释各种学习方案；重视与家长积极的接触；保守与学生家长关系的秘密；以及其他。

（三）一个好教师必备的素质

结合上述评价理论与我国教师（教学工作）评价的实际和研究，陈玉琨教授认为，"下述几个方面是一个好教师所必备的"素质。[①]

（1）与学生形成良好的关系，并有使这一关系与教学任务联系起来的能力：

---

① 陈玉琨著：《教育评价学》，人民教育出版社，1999年版，第137—138页。

教师与学生有良好的沟通关系；了解每一个学生的经历和特长，以及这些经历和特长对学习的影响；能敏锐地感受学生个体的特殊需要，并据以调整教学工作。

（2）激励学生积极参与教学活动的能力：善于鼓励学生在各种场合发表自己的意见；能容纳不同意见；能经常性地为学生提供反馈信息，以鼓励他们或她们学习中的每一点进步；善于组织学生参与课堂上的讨论等各种活动。

（3）明确地表达自己思想的能力：思维清晰，逻辑性强；语言深入浅出，形象生动。

（4）最大程度地利用有关资源的能力：能有效地使用各种现代化的教学设备；能有效地利用各种信息资源，及时了解本学科当前的发展；能有效地利用人际关系的资源，帮助学生开展社会调研等各项活动。

（5）适应新情况的自我判断能力：能根据教学工作的变化，及时地发现自己的不足，调整自己的知识结构和能力结构；能根据学校课程改革的需要，调整自己的教学重点；能从学生学习的进展中，发现自己教学中需要改进的地方，并能迅速地达成自己的目标。

由此，我们就可以用上述"素质指标"作为教师素质评价的基本准则，以对教师素质（状况）进行评价。

二、教学行为评价

教学行为主要是指在课堂教学和课堂管理中教师教的行为和学生学的行为两个方面，因此，教学行为评价就主要包括课堂教学的评价和课堂教学质量的评价两个维度。

（一）课堂教学评价

我们认为，可以就教学目标、教学内容、教学环节、教学方法和教学绩效等几个评价指标来设计具体的指标等级，以进行具体的课堂教学评价（见表10-11）。

表 10-11	课堂教学评价指标及其等级与含义				
指标＼等级	很好	较好	一般	较差	很差
教学目标	符合课程标准要求与学生特点，并能够体现于教学过程或活动当中。	基本符合课程标准与学生的特点，并能在一定程度上体现于教学过程当中。	反映课程标准要求与学生的特点不够，或者教学目标在教学过程中基本上没有得到明确的反映。	教学目标不明确，或者与教学活动关系不明确。	教学目标不符合课程标准要求和学生的特点。

续表

等级\指标	很好	较好	一般	较差	很差
教学内容	无科学性方面的错误。	偶尔有个别方面的错误，但能够及时纠正。	有一定的科学性方面的错误，能够较为及时地纠正或事后纠正。	常有科学性方面的错误，或者有一定科学性方面的错误，却很少纠正。	教学内容没有科学性。
教学环节	环节多样，学生学得生动，能力得到均衡发展。	环节基本能够适应各种能力的发展需要。	环节不常变化，部分学生主要精力在于应付作业。	环节单一，学生只能应付书面作业。	环节多但混乱，学生疲于奔命。
教学方法	课堂教授逻辑性强，易于为学生所接受和理解，并具有很强的启发性，能促进积极思考，举一反三。	课堂教授逻辑性较强，大部分情况下，学生能够接受与理解，教学有一定启发性，大部分学生思维处在活跃状态。	课堂教授逻辑性一般，学生理解较费力，启发性较弱，有一定数量的学生是被动地接受课堂教授的。	逻辑混乱，学生难于接受和理解，无启发性，大部分学生只能是教师教授什么就记什么。	没有逻辑性，也没有启发性，学生都是"死记硬背"。
教学绩效	测试设计科学，从内容到形式都能反映课程标准要求，各类教学目标都能得到反映。	测试设计能较好地反映课程标准要求，但部分教学目标未能很好地得到反映。	测试设计有偏离课程标准要求的情况，或者基本上未能测量学生知识掌握以外的其他能力。	测试设计随意性较大，与课程标准要求相脱节。	测试设计随意，与课程标准要求严重脱节。

注：改编自陈玉琨著：《教育评价学》，人民教育出版社，1999年版，第198—199页。

专栏10-5

课堂教学评价的媒介指标与终极指标

美国学者米斯（L. R. Meeth）将课堂教学评价的指标分成：指向教学过程的媒介指标；指向教学结果的终极指标。

媒介指标包括：

1. 学生是否已被引起学习动机？
2. 学习经验的结构是否已对照目标而被恰当地决定下来？
3. 课堂教学的内容是否有秩序、有概括性？是否适合学生的学习能力？
4. 教师对学习经验的干预，是否与学习经验的目标没有矛盾？
5. 是否有充裕的时间，能够使学生们更好地进行思考和做出反应？
6. 同学习经验的目标相对照，赏罚是否合理？

7. 学生对自己在做什么、为什么要做、以什么形式受到评价，是否理解？

8. 达到目标或成果是否已清清楚楚地明确化？

9. 评价的标准和方法是否已经明确？对照目标来看，是否合理？

10. 学生所取得的成果，是否反映了学习经验的目标？

11. 为教学指导准备的材料的种类和多样性，是否同学习理解经验的目标及学生的能力相矛盾？

12. 从学习经验的目标和学生的学习能力来看，教学指导方法是否合适？

终极指标包括：

1. 学生是否学会了教师想要教给的东西？

——在认知、情感和技能方面，提高、发展的情况如何？

——在学习的进度和达到的程度上情况如何？

2. 正规的课堂教学结束之后，学习是否继续进行？

3. 学生对自己的学习经验所制订的目标或所期待的成果，实际上是否已经得到满足？

4. 学生是否保持住所学的东西？

5. 教师对学生的学习经验所制订的目标或所期待的成果，实际上是否已经得到满足？

6. 这一学习经验，同学生所具有的其他学习经验之间是否具有不矛盾的连续系统的关系？

——是否充分地利用了预习？

——是否推动了其他课堂教学活动中的学习？

——是否使后来的学习容易进行？

7. 通过课堂教学活动，是否看到了教师所期待的影响？

8. 同以往的做法相比，这次课堂教学活动是否是低成本的？

——能否用少量的费用实现同样的学习？

——能否用同样的费用实现更多的学习？

——能否用少量的费用实现更多的学习？

9. 在课堂教学活动中，志愿参加的人数的水平能否维持和提高？

[资料来源] 顾泠沅、杨玉东之学术报告：《课堂教学评价——聚焦新课程》。

专栏10-6

我国课堂教学评价的具体内容

国内主要通过专家咨询和调查研究得出课堂教学评价内容，下面是江苏学者具有代表性的概括（七个方面，25条）。

Ⅰ 教学思想

(1) 教师在课堂教学过程中是否坚持教书育人的原则；

(2) 有没有面向全体学生，对学生是否尊重；

(3) 课堂教学的过程是否促进了学生的发展。

Ⅱ 教学目标

(1) 教师能否根据教学内容的特点和学生的实际情况，制订恰如其分的课堂教学目标；

（2）在课堂教学的过程中，教师是否能够通过适当的方式让学生明确课堂教学的目标；

（3）在课堂教学的全过程中，所有的活动是否都是围绕着课堂教学目标进行的。

Ⅲ 教学内容

（1）教师是否熟悉教材和学科课程标准；

（2）能否在钻研教材和学科课程标准的基础上，精选教学内容；

（3）能否根据教学内容的特点和学生的实际情况，精心设计形式多样的课堂练习。

Ⅳ 教学过程

（1）教师能否做到讲解基本概念、基本理论准确熟练，论述和运算严密，举例贴切；

（2）教师能否在遵循"启发诱导、联系实际、形象直观"原则的基础上，针对学生的实际情况，选择合适的教学方法；

（3）在课堂教学的过程中，教师能否做到在知识的传授和能力培养的同时，注意调动学生的学习积极性；

（4）能否注意课堂教学过程中的各个阶段的承上启下，课堂教学活动的各个环节是否结构紧凑和层次分明；

（5）教师在课堂教学的过程中，发现自己的教学计划（或教学计划的一部分）不切合学生的实际，能否及时修正课堂教学活动，以满足学生的要求；

（6）教师在课堂教学活动中，能否根据不同的情况，恰到好处地向学生提出各种与教学内容有关的问题；

（7）课堂教学过程中的时间安排是否合理，教师能否做到上课不迟到、不提前结束授课、不拖课。

Ⅴ 教学效果

（1）在课堂教学活动中，在教师导向下，学生的注意力是否集中，课堂教学的气氛是否活跃，学生的情绪是否高涨；

（2）在课堂教学情境中，学生在教师的诱导下，学习兴趣是否得到激发，学生是否产生强烈的求知欲（具体表现为学生能否在课堂上发问和提出质疑）；

（3）在课堂教学活动中，学生回答问题和课堂联系的准确率高不高（高的标准是90%以上）；

（4）教师在课堂教学过程中，能否贯彻有效的课堂管理制度，以维持学生良好的学习行为（具体表现为学生遵守课堂纪律的情况）。

Ⅵ 教师素质

（1）在教态方面，能否做到自然、举止庄重、情绪饱满和讲授速度适中；

（2）教师在课堂教学的过程中，是否讲标准的普通话，是否使用规范的课堂教学语言和做到语言生动；

（3）板书设计是否简明、醒目，黑板板面利用是否得当。

Ⅶ 教学机智

（1）在课堂教学活动中，教师能否做到不仅对好学生的成就加以表扬，而且对学习能力薄弱的学生的进步加以赞扬；

（2）教师能否妥善处理课堂教学过程中出现的偶发事件。

［资料来源］顾泠沅、杨玉东之学术报告：《课堂教学评价——聚焦新课程》。

（二）课堂教学质量评价

我们认为，可以就学习兴趣、基础知识和基本技能（简称为"双基"）、能力培养、思想认识和特长发展等几个评价指标来设计具体的指标等级，以进行具体的课堂教学质量评价（见表10-12）。

表 10-12	课堂教学质量评价指标及其等级与含义				
等级＼指标	很好	较好	一般	较差	很差
学习兴趣	绝大多数学生对本学科产生了浓厚的兴趣。	有一定数量的学生对本学科产生较浓厚的兴趣。	大多数学生对本学科感到无所谓。	大多数学生对本学科有厌恶情绪。	所有学生都对本学科有厌恶情绪。
双基情况	80％以上的学生在学科测试中达到优良水平，其余学生都达到及格以上。	60％以上的学生在学科测试中达到优良水平，其余学生都达到及格以上。	50％以上的学生达到优良水平，其余学生中有少数未能及格。	60％以上的学生在学科测试中不及格。	80％以上的学生在学科测试中不及格。
能力培养	学生在课程标准要求的能力发展方面，有明显的提高。	大部分学生在课程标准要求的能力方面，有一定的提高。	大部分学生在课程标准要求的能力方面，有不同程度的提高。	学生在能力提高方面，无明显进展。	学生在能力提高方面没有任何进展。
思想认识	正在上课的教室或阅览室中，学生精神状态好，无交头接耳现象。	大部分学生精神状态好，基本上无交头接耳现象。	大多数学生精神状态一般，可发现一定数量的交头接耳现象。	学生精神状态较差，交头接耳现象严重。	学生精神状态很差，几乎没有学生不交头接耳的。
特长发展	有较多学生在本学科方面具有明显的特长。	有一定数量的学生在本学科方面形成了一定的特长。	有些学生在本学科方面具有特长。	学生在本学科方面无明显特长。	学生在本学科方面明显没有特长。

注：改编自陈玉琨著：《教育评价学》，人民教育出版社，1999年版，第200页。

此外，上述教师教学工作评价的两个维度可以看作是整个学校教学工作评价的三个主要维度之中的两个，另一个是学校层面的学科与管理常规维度，具体而言，它还可以分为教学思想建设、教学管理制度建设、教学梯队建设和教学条件建设四个方面。其实，教师的教学行为评价是整个学校（教学工作）评价的一个有机构成，并且，无论如何，它都是其中的一个核心部分。

三、教学工作评价的基本方法

其实，前面所介绍的学生学业成就评价方法，经过改造后都可以运用于教师的教学工作评价。不过，除此之外，教学工作评价还有一些其他的方法，如教师自评、学生评教、家长评价、同行评价和观察与座谈等。

（一）教师自评

教师自评就是教师自己对自己的教学工作进行自我评价。它不仅是教师教学工作评价中的一个重要方法，而且还是教师进行教育教学诊断的一个重要手段，甚至还被认为是教师自我激励和自我提高的一个必要过程。当然，教师要对自己的教学行为做出深入细致的分析，是需要"专业引领"或通过"专业培训"的。

（二）学生评价

学生评价就是学生对他们或她们的教师的教学工作进行评价。尽管学生评价受到了来自教师等各方面的反对或不满，但是，自 20 世纪 70 年代以来，它却已经成为世界各国各级各类学校对教师教学工作进行评价的一个经常被使用的强有力的方法。所以，学生评价是值得鼓励的。之所以如此，阿里莫里（L. M. Aleamoli）提出了以下几个方面的理由。[①]

（1）由于学生是教学过程中的主体，所以，他们或她们对教学目标的达成、师生关系的状况，都有较为深刻的理解。此外，他们或她们对学习环境的描述也会比较客观。

（2）由于学生直接受到教师教学效能因素的影响，所以，他们或她们的观察比其他"突然出现的"评价人员会更为细致和周全。

（3）学生参与教师教学工作的评价，不仅有利于师生之间的沟通，而且还有利于教师教学水平的提高和改进。

（4）学生评价的结果可以为其他学生选择课程或教师提供参考。

（三）家长评价

家长评价就是学生家长或监护人对教师的教学工作进行评价。从某种角度来看，学校和教师不仅是为学生和国家服务的，而且也是为家长服务的。一般而言，家长是最为关心其子弟在学校的行为变化和发展的。所以，家长评价在教师教学工作评价中就不仅具有一定的积极意义，而且也是必要的。

（四）同行评价

同行评价就是教师对自己的同事的教学工作进行评价。同行评价不仅在形成性评价中具有重要的意义，而且它还有利于在学校建立一个和谐、富有创造性的教师专业发展的氛围。同行评价之所以在教学工作评价中被广泛地使用，主要是因为"同行最有发言权，也最为了解和熟悉教师的教学工作"。

---

① 陈玉琨著：《教育评价学》，人民教育出版社，1999 年版，第 139 页。

（五）观察和座谈

观察主要是指现场（即课堂教学）观察，而座谈一般是指在现场观察之后所作的"诊断性"会谈。它不仅是教师教学工作评价中的一个重要方法，而且也是促进教师专业发展的有效手段之一。当然，观察和座谈也有其自身的不足，即观察依赖于观察者事先所掌握的信息及其类型，而座谈则依赖于会谈者已有的语言沟通能力和技能，以及被评教师在多大程度上有与会谈者谈论自己教学工作的愿望。此外，评价者的"先见"也在很大程度上影响着观察和座谈的可靠性与有效性。

四、教学工作评价与教师专业发展

教师的专业成长与发展是与自我反思与批判分不开的，而教师工作评价尤其是自我评价则为这种反思与批判提供了必要的资料、信息和依据，所以，教师的自我评价与专业发展有着更为密切的关系。

教师的自我评价一般有三种机制或途径，每一种机制或途径都对教师的专业发展起着不可替代的作用。

第一种机制是，以他人对自己的评价为标准来评价自身。第二种机制是，通过与其他教师尤其与自身各方面都最为接近的教师的对比或比较来进行自我评价，"他人是自己的一面镜子"就是这种自我评价机制的集中体现。第三种机制是，通过自我分析来实施自我评价。所谓自我分析，就是把自身的行为和结果和各种内、外在的价值尺度或标准进行比较的过程，以此为基础，教师就可以形成自我判断，并得到自我评价的结果。

由此可见，不论采取何种自我评价途径，教师们都可以通过自我评价来获取有关专业成长中所存在问题和疑难的信息、资料与现实依据，以及进一步发展方向的启示。不仅如此，教师专业发展中的"个人引导模式"、"观察和评估模式"、"参与发展或改进过程模式"、"专家培训模式"和"探究模式"等都要以教师的教学工作评价为其先决条件或有机构成，否则，教师专业发展就会缺乏出发点和目标，或者迷失方向和归属。

【主要结论与启示】

1. 教学评价是教育评价的核心组成部分，甚至有时就直接指称教育评价。它是在心理和教育测量充分发展之后，从中独立发展出来的一个教育教学研究的专门领域，至今还不足百年，但它已被称为是与教育基础理论研究和教育发展研究并列的当代教育科学研究的三大领域之一。

2. 教学评价的模式主要有泰勒模式（即目标模式）、CIPP 模式、差别模式、外貌模式和回应模式等；其类型主要有最佳表现评价和典型表现评价，常模参照评价和标准参照评价，客观题测验和复杂—表现性评价，安置性评价、诊断性评价、过程性评价和总结性评价，学生评价和教师评价等。

3. 学生评价主要是指学生学业成就评价，其常规评价方法是测验方法。除此之外，还有等级评定、表现性评价和成长记录袋等评价方法。教师评价主要是指教师的教学工作评价，包括教师素质评价、教学行为评价和教学成果评价等。其评价方法主要有教师自评、学生评价、家长评价、同行评价和观察与座谈等。

4. 不论是何种评价模式，还是何种评价类型，或者何种评价方法，它们都不是万能的，而是有条件的，也就是说，它们都有其各自使用的条件、优势和不足。对此，在实际使用中应该有清醒的认识。但是，由于教学评价都拥有导向功能、诊断功能、激励功能、教学功能和管理功能，因此，在实际运用中如何协调上述教学评价的诸多功能，以促进学生素质的全面发展、教师专业的持续发展，以及学校教育的整体发展，是关乎教学目标乃至教育目标真正落实或全面贯彻的核心问题。正因为如此，我们才认为教学评价的改革是课程改革以至教育改革的"瓶颈"。

【学习评价】

1. 什么是教学评价？教学评价有哪些功能？它与教学研究有什么不同？

2. 教学评价的模式有哪些？它们的构成分别是什么？

3. 教学评价的类型有哪些？它们各是什么含义？

4. 学生学业成就评价的主要方法有哪些？它们各有什么特征？

5. 教师教学工作评价的主要类型和方法分别有哪些？它们各自是什么含义？

6. 试就本章的内容设计一个测验或评价任务，以评价我们自己学习的效果。

【学术动态】

无论就教育理论还是就教学实践而言，教学评价都是一个极其重要的领域。它不仅反映着教育理论的现实可行性，而且还制约并引领着教学实践的发展。目前，就我国教学评价的理论研究水平和实践应用状况来说，以下几个方面的问题值得我们关注。

● "境外"教学评价理论和方法的"中国化"阐释、理解与研究。

● 内化定量评价与缺乏定量评价的教学定性评价的对比研究。

● 植根于中国教育教学文化传统的现代教学评价理论与实践。

● 促进学生发展、教师发展和学校发展的教学评价体系的理论与实践。

● 教学评价的元研究，譬如，"促进发展"的教学评价本身对"发展"的制约与限定等。

【参考文献】

1. 陈玉琨著：《教育评价学》，人民教育出版社，1999 年版。

2. 张敏强著：《教育测量学》，人民教育出版社，1998 年版。

3. 王汉澜主编：《教育测量学》，河南大学出版社，1987 年版。

4. 刘要悟著：《教学评价基本问题研究》，甘肃文化出版社，1997 年版。

5. 张玉田等编著：《学校教育评价》，中央民族学院出版社，1987 年版。

6. 柯孔标著：《教学评价》，知识出版社，1999 年版。

7. 马永霞主编：《教育评价》，当代知识出版社，2001 年版。

8. 黄光扬主编：《教育测量与评价》，华东师范大学出版社，2002 年版。

9. ［美］布卢姆著，邱渊等译：《教育评价》，华东师范大学出版社，1987 年版。

10. ［美］泰勒著，汪世清等译：《变化中的教育评价概念》，安徽教育出版社，1989 年版。

11. ［美］R. L. 桑代克、E. P. 哈根著：《心理与教育的测量和评价》（上、下），人民教育出版社，1985 年版。

12. ［美］Robert L. Linn & Norman E. Gronlund 著，国家基础教育课程改革"促进教师发展与学生成长的评价研究"项目组译：《教学中的测验与评价》，中国轻工业出版社，2003 年版。

13. ［美］W. James Popham 著，国家基础教育课程改革"促进教师发展与学生成长的评价研究"项目组译：《促进教学的课堂评价》，中国轻工业出版社，2003 年版。

14. ［美］Ellen Weber 著，国家基础教育课程改革"促进教师发展与学生成长的评价研究"项目组译：《有效的学生评价》，中国轻工业出版社，2003 年版。

15. ［美］Barbara E. Walvoord & Virginia Johnson Anderson 著，国家基础教育课程改革"促进教师发展与学生成长的评价研究"项目组译：《等级评分——学习和评价的有效工具》，中国轻工业出版社，2004 年版。

16. ［美］高尔等著，许庆豫等译：《教育研究方法导论》，江苏教育出版社，2002 年版。

第十一章

教学研究

【内容摘要】

　　教学研究就是运用一定的理论和方法，有目的、有意识地对实际教学问题进行研究的过程。教学研究具有复杂性、创造性、科学性和探索性的特点，它对改进和完善教学实践，促进教师专业发展具有非常重要的作用。随着教学改革的不断深入，教师作为教学研究的主体已成为一种必然；而且，教师所处的位置及其所拥有的机会和权利也是教师从事教学研究的独特优势。教师要想真正成为教学研究的主体，必须学会学习、学会合作、学会反思、学会理解，掌握行动研究、校本研究、叙事研究、案例研究等基本的研究方式和方法。教师的教学研究观念直接关涉教学研究的质量，为了保证教学研究的客观、公正和全面，消弭教学研究观念上的混乱，克服实际教学研究的偏差，教师应该时刻从目的行为、过程结果、追求品性、身份定位等方面不断地进行反思。

【学习目标】

　　1. 了解教学研究的特点和价值。

　　2. 明确教师成为教学研究主体的必然性、可能性和策略。

　　3. 掌握行动研究、校本研究、叙事研究和案例研究等主要的教学研究方法。

　　4. 消除对教学研究的误解，形成对教学研究的正确认识。

【关键词】

　　教学研究　研究主体　研究方法　反思

第一节 教学研究的特点与价值

为了解决实际教学问题，提高教学质量，教师进行教学研究就是必须的。所谓教学研究，就是运用一定的理论和方法，有目的、有意识地对实际教学问题进行研究的过程。教师要想有效地开展教学研究，有必要首先了解教学研究的特点和价值。

一、教学研究的特点

教学研究与一般的自然科学研究是不同的。自然科学的研究对象是物质，其目的是改造客观物质世界；而教学研究的对象是人，其目的是探索教学的规律，从而改造人的知识结构和人的精神世界。因此，教学研究本身具有复杂性、创造性、科学性和探索性的特点。

（一）复杂性

教学研究的复杂性，一是表现在研究对象上，它涉及教师、学生、课程、教材、教法、教学环境等诸多因素。在教学过程中，各个要素对教学有着直接或间接的影响，这些影响既涉及外显行为的操作，又涉及内隐思维的操作。尤为需要提及的是，这种影响不是孤立地产生的，而是在诸要素相互联系、相互制约、相互作用下产生的。因此，教学研究的任务就是要综合地认识各要素的作用，使各要素之间形成最佳的联系，互相配合、互相促进，从而产生最大的合力，收到最佳的效果。二是表现在研究过程上，教学研究较之于自然科学研究显然有自己的不同之处。在自然科学研究中，研究者多在实验室内进行，更多地依赖于实验手段、实验仪器和设备。而教学研究多在自然状态下进行，对其研究过程的控制有一定的难度，涉及的有些变量尽管对研究的影响不可忽略，但却是不可操控的。同时，教学研究的周期较自然科学研究要长。一项教学研究是否成功，往往需要较长的时间才能得出结论，教学效果的显示也往往具有滞后性。

（二）创造性

教学研究的创造性，是要探索教学领域的规律。创造性是科学研究最本质的特点，也是科学研究的灵魂。教学研究的创造性是在继承前人或他人研究的基础上，采用新搜集到的资料，或用新的研究方法、新的观点进行研究，从而提出新的见解或结论。没有创造性，教学改革就不可能发生。一项教学研究成果的创造性，可以从问题、角度、方法和效果四个方面来表现。从研究的问题来说，某一教学研究项目所研究的问题，是别人未曾研究，而且具有一定的理论价值和实践意义的。从研究的角度来说，某一教学研究项目虽是别人研究过的问题，但此次研究采取新的论证角度，在某一方面能够弥补别人的不足。从研究的方法来说，某一教学研究项目，虽然没有更新的见解，但采用新的研究方法，为别人再研究这一问题提供一些思考。从研究的效果来说，通过教学实践证明已经取得实效的教学研究成果，当然具有创造性。

（三）科学性

一般来说，教学活动具有三个特点：（1）客观性。教育活动首先是一种客观存在，有其自身的逻辑和规律，有一定的客观依据和客观制约性。（2）必然性。在教学活动的诸多关系中，很大程度上都存在着一种必然性，如教与学的关系、知识与能力的关系、直接经验与间接经验之间的关系等。（3）普遍性。教学活动无论怎么千差万别，总会存在着诸多普遍性和共同性，如因材施教的教学原则、系统讲授的教学方法等。正是这些特点使得教学活动有着自己的特点、逻辑、规则和规律，它并不是杂乱无序、变化无常和无章可循的。要想理清这些，教学研究必须依靠科学的方法和手段，按照一定的程序去把握教学活动的客观和真实、特点和规律。可见，教学研究具有鲜明的科学性。

（四）探索性

研究的魅力在于探索，因此教学研究还具有探索性的特点。教学研究的探索性，是指研究的问题是在教学过程中的未知领域进行，具有超前性。由于教育是一种复杂的社会现象，意味着这种探索可能会遇到挫折。同时，我们必须清醒地看到，教学研究的对象是人，是教学活动。在教学研究过程中，我们所面对的是正在成长、发展中的学生，教学研究必须有利于学生的发展，而绝不能影响学生的生长和发展。因此，我们所做的工作既富有挑战性，更富有探索性。

二、教学研究的价值

从这些年活跃在一线教学的一些优秀教师的成长足迹我们不难看出，教学研究最直接的价值和真义就在于认识教学、改进教学、完善教学，解决教学实践中出现的诸多困惑、疑难、障碍和偏差。同时，在解决教学实际问题的过程中提高教师素养，促进教师的专业发展。

（一）改进和完善教学实践

教学过去是、现在是、在可预见的未来仍然是教育活动的基本构成部分。教育一有风吹草动，教学总会成为最备受关注的主题，成为首先需要攻克的堡垒。无论所谓的理论或者观点多么先进、多么有效，如果它不能带来教学上的实质性进步，那么这些理论或者观点就很难具有生命力。因此，从某种程度上来说，教学一直都是教育改革的风向标和试金石。从 20 世纪 80 年代以来，我们的教学已经开始逐步转向素质教育，并且出现了很多的研究成果，如李吉林的小学语文"情境教学—情境教育"、马芯兰的小学数学能力的培养与实践、张伟的小学语文"球形"阅读教学原理与应用、邱学华的小学数学教学法探究等。但从总体上看，长期以来一直困扰着我们的教学方式单一、学生被动学习、个性受到压抑等顽疾均未能从根本上得到改变。教学实践中，过于强调接受学习、死记硬背、机械训练的状况普遍存在。因此，我们需要重新来审视和认识我们的教学，转变我们的观念，在具体的教学实践活动中，不仅要注重教学的结果，而且要注重教学的过程；不仅要强调教学方法的有效性，而且要强调教学方法的伦理性；不仅要关注学科，而且要关注人；不仅要衡量学生的终结性结果，而且要衡量终结性结果的合理性。唯有如此，才能改进和完善我们的教学，展现真正意义上的教学，从而使我们的课堂关注学生的生活世界，打通学生书本世界和生活世界的界限；关注学生的生命价值，给学生以主动探索、自主支配的时间和空间；关注学生的生存方式，构建民主、平等、合作的师生关系；关注学生的心理世界，创设对学生有挑战性的问题或问题情境；关注学生独有的文化，增加师生之间以及生生之间多维有效的互动；关注学生的生活状态，打破单一的集体教学的组织形式。

（二）促进教师专业发展

教师每天所面对的就是需要真真切切感受的课堂教学田野，就是需要踏踏实实度过的一个又一个的"四十五分钟"教学历程，就是需要认认真真做出判断和决策的教学细节，就是需要穷根究底、直面自我的深刻剖析，就是需要未雨绸缪、指向下一步的操劳和筹划等。真实的教学不是线形的而是非线形的，不是静态的而是动态的，不是预设的而是生成的，不是必的而是偶在的。所以教师面对真实的教学，要想避免单调和重复，要想过一种有意义的教学生活，除了智慧还是智慧。诚如俄国教育家乌申斯基所言："不论教育者怎样地研究了教育学理论，如果他缺乏教育机智，他就不可能成为一个优秀的教育实践者。"[①] 而智慧的获得，除了对教学的不断研究之外，别无他途。因此，教学研究是教师获得教学智慧、形成教学理性、提升教学境界、实现教学意义的重要保证。

第二节　教学研究的主体

一提到教学研究，我们往往就会想到教育专家、学者和教授，似乎他们搞教学研究是天经地义的事情，而对我们大多数教师来说或者是望尘莫及或者是与我无干。即便在周围有几个能搞点课题、写点"豆腐块"的人，我们也往往视之为或高谈阔论或纸上谈兵或登不了大雅之堂，从心底里不会认为他们是在搞教学研究。其实，这都是一种误解。

从我国的现实来看，搞教学研究包括三个研究群体：广大教师、教研员、教学研究工作者。由于他们所处的位置和所承担的任务不同，所以他们看待教学问题的角度也不同，从而他们对教学的研究也相应地形成三种不同的研究方式。教学专业研究者的研究是把教学作为研究的对象，他们深入到教学的实际情境中去，目的在于从理论上真正地去阐释教学中存在的种种现象，从多学科的角度去说明教学中出现的种种问题；教师作为研究者研究自己的教学与理论研究者的工作不同，它不是指向新理论的生成或新规律的发现，而是从自己所面临的实际问题着手，目的在于提高教学的质量与效益；教研员作为教学的研究者，从更大程度上来说是一种"中介"的作用，一方面他们要引导教师作为研究者学习和掌握基本的教学研究理论与

方法，另一方面他们还要在工作中把教学理论工作者的研究成果、自己的教学研究成果和教师的研究成果统一起来，帮助教师开展教学研究。在这三种研究之中，教师作为当事人，在教学过程中研究教学、反思教学，比起其他两者，无疑具有得天独厚的优势和条件，所以，广大的一线教师才是真正的教学研究的主体。

一、教师成为教学研究主体的必然

要想让教师认识到自己就是教学研究的主体，并不是一件很容易的事。因为在现实中广大教师一直对教学研究存有一些消极的认识，一些不正确的观点始终在教师的头脑当中占了上风。

专栏11-1

教师对教学研究的消极认识

一是无需论。认为教学研究那是理论工作者的事情。

二是无用论。认为理论是好的，但它对教师的实践却起不到指导的作用，因而是无用的。

三是无暇论。认为科研需要大量的时间，教师除了教学，还要从事大量的无间隙的事务性的工作，根本没有时间搞科研。

四是无能论。认为进行教学研究需要专门的方法技能，而教师对这方面全然是一个门外汉，不是不想为，而是不能为。

尽管有这样那样的一些观点存在，但教师成为教学研究的主体已成为一种必然。

（一）教师主体回归的必然

教师作为教学活动的主体之一，其地位与作用历来都被十分重视。但在实际过程中，教师从来没有或者很少真正地发挥其主导作用。教师在很大程度上一直是以官方、成人文化代言人的形象出现在公众和学生的视野中的。他们在压抑和牺牲自己个性的同时，在从事教师职业的过程中，感受不到因从事这一神圣职业而带来的尊严、快乐、满足和幸福。尽管社会以"春蚕"、"红烛"、"园丁"、"人类灵魂工程师"等溢美之词来褒扬和赞美教师的神圣，但这些褒扬和赞美未能涉及教师职业劳动对本人现实生命质量的意义，未能涉及教师能否在日常的工作中感受到对自己的智能和人格的挑战、对自己生命发展和生命力展现的价值。原因何在？很明显就在于教学中教师主体的旁落。没有主体性，就谈不上创造性，没有创造性，教学自然就失去了灵性和生气。在这样的教学中，教师被"非人化"和"去个性化"了，跟机器并无二致，哪还有什么尊严和幸福可言？马克思在论及职业选择时曾指出："能给人以尊严的只有这样的职业——在从事这些职业时，我们不是作为奴隶般的工具，而是在自己的领域内进行独立的创造。"① 因此，要

---

① ［德］马克思著：《马克思恩格斯全集》（第40卷），人民出版社，1982年版，第6页。

使教师主体真正地回归，就要在教学的领域内进行独立的创造和研究，体验因创造性而带来的内在尊严和幸福。

（二）教师专业化发展的必然

长期以来，教师在很大程度上没有被作为专业人士来看待，无法享受到律师、医生等那样的待遇和地位，也很少有人倾听他们的呼声。这些都源于教师没有充分建立起自己的专业标准，没有充分的工作自主权，他们往往只有一些狭隘的教学技能，对教学及其外部状况缺乏深入的思考和研究。因此，自 20 世纪 60 年代开始的教师专业化发展已经成为国际教师教育改革的趋势，受到许多国家的重视，特别是 20 世纪 80 年代美国教师专业化运动的兴起开创了教师专业化运动的潮流，教师专业化已成为现代教育发展和现代人才培养的需要和必然趋势。

教师专业化要求教师除了应当具备传统所界定的专业特性，诸如理解本学科的知识及其结构、掌握必要的教学技能等之外，还必须拥有一种"扩展的专业特性"。它的内容包括：把对自己教学实践的质疑和探讨作为专业进一步发展的基础；有研究自己教育实践的信念和技能；有在实践中对教育教学理论进行质疑和检验的意向；愿意接受其他教师或研究人员来观察他的教学实践，并就此进行坦率而真诚的讨论。教师作为研究者，通过批判地、系统地考察自己的教育教学实践，能更好地理解自己的课堂和改善自己的教育实践。这种自我研究，既是教师职业自主性的表现，同时也能一改以往"教书匠"的形象，无疑将为其争取专业地位提供说服力。

专栏11-2

美国教师专业化运动及教师专业化标准

20 世纪 70 年代中期，美国提出了教师专业化的口号，以提高公共教育质量，推动教学成为真正的专业。

1976 年，美国教师教育大学联合会报告预言，教学能够并将自我实现为专业，同时激励为此做出专业的和有组织的努力。1986 年霍姆斯小组在《明天的教师》报告中将教学从行业转换成专业作为自己的目标；同年，卡内基教育促进会发表了《国家为 21 世纪准备教师》的报告。这两份重要的报告都提出确立教师的专业地位，培养教师达到专业化的标准，进而提高教师教育质量。

美国教师专业化发展，要求教师具有相应的教学实际能力，同时还主张教师积极参与教学目的与教学内容的设计，扩大教师的自主权，促使课堂教学合理化。在教育实践中提倡反思、提倡研究，形成了教师反思运动以及教师成为研究者运动。在教师专业化发展 10 年以后，在美国，人们认为教学是使所有其他专业成为可能的重要专业，是形成今天教育和美国未来的专业。培养并支撑教师知识和技能的终身发展对美国国家是十分重要的。学校既是学生学习的场所，也是教师发展的场所。教师专业化发展就是要在学校教育过程中使教师和学生都获得成功。

美国教师教育改革将教师专业化发展作为取向，在各个不同层面上深入开展，取得了明显的成效。美国教师专业化发展运动对国际社会特别是西方社会的教育产生了很大的影响，许多国家将教师发展纳入政策视野。

美国卡内基财团组织的"全美教师专业标准委员会"倡导《教师专业化标准大纲》，这是一份迄今为止最明确地界定了教师"专业化"标准的文件，它明示了如下制定专业化量表的基本准则：

（1）教师接受社会的委托负责教育学生，照料他们的学习——认识学生的个别差异并做出相应的措施；理解学生的发展与学习的方法；公平对待学生；教师的使命不停留于学生认知能力的发展。

（2）教师了解学科内容与学科的教学方法——理解学科的知识是如何创造的、如何组织、如何同其他领域的知识整合的；能够运用专业知识把学科内容传递给学生；形成达于知识的多种途径。

（3）教师负有管理学生的学习并做出建议的责任——探讨适于目标的多种方法；注意集体化情境中的个别化学习；鼓励学生的学习作业；定期评价学生的进步；重视第一目标。

（4）教师系统地反思自身的实践并从自身的经验中学到知识——验证自身的判断，不断做出困难的选择；征求他人的建议以改进自身的实践；参与教育研究，丰富学识。

（5）教师是学习共同体的成员——同其他专家合作提高学校的教育效果；同家长合作推进教育工作；运用社区的资源与人才。

[**资料来源**] 王长纯：《教师专业发展：对教师的重新发现》，《教育研究》，2001年第6期。

（三）教学改革的必然

随着社会和经济的急剧变革，教学改革将更加频繁、广泛和深刻，教师将面对各种新的教学思想、新的课程计划、资源、模式、过程、手段与方法等。这些既要求教师知识结构上的更新、情感与技能上的不断调适，而且要求教师具备能够分析、讨论、评估和改变其教学思想与教学实践的能力。教学的基本问题不仅是"教什么"、"怎么教"，更重要的是"为什么教"。因而，教师必须思考各种教学行为的社会与个人后果以及伦理背景，给教学以终极关怀。还有，我国的教育政策将使教师和学校在课程等问题上会有更多的自主权和责任，这些自主权既为教师从事研究提供了重要的现实基础，也使教师研究、探讨新形势下的教学问题显得尤为必要。

我国新一轮基础教育课程改革对教师角色和教学行为都提出了新的要求。在教师角色方面，要求教师应该是学生学习的促进者，应该是教育教学的研究者，应该是课程的建设者和开发者，应该是社区型的开放的教师。在教学行为上也要求产生相应的变化，在对待师生关系上强调尊重赞赏，在对待教学关系上强调帮助引导，在对待自我上强调反思，在对待与其他教育者的关系上强调合作。要真正改变教师观念、教师角色、教学行为，可利用的现成经验很少，必须不断主动探索，经常总结反思，如果教师不在自身的教学实践中进行研究是很难做到的。

二、教师成为教学研究主体的可能

教师成为教学研究的主体不但有其必然性，而且有其可能性。保证教师成为研究主体的可能性因素主要是因为教师较之于其他研究者来说拥有最佳的研究位置、丰富的研究机会、更多的研究权利。

（一）最佳的位置

当教师成为研究者的观念广为流传的时候，我们其实已经肯定了这样一种假设，即教师有能力对自己的教育行动加以反思、研究与改进，提出最贴切的改进建议。其实，由教师来研究、改进自己的专业工作乃是最直接、最适宜的方式。外来的研究者对实际情境的了解往往非常肤浅，因此提出来的研究建议往往无法切入问题的关键。

（二）丰富的机会

教师不仅处在最佳的研究位置，而且还拥有丰富的研究机会。教师最主要的活动场所是课堂，从研究实验的角度看，课堂是检验教学理论的理想的实验室，教师可以通过一个研究过程来系统地解决课堂中遇到的问题，这使教师拥有了研究机会。如果我们善于抓住这样的机会，很可能就会找到更多的解决课堂问题的办法。其实，较之于书本上所提出的解决办法，教师所提出的办法往往更加奏效和有力。因为"从自然观察的角度看，任何外来的研究者都会改变课堂的自然状态，如果既想达到观察目的，又不改变原有的气氛与状态，就只有依靠教师。教师是最理想的观察者，因为教师本来就置身于教学中。对于教学活动，他不是一个局外人，他可以是掌握观察方法、了解观察意图而又不改变原来课堂教学情境的最佳人选。"[①]

（三）更多的权利

从宏观上来说，面向新的世纪，我国教育发展所面临的机遇和挑战为广大中小学教师参与学校教育改革和研究提供了大好时机。作为教育改革的举措之一，当今许多国家的教育政策都已经发生了变化，在一些原来实行教育决策中央集权的国家（包括我国），近年的改革使教师和学校在课程等问题上有了更多的自主权。这些自主权为教师从事研究提供了重要的现实基础。特别是我国新一轮基础教育课程改革从根本上改变了教师的角色，教师成了课程的主体，拥有了前所未有的课程开发权和教学自主权。

三、教师成为教学研究主体的策略

教师成为教学研究主体既是一种必然，又是一种可能，但教师要想真正成为教学研究的主体，还需要一些有效的策略。

---

① 黄甫全著：《新课程中的教师角色与教师培训》，人民教育出版社，2003 年版，第 86 页。

（一）学习

教师进行教学的过程，从某种程度上来说其实就是一个教师不断学习的过程。

1. 教学是一个不断发现问题、解决问题的过程

在实际的教学当中，我们往往对许多现象视而不见，见而不思，即便能够看到一些问题，往往也想不到它背后的原因。要想改变这种状况，唯有学习。通过学习，一方面可以掌握更多已知，变无问题为有问题；另一方面也能使我们明确该领域哪些方面已经解决，哪些方面还没解决，从而变表面问题为本质问题。

2. 教学是一个融于实践、并在实践中探索的过程

学习能够使我们少走弯路，不至于在教学实践当中迷失方向。因为在教学实践当中我们可以把学到的知识和观点进行应用和检验，从而证明哪些是有效的，哪些是有缺陷的，哪些是错误的，从而形成我们自己的认识、观点和信念，为自己的实践指明方向。

3. 教学的过程是一个发展自身经验的过程

我们经常能看到一些教师实际教学非常好，但如果问他好在哪里，却常常说不上来。通过学习，可以扩大教师的视野，丰富教师的理论素养，让教师挖掘自己教学背后掩藏着的价值和意义，从而使教师自己的教学摆脱经验层次，从自在自为走向自由自觉。

那么如何学习呢？最主要的就是大量阅读，细细品味。阅读就是一个与外在世界交往的过程，同时又是一个与内在世界交流的过程。通过阅读，我们从狭隘封闭走向开放广阔，从一知半解走向行家里手，更为关键的是，阅读可以提升我们的精神品性。对教师来说，阅读的内容无限，阅读的范围无疆，从教育理论到教育名著，从文学漫谈到文学名著，从历史故事到历史思想，从人生哲语到哲学智慧，从分子运动到天体运行等，不一而足。

通过阅读，教师将获得极大的丰富，通过学习，教师将在教学研究当中变被动为主动，把课堂变成自己的实验室，把大脑变成自己思想的跑马场。

（二）反思

教师的职业生涯是一个不断探索、实践和反思的过程，反思自然而然地成为教学的一部分。早在 20 世纪初，杜威就主张教师需要将问题解决的科学方法应用于教学，在教学中来检验自己的想法。大量的研究表明，反思型教师不仅具有教学知识、技巧与技能，而且具有对自己的教学方法、教育内容进行反思、研究和改进的能力，以及对教育的社会价值、个人价值和自己的教育信念进行更广阔的探究和反省能力。英国学者埃利奥特（J. Elliott）认为，教师只有成为自己行动的观察者、思考者和研究者，从自己的教学实践中发现问题、提出问题、解决问题，通过反思自己的教学实践才能获得发展。

反思要求教师对通常无意识的身处其中的日常教学生活和文化进行反省，对日常教学世界中一些想当然的假设进行深入思考。

专栏11-3

对日常教学常识的深入思考

例1 "有一种常识是，给每个小组分派任务之后，应该去查看这些小组，因为这样可以表明你帮助他们学习的承诺。查看学习小组是一种尊重和关注学生、以学生为中心的教学榜样。"殊不知，这样做可能会对学生造成伤害，因为这样做可能意味着你对学生并不信任，你自己可能就在有查看的念头时否定了以学生为中心的教学。另外，你可能在巡视中看到学生是在认真地讨论和分析你所布置的任务，然而在你转身的片刻，可能就会变成另一副样子。

例2 "有一种常识是，把讲授减到最少，因为讲授会导致学生的消极性，扼杀批判思考。"殊不知，在学生能够批判地进行思考和行动之前，他们可能需要较长时间来同化一个学科领域或技能体系，并以此为基础进行思考，讲授可能是保证让学生达到这一点的非常有效的途径。

例3 "有一种常识是，学生喜欢小组讨论，因为在这种环境里他们会感受到参与和尊重。讨论方法建立在参与性的、积极的学习原理之上。"殊不知，民主的对话是一种能够对那些持有不同观点的人尊重地讲话和聆听的能力，但它却是一种日常生活中很少能够学到或实践的习惯。那些讨论小组，反映着广大外界社会的权力机制和交流的不平等，它们还会成为极端利己主义者大看台的展示窗。

[资料来源] Stephen D. Brookfield 著，张伟译：《批判反思型教师 ABC》，中国轻工业出版社，2002 年版，第 5、6 页。

从某种立场来说，以上常识完全是合理的。它们之所以会被广为接受，是由于其表面上看起来是显而易见的真理。但是正如我们所看到的，对每种常识都有看起来很有道理的辩解。反思过程的核心就是试图从多种视角来看待问题，而反思型教师所追寻的就是探索被常识掩盖之下的对于实践经历的真正理解。

作为教师，如何进行反思呢？

一是撰写教学日记。教学日记是一种对教师自己的思想变化和行为变化的记录，它不仅仅是记录、罗列教师日常教学生活的事件，而是通过写教学日记，教师给自己提出一些问题。

二是建立档案袋。档案袋记录教师的发展历程，记录自己的少年、青年时代的变化，以及做教师后的成长状况。档案袋建立的过程是教师对已有的经验进行整理和系统化的过程，是对自己成长的积累过程，也是教师自我评价的过程。

三是对话。事实上，教师的许多教学思想和方法无不得益于同事间的交流和对话。

四是阅读。教师可以通过阅读获得大量信息，为自己熟悉的事件提供新的阐释，为自己所面临的困难和问题的解决提供可能。

我们希望广大教师通过自身的经历、学生的眼睛、同事的反馈、理论的解读对自己的信念、知识、实践、背景进行批判性反思，摆脱外在有形无形的束缚，使自己处于更多的理性自我控制之下。

（三）合作

教师参与研究是提高教师自身素质的一条有效途径，但教师一开始往往缺乏必要的研究技能和足够的理论准备；同时，一般教师对理论的语言不是很熟悉（对某些术语甚至会有理解上的偏差），这就为教师深入分析问题、准确表述观点等造成一定的困难，从而妨碍了研究的深入和研究结果的交流。另外，单个教师受认识水平与价值观念等的局限，对教育实践的理解也非常有限，教师个体的研究一般较难取得成功。因此，进行有效的合作将为教师研究的起步提供有利条件。

首先，这种合作体现在教师与专业研究人员的合作。专业研究人员相对一线教师而言，他们的长处在于具有较为系统的教学理论、研究素养，视野比较开阔，掌握较多信息量，即所谓的在"登高望远"方面具有一定的优势。作为研究主体的教师，一方面要充分利用共同研究的大好时机，在研究中通过不断的反思、虚心求教和沟通，不断纠正自己头脑中的不科学的习俗观念，不断提升自己的思想认识水平和教育科研能力；另一方面，在以平等的态度参与共同研究时，要摆脱对大学研究人员的依赖心理，在研究工作中积极主动，敢于提出自己的见解，逐步增强独立科研的能力，这样才能真正体现研究"主体"的身份和主动发展的精神。

其次，这种合作体现在教师与专家型教师的合作。专家型教师的长处主要在于实践经验丰富，在理论联系实际的结合运用上具有明显的优势。教师在和专家型教师合作的过程中，要善于借鉴、模仿、揣摩、分析专家型教师的成功经验，结合自己的特点更好地将理论内化，减少自己行动的盲目性，提高实践的有效性。

再次，这种合作体现在教师和同伴的合作。孔子曰："三人行，必有我师焉，择其善者而从之，其不善者而改之。"最好的老师是谁呢？当然是我们的同伴。作为同伴，大家朝夕相处，可以随时互相帮助；作为同伴，大家面临共同的问题，有着共同的话题和话语。正是这些共同的话题和话语为大家提供了更加具有针对性和实效性的交流和观摩平台，正是在和同伴的合作中，大家才能分享、探讨教学实践，并为自己的思想和行动提供具有挑战性、学术性、友好而有益的反馈信息和教学建议。

（四）理解

在教学中，教师为什么持有这样的观念而不是那样的观念，为什么做出这样的判断而不是那样的判断，为什么采取这样的举措而不是那样的举措？"所有的差异都是由教师的个人知识引起的"。[①] 教师的"个人知识"又称"情境性知识"，这种与过去的情境及当前的人、事千丝万缕地交织在一起的个人化、情境性知识，事实是教师在当前情境中采取某些举措的直接的理智基础，直接影响着当前教育情境的未来指向。如何更深入地认识教师的"个人知识"，一项重要的工作就是"理解你自己"。

"理解你自己"的口号，正是要促使教师对自己进行清理，当然这样的清理并

---

① F. 迈克尔·康纳利、D. 琼·克兰迪宁著，刘良华等译：《教师成为课程研究者——经验叙事》，浙江教育出版社，2004年版，第89页。

不是为了接纳外来的知识，因为这个清理的过程本身就是寻求发展的空间和获得发展的过程。"理解自己"是一项具有挑战性的工作，因为到目前为止我们还缺少帮助自己或帮助别人去"理解自己"的经验。每一位教师都有一套个人化的或情境依赖性很强的教学观念，虽然未必系统（事实上也通常不系统、不清晰）。这些观念本身往往在教师的自觉意识之外，也正因为它们通常在教师的自觉意识之外，反而很难认清楚：教师个人化的、实践性的观念与知识，也就成为一个"看不见的领导者"，既对教师的日常行为有着缄默而深刻的指引作用，又通常不为教师本人所意识到。

如何寻找一些"看得见的"途径，帮助教师加深对"看不见的领导者"的认识，增进自我理解呢？目前可供参考的做法主要包括写日志、写自传、文献分析、讲故事、信件交流、同事访谈等。这些途径本身并不复杂，只是我们以前很少运用而已。

第三节　教学研究的方法

当确定了教学研究的定位，无疑教师就已经找到了自己的研究坐标，下一步就是如何进行研究的问题了，这也是教学研究最核心、最关键、最实质的问题。在这里我们把为广大教师所常用的几种方法进行梳理，意在为从事教学研究的教师提供一种可资借鉴的工具。

一、行动研究

"行动"主要指实际工作者的实际活动和实际工作。"研究"主要指受过专门训练的专业研究者所从事的对人的社会活动和社会科学的探索。当行动与研究结合在一起，就有了"行动研究"（action research）。20 世纪 50 年代，行动研究思想被引入教育领域，教育行动研究在美国曾风靡一时，50 年代末 60 年代初在美国渐渐衰落，但其间它却在英国迅猛发展，掀起了"教师即研究者"的运动，70年代后行动研究在许多国家兴起。

行动研究既是一种研究思想，又是一种研究方法。行动研究的目的是解决教育教学实践中存在的实际问题；研究的主体是教师；在真实的教育教学实践中进行研究；注重反思，强调自我批判；综合运用多种方法进行研究；研究中可以根据实际需要，边行动边研究边修改，边产生研究结论边应用，使研究具有一定的灵活性和动态生成性。概言之，行动研究就是"为行动研究，对行动研究，行动中研究"。

（一）行动研究过程的环节

行动研究自提出以来，倡导者们都力图寻找一种可以普遍推广的操作模式，以便行动研究的实施更加规范和明确。然而，由于理论背景的差异和现实问题的千差万别，使得不同的研究者在实施行动研究的具体步骤上呈现出差异。尽管如此，大家还是一致认可行动研究的过程是一个不断扩展的螺旋式循环的过程，每一个螺旋发展圈包括四个相互联系、相互依赖的环节。

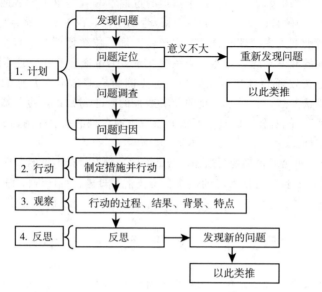

图 11-1　行动研究流程示意图

1．计划

即以大量的事实发现和调查研究为前提，从解决问题的需要和设想出发，设计各种有关的知识、理论、方法、技术、条件及其综合，以便使行动研究者加深对问题的认识，掌握解决问题的策略。

2．行动

即实施计划。行动研究者在研究的过程中逐步加深对特定情景的认识，可以要求其他研究者和参与者参与监督和评议。

3．观察

即对行动的过程、结果、背景和行动特点进行考察。

4．反思

即对感受到的与制定和实施计划有关的各种现象进行归纳，描述出本循环圈的过程和结果，对过程和结果做出判断评价，对现象和原因做出分析解释，指出计划和结果之间的不一致，形成基本设想、总体计划和下一步的行动计划。

（二）对行动研究的评价

行动研究由于融理论与实践于一体，所以受到了研究者特别是中小学教师的广泛关注。它主要适用于中小规模的教学实践问题，具体表现为：在教学中将新的改革措施引入原有体系中，如实施新的教学方法等；对课程进行中小规模的改革，如改革课程设置、开发校本课程等；为师生职业技能训练提供新的技术和方法；学校管理评价：如班级控制与管理、学校控制与管理等；对已确诊的问题进行补救等。

但同时我们也必须认识到，行动研究以具体情境为对象，研究的样本缺乏代表性。同时，由于缺乏严谨科学的研究设计，研究中存在大量无关变量，加之资料处理方法简单，使研究结果的内外效度不高，推广价值不大。另外，行动研究以实践问题为导向，而研究者又是行动者，所以难于客观地诊断问题。并且在评价结果时，行动研究者的主观意见影响较大，以致易形成主观认定研究结果符合假说，而实际上无助于实践问题的解决。

专栏11-4

行动研究案例

研究背景

长沙市一所普通初级中学高中二年级一个教学班，共45名学生。执教者为该班的任课教师。

项目时间

2004年3月至2004年11月。

发现问题

学生在英语阅读课上表现不积极，不太愿意参与课堂活动。

提出假设

1. 学生对英语阅读缺乏兴趣。

2. 学生的现有语言能力有限，无法回答老师的提问。

3. 学生担心答错了丢面子。

4. 教师的课堂活动设计单调，学生参与机会少。

5. 课堂气氛过于严肃，没有轻松的环境，学生不敢发言。

6. 阅读材料过于陈旧、单调或远离现实生活。

初步调查

采用问卷方式调查学生不积极参与课堂活动的原因。

调查结果

1. 89%的同学表示对英语阅读有兴趣。

2. 在自我评价中，仅有5名同学认为自己能比较主动地参与课堂活动，与我们所观察和感受到的比较一致，占全班总人数的11%。

3. 认为阅读材料过于陈旧、单调或远离现实生活的有7人；害怕答错问题丢面子的有15人；认为自己现有的语言能力有限，无法回答老师提问的6人。

4. 半数以上同学表示他们不主动发言的原因是阅读课堂气氛太严肃，不敢发言。

重新认识问题

大部分同学不积极参与阅读课堂活动的主要原因来自于课堂气氛的沉闷。教师需要调整自己以往的课堂教学方式。

行动方案设计

1. 改变阅读课以课堂做练习和教师讲解答案为主的教学方式。设计具体的任务，采用合作阅读方式、先行组织方式、自选阅读方式和小组讨论方式，突出学生的课堂中心地位，激发学生的课堂参与积极性。

2. 采用合作阅读方式（collaborative strategic reading），通过学生合作学习，可以减少学习压力，活跃课堂气氛。具体步骤如下：教师先提出阅读要求，学生带着问题阅读，然后组织学生分组讨论，总结主要意思，然后检查小组活动情况，请一个小组宣读自己所总结的中心大意，其他小组的同学进行评论，发表不同见解。

3. 采用先行组织方式（head start），即阅读前，选择与阅读材料类似的话题讨论。如在阅读"a typical school day in America"之前，可组织学生就"a typical school day in China"展开讨论，并将讨论的结果归纳总结。组织学生就所要阅读的话题进行预测，同时比较与刚刚讨论的话题有何不同。

4. 采用自选阅读方式（self-access reading），先指导学生课后选择喜欢的阅读材料进行阅读，并在课堂上就所阅读的材料进行信息共享。

5. 采用小组讨论方式（group discussion），组织学生分组，就自己的阅读方式进行讨论，增强学生的阅读策略感。

实施计划

Item ＼ Week	1	2	3	4	5	6	7	8
collaborative strategic reading	☆	☆				☆		☆
head start	☆		☆	☆			☆	
self-access reading		☆			☆		☆	☆
group discussion			☆	☆	☆	☆		
Data collecting — questionnaire	☆							☆
Data collecting — observation	☆			☆			☆	
Data collecting — teacher log	☆	☆	☆	☆	☆	☆	☆	☆

数据收集方式

教师日志、观察、问卷调查。

评价效果

1. 问卷调查表明，大部分学生都喜欢改进后的课堂教学方式。89%的学生对目前的课堂活动设计很满意；78%的学生认为课堂学习气氛比以前更加活跃和轻松；93%的学生都表示自己的课堂参与机会较以前多了，参与的积极性也比以前高了。

2. 课堂教学观摩：从观摩记录看，学生从过去每节课仅有6～7名同学发言，到后来绝大多数学生在合作学习和小组讨论中发言，全班的气氛都带动了。

3. 教师日志：在我们的教学日志中记录了很多学生参与课堂活动的事例，特别是在合作学习和自选阅读中，一些特别腼腆的学生也主动争取发言了。

教师反思

通过收集的数据，可以看出我们的行动研究方案取得了比较令人满意的效果，课堂参与活动的人数大大增加，课堂气氛更加轻松、和谐，师生关系也更加融洽。但是我们的计划也存在不足。我们发现大多活动都是采用合作学习和小组讨论的方式，阅读时间充足，阅读的材料大多是学生感兴趣的，难度适中或偏低的。我们担心一旦学生在限时阅读测试中碰到难度稍高的，而且是他们所不熟悉的阅读内容时，会感到很被动。因此，我们在活跃课堂气氛的同时也要教授一些有效的阅读技巧。我们在今后的阅读教学中要开展一些快速阅读训练，以提高学生的阅读速度；适当地提高一些阅读材料的难度，以训练学生运用有效的阅读策略进行阅读。

案例分析

这是一个比较完整的行动研究过程。问题来自于教师在自己的阅读教学中发现的问题——学生在英语阅读课堂上表现不积极。教师在初步调查中发现课堂气氛过于沉闷是学生不积极参与课堂活动的主要原因。针对这个问题，教师意识到要改变以往的课堂教学方式，设法营造一种以学生为中心，以合作学习和小组讨论方式为主的课堂学习氛围。教师有针对性地设计了解决问题的方案，教师参考了相关资料，设计了实施的计划。通过收集的数据对行动研究的效果进行了评价，教学效果明显改观。同时教师也发现了新的问题。

　　[资料来源] www.csopen.net/media_file.

二、校本研究

　　校本研究（school-based research），是随着课程改革的深入而出现的一种研究方法。所谓校本研究，就是将教学研究的重心下移到学校，以课程实施过程中教师所面对的各种具体问题为对象，以教师为研究主体，理论和专业人员共同参与的研究方法。它强调理论指导下的实践性研究，既注重解决实际问题，又注重经验的总结、理论的提升、规律的探索和教师的专业发展，是保证新课程实验向纵深发展的新的推进策略。

　　校本教研的基本特征是以校为本，强调围绕学校自身遇到的问题开展研究。学校是教学研究的基地，教师是教学研究的主体，促进师生共同发展是教学研究的直接目的。

　　在校本研究中，教师个人、教师集体、专业研究人员是三个核心要素，他们构成了校本研究的三位一体关系。教师个人的自我反思、教师集体的同伴互助、专业研究人员的专业引领是开展校本研究和促进教师专业化成长的三种基本力量，缺一不可。

（一）校本研究的基本环节

1. 问题

　　校本教研强调解决教师自己的问题、具体的问题。教师在教学实践中针对某个有意义的问题，给予持续关注，开始收集信息（即追踪问题），并设计解决问题的思路及实施策略，这时日常的教学问题才有可能转化为研究课题。强调对问题的追踪和设计，也即意味着所研究的课题来自于教师的教学实践，因此，课题的产生途径往往是"自下而上"的而不是"自上而下"的，它是教师"自己的问题"而非"他人的问题"。

2. 设计

　　要研究的问题一旦确定，就要明确目标、理清思路、提出研究实施办法、制定研究方案、做出执行计划。教研设计是联系理论与实践的桥梁，只有通过周密而详细的设计，才能转化为一系列的方法或技术。教研设计首先要强调教学理论的指导作用。教师通常可通过查阅相关资料、咨询有经验的教师、求助于教育专家来实现这一过程。其次要结合学校实际和本人的教学实践进行。校本教研的设计在很多时候是与教师日常的教学设计相一致的，只不过前者更强调对问题的关注和研究。

3. 行动

行动是将方案付诸实施的过程，对教师而言，行动意味着改革、改进和进步。教师根据教研设计，灵活实施。通过实践，检验方案的有效性，收集反馈信息，及时调整方案。就行动的合作者（教师同伴或专家）而言，行动不仅包括观察所设计的方案是否有效，而且也包括倾听和观察方案的执行是否合理及其存在的问题。教师在行动研究中，通过与合作者的交流，不断加深对自己、对实践的理解，并在这种理解的基础上提高自己。

4. 总结

总结在校本研究中既是一个螺旋圈的终结，又是过渡到另一个螺旋圈的中介。在总结这个环节中，教师作为研究者主要做以下几件事。

一是整理和描述。对已经观察和感受到的，与问题、设计和行动有关的各种现象进行回顾、归纳和整理，其中要特别注重对有意义的"细节"及其"情节"的描述和勾画，使其成为教师自己的教育故事或教学案例。

二是评价和解释。在回顾、归纳和整理的基础上，对问题、设计与行动的过程和结果做出判断，对有关现象和原因做出分析和解释，探讨各种教学事件背后的理念，揭示规律，提高认识，提炼经验。

三是重新设计。针对原有方案及其实施中存在的各种偏差或"失误"，根据新的感悟、新的发现、新的认识和新的思考，修改原有方案或重新设计方案，并付诸实施，进行进一步的检验、论证和改革探索。

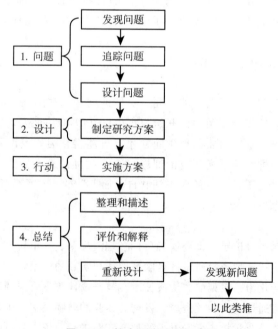

图 11-2　校本研究流程示意图

上述四个环节构成了校本研究相对完整的一个螺旋圈，这个螺旋圈可以以一个学段、一个学年为单位，也可以以一个单元、一节课为单位。校本研究过程就是"问题—设计—行动—总结"循环往复、螺旋上升的过程。

（二）对校本研究的评价

校本研究既然是针对教育实际情境而进行的研究，是从实际中来又到实际中去的，因而它适用于那些教育实际问题的研究以及中小规模的实际研究。但同时我们也必须看到，校本研究自产生以后，就有着这样那样的非议。如有人认为校本研究研究质量不高，难以将结果推广应用；有人认为研究者本身在观念方面、时间方面和能力方面存在着限制；还有人认为校本研究是自行应验效果，难以客观地诊断问题。针对这些非议，我们应该清醒地看到校本研究的局限性，在进行教学研究的过程中努力做到方法互补。

三、叙事研究

叙事研究（narrative research），又称"故事研究"，是一种研究人类体验世界的方式。这种研究方式的前提在于人类是善于讲故事的生物，他们过着故事化的生活。叙事研究被作为教师的研究方法运用于教育领域，是 20 世纪 80 年代的事情，是由加拿大的课程学者 F. 迈克尔·康纳利（F. M. Connely）和 D. 琼·克兰迪宁（D. J. Clandinin）倡导的。他们认为，教师从事实践性研究的最好方法，是说出和不断地说出一个个"真实的故事"。目前，这种研究方法被逐渐运用于教师的教育教学经验研究中。这样的叙事研究，是教师了解教育教学和向别人讲述其所了解的教育教学的最重要的途径之一。它比较容易被一线教师和研究者所掌握和使用，不像量化研究那样需要教师具有较高的专业知识技能。

（一）叙事研究的基本特点

教育叙事研究的基本特点是研究者以叙事、讲故事的方式表达对教育的理解和解释。它不直接定义教育是什么，也不直接规定教育应该怎么做，它只是给读者讲一个或多个教育故事，让读者从故事中体验教育是什么或应该怎么做。

（二）叙事研究的主要形式

教育叙事研究的方式主要有两种。

一种是教师自身同时充当叙说者和记述者，而当叙述的内容属于自己的教育实践或解决某些教育问题的过程时，教师的叙事研究就成为"教师叙事的行动研究"。这种方式主要由教师自己实施，也可以在教育研究者指导下进行。它追求以叙事的方式反思并改进教师的日常生活。

另一种是教师只是叙说者，由教育研究者记述。这种方式主要是教育研究者以教师为观察和访谈的对象，包括以教师的"想法"（内隐的和外显的）或所提供的文本（如工作日志）等为"解释"的对象。

上述两种研究方式以不同的形式表达教育叙事研究的意义和价值。教师本人通过叙述自己的教育生活史，形成教育的自我认识，达到一种自我建构的状态。

教育研究者则更关注教师叙述的教育事件之间的关联，尽量使他们所叙述的教育现象呈现出某种理论框架或意义，促进教育理论和教育实践之间的互动。

（三）叙事研究的阶段

叙事研究的过程是依照叙事研究自身的逻辑和方法所实施的过程，有研究者把它分为四个阶段。

1. 现场工作

主要是指研究者进入研究现场对所研究对象的体验。在这一阶段，研究者要注意两个问题：第一，研究者与被研究者的关系。与传统研究方法要求研究者与研究对象保持距离以保证客观的观察不同，叙事研究并不排除研究者的主观偏见，强调研究者参与到研究对象的活动中去，通过全面深入的了解来获得资料。第二，研究者不仅要考察所研究的教育现象，而且要从整体上对这一现象所产生的包括历史文化背景在内的各种影响因素进行考察。

2. 从现场到现场文本

现场文本，如我们传统研究中所称的资料。文本具有叙事的性质，是由研究者和参与者创造的代表现场经验各个方面的文本，它不仅包括事件的客观记录，还包括研究者和参与者的关系，是经过选择、演绎、解释的经验记录。叙事探究者需要不断地监控和记录这种合作关系的性质以及对现场文本信誉的影响。现场文本通过不同的方式形成，如口述史、故事、年鉴和编年史、照片、回忆录、其他个人机构的纪念品、研究访谈、日记、网志（blog）、自传和传记的撰写、书信、谈话、现场笔记和来自现场的其他故事、文献分析。

3. 从现场到研究文本

研究文本与现场文本的区别是，现场文本接近经验，描述不能围绕一系列事件而形成，它们具有相对性。而研究文本与现场文本的保持有距离，它们要回答意义和重要性问题。在叙事中，"研究者在场"以及研究者的声音始终贯穿于研究的整个过程中，要对研究者与被研究者的关系进行交代，这也是判断研究文本的效度以及研究方法的信度和效度的依据。研究文本可以用文学、诗歌、科学等不同风格撰写。对读者来说，研究文本与读者形成了四种不同的关系，即解释的、批判的、讨论的、叙述的。

4. 撰写研究报告

研究报告的撰写要区分叙述经验性资料的语言和用于旨在使读者理解特定研究对象的社会分析语言，使读者很容易地分辨"客观事实"与研究者的评价或推论。前者要求不受研究者的价值判断影响，用自然语言客观地、原汁原味地"报道"事实，后者则是研究者运用学术语言对事实所做的、可能带有研究者价值判断的"个人性分析"。

（四）对叙事研究的评价

叙事研究为教学研究的多样化注入了活力，而其自身也在随之不断完善与发展。例如，研究者的目的很容易受到叙事者故事的影响而偏离，叙事研究受到研究者的个人倾向的影响等。认清这些局限性，有利于我们在研究中根据研究的目的和需要进行合理地选择。

专栏11-5

叙事研究案例——教案：下课之后才完成的故事

这段时间我一直在思考"课怎么备"、"教学设计如何设计"、"教案如何写"之类的问题。在大学读书时，教《教育学》的老师在讲到"如何备课"这一节时，苦口婆心地强调要"备教材"、"备学生"，以教材的"知识结构"和学生的"学情"作为选择教学方法和教学工具的依据。记得期末考试的考题就是"怎样备课"。

自己做了教师之后，一直按"备教材"、"备学生"这两个要求来设计我的教学。后来我发现，"备教材"、"备学生"其实是合二为一的事情，而并非分开的两个要求和两个程序。我将它理解为"根据学生的学情梳理教材的知识结构"。

有一段时间我很为自己的这个想法得意。学校曾在全校范围内检查教师的教案，我写的教案作为优秀教案受到学校领导的认可和赞赏。

但做教师的时间长了，我感觉我的教案越来越没有个性、越来越没有生机。像周围其他教师一样，我发现我的教案不过是在不断重复昨天的、过去的故事。教案也越来越简单，有时甚至懒得做教学设计，懒得写教案。

我开始为教案的问题感到困惑。

前两天接到学校通知，说有大学的专家来听我的语文课。学校领导提醒我"要注意教学设计"，"专家可能要看教案的"。

我对这种任务并不陌生，我已经习惯于上所谓的"公开课"了。

但是在为这节公开课准备教案的过程中，在我提醒自己"要注意教学设计"的过程中，我开始反思我自己以往的"公开课"的得意与失意。我意识到我所有的得意与失意，似乎都与"教案"、"教学设计"有关。而且，关键的问题似乎还不在"上课前"我如何设计教案，关键是"在课堂教学过程中"，如何根据学生在课堂中的实际状况调整我的原先设计好的"教案"。如果这样来看，"教案"可能不完全是在上课之前设计好的，真正的教案，是在教学之后。

我不知道我这个想法是否正确，但我很愿意按照这个想法来展开这次的"公开课"。

［资料来源］任英：《教案：下课之后才完成的故事》，《人民教育》，2002年第2期。

四、案例研究

案例研究（case research）在19世纪70年代最早被运用于哈佛大学法学院，后来依次被运用于哈佛大学医学院、商学院和教育学院。20世纪初以来，案例研究思想使西方的教师教育获益匪浅，特别是20世纪80年代以来，案例研究再度进入兴盛时期。跨入新世纪后，随着我国教育改革的深入，尤其是新一轮基础教育课程改革的推进，案例的价值已经愈来愈为我们所认识，案例及案例研究已经渐渐成为我国教育教学理论与实践领域一道亮丽的风景线。

（一）案例的界定

要想进行案例研究，对案例须有一个明确的认识是非常重要的。为此，我们引用国内学者郑金洲博士关于案例的描述，从而对案例进行界定。

第一，所有的案例都是事件，但并不是所有的事件都可以成为案例。一个事件要想成为案例，必须具备三个基本条件：首先，这个事件必须是真实的，是在现实生活或者说是在自然情境中真实发生的，决不能为了所谓的研究而胡编乱造、无中生有。其次，这个事件必须包含一个或多个疑难问题，最好还包含解决这些问题的方法。比如有一个题为《新旧之间》的案例，写的是一所幼儿园一对新老教师在合作带班过程中产生的一系列摩擦，以及由此而产生的心态。它所反映的疑难问题是新老教师如何合作带班。虽然由于种种原因，两位教师终究没能找到解决问题的办法，但这丝毫不影响这一案例的价值。为什么呢？因为它毕竟提出了新老教师如何合作带班这么一个带有普遍性、具有典型意义的问题，能够引起我们从方方面面作多元思考。所以说，一个事件要想成为案例，第三个基本条件就是这个事件应该具有一定的典型性，可以给人带来许多思考，思考一下如果自己遇到同样或类似的事件将会如何应对。这才是案例的价值所在，也是我们开展案例研究的一个很重要的目的。

第二，所有的案例都是故事，但并不是所有的故事都可以成为案例。作为案例的故事至少应该具备这样四个条件：首先，还是要强调故事的真实性，也就是这个故事必须是一个真实故事，不能坐在办公室里杜撰，不含任何虚假的成分。其次，要交代清楚故事发生的背景，也就是要说清楚这个故事是在什么时间、什么地点、什么人身上发生的（这些时间、地点和人物有些什么样的特点），如此等等，都要交代清楚，以便让阅读这个案例的读者能够明白你是在一个什么样的特定理论和实践背景下讲述故事、讨论问题的。只有这样，你讲的故事才不至于让人产生误解甚至盲目效仿。也只有这样，你在故事中提到的一些解决问题的办法才有针对性，才有可能作进一步的分析提炼和理论概括，找出一些规律性的东西，进而将案例由个别化上升到一般化。否则，就会把案例研究变成单纯的讲故事，使案例研究失去其应有的价值和意义。再次，要有鲜明的主题。主题鲜明，这是对任何文章的要求，案例作为一种特殊的文章样式，自然也应该符合这一要求。所以，一个故事，如果主题不突出，湮没在杂乱烦琐的叙述当中，讲得再精彩也算不上一个好案例。最后，要有完整的情节。也就是要有一个从开始到结束的完整情节，那些片断的、支离破碎的、无法给人以整体感的所谓故事，是不能作为一个案例的。

第三，所有的案例都是对事件的描述，但并不是所有对事件的描述都可以成为案例。要把一个事件写成一个案例，除了要符合上述条件外，在写作方法上主要以描述为主。这也有一些基本要求，主要有：一要揭示出一定的矛盾冲突。有了矛盾冲突，事件才能发生得跌宕起伏、引人入胜。二要揭示出人物的内心世界，如态度、动机、需要、思想、感情等，要能反映出人物（校长、教师、学生、家长）的复杂心理，关注他们的困惑、焦虑、渴望等，这实质上也体现了案例的一种人文关怀。三要有具体、生动的情境描写，尤其要把事件发生的过程、人物的对话及感情变化作一番具体、生动、明确的描述，而不能作一些大体上如何如何的笼统概述，更不能用一些抽象化、概念化的文字，把一个个鲜活、生动的案例弄得像一个个产品说明书。

由上面的分析可以看出，要写好案例，就必须深入实践，深入教学改革第一线，选择一些真实的具有典型意义的事件，运用讲故事的方式，把这一事件描述出来。描述要围绕一个主题，要说清楚故事发生的背景，要有激烈的矛盾冲突，要有完整的故事情节，要生动具体、引人入胜。在描述的基础上，要引导读者对自己的教育教学理念、行为进行反思：假如我处在案例情境中，我会怎么想，又会怎么做。

从类型来看，案例可以涉及学校教学的各个方面，既可以是教师自身专业成长方面的案例，也可以是课堂教学方式方法改变的案例，还可以是描述学生及其各方面变化的案例。而案例的研究者——教师，既可以是教育事件的参与者、经历者，也可以是旁观者。但必须指出的是，他必须对案例中的教育现象和情境做出自己的分析和评论，也只有这样，才有可能逐步积累独到的反思体验。

（二）案例研究的环节

案例研究一般包括案例的撰写、搜集、使用与反思。

1. 案例的撰写

案例的撰写一般应包括以下四个部分。

主题与背景——每个案例都应有鲜明的主题，它通常应关系到课堂教学的核心理念、常见问题、困扰事件，或者发生在学生身上的典型事例，要富有时代意义，体现改革精神；应是对研究对象基本情况和背景（例如，事件的时间、地点、人物、起因等）的客观描述。

情境描述——是案例的构成主体。撰写时要注意：（1）描写要真实具体，有细节，不能从"预设目的"直接跳到"结果"；（2）写作者要正视自己可能对描述对象存在的偏见，既要反映真情实感，又不能陷于感情宣泄；（3）可以是一个或多个案例，反映纵向的变化或横向的比较。

问题讨论——写作者或研究者根据案例情境中隐含的问题或困境提问，以使读者进入更深层次的思考与探索，进而提出基于自己观点的解决方法。

诠释与研究——这是案例的评析部分，是案例写作者或研究者从理性的角度对之进行总结和反思，也可以提出建议供读者借鉴或参考。

2. 案例的搜集

俗话说，他山之石，可以攻玉。教师除了自己撰写案例以外，发现和搜集其他教师或研究者撰写的不同教育教学情境中的案例也是必需的。这种搜集工作，可以发生在日常的教研活动中，也可以发生在教师阅读教育著述的过程中，还可以发生在听课评课之际。总之，只要有心，中小学教师搜集案例的渠道将是十分丰富的。而通过他人的案例，得出自己的心得，如同把他人作为自己的"镜子"，能够为个人化的反思提供素材，这种"关注"的过程本身就是教师自我成长的很好途径。

3. 案例的使用与反思

案例可以有两种基本的使用方式：一是教师仅把案例作为自我经验积累和反思的材料。这种使用方式具有个人化色彩，很少能对他人产生影响，但不失为教师展开个别化研究的基本形式。二是教师把案例作为与其他教师之间相互学习、沟通和交流的工具。这种案例使用方式，是教师共同学习和研讨教育问题的有效方式，与第一种案例研究方式相比，对教师的触动和促进往往更大，也更为有效。

案例研究的质量还取决于案例反思的深度。案例反思是教师对自己做过的教育事件进行理性检讨的一种思维方式和态度。对教师来说，案例反思是案例研究的一个较为困难的环节，它主要包括三个方面的思维活动：一是分析案例。分析案例的关键是找出分析的标准或依据，然后剖析成功解决教学实践问题的各种影响因素，并区分出主要因素和次要因素。二是概括案例。概括案例是从具体教育事件中归纳出结论，这种结论不是统计的普遍性结论，而是"分析的普遍性结论"。三是解释结论。无论何种结论，教师都必须紧密结合案例对其进行合乎逻辑的解释和论述。只有这样，案例才更具有理论价值，结论才更具有说服力。

（三）对案例研究的评价

总之，教师时时都在面对纷繁复杂的教学现象，虽然案例研究不可能解决他们的所有困惑，但其"见一著多"的特点，以及强调"问题发现"的设问过程，直接促成了教师的职业内反思；更何况，教师进行案例研究，有着得天独厚的优势与动力；同时，案例研究也将为他们的日常工作赋予研究性价值，有效提升其工作的专业水准。

我们熟悉这样一句话："教学有法，教无定法，贵在得法。"同样这句话也适合教师的研究：研究有法，研无定法，贵在得法。教师的教学研究是动态的、变化的、情境的，所以教师的教学研究也要随时做相应的变化和调整，这种变化和调整在很大程度上其实就是方法的调整。教师掌握几种最常用的方法这是必需的，但关键是如何组合运用，合理掌控。总而言之，方法是为人服务的，而不是人为方法服务的。

第四节　教学研究的反思

1926 年，英国学者白金汉姆（Bukingham）在他的《教师的研究》（*Research for Teacher*）一书中阐释了这样的观点：教师拥有研究的机会，如果他们抓住这种机会，不仅能有力而迅速地发展教学技术，而且将赋予教师的个人工作以生命和尊严。时至今日，人们基本上在这样一种观点上达成了共识：从事教学实践的教师，也应该从事教学研究，不进行教育教学研究的教师，不可能真正尝到当教师的乐趣，并成为真正出色的教师。因此，教学研究应该是每一位教师的分内事。然而观点和共识仅仅代表一种意向和赞同，对教学研究的客观、公正、全面的认识还需要我们进行更深层次的思考。下面就结合着人们对教学研究的误读，从目的行为、过程结果、追求品性、教师的身份定位等方面对教学研究进行梳理，以消弭人们的歧解。

一、是名利，还是内需？

时下，我们不得不承认这样一种事实：教学研究已经沾染上了浓浓的商业气息，教学研究已经打上了深深的金钱烙印，尽管它在更多时候、更大程度上是不得已而为之。正是在这样一种事实的熏染之下，我们似乎已经对迎合一部分教师为职称、成名的需要，依靠出售获奖证书、版权、教辅用书、课题称号、主编副主编等赚钱的现象见怪不怪了。也许这样的事情并不少见：偶有拙作发表便会收到各种各样的"论文获奖"、"大作入选"、"名人小传"、"论坛特邀"之类的通知书，这些通知书既有来自内地的也有来自港澳地区或国外的；头衔也是大得不得了，不是中华什么学会或协会，就是中国什么论坛或文集；诱惑更是让人心动，获奖证书不是烫金就是镀银的，参编文集不是大型宝库就是国家基金支持，论坛地点不是历史圣地就是自然保护区。但这些通知书无一例外先是对拙作极尽溢美之词，而后便是面孔一板，敬请交纳数量不菲的评审费、版面费、参会费。其实，让研究孵化一定的经济利益这并不是人所避讳的，我们所痛指的是研究一旦受到名利的驱使，唯利益是瞻，便会失去自己的个性和尊严，沦落为金钱和名利的附庸。当把研究变成沽名钓誉或者达到某种目的的工具之后，我们便会看到教师为评定职称而"奋笔疾书"，为获得赏识而钻研课题，为得先进而挑灯夜战，为赚银子而勤耕不辍，为标榜学术而买个版面等，教学研究最终丧失了灵魂和它的神圣使命。

教师的教学研究本质上是全心全意为教学本身服务的，它的使命就是认识教学、改进教学、完善教学。像李吉林的小学语文"情境教学—情境教育"、马芯兰的小学数学能力的培养与实践、张伟的小学语文"球形"阅读教学原理与应用、邱学华的小学数学教学法探究、李镇西的语文生活化教学、窦桂梅对"主题教学"的思考等，无一不是从教学出发又回到教学的。因此，教学研究有自己独立的品格，有更高的精神追求，是一种自由的、主动的、充分展现教师智慧和个性的发现之旅，是教师的一种不得不做的欲望和不得不说的冲动，是一种真真切切的内在需要。

二、是应付，还是自求？

自从"科教兴国"的观念深入人心以来，不知何时，"科研兴校"的意识也已深深扎根于学校。正是在这种意识的支配下，教学研究开始表现出"清气不足，虚火上升"，学校挖空心思申请课题，教师绞尽脑汁想上项目，似乎没有课题和项目，学校就没底气会声音小三分、校长就没政绩会低人一等、教师就没发展会矮人一截。课题申请了，项目审批了，皆大欢喜，一派繁荣。然后就把学校里那些教学成绩优秀、平时能写点"豆腐块"的教师召集起来，把学校决定一宣布，什么什么课题组就算成立了。至于课题组到底是干什么的，又打算干什么，学校不闻不问，教师云里雾里，谁也说不清楚，谁也不想说清楚。因为大家心知肚明，学校的课题压根就是应付，教师的项目压根就是迎合。于是我们可以看到，经常有所谓的专家教授走马灯似的来对课题传经送宝，对项目进行指导，在称赞学校有魄力、教师有素质之后，往往是张口教育要积极创新，闭口教学要改革发展。至于是不是对学校有用，是不是对教师有益，那就另当别论了。当然，关键的是最后还是要以"指导费"或"讲课费"笑纳一下。另外，各级教科研人员也以各种检查指导的名义经常光顾学校，就课题和项目进行包装和提升，据说这样可以提高得奖的系数，当然"科研服务费"是照收不误的。最后，在经过一番公关之后，课题得奖了，项目上榜了，便宣布大功告成。至于科研与否，兴校与否，则无人问津，更无人反思。其实我们不是反对学校和教师搞教研，只是这样的教研以"研究"之名，行"应付"之实，很容易使教师陷于"浮躁"的境地和"捷径"的虚妄之中。我们也无意指斥专家和教科研人员的指导，只是这样的指导以"指导"之名，行"教唆"之实，不但无益于学校和教师的真正发展，而且滑向了"应付主义"的深渊而不能自拔。

真实的教师是生活在教学的真实当中的，教学的真实是蕴涵在真实的研究当中的。因为"真实"意味着你在教学当中对一笔一画的精心预设，意味着你以一种怎样的开场来引起学生的兴趣，意味着在集中与分散、合作与个体、讨论与讲授当中或者择善而从或者保持恰到好处的张力，意味着把开了小差的学生拉回课堂，意味着让失控的课堂恢复秩序，意味着回答学生你压根就没想到、几乎不按"套路"来的千奇百怪的提问，意味着从学生的眼睛当中读出是不是还需要继续强化，意味着面对学生的挑衅还要强压怒火、强装笑脸显示自己是民主的典范，意味着面对沉闷乏味的课堂还要抑制自己的不满而显示出自我陶醉，意味着面对自己的低级失误或无地自容或做无力的辩白……教师就是在这样的现场、事件、琐碎中操心着、思考着、应答着。面对"真实"，要想避免单调和重复，要想从容而有意义，唯有研究。因此，教师的教学研究是"自求"的，是一种自我诉求，一种自我探求，一种自我要求，一种自我追求。正是这种"自求"，使教师增长教学智慧，形成教学理性，提升教学境界，实现教学意义。

三、是规训，还是"降压"?

一提起教师搞教学研究，很多人还是很不情愿的，他们认为教师的研究是小打小闹，属于民间行为，层次较低，难谈规范，登不了大雅之堂，顶多属于教学总结或者是工作报告。教师要研究，行为要规范，怎么"拯救"他们? 很简单就是进行学科规训，使之掌握"调查法"、"实验法"、"观察法"、"文献法"等教育科研的基本方法。于是，教师就参加各种名目和类型的科研培训班和辅导班，然后依葫芦画瓢编写一份课题申请，以接受专家、学者、教授们的论证、审查与审批。"我们并不反对对广大中小学教师进行基本的教育研究规范的训练，使之懂得研究程序与方法须经得起检验，决不能篡改事实和数据；报告成果必须实事求是，不可自我吹嘘；尊重别人的研究成果，不容许剽窃掠美；将时下的研究置于学术史的相应环节，漠视学术史的研究谈不上真正的学术研究等。"[1] 但事与愿违，尽管教师们接受了这样的一种规训，但他们却发现自己的所学并不能派上什么用场，他们在所谓的"科学"面前显得无所适从，正像鲁迅所言：你不说我还知道点什么，你越说我越糊涂。

采用学科规训的方式，无异于把简单的问题复杂化了。其实，教师的教学研究是内生的，并不是外铄的。教师经常处于充满危机、困惑与尴尬的"压力情境"中，他们感受到的是一种情境的"不确定性"、职域的"无边界性"和责任的"无限性"。教学似乎就是横亘在他们面前的一座山，跨过去就能领略"无限风光在险峰"的愉悦，越不过去就只能独自品味"不识庐山真面目"的苦闷和苦恼。正是在日积月累的苦闷和苦恼中，教师产生一种"我是谁"的自身审视，一种"我从哪里来"的自身诘问，一种"我要干什么"的自我求证，一种"我要到哪里去"的自我探询。所以，教师的提问不单纯是一种求知、一种理智行为，而更多地反映出某种实际的生命遭遇、艰难的处境与困惑，一种关于教育教学生活的矛盾、苦恼。教师的探究更多地意味着遭遇挫折的惊异与震撼之后对儿童发展可能性的寻求，对自身专业命运的叩问，对已有教学经验、个人教育信念的澄清、质疑，对教育应然的追寻；意味着教师将"不确定性"、"无边界性"、"复杂性"等作为创造的契机加以把握，给以积极的应答"。[2]

四、是负担，还是提高？

教师的劳累和辛苦是有目共睹的事实，因为教师的职业是凭良心来衡量的。所以教师的工作是没有起止时间的，他们从踏入校门的那一刻起便开始了辛勤的劳作，直到批完最后一本作业。基于这种事实，有人认为教师要将大量的时间投入教学和管理，任务已经相当繁重，研究将挤占工作时间，给教师加重负担；另有人认为，教师能将教学搞好就不错了，还搞什么研究，一心不可二用。这种错误的假设乃缘于一种错误的理解，即将教学与研究视为两种截然分离的活动，而没有考虑研究与教学之间共生互补、相互促进、相得益彰的关系。

事实上，教师所进行的研究是一种特定的"教学研究"，它是对教师自己的教学活动进行反思和探究，其目的不是为教学工作增加额外的负担，而是力图使教学活动以更有效的方式展开，使教师在有限的时间内引导学生获得更好更快的发展。因此，尽管在研究之初教师可能费时费力，但一旦进入研究的正常状态，熟练掌握了适合自己的研究方法，那么教师的教学就演变成"研究式的教学活动"，课堂就不再是教师和学生彼此守望的阵地而是共同耕耘的田野，教室就不再是教师噩梦开始的地方而是教师天然的实验室；一旦教师从自己的研究中找到了有效

---

① ② 柳夕浪：《教师需要什么样的教育研究》，《教育研究与实验》，2001年第3期。

的教学策略，就有可能熟练地解决教学上的种种"困惑"；一旦教师从自己的研究中悟出管理的诀窍，就有可能减少无效的重复劳动。因此，从长远来看，教学研究不仅不会增加负担，反而因教师能力的提高、有效策略和方法的掌握，会大大提高教学效率，改善教学效果。

五、是课题，还是问题？

"校校有课题，人人有项目"这在许多学校已经见怪不怪了。这些课题从大到小，"品种"繁多，有各级教科所系列的规划类课题，有省、市、县教研室系列的教研类课题，有各级各类教育学会、协会分配的有关课题。当然，研究以课题的形式出现，可以使研究在相当长的一段时间内，集中相当多的人力、物力解决一个突出的问题，能够使研究具有明确的方向。但这些课题往往大而无当，并不能解释教师在日常教学当中碰到的"小"现象，并不能解决教师在教学实践当中遇到的"真"问题。更为令人忧心的是，这些课题往往开题热热闹闹、轰轰烈烈，而结题却是东拼西凑、毫无价值。因此，课题并不能等于研究本身，两者不能画等号。

教师在教学实践中遇到的实际是大量的、随机的、偶发的、情境的、个别的问题。这些小现象一般在日常教学生活中已经习以为常、司空见惯、见怪不怪了。如对学生进步情况的关注，对混乱、冲突的课堂秩序的关注，对学生的紧张情绪的关注，打算尝试新方法等。尽管这些现象很"小"并极容易被忽略，却真实地发生在教师自身或身边，且在时时牵动着教师的神经，常常触动着教师的心情。发现这些小现象的过程，其实就是发现问题的过程；提升这些小现象的过程，其实就是归纳问题的过程；解决这些小现象的过程，其实就是研究这些问题的过程。正是通过这些不起眼的教学小现象的研究，能够让教师感受到踏踏实实的收获与成长，体会到教学研究的真实与真诚，引发起教师思想的波动与震撼，锻炼教师的问题意识与问题能力。另外，教师在教学实践中遇到的还有一些真实的、实用的、必在的、斥伪的问题，这些问题杜绝虚假和表演成分（如表演课、观摩课、交流课等），讲求实际和管用。通过对真问题的关注，能够使教师的教学研究求真、至善、达美。

六、是结果，还是过程？

正是由于前面所提及的名利和应付心理导致了教师的研究走向了浮躁和功用。教学研究越来越对过程视而不见或绕道而行，而对结果却表现出异乎寻常的关注和关切。目前，这些"结果主义"几乎泛滥成灾，具体表现为：重视研究方案和报告的撰写，"理论"、"原则"叙述详之又详，但对具体操作过程则少之又少，一笔带过；重视开题及结题时的"轰动场面"，而无视实施进程的厚积薄发；重视专家学者的莅临指导，而对于是不是切合实际、适合教师则不管不顾；重视课题是否获奖、是否发表、是否出版，而对哪些方面需要改进、需要完善则弃之一边；重视研究成果的"分数"效益，对于是不是有益于学生的长远发展则日后再说。

诚然，以上做法的出发点也许是好的，至少表明对教学研究的重视。但研究的实施乃至于一个教师的成长，需要的是教师自身大量的实践活动，需要经历一个艰苦磨炼的过程，哪怕是实施中的失误与偏差也是很宝贵的研究成果。教学的实践本性同样告诉我们，研究不止步于一个概念的认识，而是一个实现的过程。一位教师，当他对教学的意义、对自己所授学科的意义、对自己正在教授内容的意义、对怎样使这样的意义在自己的教学之中、在自己的学生身上得到实现始终保持着清醒的意识和探索的行动的时候，他对教学研究就算开始了。这样做，研究完全融入了教师日常的教育教学活动中，和他们的日常工作是一体的，同时，他们的教学活动也因为有了明确的、自觉的实现教学意义的意识而体现了教学研究的价值和意义。

七、是理论，还是实践？

教学研究到底是追求理论还是为了实践，一直以来这是一个存在分歧的问题。主张追求理论的人认为，既然是研究就要遵守研究的"规则"，就要遵照"学术"的标准，持有这种主张的人大多是专业的教学理论工作者，他们强调教学研究重在描述、解释教学现象，建构教学理论，落脚点在"研究"上。而主张为了实践的人则认为，教师的教学研究有自己的研究"规则"和"学术"标准（质化研究、行动研究、叙事研究、校本研究等），持有这种主张的人大多是脚踏实地、兢兢业业从事一线教学的教师，他们强调教师的教学研究无意追求宏大的理论建构，而是从自身教学实践中发现问题，然后通过反思或分析解决这些问题，落脚点是在"行动"，是为了"行动"而"研究"。因此，两个阵营的旨趣是有差异的，正如石鸥所言："教学论研究与教学研究密切相关，但不等于教学研究。教学论研究重在'应然'，教学研究突出'实然'。教学研究展示对真的尊重、对现实的阐释、对问题的解决，以自在为主要行动原则；教学论研究虽也有对真的展示，但更多的是体现对善的向往，对美的信仰，对未来的阐释和追求，以自为为主要行动原则。"① 比如，教师可能会问这样一个现实问题：我怎样才能使我没有明确目的的学生每晚都做家庭作业呢？而研究者可能会问这样的可研究性问题：两种不同的奖励制度（自由的在校时间与父母的表扬）对于无动机的学生按时完成作业有什么影响？这两个问题都清楚地以问题形式陈述，但显然两者的关注点是不一样的。

当然，教师的教学研究并不是排斥理论的，相反，还需要经常进行理论学习，因为理论在问题的解决中起着不可替代的作用。"理论的学习可以帮助教师冲破习惯和经验的束缚，让教师掌握先进的教育教学思想，促进教师树立新的教育教

---

① 石鸥著：《教学别论》，湖南教育出版社，1998年版，第247页。

学观念，并及时地了解先进的教育教学经验和教学改革信息，从而为教师的问题求证提供正确的理论基础；理论的学习可以为熟悉的事件提供不熟悉的阐释和另外的工作方式，从而给问题求证提供不同的视角；理论学习可以帮助教师升华自己的教育教学经验。"[1] 但需要强调的是，教学研究本真和使命乃在于实践问题的解决，我们要"避免教学观念世界的奴役和主宰，时刻注意在教学观念世界与教学生活世界两者之间保持一定的张力，以不脱离对方为最基本的尺度"。[2]

八、是科学，还是艺术？

研究是什么？"研究是运用方法的过程，指的是探求事物的真相、性质、规律等活动；研究是一种活动，而且是一种解决问题的活动，其直接目的在于发展、发现一种完整的结构体系，重在发现原理、理论；研究是有计划、有系统地收集资料，分析并解释资料，以获得可靠的解决问题的历程。"[3] 一提到研究，人们有意无意地就会首先给它贴上"科学"的标签。教学研究也不例外，从一开始人们就试图以"科学"来规范它。如把它归为理论范畴；以学术为指向，意在揭示教学规律，发展教学理论，丰富教学知识，为教学决策和教学实践提供理论指导；在思维上，走从理论到理论的演绎路线；在操作过程上，遵循选择研究课题、查阅文献资料、进行研究设计、具体实施研究、撰写研究报告和研究总结；在研究成果上，以论文、论著为衡量标准。

然而对教师来说，这样做显然是勉为其难了，即便能够做到，这些还远远不能把他们从困境中解脱出来，从危机中摆脱出来。"理论也许能转化为技术，但它永远不可能直接转化为教育情境问题的处置所需要的直觉、艺术。对心灵问题所施加的教育影响往往不是技术的，而是艺术的；不是直接的，而是间接的；不是共通的，而是独特的。面对极富有挑战性的困难处境，教师恐怕也无法抽身出来，保持距离，作'客观性'的思量，其所迫切需要的是洞察问题的症结，捕捉最佳时机，作开放式的聆听、意译，获得移情理解，采取智慧行动，富有创造性地建构出新的教育价值、教学方案与艺术。"[4] 当学生上课走神的时候，任何一位教师也不可能停下课来先去分析这位学生为什么走神，然后如何把他拉回课堂，而是通过一个眼神或者一个停顿来进行不动声色的提醒，从而使学生回到课堂。所以，教学研究是一种智慧的生成，是一种艺术的升华。

九、是旁观，还是参与？

在过去很长一段时间内，由于没有对教学研究的含义进行澄清和梳理，致使教师在教学研究中所处的位置一直模糊不定。教师们或者认为教学研究是教学专

---

① 李润洲、张良才：《论"教师即研究者"》，《教育研究》，2004 年第 12 期。
② 徐继存著：《教学论导论》，甘肃教育出版社，2001 年版，第 235 页。
③ 靳玉乐等著：《中国新时期教学论的进展》，重庆出版社，2002 年版，第 61 页。
④ 柳夕浪：《"研究"对于中小学教师意味着什么》，《教育研究》，2005 年第 1 期。

业研究人员的事情，与自己无关；或者认为教师搞教学研究就是像专业研究人员那样，严格按照科学和学术的标准来对教学进行"客观的"、"中立的"、"价值无涉的"量化研究，等于是教师在教学之外，用专家研究的方式，做着专家的题目。总之，在这两种情况中教师均是以旁观者的身份出现的。以旁观者的身份，置身于教学过程之外去研究教学，与作为教学过程的当事人，置身于教学过程之中去研究教学，两者看待问题的角度、态度、方式、方法等显然是不一样的。"旁观者对正在进行的事情漠不关心，一种结果和另一种结果分不出好坏，因为每一种结果都是供人看的。代理人或参与者和正在进行的事情休戚与共，事情的结果和他息息相关，他的命运或多或少和事件的结果相关。因此，他要尽其所能，影响这件事情的取向"。① 因此，奇怪的事情就出现了，原来教师抱怨专家们的理论不能指导自己的教学实践，后来发现自己的研究理论也不能解决自己在教学实践中遇到的问题。当然，专家们则指责教师对理论的重视程度和理解程度不够。

从实质上说，专业人员的研究与教师的研究是不同"质"的研究，教师的教学研究是一种"行动—感悟"式的研究，而不是"旁观—发现"式的探究，是属于原生态的研究。它要求教师把自己"摆进去"，以参与者而非旁观者的身份聚焦自己特定教学情境的经历、体验与感悟，描述自己教学生活中实际的境遇、困惑与迷茫，以及尝试理解、诠释与解决教学问题，是对自己生存、发展意义的不断探寻与叩问。

德国哲学家海德格尔（M. Heidegger，1889—1976）曾有一句至理名言："人，诗意地栖居在大地上。"它道出了生命的一种本真的、自在状态。其实，教学研究亦是润泽无华，在更多时候，它只需要一颗忠诚、明敏的心，只需要我们对那些司空见惯、熟视无睹的事物用心去发现，只需要我们不断揣摩、再三玩味那些看似理所当然、天经地义的常规和说辞，只需要我们试图去改变那些貌似合理的历来如此的大多数的想法与做法，哪怕一点点。但愿教学研究，诗意地栖居在教师的生活中。

【主要结论与启示】

1. 作为一种融研究、学习与工作为一体的探索性实践活动，教学研究具有复杂性、创造性、科学性和探索性等特点。进行教学研究的主要目的在于发展教学理性，提升教师素养，改进和完善教学，丰富教学生活。在实际的教学研究过程中，研究者应该把握教学研究的特点，认清教学研究的价值，理解教学研究的旨趣，积极投身于教学研究。

2. 教师主体的回归、教师专业化的发展、教学改革的不断推进使教师成为研究的主体成为一种必然。较之于其他教学研究者而言，教师无疑拥有最佳的研究位置、丰富的研究机会和更多的研究权利。作为一线的教师应该很好地利用这些

---

① ［美］杜威著，王承绪译：《民主主义与教育》，人民教育出版社，1990年版，第137页。

得天独厚的条件，在教学实践活动中体验教学研究的充实与乐趣。当然，教师要想真正成为教学研究的主体，还需要一些有效的策略支撑。因此，教师要善于不断地学习，养成不断反思的习惯，学会合作，并不断检视自己的"个人知识"，走向"理解自己"的境界。

3. 教学研究的方法是教学研究的核心问题，也是关系教学研究质量的关键所在。从目前的教学研究实际来看，行动研究、校本研究、叙事研究、案例研究是教师教学研究最常用的方法，也是比较适合教师教学研究的方法。对这些方法有一个基本的掌握，无疑对教师开展教学研究提供有益的帮助。

4. 一直以来，人们对教学研究有着各种各样的误读，因此需要我们对教学研究有一个全面、客观、公正的认识和评价。从研究目的和行为看，教学研究是教师的一种真切的内需，是一种真诚的自求；从研究过程和结果看，教学研究意味着教师压力的消解、能力的提高、问题的解决；从研究追求和品性看，教学研究强调的是踏实的过程、生动的实践和艺术的升华；从教师的身份和定位看，教师在教学研究中是"行动—感悟"式的、主体性的。

【学习评价】

1. 为什么要进行教学研究？

2. 为什么说教师是教学研究的主体？

3. 教师进行教学研究的策略和方法主要有哪些？

4. 我们需要什么样的教学研究

5. 拟定一个自己感兴趣的课题，尝试进行研究。

【学术动态】

● 随着社会的转型和教育的改革，教师参与教学研究的问题日益得到关注，特别是新一轮基础教育课程改革以来，对教师参与教学研究的探讨逐步深化，认为教学研究主要是指教师通过自身教学行为的自我观察与反思，以改进自己的教学实践为目的的研究，它是置身于教学之中的研究、改进教学的研究。对于教学研究的功能、价值和方法也逐渐出现了一些转换：从较多地关注课题本身发展与研究成果的获得，转换为更多地对教师作为一个活生生的生命体成长的关注；从较多地把教学研究当作专业人员的研究来要求和衡量转换为强调教师的教学研究是日常教学背景下针对教学实践问题的研究；从较多地关注沿用科学规范的研究方法，转换为更多地关注教师研究方法的人文性和个性化。

● 在对一些教学研究基本问题厘定的基础上，教学研究的一些深层次或微观的问题也开始受到学界的关注。如教学研究中如何加强合作，共享研究资源的问题；在教学研究中如何根据教师的差异来解决研究途径、研究方法和研究成果的问题；如何根据教学实际的需要来选择研究方法和制定研究程序的问题；如何避免晦涩的理论阐述建立适合教学实践的富有活力的话语系统问题；如何重建教学研究的文化问题；等等。如果能在诸如这些问题上获得突破，教学研究无疑将从

"形而上"的学理探讨走向"形而下"的实践操作，对于从事教学研究的教师来说将提供更多的研究"抓手"。

【参考文献】

1. 叶澜著：《教育研究方法论初探》，上海教育出版社，2001 年版。

2. 裴娣娜著：《教育研究方法导论》，安徽教育出版社，1997 年版。

3. 徐继存著：《教学理论反思与建设》，甘肃教育出版社，2000 年版。

4. 徐继存著：《教学论导论》，甘肃教育出版社，2001 年版。

5. 赵昌木著：《教师成长论》，甘肃教育出版社，2004 年版。

6. 石中英著：《教育哲学导论》，北京师范大学出版社，2004 年版。

7. 张胜勇著：《反思与建构——20 世纪的教育科学研究方法论》，山东教育出版社，1995 年版。

8. ［美］F. 迈克尔·康纳利、D. 琼·克兰迪宁著，刘良华等译：《教师成为课程研究者——经验叙事》，浙江教育出版社，2004 年版。

9. ［法］笛卡儿著，王太庆译：《谈谈方法》，商务印书馆，2004 年版。

第十二章

现代教学论发展的趋势及其反思

【内容摘要】

　　20世纪80年代以来，随着我国改革开放政策的实施，在教育教学领域引入了大量欧美和苏联学者有关教育教学理论与实践的研究成果，介绍了诸如布鲁纳、布卢姆、洛扎诺夫、奥苏贝尔、根舍因、赞科夫、苏霍姆林斯基、巴班斯基、马赫穆托夫等著名的现代教学改革派的理论和实践，掀起了国内教育教学改革的热潮，使现代教学观念成为这一时期教学改革的指导思想，从而呈现出反映现代教学观念的一些最基本的教学特征，即主体性、多样性、探究性、民主性、发展性和技术性。这些特征共同构成了一个有机的整体，并且有力地推进了现代教学论的向前发展，使其在发展过程中呈现出六大主要趋势，即现代与传统的承接、人文与科学的融合、分化与综合的演进、教学与课程的整合、理论与实证的结合以及借鉴与创新的统一。近年来，我国教学理论的研究中，在教学论学科群的发展完善、教学论课程系统的初步形成以及对教学论体系建构的思考与探索等方面都取得了比较明显的进展。但从总体上来说，目前我国的教学理论研究还比较落后，从体系到内容上仍存在许多问题，其中对教学论的学科化、教学论的本土化、教学论的现代化以及教学论的多元化等问题不得不引起我们的反思。

【学习目标】

1. 了解现代教学活动中所呈现出来的基本特征。
2. 理解现代教学主体性特征的基本内涵。
3. 掌握现代教学论发展过程中呈现出来的主要趋势。
4. 对现代教学论发展过程中的问题进行反思。

【关键词】

　　现代教学论　趋势　反思

第一节 现代教学的基本特征

现代教学理论是在 20 世纪 50 年代后，随着科学技术革命的发展，在重大历史转折时期所产生的现代教育意识，它是按照时代发展的要求，有意识地变革传统教学理论，不断地选择、融合、重组、整合世界教育改革潮流和教学实践所形成的先进的教学理论。它既蕴涵了原有教学理论中经过长期教学实践检验的、符合教学规律的合理部分；又在应答时代挑战的过程中形成了自己的新思想、新观念、新方法，而具有变革和创新的特点。特别是 20 世纪 80 年代以来，随着我国改革开放政策的实施，在教育教学领域我们引入了大量国外的教育教学理论，介绍了诸如布鲁纳、布卢姆、洛扎诺夫、奥苏贝尔、根舍因、赞科夫、苏霍姆林斯基、巴班斯基、马赫穆托夫等著名的现代教育教学改革派的理论和实践，掀起了国内教育教学改革的热潮，使现代教学观念成为这一时期教学改革的理论基础与指导思想，从而呈现出反映现代教学观念的一些最基本的特征，即主体性、多样性、探究性、民主性、发展性和技术性。这些特征共同构成了一个有机的整体，并且有力地推进了现代教学论的向前发展。

一、现代教学的主体性

（一）主体性的基本含义

主体性是指人之所以成为主体的规定性，人只有与客体形成对象的关系，才能上升为主体。哲学上的主体性包括了人的自然属性、实践性和创造性、自主性和能动性、社会性和历史性、目的性和自律性等，而实践性和社会性是其最本质的特性，即只有在社会实践活动的基础上形成具有自我意识、自觉能动性的社会的人，才能成为主体。不断强化人的主体性是人们认识与改造客观世界的范围和层次不断扩展和深化的关键条件，特别是当代科学技术的高度发达、科学文化素质的高低对人们主体性的影响日趋显著。传统教学论往往强调系统理论知识的学习，强调教师对教学进程的调控及班级授课的集体教学形式，在这样的理论框架中，教学过程被理解为知识、技能的"授一受"过程，仅作为一个认知过程，而忽视了学生主体的情感、意志、兴趣等非理性因素。

（二）教学中学生主体地位转变的动因

在教学中，学生占有主体地位的这种转变，其动因主要有以下几个方面。[①]

1. 科学技术的发展，特别是哲学领域的变革，启迪人们对自身做出更为深刻的认识。传统的教学思想忽视了人的全面性和独立性，以及人的各种需要、爱好和个性。要改变这种把人湮没在社会中的被动地位，于是在教学思想上引起了人们对教学主体的再认识。

---

① 陈时见主编：《比较教学论》，江西教育出版社，1996 年版，第 295 页，略有修改。

2. 20 世纪 50 年代以来，由于强调学生的自我探索、独立研究，因而特别重视对学生在学习过程中心理成长过程的研究。例如，苏联心理学家维果茨基提出的关于儿童心理活动的"最近发展区"理论；加里培林等人提出的阶段形成的智力活动理论；皮亚杰提出的关于认知结构形成学说；以及认知学派关于学习动机和学习迁移的学说等。这些理论的成就使人们认识到，学生认识的积极性、主动性和独立性是高效率完成教学任务的根本条件。

3. 随着教育教学理论与实践的发展，特别是 20 世纪 80 年代以来，在教育教学实践中，为了适应社会发展对人提出的新要求和满足个体自身发展的需要，人们就在不断地进行着从"应试教育"向素质教育转轨的种种努力。而尊重学生的主体地位和主体人格，培养和发展学生的主体性，是全面实施素质教育必须遵循的一条基本规律。素质教育是一种具有全体性、全面性、发展性、主体性和开发性的新型教育，对传统教育而言，取而代之的必然应该是以促进学生主体综合素质发展为目标，以教师主体为教学活动统摄力量，以激发学生的积极学习活动为重心，以揭示教学过程的规律为线索，以课程内容、教学原则、教学方法等为中介的主体教学论研究体系的确立。

（三）现代教学主体性的基本思想

从传统教学论到现代教学论的转变显示了主体性教学的历史演变线索，现代教学论特别关注学生的主体地位，认为主体的感知、思维、想象、体验与内化的过程是别人无法代替的，学生是认识和发展的主体。20 世纪 50 年代以来出现的各种教育教学改革思想和实践，虽然理论基础和侧重点有所不同，但都把发展学生的自主性、能动性、创造性放到一个中心地位。而这种主体性教学基本思想表现为如下几方面。[①]

1. 教学在本质上是一种主体性教学，它以塑造和建构主体自身为其活动领域。

2. 教学所要构建的主体性结构，即主体的意向性、认知性、价值性和实践性。

3. 教学中学生的主体性在构成或结构上有其特殊性，表现在能动性与受动性并存、自主性与依附性并存、创造性与模仿性并存、独特性与共同性并存。

4. 教学的主体应具有的独特性，即科学性、民主性、活动性和开发性。

现代教学的主体性力求培养的是学生的主体意识和主体精神，提高学生自我教育的能力，同时也要为学生营造一种良好的主体气氛，以引导学生主体的积极行为。在全民推进素质教育为宗旨的教育改革过程中，教学论所研究的主题就是："以学生主体性发展作为教学改革的起点和依据，对原有传统教育中不合理的行为方式和思维方式进行变革，真正实现教育观念上的转变，实现人的发展的社会

---

① 靳玉乐、田继万主编：《教学改革论》，西南师范大学出版社，1998 年版，第 200 页。

化与个性化的统一。"① 教育部颁布的《基础教育课程改革纲要（试行）》中也明确指出，教师应在教学过程中与学生积极互动、共同发展，逐步实现学生学习方式、教师教学方式和师生互动方式的变革。这实质上就是把教学过程视为一种师生双方主体性共同发挥与建构的过程。现代教学论则将自己的研究对象定位于教与学的实践活动之中，教学的任务是促进学生生动活泼的发展，不仅使学生从多渠道获得稳定与不稳定、静止与变化的知识，更加关注给予年轻一代以强的适应社会的能力。教育活动是人的主体精神的一种发展过程的活动，人的主体性是在教育的内化与外化统一过程中发展起来的。教学论学科的主体性恰恰表现为它对外部社会反映具有的自动适应又不简单附从，能用自己的眼光去审视历史、分析现状、展望未来，然后对自身的发展做出选择及调整。

总之，教学的主体性"不仅仅体现在理论内容和体系构建这两个方面，它在理论与实践的结合方面所显示出来的优越性同样引人注目"，"其原因在于它科学地揭示了教学过程的规律，从根源上解决了教学实践中的问题，而不是从枝节上去修修补补"。② 为发展现实、具体的主体性，教育需从两个方面做出努力：其一是让学生掌握由主体达到客体的中介工具。这既包括各种技术，也包括自然的、社会的、人文的各种陈述性和程序性知识，这是主体性孕育的必要条件。其二是积极的自我意识是主体性的核心心理构成。它能使主体意识到自身与外物的区别、与人类其他个体的异同，并蕴涵着个体对自身本质、价值和自身在社会中地位、作用的明确意识，它是主体性发生的动因和前提。③

二、现代教学的多样性

信息化社会的一个重要特征就是从标准化走向多样化，现代教学也不例外，在科学性与规范性得到了很大提高的同时，也从单一的模式走向了多元化的发展方向。这种多样性体现在整个教学活动的开展过程中，主要表现为教学目标的全面化、课程设置的综合化、教学方法的多样化以及教学形式的丰富化。

（一）教学目标的全面化

现代教学追求的一个共同倾向，就是致力于学生知识、技能、智力、能力、情感、意志和品质等各方面的全面发展，以培养适应当代社会生活环境的、具有健全个性的人，而且努力把这种追求变成更为广泛的教育实践。联合国教科文组织在《学会生存》的报告中明确强调："应培养人的自我生存能力，促进人的个性全面和谐的发展，并把它作为当代教育的基本宗旨。"而由国际教育专家成立的"国际21世纪教育委员会"也在1996年的《学习——内在的财富》（*Learning：the Treasure Within*）报告中明确强调了学习及创造未来"学习社会"的重要性，

---

① 裴娣娜：《教学论研究主题的把握》，《中国教育报》，1999年1月9日，第4版。
② 靳玉乐等著：《中国新时期教学论的进展》，重庆出版社，2001年版，第516—517页。
③ 李雁冰：《主体性教育评价应是"自我接受评价"》，《教育研究与实验》，1997年第3期。

并提出了学会求知、学会做事、学会合作和学会生存是未来教育与学习的四大任务。我国新一轮基础教育课程改革也强调，要建立促进学生全面发展的评价体系，从中也可以看出对学生评价的价值取向表现为全面性、综合性、基础性、共同性、个性化与多元性等方面的特征。应该说，教学目标的全面化就是要树立一种综合发展的观念，即着眼于人的素质的整体规格，强调人的多方面素质的综合训练与提高，使之和谐一致地发展。在这同时，也注意到了对学生个性方面的培养。例如，西方学者一直提倡自由、发展学生的个性，20 世纪 80 年代末的日本也提出了"尊重个性的原则"，主张培养人格健全、富有人性的青少年，以实现教育的个性化。

当前所提倡的素质教育正是顺应了世界教育思想的主流，把人作为教育的出发点和归宿。素质教育的目标定位于发展与创造，通过教育促进人的才能、兴趣、特长和谐统一的发展，即个性的全面发展。首先认识到人在个性上存在着差异，从个体差异出发因势利导地完善人的个性，开发人的潜能；另外，素质教育主要是通过促进人的个性全面发展和潜能要素的最佳完善来提供社会需要的多结构、多层次的高素质人才，而不是用单一的标准去约束、规范人的发展。因此，从根本上来说，素质教育是一种真正意义上的全面性教育。素质教育是中国教育工作者在适应现代化建设的改革过程中提出来的，应该说它是对教育本质的科学概括，是社会发展和教育自身发展的必然。

专栏 12-1

两种教育模式对比的概括性研究

1990 年 8 月，联合国教科文组织助理总干事辛格先生在《21 世纪亚太地区教育展望》一书中，尽管没有明确提出素质教育与"应试教育"的概念，但实际上也对素质教育与"应试教育"这两种教育模式的出现作了概括性的研究，并具体指出了它们在人才培养目标上的四个方面的差异。

第一种模式	第二种模式
A. 教育的目的是培养并促进受教育者多方面发展，如体能、情感、智力、社会能力和道德水平等。	教育的目的应该仅仅限于读、写、算基本能力的培养。使学生通过 4～5 年的教育，熟练地掌握这些技能。
B. 教育的目的是为受教育者提供一种较为宽泛和自由框架内的高质量、高水平教育。设想中的普通教育应该是：恰当形式的综合教育；帮助受教育者理解并使用人类的不同认识方式；在教育结构中最大限度地认识并使用各种教育方法，以拓宽受教育者选择的余地。	教育的目的在于受教育者集中学习几门挑选的课程。集中培养学生的智力、技能和能力。强调通过考试选拔人才和提高受教育者的竞争能力。以经济活动的指标衡量教育的价值。

C. 教育的基本原则是教育以及任何有关它的体系必须以人为核心。这意味着：优先培养和开发受教育者个人和集体的创造力；给予受教育者高度的自由；实行创造性的教育方法；强调学习过程就是人与人交往的过程。

根据"赶超"式思维和计划，教育几乎完全成为用系统的术语描述的一种技术模式。于是，强调教育活动是塑造受教育者行为的重要手段；应按照商业企业模式建立教育体制，从而使公众对学校的支持明显减少；加剧社会的两极分化的趋势。

D. 要勾画未来的教育，人们需要更新观念，要进一步强调教育的社会目的和责任，要明确认识到当代社会和发展中出现的问题，积极参与全社会和社区的各种计划。

社会问题一般都依靠技术手段和机构控制加以解决，而不依赖于教育，对社会问题的认识忽视了跨国和国际环境。

[资料来源] 联合国教科文组织助理总干事拉贾·罗伊·辛格著：《21世纪亚太地区教育展望》，甘肃教育出版社，1993年版，第36—38页。

（二）课程设置的综合化

在现代社会发展的过程中，各门学科知识的相互渗透、相互影响越来越多，自然科学和社会科学的联系更加紧密，要求人们掌握的知识更加广博、更加具有综合性。在这样一个大背景下，现代教学改革实践加速了课程现代化与综合化的进程，推动了课程理论与实践研究的向前发展。课程内容的综合化，即"把知识体系中同类学科综合成单门课程，或者用跨学科方法对一定的现象或问题进行考察。"① 这实际上是消除了各教学科目之间的相互阻隔，对不同学科知识体系中的共同要素进行综合考虑的一种方式。这既有利于建立相邻学科的联系，构建整体化的知识体系，促进各门学科的共同发展；同时，也有利于结合社会生活实际，及时反映、解决社会生活中存在的实际问题，最终使学生了解和掌握各领域的知识，逐步形成一种综合性的知识体系。苏联教育学家巴班斯基曾提出了关于评定教材内容的五条标准，即教学内容的完整性；教学内容的科学与实践价值；教学内容的学科化；教学内容的国际化水平以及教学内容实施的可能性条件，它已成为人们评价教材的一种统一性标准。在西方，许多发达国家都在着力构建综合性的课程。如许多国家把历史、地理、经济学、政治学、人类学和法学等有关内容综合成"社会研究"课；把物理、化学、生物、生态、生理、实用技术等融合为"综合自然科学"课；把文法、阅读、写作、戏剧、电影、电视、新闻和实用语言等综合成"语言艺术"课；把绘画、美工、雕塑、音乐、舞蹈、工艺和广告等综合成"创造艺术"课。② 再如，日本中小学开设的"综合学习课"、法国小学的

① 谢利民、郑百伟主编：《现代教学基础理论》，上海教育出版社，2003年版，第97页。
② 赵昌木：《当代国外教学改革的主要特点》，《江西教育学院学报》，1997年第2期。

"启发活动课程"、韩国的"多样生活课程"、美国的"VSMES 理科课程"等都是为适应课程综合化所进行的一些尝试。在我国，课程设置的综合化主要表现为：一是把一些相关的科目合并为一些综合性课程，强调文理渗透。例如，在我国新一轮基础教育课程改革中，小学和初中阶段就要求开设一些综合性的课程，小学一、二年级的综合课是"品德与生活"；三年级至六年级的综合课是"品德与社会"、"科学"（含物理、化学、生物）、"艺术"（含音乐、美术）；初中的综合课是"历史与社会"（含历史、地理）、"科学"（含物理、化学、生物）、"综合实践活动"，这些综合性的课程也是教学内容综合化的很好体现。二是在课程形式上也不断地丰富和发展。从课程设置的形式上看，有必修课、选修课与课外活动；从课程内容的组织上看，有学科课程、活动课程、问题课程；从课程的外在表现状态上看，有显性课程和隐性课程等。①

（三）教学方法的多样化

现代教育出现以来，教学方法就被赋予了一定的社会性。从历史的角度来看，教学方法起着使新一代有效地继承人类文化的作用；从现实的角度来讲，教学方法提供了有效的社会交往的途径；从发展的角度来讲，教学方法本身就为受教育者传递着人类认识世界的方法论和思维技巧。而一定的教学方法是为实现一定的教育思想、完成教育观念而产生和存在的。教学方法的发展是教学内、外部因素交互作用的结果，同时每一时代都有反映其具有代表性和倾向性的教学方法。

第二次世界大战以后，随着国际间政治、经济、教育等全方位的竞争日趋激烈，对教学方法的改革实验也呈现出多样化的特征，其中大致的改革方向主要有：(1) 侧重加强基础知识的教学方法改革实验，包括程序教学 (programmed instruction)、范例教学 (example-based instruction)、奥苏贝尔的"接受学习法"(reception learning method)、沙塔洛夫的"纲要信号法"(essential symbol method) 等；(2) 侧重提高智能的教学方法改革实验，包括布鲁纳的"发现学习法"(study-to-discover method)、赞科夫的实验教学新体系、兰本达的"探究研究法"(method of inquiry research) 等；(3) 侧重于非认知因素发展的教学方法改革实验，包括罗杰斯的"非指导性教学"等；(4) 侧重于个性全面发展的教学方法改革实验，主要表现为在明确教学理论思想指导下所构建的教学方法体系，以实现不同情况下最优化的教学策略。② 这些教学方法都是以一定的教育教学思想为指导，通过探讨教学目的、教学内容、教学形式之间的相互联系，建立起来的某种教学程序，从而形成各具特色的新的教学方法体系。20 世纪 80 年代以来，我国在教学方法的改革过程中也进行了许多有益的探索和尝试。在教学方法的研究中，首先突出表现为以启发式教学思想为指导，注重激发学生的学习动机、主动学习，更加注重教学方法的广度、深度和进度，力图改变传统教学方法的直线式

---

① 陈时见主编：《比较教学论》，江西教育出版社，1996 年版，第 298 页。

② 曾天山、郑炯：《教学方法的比较研究》，《西北师范大学学报（社会科学版）》，1993 年第 2 期。

模型；其次，在研究中更多依赖于心理学和生理学的研究成果，从经验描述到科学分析，形成具体实用的多层次教学方法体系；再次，教学方法的研究紧密与教学改革实验相结合，以直觉、意念、思维为特色，用教学改革实验加以论证与检验；最后，表现为用一定的教学理论去指导教学方法的选择和运用，力图构建教学方法的理论体系，以此作为教学活动的根本要素。通过借鉴和创新形成了许多有代表性、有影响的教学方法。例如，黎世法的"六课型单元教学法"、卢仲衡的"自学辅导教学法"、育才中学的"八字教学法"、魏书生的"六步教学法"、邱学华的"尝试教学法"、上海青浦县的"回授式教学法"、马芯兰的"四性教学法"、钱梦龙的"语文导读法"、李吉林的"情境教学法"等，有的学者将其归为五大类，即自学辅导类、情境类、活动类、创造类以及技能类。这些教学方法对推动我国教育教学改革实验起到了积极的作用，所取得的成绩主要表现在：突出了学生在教学中的主体地位，重视对学法的研究，注重培养学生多方面的能力，增加了学的活动在教学活动中的比重等。

专栏12-2

兰本达的"探究—研讨教学法"（teaching of inquiring and discussion）

美国学者兰本达（Lansdown Brenda）、布莱克伍德（Paul E. Blackwood）和德韦恩（Paul Brandwein）认为，科学是一种"探究意义的经历"（experience），发现意义、领会意义是经历、参与的结果。没有这些先决条件，就不可能真正理解事物的意义。儿童天生就具有强烈的好奇心，好动是儿童的天性，他们总是想通过触摸等手段来达到探索周围环境的目的。正是这种"摸一摸"的过程会达到产生意想不到的结果，发现事物的真正意义。在这种充满"乐趣"的探索中，儿童同时也会产生一种要与周围的人进行交流的愿望，特别是当同伴在进行与他（她）同样的探究时，一种与自己的同伴分享发现的愿望会更加强烈，这样的材料（materiales）就成了激发、引起探索"经历"的一种手段。我们可以选择实物材料来揭示自然现象，而自然现象又能产生有关这个世界的知识。这样，儿童在对材料按科学的步骤进行探索的过程中，可以形成对自然界客观的、逐步深入的认识，形成一定的概念和概念体系。儿童在形成概念和概念体系的过程中，尝试、接触、摆弄会促进和加快儿童思维的发展。

正因为如此，所以设计得当的经历，能让儿童萌发一种能力，使他们形成关于周围世界中从观察及测试到各种观念和能力。而这其中的关键在于要有恰当的教学模型，一方面让学生亲自动手拨弄、操纵教师所提供的特定的实物材料，让学生充分发挥他们的想象力，创新能力去寻找、体验材料中的概念，获得对事物的感性认识，即探究（investigation）。另一方面教师在学生经过探究所获得的经历（体验）的基础上，组织学生讨论。在讨论中学生踊跃发言，相互补充，相互启发，交流各自在探究过程中的发现，这样学生便能从具体事物的经历中抽象出实物材料所要揭示的概念，较早地由感性阶段的认识发展到理性阶段的认识，这就是"探究—研讨"教学法。

[**资料来源**] 吴立岗、夏惠贤主编：《现代教学论基础》，广西教育出版社，2004年版，第231—237页。

总之，每一种教学方法都是教学理论的反映，作为教学活动的根本要素，教学方法的选择和使用必须以一定的教学思想为指导。历史的发展表明，迷信单一化的教学方法时代已经结束，在现代社会中教师对教学方法的选择应是以整体、系统、相互联系和相互作用的观点和发展的观点来认识、理解和运用教学方法。"教学有法而无定法"，表明一方面在特定的教学条件下教学方法有其较为固定的结构和模式，另一方面要求在教学方法的运用中应以一法为主、多法辅助、随机应变，争取最优的教学效果。构建完整的教学方法理论框架应追求的是科学性和艺术性的统一和完美的结合，其中科学性是艺术性发挥的基础和前提，艺术性则是科学性的最高体现。

（四）教学形式的丰富化

教学组织形式的总体发展是从个别教学到班级教学制，在这条主线的基础上呈现出多样化的发展轨迹，即表现为个别教学、班组教学、导生制、班级教学制、道尔顿制、能力分组教学、开放教学、小队教学、自学。现代教学组织形式呈现出多样化的特点。例如，根据美国学者 R. H. 艾迪森的观察和整理，20 世纪 60年代，美国学校的教学组织形式从"最保守"的完全学年制、同年龄组织、班主任制到"最进步"的完全不分级制、多年龄组织、小队教学等，不下 20 余种。①由于每一种教学组织形式都各有利弊，不可能存在某种万能的模式，因而在现代教学中人们特别重视对各种教学组织形式的综合运用，有意识地把全班的、小组的和个别的教学形式合理地结合起来，并且保持某种教学形式在某个阶段的主导作用。一般来说，西方国家在发展个别教学的同时趋向于集体教学，发展中国家则在坚持班级教学制的同时注意个别教学。不过，也存在着综合化教学组织形式与简单的个别教学组织形式并存的情况。当然，教学组织形式是与不同国家、不同生产力发展水平、不同教育发展程度、不同的教育目标相适应的，各种教学组织形式均有其适用的范围和生长土壤。如班级教学制具有规模大、速度快、经济省力等优点，因而适应于发展中国家；而个别化教学则具有质量高，易于发挥学生主动性的优点，因而深受发达国家的青睐。应该说，在现代社会中单纯追求学校课堂教学形式的完善是不够的，人们把触角伸向课外和校外并研究其组织形式，以此作为正规教学的补充和扩展。在当代，各国课外、校外活动形式多样，内容丰富多彩，吸引各种年龄、层次和爱好的学生参加。例如，苏联中小学均成立了各种类型的活动小组和俱乐部；美国社会机构积极向中小学开放。在我国，不少学校开展了多种多样的课外教学活动，如有课外阅读、学科小组、科技小组、社会调查、专题讲座、选修课、劳动技术活动等，这些都呈现出教学形式多样化的特征。

---

① ［日］筑波大学教育学研究会编，松岛钧等著，钟启泉译：《现代教育学基础》，上海教育出版社，1986 年版，第 427 页。

三、现代教学的探究性

（一）探究性的基本内涵

近年来，探究教学的思想越来越受到人们的重视。探究教学是现代西方科学教育变革的一个重要成果，它不仅是当代科学教育的重要思想和方法论，而且也是制定科学教育教学标准的出发点和指导原则。教学过程的探究性最突出的表现是以培养学生的探究素养和探究精神为宗旨，这种探究的素养不仅包括学会推理、决策、创造性思维等一系列能力的提高，而且也包括对科学及其科学过程的了解，具有科学的认识观与历史观，掌握探究的种种技能和方法，以及探究的意识、态度、精神和习惯。因此，在探究过程中鼓励和指导学生进行探究性的学习就成为教学的一项中心任务，人们往往把"探究"作为指导教学的重要方法论原则和组织教学过程的一种基本方式。

（二）探究教学的基本特征

教学不仅要坚持用探究的方法教，要教探究的方法，而且也要突出学习中的尝试性探究，在探究中学会学习。例如，美国教育学家布鲁纳所提出的发现法，其主要精神就是要学生学会学习，引导学生在学习过程中进行探究和发现。他在其著作《教育过程》（*The Process of Education*）一书中就认为，学生的学习过程也可以看作与科学家的探索活动一样的过程，它们之间没有质的区别，只有程度不同而已。探究教学中的具体任务主要包括指导学生学会观察、学会提出问题、学会怎样查阅有关的信息来源，弄清哪些是已知的、哪些是未知的，学会运用各种手段去收集、分析和解读数据；学会设计调研方案、根据实验证据检验已知的内容、提出答案、解释和预测；探究还需要有明确的假设、运用判断思维和逻辑思维推证各种可能的解释与结论，等等。[①] 因此，在探究教学的过程中对于培养学生的探究意识和认知能力以及合作交流的能力是十分重要的。美国当代著名的课程理论与教育研究专家安德森（L. W. Anderson）对探究教学的本质特征进行了全面的概括，认为不应直接把构成教学目标的有关概念和认知策略告诉学生，而是教师创造出一种智力和社会交往环境，让学生通过探索发现有利于开展这种探索的学科内容要素和认知策略。这种教学的基本原则是由学生自己制定获取知识的计划，能使学科内容有更强的内在联系、更容易理解，教学任务有利于激发内在动机，学生认知策略自然获得发展。同时，在这个过程中学生还认识到能力和知识是可变的，从而把教学过程看作是可发展的，它既要以现有的学习方法为基础，又要将其不断地加以改进。[②]

我国新一轮基础教育课程改革特别强调对学生自主探究精神、创新精神和实

---

① 彭蜀晋：《探究教学论析》，《化学教育》，2002 年第 4 期。

② Lorin W. Anderson. （1995）. *National Encyclopedia of Teaching and Teacher Education*. Eleriver Service Ltd，Second Edition，p. 109. 转引自靳玉乐主编：《探究教学论》，西南师范大学出版社，2001 年版，第 15 页。

践能力的形成，探究教学作为一种类似科学研究的方式去获取知识的一种教学形式，凸显出五个方面的基本特征①：

第一是结构性。探究教学要体现出内容、方法和手段这三种要素及相互制约的关系，不能因为它不是真正的科学研究活动，或出于某种考虑，过分强调某一方面而忽视另一方面。

第二是真实性。探究教学的问题必须反映学生的现实生活，是发生在学生身边的自然和社会现象中的问题。

第三是引导性。在探究教学的过程中，教师要善于激发学生的学习兴趣，引导学生积极分析和思考问题。

第四是开放性。探究教学应是一个开放的活动系统，它在与其他教学方式的相互作用中不断得到改进。

第五是合作性。学生在开展探究学习时，是通过小组活动的形式在讨论和交流中相互促进，共同提高。

（三）探究教学的基本阶段

现代教学过程的探究性主要是通过不同的探究教学模式反映出来的。当前较有代表性的有杜威的"思维五步法"、美国课程论专家施瓦布的"探究教学"（inquiry teaching）过程、美国著名教育家萨其曼（J. R. Suchman）的"情境探究教学"（situation inquiry instruction）过程以及美国《国家科学教育标准》（*National Science Education Standards*）所制定的探究教学过程等。归纳起来，这些探究教学模式所反映的教学过程主要是围绕一定的问题而展开的教与学的活动，并由六个最基本的阶段所构成。

①在一定的情境中提出和明确所要解决的问题；

②创设有利于探讨的情境和环境；

③激励学习者利用可能的途径去收集适合问题解决的资料；

④制定探究的计划和探究性的假设；

⑤通过实证的和推理的方法去解决探究性的问题；

⑥进行探究结果和探究经验的交流。

而探究教学必须深入到课堂教学的过程中去，因而必然涉及多方面的改革措施。第一，应设立有挑战性的问题情境，在这方面西方提出的以问题为本的教学（issues-based teaching）不失为一种可供选择的教学方式。这种教学的一般程序是：参照课程标准，确定教学目标；辨别能够达到这些教学目标的问题；澄清与问题有关的事实和前提；从这些分析和评判出发，为学生提供不同的材料供其探究；最后去解决预设的问题。第二，应给学生主动探索和学习的空间，使其在探索和自主学习的过程中能够形成多方面的能力和技能。第三，应创设一种宽松的

---

① 徐学福、宋乃庆：《20 世纪探究教学理论的发展及启示》，《西南师范大学学报（人文社会科学版）》，2001 年第 4 期。

教学气氛，使学生不必过多地考虑错误的危险性，从而激发学生多方面的思维，使其智力活动多样化、丰富化。这就要求教师在处理学生行为时应遵循下列原则：尊重学生的想象，让学生知道他们的观念是有价值的，让学生做事仅仅是为了练习而不进行评价，从因果关系上开展评价等。第四，打破单一的课堂教学组织形式，合理地组织课程类型，以便培养出以自主、多样、探索为特征的创造性人才。

专栏12-3

萨其曼的情境探究教学

美国伊利诺大学探究训练研究所所长萨其曼提出的情境探究教学主要分为以下几个阶段。

1. 选择课题。兴趣是探究的开始，而真正兴趣的发展是当人们在认知过程中遇到阻力而竭力克服的过程中进行的，所以探究模式的首要问题是要求教师选择一个令人困惑的问题或情境，这一问题可以是课堂内的教育内容，也可以是课堂外的一件很有情趣的生活事件，或者是影视中的一段故事情节。但是，前提条件是它必须能够引起学生的兴趣，从而激发学生去寻找答案。

2. 向学生解释探究的程序。向学生解释如何开展探究，首先要使学生理解如何才能找到有效的、可能的解决方案，然后教师写出问题情境，呈现给每一个学生。

3. 收集相关资料。学生根据教师提出的问题搜集资料，在搜集资料的过程中，学生为了获得更多的信息，可以不断地向教师提出新的问题，对于这种提问，教师一般只能够回答"是"与"否"，真正的答案由学生自己去寻找。当然在搜集的过程中，学生也可以相互讨论。但是在提问的过程中，讨论是被禁止的。

4. 形成理论、描述因果关系。当学生针对问题解决提出一个理论假设时，教师停止提问，将这一理论写在黑板上，全班对其进行考察和讨论，以决定是否认可和采纳。在这一阶段，教师可以鼓励学生通过实验或参考其他资料去检验和验证某一理论。

5. 说明规则，解释理论。某一理论或假设被全班确定后，教师要指导学生去解释并应用这一理论。要对这一理论的原则或效果以及应用于其他情境的预测性价值进行讨论。

6. 分析探究过程。最后，教师和全体学生要对所经历的探究过程进行讨论与分析，以考察问题是如何解决的，理论是如何形成的？并进一步讨论该如何改进这一过程，寻求更便捷的解决问题的途径，形成更完备的理论，从而提高学生的探究技能。

[资料来源]［美］国家研究理事会著，严守戡等译：《美国国家科学教育标准》，科学技术文献出版社，1999年版。

四、现代教学的民主性

现代教学的民主性，是师生关系在教学过程中的一种基本人际关系的反映。在我国传统的教学活动中，由于师道尊严，导致师生关系的不民主、不平等、不协调，学生成了教学的"附属物"，成了被灌注的"容器"，严重影响了学生学习的积极性。而现代教学价值观认为，教学过程不仅仅是一个认识的过程，师生之间的合作也不仅仅是单纯的知识传递关系，而是一种平等对话的关系，在师生之间的相互交流和沟通中共同努力达成既定的教学目标，促进师生人格的发展和完善。"没有沟通就没有教学"，这表现在"教师的权威不是'外部强加'的，而是'内在养成'的，也就是说，教师的权威不是凭借制度的力量，而是在师生之间的对话、交流与知识建构的活动中自然形成的。"① 而在教学过程中，更为重要的是师生共同领悟世界的意义与人生存在的真谛，不断提升生命的质量。因此，为了真正确立和体现学生在教学活动中的主体地位，权威性的师生关系必然将会被民主、平等与合作的师生关系模式所取代。现代教学所提倡的师生关系是强调重视儿童活动的权利，尊重儿童的人格，反对专制的、不平等的师生关系；强调教学过程中师生之间真诚的倾听与"接纳"的对话与交流，教师应尊重、相信、热爱和关心学生，作为学生最好的学习伙伴参与到探究活动中去。而这时的教师已是"越来越少地传递知识，而越来越多地激励思考；除了他的正式职能之外，他将越来越成为一位顾问、一位交换意见的参加者，一位帮助发现矛盾论点而不是拿出现成真理的人"。② 正是在这样的教学情境下，学生才会"真正体验到平等、自由、民主、尊重、信任、友善、理解、宽容、亲近与关爱，同时受到激励、鞭策、鼓舞、感化、召唤，接受指导和建议，形成积极的、丰富的人生态度和情感体验。"③

教学活动从根本上说也是师生间的一种交往活动，它集中反映在师生间知识和情感两方面的交往上。④ 首先，师生间情感上的互为感染制约着师生间的人际关系；其次，师生间情感上的互为感染影响着学生对于知识学习的兴趣。因为大凡美的东西都能强烈地吸引着人们，促使人们去探究它。遗憾的是，目前有相当学校的教师并未认识到这一点，很多学生在教师呆板生硬、冷漠无情的知识传授中渐渐失去了对知识学习的兴趣；再次，师生间情感上的互为感染还表现在能充分调动师生在教与学活动中的各自的主动性、积极性，进而提高教学质量。这方面的突出例证就是"皮克马利翁效应"。该效应表明，教师对学生抱有较高的"期望情感"，能对学生产生积极情感上的感染作用。

总之，师生的"交往理性则是建立在多极主体基础之上的理性，理性的合法性取决于主体间的交往、对话、互动和协调"。⑤

五、现代教学的发展性

按照苏联教育学家维果茨基的认识，教学与发展之间存在着复杂的动力制约关系。当儿童学习某一具体的科目或儿童发展由一阶段向另一阶段转化时，教学

---

① 宋乃庆等主编：《中国基础教育新课程的理念与创新》，中国人事出版社，2002 年版，第 19 页。

② 国家教育发展研究中心编：《面向 21 世纪的教育》（资料汇编，1999 年）。

③ 吴增强：《探究教学需要树立的八个基本观念》，《人民教育》，2003 年第 7 期。

④ 靳玉乐等著：《中国新时期教学论的进展》，重庆出版社，2001 年版，第 378 页。

⑤ 任平著：《当代视野中的马克思》，江苏人民出版社，2003 年版，第 22 页。

形式也必须随着变化，而教师就应该探究对促进儿童发展具有最大效果的教学方法，以便预见儿童的发展，并根据科学原则来掌握学生的发展。① 苏联教育学家赞科夫在 1975 年主编出版的《教学与发展》（*Teaching and Development*）一书中，全面阐述了"发展教学观"的理论，并且展示了三个方面的全新认识：第一，在教学目标方面注重学生的"一般发展"，他所提出的一般发展就包括了智力的发展，情感、意志、道德品质和个性的发展，身体的发展等方面，是人们进行创造性劳动的基础的总和。第二，在教学任务上，提出高质量的知识掌握和最大程度的智力发展的协调统一。第三，在教学特性方面，强调把教学与发展、知识和智能结合起来，用教学推动发展，用发展促进教学。这三个方面完整地体现了"发展教学观"的本质含义和特点，并且也代表了现代教学发展的潮流，比如在现代教学活动中，人们就力求突破现有知识的局限性，强调的是一种面向未来的、个体与社会群体相统一的、人的全面的良好素质的发展。

当然，我们也应该认识到教学过程中的发展性和认识性是相互联系、相互影响的。第一，教学是一种创造性的认识活动，是发展智力和能力的基础，知识的掌握会促进学生智力和能力的发展。第二，学生的认识活动是知、情、意、行相统一的过程，认识水平的提高会促进各方面心理特征的发展，而良好的心理特征，反过来又会促进学生认识能力的提高。也就是说，在教学过程中，智能总是一种获得知识的内在的心理条件，带有主体的性质；而知识则总是表现为一种外在的客体，处于被获取的地位。② 在现代教学中，"只有以智能为中心的个性发展才是学生自觉地、有效地掌握知识的可靠基础。"③

素质教育追求的是实现先天素质向可能素质的有效转化，使个体的潜能得到充分全面的发展，最终形成现实综合性素质——品德与智能。而"应试教育"忽视了这一转化过程，把学生当作机器，只重视信息的输入，体现为"为教而教"，固守"教师—知识—学生"的教学路线，造成学生被动地学习。教育过程具有较高的社会价值，它是为适应社会需要而产生的，在教育过程中只有以社会最需要的知识为内容，以社会最先进的教育设备及方法为手段，才能使现代教育达到最优效果，为社会培养出大批的创造型人才，从而推进社会向前发展。除此之外，教育过程还具有较高的个体发展价值，它是建立在教育科学基础之上的，适应教育对象身心发展的规律，所以借助合理、有效的教育过程，个体才能够得到身心和谐全面的发展。素质教育要求教师从传授、继承已有知识为中心的传统教育，转变为以学习者为中心、着重培养学生创新精神的现代教育；将经教材传授为主的教学目标改为增长经验、发展能力为主的教学目标；将缺乏生机、死气沉沉的课堂氛围改为生动活泼、民主协商、主动探索的课堂气氛。

---

① 刘瑞光：《试论当代教学发展的新动向》，《山东教育科研》，1999 年第 5 期。

② 李方主编：《课程与教学基本理论》，广东高等教育出版社，2002 年版，第 183 页。

③ 吴思中：《论发展教学观》，《教学与管理》，1988 年第 3 期。

总之，现代教学的发展性为积极开发学生的创新能力，让每一个学生都能得到应有的发展创造了条件。

六、现代教学的技术性

美国心理学家怀特（N. A. White）曾用"文字学习"和"电子学习"这两个术语分别表示采用传统教育手段和现代化教育手段所进行的学习，并认为当代电子学习的出现，"使人类学习发生了革命性的变化"。教学技术作为一种新的教学方式，是采用特殊的方式来传递教育内容的，它的使用是当代教育教学领域里的一场深刻的技术革命。怀特等人在研究时列出了现代教学技术对学生学习过程的十个方面的影响因素，它们是学习意向、学习动机、学习花费的时间、学习的愉悦感、教学资源的使用、问题解决能力、反馈、与其他学生的合作与交流、独立性以及创造性。当前教学技术手段在教育活动中的应用十分普遍，它不仅能直观地展示事物和现象，提高学生的学习兴趣和扩大学习规模等，同时，它也对教育思想和教育观念发展和变革产生了巨大的影响。

专栏12-4

现代技术对学生学习过程的影响因素

研究者发现，在使用计算机教学技术时，教师如果让学生自己来选择学习的内容和方式，让他们自己控制学习的进度和方向，这不仅会极大地促进学生主动学习的意向，而且会促使学生在学习过程中进行积极的思考。尤其在学生进行个别学习或分组学习中，计算机确实是一种能够促使学生主动学习的有效工具。斯克菲尔德（Schofield）等人的研究也表明，在教学中，使用文字处理、数据库、台式印刷系统以及多媒体技术能极大地促进学生在学习过程中进行主动学习。其次，在使用计算机教学技术以后，学生由于能够自己控制学习的方向、进度和方法，其动机和效率也增强了。"学生感到自己能够控制学习过程，这样，他就愿意在学习中投入更大的精力、花费更多的时间"，更为重要的是，学生的问题解决能力、独立思考能力以及对教师提出的各种问题的应答能力也有了不同程度的提高。

现代技术，尤其是计算机技术、现代信息技术、多媒体技术等在教学中的广泛应用，对学生的学习过程产生了重大影响。美国心理学家怀特（N. A. White）和沃特森（Watson）在研究时，列出了现代教学技术对学生学习过程的十个影响因素，它们是：（1）主动学习的意向；（2）学习的动机；（3）学习所花费的时间；（4）学习的愉悦感；（5）教学资源的使用；（6）问题解决能力；（7）反馈；（8）与其他学生的合作和交流；（9）独立性；（10）创造性和批判性的思维。在教学过程中使用了计算机教学技术以后，学生在学习时上述因素都发生了程度不同的变化。

[资料来源] 广东梅州嘉应大学教育心理研究室：《现代教育技术的应用与教育改革的关系》，2006年10月。http://www.6edu.org.cn/news/readnews.asp? newsid＝4186&page＝2.

从教学技术现代化的角度看，教学技术所表现出的显在和潜在作用也呈现出多方面的功能。

从显在的作用看，主要体现在：教学技术完备了学校的现代化设施；教学技术在传统教学方法基础上增加了"人—机"对话和"人—机—人"对话的新方法；教学技术使正规的教育制度的教学内容更易为学生接受和领悟，而且还会带来教学内容的丰富、更新和发展；教学技术使学习者摆脱了学校课堂时间限制和地域限制，通过计算机网络使远距离教育正规化，班级授课制一统天下的局面将得到根本性改变，新教育教学组织形式将日益普遍。

从潜在的作用看，主要体现在：教学技术促使学校教育制度和整个国家教育体制的现代转型，使之更具有开放性、动态性和弹性；教学技术带来国际社会教育发展和改革的新动向、新成果，为人们教育观念的现代化转型提供基础和外在条件；教学技术带来的教育教学内容、手段和制度等方面的巨大变化，促使人们重新审视教育中的一系列问题，为教育教学观念现代化提供了内部动力；教学技术使人们看到现代化社会给人的生活方式等方面带来的种种变化，从而促进了教育观念的现代转型。

克林斯（A. Collins）也归纳总结出运用现代教学技术给学校带来的八个方面的变化。（1）从班级教学向小组教学的转变；（2）从教师讲授、叙述向教师辅助、指导的转变；（3）针对好学生进行教学到针对全体学生进行教育教学的转变；（4）使每个学生都能得到足够的指导；（5）转变以前考查学生记忆多少知识为主要的评价方式，在教学评价时着重检查学生的行为、思维方式和问题解决能力的发展；（6）改变以前那种让学生相互竞争的班级学习气氛，提倡合作学习；（7）转变以前那种全体学生都学习相同内容的教学方式；（8）转变以前那种以语音、符号刺激为主要信息传递方式的教育，而代之以图像、语音和符号多种方法综合传递方式的教育。[①] 教学技术的本质特征应包括物质技术和观念技术两大部分，因此，在注重现代媒体更新的同时，更需要重视教学技术知识理论要素的研究和掌握，重视方法论对实践的指导意义。特别是构建全新的教育技术的教学模式，更能充分地为教学实践提供多方位的方法及策略支持。例如：计算机辅助教学，其教学过程是一个典型的依靠各种媒介传导信息，帮助学习者对日益增长的知识进行条理化的过程。[②]

总之，现代教学的一个突出特征就是技术性，而且对教学技术作用的认识是一个多方面、多角度的审视过程。现代教学技术的表现形式是多样化的，它对未来的学校教育教学活动会产生更加深刻的影响，相信它将随着科学技术时代的进一步发展发挥越来越重要的作用。

---

① Collins，A. (1991). *The Role for Computer Technology in Restructuring School*，Phi Delta Kaplan，pp. 28—36.

② 靳玉乐等著：《中国新时期教学论的进展》，重庆出版社，2001 年版，第 467 页。

第二节　现代教学论发展的趋势

一、现代与传统的承接

唯物辩证法告诉我们，任何新事物都是对旧事物的否定，但又都是从旧事物内部产生出来的。对传统教学思想应采取一种历史辩证的眼光，从根本上认识到一切现代化的东西都是某种文化传统在现实条件下的存在，是一种传统与现代的承接过程。现代教学论是在继承和发展传统教学理论的基础上而构建起来的具有时代特征的理论体系。传统是一种历史基础，现代性则是其教学问题研究的主要切入点，现代教学过程的研究总是以古为鉴，以其时代特征为着眼点对教学研究的对象进行解读。我国古代有着十分丰富的教育教学思想，许多古代的教育家们在教学目的、教学方法、教学手段、教学组织形式以及教学评价等方面都有精辟的论述，如"教学相长"、"三人行必有我师"、"因材施教"等都是非常好、非常实用的教育教学思想。中国传统教学论较多地运用了关于认识论的思想，诸如：孔子关于生而知之、学而知之的思想；孟子关于良知、良能的思想；荀子关于"入乎耳，著乎心，布乎四体，形乎动静"的思想；以及思孟学派概括的"博学之，审问之，慎思之，明辨之，笃行之"的学习五步骤；等等。在这些传统的教育教学思想中包含了丰富的内容，体现出朴素的辩证思维方法、经验论的直觉法、锲而不舍的学习精神等，其中的许多思想科学地揭示了儿童的认知规律以及教学过程的基本规律，有许多是现代教学可以吸收承接之处。在教育发展史上两种有影响的教学论流派"传统教学论"与"现代教学论"也在相互接近，朝着统一的方向发展。杜威在《经验与教育》（*Experience and Education*）一书中，对以书本知识为中心的传统教学论，是否定之中有肯定，他一方面坚持教育是"属于经验、由于经验和为着经验"；另一方面，也承认进步学校的最大弱点是没有从根本上解决关于知识性教材的选择和组织问题，从而在经验的基础上解决教材的循序组织问题。

教学问题按照其解决的程度可以分为三类：其一是已经完全解决了的旧问题。这类问题出现较早，前人经过研究已经得以解决，但是在新的社会条件下又有其新的含义。因此，此类问题兼有传统与现代的双重色彩，研究之时也应在透视传统的基础上拓展新的研究视野。其二是有所研究但是尚未完全解决的问题，此类教学问题在当时产生的条件下属于时代问题，但是由于其特殊意义和价值而转变成了永恒问题，这种问题带着旧的时代表征走进了新的时空，实现了传统与现代的整合。其三是新的时代出现的新问题，这类问题前所未有，时代特征异常鲜明。但是，研究这类问题时必须和以往的教学观点和思想成果发生继承关系，在已有科学理论的基础上联系时代环境找出解决途径。例如，教学方法的发展是历史的合成物，每一时代都有反映其具有代表性和倾向性的教学方法。近二三十年来，新的教学方法层出不穷，传统教学方法受到了激烈的抨击。但是对传统教学方法也应采取一分为二的观点，既要看到传统教学方法的长处，继续采用它；同时又要看到它们的缺点以及运用中的问题，从而对其进行改造。谈话法、练习法等传统教学方法，现在国内外在理论研究和实践经验方面也都有所发展，如克服谈话法中的形式主义，提高其发展学生智力的作用；改变练习中机械重复的现象，寻求以质带量的做法等。同样，对现代教学方法也应在理论研究和实践经验方面不断加以完善。再如，发现法有利于发展学生的探究精神和探究能力，但耗时过多。因此，人们提出了"缩短、平坡、精简"的完善方法，取到了很好的效果。

在教学理论的发展过程中，表现出传统与现代不是一个对立的关系，而是一个不断承接与整合的过程，现代教学理论对传统教学理论采取的态度是"以对历史的研究促进对现实的敏感，深化对现实的认识；又以现实的研究为历史的研究提供方向和目标，使之获得更大的推动力。"①

二、人文与科学的融合

人文主义是一种以人为中心的哲学思潮。古希腊时期的人文主义其教育的目的是使人做好精神生活方面的准备；而西方文艺复兴时期的人文主义则更为关注人的潜能发展和自我价值的实现；到了18—19世纪，人文主义取得了更加长足的发展。例如，法国启蒙运动的代表人物卢梭就提出了自然和自由教育的主张，教育就是要顺应儿童的本性，尊重儿童的个性和创造性，让儿童通过活动和个人经验独立地认识和判断事物。从中我们可以看出，人文主义教育是以人为中心的教育观，其中心思想是把人的发展作为教育的根本目的，十分重视人的动机、需要、兴趣、价值观的发展，在教学活动中注重人们之间的情感交流，以情意、个性、主体性和艺术性为特征。在现代教学理论的研究中出现了如罗杰斯的"非指导性"教学理论、合作教学理论、洛扎诺夫的"暗示教学"理论等，都充分反映了人文主义的特征。

而科学主义是伴随着科学的发展以及科学功能的日益显现而兴起的一种哲学思潮。早在17世纪的法国科学主义者就提出了"科学万能论"，相信科学能帮助人类获取真理，征服自然，解答个人及社会的种种问题。② 到了19世纪，现代科学技术的迅猛发展，给人类所带来的影响不仅在物质方面，而且涉及精神领域。从中我们可以看出，科学主义教育是一种以科学、学问、技术理性为中心，以尊重客观事实、弘扬创新精神的教育观，在教学活动中注重过程的逻辑性、方法的有效性和实用性，把教学实践作为一种有规律可循的科学活动去进行，以理性、客观性、精确性和预测性为特征。

人文精神与科学精神的融合始于第二次世界大战之后，人不仅有理性，而且

---

① 许洁英、徐继存：《教学理论研究中的"现实"与"历史"》，《西北师范大学学报（社会科学版）》，1996年第2期。

② 李方主编：《课程与教学基本理论》，广东高等教育出版社，2002年版，第35页。

还有情意和个性，人文与科学的结合与互补才能使人类社会进入真正的文明时代。人文与科学的沟通与融合成为现代社会人们共同关心的一个问题，在教育领域内我们也在寻求这两极之间的平衡，从"学会生存"、"学会学习"、"学会关心"、"学会理解、宽容与尊重"、"学会认知、学会做事、学会共同生活、学会生存"这些具有国际意义的教育思潮中把握这种融合趋势的脉搏。① 这种思潮对现代教学论的发展产生了重大的影响，现代教学论要探索和揭示在教学活动中培养人的整体发展的规律，就要既坚持和发展教学的科学化探索，同时也坚持和深化对人文化的追求，力求促使两种精神的良性互补与融合，使学习者在理性与非理性、个体化与社会化得到和谐统一的发展。这将是我国教学论研究的主题，也是教学理论和实践改革发展的未来走向。

三、分化与综合的演进

从夸美纽斯的《大教学论》发展到今天，教学论正由一本书表述一个学科，不断分化出相互独立的不同部分，又走向一个有机的学科群的不断演化过程。它经历了由经验描述到科学理论，由个别的教学思想、论著到独立的学科，又由单一学科分化出诸多下位学科的漫长发展过程。教学论的分化与综合与人类教学实践的复杂性和人类教学研究的需要性有着紧密的联系，同时又与受到当代新科学技术潮流的影响是分不开的。现代科学的发展呈现出以下几个明显的特征：首先是各门学科高度综合又高度分化，呈现出相互交叉、相互渗透的趋向；其次是技术科学作为一个独立的门类，崛起于自然科学与应用科学之间，打破了20世纪初以来将全部知识划分为哲学、社会科学、自然科学和应用科学四大部类的格局；再次是自然科学和社会科学相互渗透而形成的综合性学科，使我们在社会科学中经常看到许多自然科学的概念、术语和公式。同样，运用社会科学和自然科学的材料和方法，进行综合研究的学科更是比比皆是。

科学的分化是指一门相对独立而又统一的学科，发展成为两门或两门以上新的分支学科。从分化方面看，教学的客观现实是处于不断变化发展的状态之中，运动的形式和现象是千差万别、复杂多样的。教学论的分化也将朝着理论教学论、应用教学论、比较教学论和实验教学论的方向发展。过去的教学论由于教学实践和理论水平的局限性，一般把基础理论研究和应用理论研究混同，随着现代科学技术和教育的迅速发展，教学论有了分化的必要和可能。例如，理论教学论的分化是由于理论教学论的发展而产生的，并分化成教学目的论、教学原则论、教学方法论、课程论等；应用教学论是由于应用的需要而引起的，并分化成学科教学论（语文、数学、物理、化学、英语等学科）和学段教学论（小学、中学、大学教学论等），它标志着一般教学论应用于具体教学领域达到一定的发展水平；比较教学论是教学论学科研究的一个新领域，旨在通过对当代世界各国教学理论和实

---

① 毛亚庆著：《从两极到中介》，北京师范大学出版社，1999年版，第145页。

践及相关问题的比较研究，探讨其相似性和差异性，揭示教学发展的一般原理、规律和趋势；实验教学论是由于教学实验的需要引起的。可以说，这些分支教学论具有具体化、现实化和本学科的个性，更贴近现实，能更深入探讨某一领域内的问题，更有效地指导实践。

科学发展的历史表明，只有分化才能深化，也才能进化，教学论的发展也不例外。同样，由于科学的分化和方法论的进一步科学化，当代教学论的研究重点正在转向对教学活动整体功能的研究，也就是说，综合研究和分化研究相伴而行。综合研究表现出两种极端对立的教学理论正日益接近和统一，同时人们日益重视促进人的个性全面发展为宗旨的教学内容综合结构的研究。教学理论发展过程中的综合性特征是：（1）通过综合性研究，综合性的教学论学科不断产生，如教学社会学、教学经济学、教学心理学、教学卫生学、教学生态学、教学美学、教学创造学、教学环境学等；（2）运用哲学、自然科学和新兴的综合性学科研究方法的借用与移植，更趋向于自然科学与社会科学的交叉、渗透与综合，如教学认识论、教学辩证法、教学逻辑学、教学科学学、教学系统论、教学信息论与教学控制论；（3）运用各种技术性学科纵横联系而产生和发展起来的学科，如纵向的课程论、教学模式论、教学方法论与教学技术论，横向的如教学伦理学、教学社会学、教学论史、比较教学论、教学生态学、教学病理学、教学实验论等。[1]

总之，随着社会历史的发展，人们的认识方式、认识水平都在不断地由低级向高级发展，人类对客观世界的认识也不断增长。人们不断根据客观实际条件所提供的可能性研究新问题，形成新的理论观点，时而用分化的形式，时而用综合的形式建立新的学科。教学论学科也在矛盾运动中不断得到发展，今后它还将与越来越多的学科发生联系开展跨学科的研究，从中不断吸取营养以充实自己的内容，在分化与综合中不断得到演进。

四、教学与课程的整合

长期以来在教学与课程的关系中就存在着不同的认识，出现了相对独立说、相互包含说与相辅相成说等众多观点。

早期的教育是以教学与课程的分离为特征，然而到了 20 世纪 50 年代，"课程与教学的研究不再局限于获得普遍性的、价值中立的课程开发或教学设计的程序、规则、模式"这些具有技术性特征的东西，而在于"理解活生生的教学情境的时候，课程与教学的界限再一次模糊"。[2] 而重新整合教学与课程已成为一种时代精神的要求。在一定的教学活动中，"课程论侧重研究教育总体方案的设计，具体涉及课程标准的制定，课程的设计、实施、评价、管理等活动。而教学论侧重

---

[1]　王策三：《教学论学科发展三题》，《北京师范大学学报（社会科学版）》，1992 年第 5 期，略有修改。

[2]　张华著：《课程与教学论》，上海教育出版社，2000 年版，第 88 页。

研究教与学之间的互动关系，研究教与学统一的条件、机制、技术、方法和策略等"。① 但随着课程与教学理论研究的不断深化，越来越显现出它们两者之间的相互促进、相互依存的关系，凸显出对两者的整合，即表现为课程与教学理论之间必然存在着各种必然性的联系，课程是为教学而设计的内容，教学则是为达到教育目的的手段。如果我们把课程论与教学论作为两个独立的研究领域，有可能导致课程的规划和教师在课堂里的实际运用相互分离，从而阻碍了两方面的健康发展。经过人们的不断思考，对教学与课程关系的理解达成了以下几方面的共识。②

其一是教学与课程是相互依存的交叉关系，而且这种交叉是多维度的，如果说教学包含了课程，这是把课程作为教学内容来加以认识；而如果说课程包含了教学，这是把教学作为课程的实施过程来加以认识。因此，两者并不矛盾，而只是研究问题的角度不同，教学所强调的是教师的行为，课程则是强调学生的学习范围。

其二是教学与课程两者都有共同的价值取向，即服务于人的发展、传播社会的文明以及促进社会的发展。

其三是教学与课程是可以进行分开研究的实体，这有利于理论的建立和发展，但必须在辩证统一的框架中去理解两者的关系。

总之，课程与教学虽然是两个不同的概念，但它们之间有着紧密的联系，它们之间的整合趋势将更有利于我们对教学论的整体把握和全方位的思考。

专栏12-5

教学与课程关系的几种学说

一、国外的四种模式

在欧美，对课程（论）与教学（论）之间关系的看法有四种不同的主张，形成了不同的模式："二元独立模式"（dualistic model），"相互交叉模式"（interlocking model），"包含模式"（concentric model）和 "二元互联模式"（cyclical model）。

1. "二元独立模式"。课程与课程论独居其位，教学和教学论也一样，两者没有"接触"，相互之间存在巨大的"鸿沟"。课程与教学、课程论与教学论之间彼此独立，互不依赖。

2. "相互交叉模式"。即教学包含课程一部分，教学论包含课程论的一部分，相应地课程也包含教学的一部分，课程论也包含教学论的一部分。当站在教育系统的角度来看待课程与教学、课程论与教学论时，它们就是平等而相互交叉的了。

3. "包含模式"。它有两个变式：一是课程包含了教学，课程论包含了教学论；二是教学包含了课程，教学论包含了课程论。相互依赖是这一模式揭示的课程与教学、课程论与教学论关系的根本特征。其次，它们之间还有相互归属的关系。

① 胡定荣：《21世纪中国教学论发展的问题与走向》，《教育研究》，2002年第3期。
② 主要参阅并综合了以下资料的观点：李方主编：《课程与教学基本理论》，广东高等教育出版社，2002年版，第14页；王敏勤：《课程与教学的关系与整合》，《中国教育学刊》，2003年第8期；王光明：《也谈课程论与教学论的关系》，《教育理论与实践》，2003年第2期。

4. "二元互联模式"。突出了课程与教学、课程论与教学论之间相互作用和影响的关系。课程与教学、课程论与教学论，既是独立的又是相互联系的。课程与课程论不断地作用和影响着教学与教学论，反之亦然。二元互联模式意味着教学决策制订于课程决策之后，反之，课程决策则在教学实施和评价之后得以修改完善。

总之，课程与教学、课程论与教学论之间既是相互独立的，又是相互作用、密切联系在一起的。

二、国内的三种不同见解

1. 教学论包含课程论。1949 年以后，我国引进苏联的教育学。在苏联教育学里只研究教学内容，不研究课程，只有教学论，没有课程论。改革开放以来，我国的课程论学科开始逐步恢复起来，就引发了课程与教学、课程论与教学论的关系问题。一些人根据历史传统，很自然地就把课程论归属教学论的门下。

2. 相互独立论。课程研究是一个独立的领域，课程论是独立于教学论的一门教育学的下位分支学科。这种主张受美国学者比彻姆（G. A. Beauchamp）的观点影响比较大。他对教育学科内容及其体系作了研究之后，提出"课程理论是教育学的下位理论"。理论是通过运用许多共同规则和过程来研究的，是通过借鉴而适应各个领域的范例来研究的。理论一般分为三大内容：人文学科理论、社会科学理论和自然科学理论。它们相互交叉，形成了应用知识领域的理论，教育学就属于此类领域。在教育学这门应用知识领域中，教学理论、课程理论是同属其下位的平行学科。

3. 课程与教学整合论。课程与教学、课程论与教学论相互独立的主张，在有力地促进课程研究和教学研究发展的同时，也助长和加剧了课程研究与教学研究相互割裂的倾向。于是人们在冷静分析和探讨中，逐步孕育起来课程与教学、课程论与教学论整合的新主张，分别阐明了"课程与教学一体化研究"的理念，"课程与教学整合论"理念和"大课程观与大课程论"的理念。

[**资料来源**] 黄甫全、王本陆主编：《现代教学论学程（修订版）》，教育科学出版社，2003 年版，第 18—21 页。

五、理论与实证的结合

教学论研究方法问题中，始终体现着理论化和实证化特征，并在不同发展阶段而各有其侧重。理论研究方法作为一种非常重要的方法，它是在"已有的客观现实材料及思想材料的基础上，运用各种逻辑的和非逻辑的方式进行加工整理，以理论思维水平的知识形式反映教育的客观规律"。[①] 这种理论研究具有预测性，即对教育教学实践活动起到预见、导向作用，它是人们根据一定的、尚未充分展开的因素、可能和趋势，根据现有的经验，对教育教学实践的发展进行合理的构想，对未来发展的诸种可能性进行观念的构建、组织和设计，用以调整和指导现在。具有高度自觉性、创造性和计划性的教育活动要求直接指导它的教育理论必须具有基于现实而高于现实的理想性高度，尤其必须具有关于未来应该如何行

① 裴娣娜：《教育研究方法导论》，安徽教育出版社，1995 年版，第 313 页。

动、怎样改造教育的实践性高度。由于教学理论是人们对教学现象和实践抽象、概括和总结的基础上形成的专门化、系统化的理性认识，因此，它在形式上超越具体的事实和经验，而不是对教学事实和现象的直接复制。我们认为，科学理论的任务就是要分析历史的、现实的、实践的合理与不合理、自觉与盲目，并预测现实实践的客观发展趋势，揭示合理性实践与非合理性实践存在和发展的条件，以指导未来社会实践由不合理趋向合理，由盲目转向自觉。当然，教学理论研究中的纯思辨传统不利于其实践的转化，20世纪80年代中期以来，实证化研究的比重大大增强，观察、调查、访谈、实验等实证化的研究方法逐渐为研究者所重视。实证研究是教育教学实践寻找科学化的一种要求，也是人类试图对教育教学做出科学说明和指导的一种理想，其最终目的在于验证或提出理论观点，因此它的价值与教学理论的建构是紧密联系在一起的。真正科学的实证研究必须具备下列条件：第一，实证研究的选题必须服务于理论研究的某种需要；第二，实证研究的整个设计必须符合一定的理论框架；第三，实证研究的成果必须包含富有理论价值的结论。[1] 我们认为，实证研究乃是理论研究的一条途径，为实证而实证的研究是无科学价值可言的，教育教学现象中所包含的人的活动方式、精神和价值、动机和意向都必须作为一个整体意义上的理解和阐述。也就是说，教学研究者不是去被动地反映事实，而是应透过不断的选择解释，通过对意义和事实关联的要素而构建理论。

教学论研究方法的变革，本质上所体现出来的是思维方式的变革，即人们从一种二元对立的思维方式转向一种系统整体的观念。从近年来的情况看，许多学者已经对我国教学论研究方法的局限性有了一定的认识，并力求从哲学、教育理论、教育研究方法和教育评价本身等角度去论述定量与定性两种方法相结合的可能性和必要性，突出表现为定量的研究侧重于对事物用精确的数量关系表示教学现象，并作出准确的描述；而定性研究侧重于对事物的解释，常用于对具有复杂意义和内在含义的现象进行解释和理解。在教学研究方法中，定性和定量的结合是当前方法论发展的一个趋势。能定量描述的尽量定量，不能定量描述的则定性刻画，从而使教学研究方法更加灵活和适当。

六、借鉴与创新的统一

教育全球化的确给世界教育界带来了蓬勃生机。首先它带来了观念的更新，人们开始以整个人类的前景为出发点，运用先进的科学文化知识，致力于全人类的可持续性发展；其次带来了教育资源的全球共享，从而提高教育资源的利用率，缩短了各国尤其是发展中国家的教育现代化进程。多年以来，我国的教学理论一直都是处于亦步亦趋的盲目随从之下，先是照搬苏联模式，至今仍然可以看到我们教学理论中浓厚的苏联印痕；然后又是套用美欧的框架，使得我们的教学理论

---

① 吴康宁：《对我国教育理论发展的思考》，《教育研究》，1992年第12期。

之中很难找到我们民族文化的立足之点。"在简单化的复制中，中国教学论迷失了自我成长的正确方向，又远离了文化传统的精神家园，成了盲目漂泊无家可归的流浪儿。令人担忧的是，它已养成相当大的惯性，一时很难走上新的健康的发展道路。"① 而与此同时，我们在教学理论的某些方面又存在封闭自守的文化心态，"当新教学论思想负载着文明世界的困惑纷纷崛起并持续流变的时候，我们还封闭着文化交流的门户，按部就班地构筑着意念约束的质朴'中国化'的教育"，当封闭的门户敞开透亮之时，"直到近 80 年代，我们才觉醒振作起来，门户敞开就一下子步入世界教育几十年变革的'四维'境界，这境界也呈现给我们被凝缩的时间扭曲了的持续流变的过程态势，我们的教学理论和实践在极短的时间里就繁荣起来，但因袭和模仿的积习也就成了杂施不循的繁乱，繁乱和繁荣交织出来的，就像是一幅毕加索风格的图画，这应当是不足为奇的"。② 可以说，我们的教学理论在国际化与本土化的选择上，往往都是采用两极化的方式和态度，要么固守自我，要么盲目模仿或照搬。这种两极飘忽的现象，实质根源是没有正确处理好借鉴与创新的关系问题。

早在 1983 年 10 月 1 日，邓小平为北京景山学校题词："教育要面向现代化，面向世界，面向未来。"这为新时期我国教育体制的改革和发展指明了正确的方向。这里明确提出了教育要现代化，但教育现代化与我们所说的民族化的关系如何？教育民族化与现代化是相互依存、相互促进的关系，即使是最为现代化、全球化的教育研究理论，在适用到不同的民族、国家时，也会因不同的社会制度、文化传统、经济基础等因素而呈现出不同的特点。全球化不等同于取消民族与文化的差异，而教育国际化（全球化）至少包括三个层面的含义：一是教育要使本国在国际事务中发挥更大的作用；二是培养的人要关心人类的共同命运；三是要发展国际交流与合作。③ 而要想本国教育在国际事务中凸显重要性，首先就要有一套可以民族化的教育研究成果，足以引起国际关注，否则，只学习别人的那套东西，而没有自己实质性的东西，如何在国际事务中发挥重要作用？教学论的发展也是如此。所以，把我国传统的文化精华与教育全球化相结合是必要的，而且从本质上讲，民族化是全球化运动的内在机制，全球化是通过民族化来实现的。教学研究的现代化也只是在民族化基础上的现代化，真正实现的教育现代化，肯定不是外来教学研究成果的简单移植，更不是"全盘西化"，它必须经由我国教学实践和文化传统的加工和处理，而教育传统向现代化转化的过程也是对民族文化加以选择和改造的过程，选择符合社会发展规律的优秀文化传统而摒弃腐朽落后的教育思想。对于国外优秀的教育研究成果，我们应该引进与借鉴，但是引进不能是盲目行为，不能是全盘端来，我们要"择而食之"，"否则就会食而不化"。教

---

① 张广君：《教学论研究与发展的困境、盲点和误区》，《教育研究》，1998 年第 11 期。

② 杨启亮：《困惑与抉择——20 世纪的新教学论》，山东教育出版社，1995 年版，引论。

③ 臧志玲：《当代国际主流教育思想的发展》，《辽宁教育研究》，2000 年第 7 期。

育研究者要以自己国家的实际情况、教学自身的问题为出发点、为基础，去进行教育教学研究，去发展我国的教学理论。

　　总之，在对国外众多教学理论的引进与学习过程中，不是采取一种简单的移植和照抄，更为重要的是把国际化背景下教学理论的先进思想与本民族文化相结合，寻找一个恰当的切入点进行改造、整合、吸收、消化与创新，在自己的文化之基上融百家之长，构建自己的教学理论体系，也应是现代教学论发展的一个方向。

第三节　　问题及反思

　　新中国成立后，我国对教学论学科的研究主要是对外国教学理论的评价，20世纪五六十年代主要介绍苏联的教学理论，当时从凯洛夫到赞科夫充斥了整个教育科学领域。80年代以来，除了对凯洛夫和赞科夫的思想进行重新探讨外，又引进了巴班斯基、马赫穆托夫等学者的理论。与此同时，掀起了对欧美学者有关教学理论的引进。其主要表现为：一方面开始重新评价和深入研究夸美纽斯、赫尔巴特、杜威等著名学者的经典理论；另一方面又介绍了大批现代学者的思想，诸如布卢姆的掌握学习和教学目标分类学说，布鲁纳的认知发展、发现学习与教学相统一的理论，以及奥苏贝尔的接受学习观及其对教学的影响等。因此，20世纪80年代以来，我国教学理论和实践取得了比较明显的进展：教学论学科群的发展完善、教学论课程系统的初步形成以及对教学论体系建构的思考与探索等。① 但从总体上来说，目前我国的教学理论研究还比较落后，从体系到内容上仍存在许多问题，不得不引起我们的反思并应表明我们自身的研究态度。归纳起来，教学论这门学科存在的主要问题有：教学论的学科化、教学论的本土化、教学论的现代化以及教学论的多元化。

一、教学论的学科化问题

　　十一届三中全会以后，经过近二十年的努力，我国教育理论工作者已取得了一批有相当分量、突破性的成果，但是仍没有建立起有中国特色的、完整的科学范畴和理论体系，在今后一段时期内，教学论学科体系的建构和完善仍然是教学论研究的一个核心问题。教学论的学科化发展绝不仅仅是教学论的科学化发展，它是科学的教学论研究与人文的教学论研究的统一、教学科学论与教学艺术论的完整统一。而且所确定的主流教学论"不仅意味着理论体系的完整，而且意味着与其伴生的教学实践是规律性的、普遍性的"。② 教学论学科化研究中需要解决以下几个问题。

---

① 靳玉乐等著：《中国新时期教学论的进展》，重庆出版社，2001年版，第29—30页。
② 丛立新：《教学论三问》，《教育研究》，1996年第8期。

首先，教学论的学科性质、研究对象与研究方法等基本问题。目前，关于教学论的学科性质、研究对象、研究方法、理论基础等问题仍存在着广泛的争论，这一方面说明了教学论学科研究的深入，另一方面也说明了教学论学科研究仍不成熟，其研究有待进一步发展和规范。教学论植根于教学实践，也最终旨归于教学实践。作为一种精神产品，人类对于教学实践的理性把握和认识，教学论在经过认识过程的逻辑前进和上升后，必然走向对教学的促进、对有效教学的支撑上。教学论是研究最优化教学法的科学这类观点也在一定程度上揭示了教学论研究的这一旨归。17世纪的夸美纽斯在其《大教学论》中明确说明自己著书的目的所在："寻找并力求找到一种教学的方法，使教员可以因此少教，但是学生可以多……"①，布鲁纳也说：教学论是处方性的，它要做出指示，提供策略。也即教学论要揭示出有关掌握知识和技能的最优策略的法则。夸美纽斯和布鲁纳都是把教学论看作是应用学科，因此强调其鲜明的应用性。其实，无论是把教学论作为应用学科还是理论学科，最终都要为教学实践服务，而进行有效教学就是教学实践的一个目标所在。因此，教学论的研究最终指向应该是有效教学，教学论的研究对象的旨归也应该是促进有效教学。

其次，教学论学科的理论基础问题。教学论学科有着广泛的理论基础这是不争的事实，但我们仍需进一步研究这些理论基础与教学论学科的深层次关系，确定教学论学科与理论基础的辩证关系，而不是把教学论作为其他理论的注脚，也不能使教学论学科成为其他学科的领地。如果过分强调它们之间的联系，实际上是对教学论这门学科的否定，因为如果"把教完全看成是学的逻辑后件，教学理论便会从'学科'的位置退化为一种行为技术与规则，学科本身就不复存在"。②

再次，恰当处理教学论学科理论建设与教学实践现实关怀之间的关系。教学理论的使命在于指导教学实践，在近十几年的教学改革实践活动中，我国的教学理论不仅没有很好地指导教学实践，而且还远远落后于教学实践，这种教学理论的滞后现象已成为教学改革进程中的一大阻碍因素。教学理论与教学实践两张皮的现象不会在短期内得到彻底解决，进一步加强教学理论对教学实践的理论观照，增强教学实践对教学理论的支持则是解决问题的现实可能。我们认为，从教学理论的构建和发展来讲，把教学实验、经验总结和理论推理相结合才是最佳的研究模式。

最后，教学论学科群的建设和发展将是教学论学科未来研究的重要问题。随着知识高度综合与高度分化特征的深入演化发展，教学论学科群的建设将不断突破目前的瓶颈而获得长足发展。

二、教学论的本土化问题

多年来，中国教学论先后照搬过苏联模式、欧美模式，但一直未能解决立足

---

① ［捷］夸美纽斯著，傅任敢译：《大教学论》，教育科学出版社，1999年版，第2页。
② 周浩波、迟艳杰著：《教学哲学》，辽宁教育出版社，1993年版，第264页。

于我国文化传统,吸取国外先进理论,以建立具有中国特色的教学理论体系问题。教学论学科的本土化研究是指研究教学论要立足我国的现实国情,充分吸收、借鉴国外先进的理论与实践,为我国的教学理论建设与教学实践服务,为我国的社会主义现代化建设服务。而建立中国特色的教学理论最根本、也是最重要的契机是对"中层理论"的研究,也就是必须对我国的人际互动形式中渗透的我国特殊的社会的、文化的因素进行研究。我国的传统文化因素如"尊卑有序、和谐、中庸等人际行为准则,模糊、直观等思维方式,服从、师道尊严等控制原则,技能训练、背书等学习目标,无不渗透在教学过程的组织与行动中"。① 因此,教学论学科的本土化是其不断获得发展的内在动力,也是它矗立于世界教学论领域的根本立足点。本土化研究的首要问题是发扬历史的传统,本土化研究的另一个问题是坚持宽广的国际视野。本土化不是封闭,本土化与国际化是对立的统一,只有在宽广的国际视野内进行本土化研究才会有生命力。

三、教学论的现代化问题

教学论学科的现代化包括两个命题:教学论思想的现代化、教学论技术的现代化。它所要探索的问题包括:现代社会条件下教学论的发展、变革特点与趋势;教学论学科发展对现代社会发展、对现代人才培养的推动作用等。在新时期,教学论现代化的变革力求体现的是:理性——对现代化变革的认识不能囿于感性的视野,而应有一个舍粗取精、去伪存真上升到理性阶段的过程;批判——科学的批判意味着科学的审察与分析、鉴别与判断,批判精神在教学理论现代化的变革中不仅见于改革的始动,而且应贯穿整个改革的过程;求实——是科学精神的核心,对教学的适应性提出了广泛而深刻的要求,也反映了教学理论改革的意义;创新——它是教学理论改革的原动力,教学理论改革最重要的是鼓励探索与实验。上述四个方面的要素是教学理论不断进步必不可少的支柱。

在教学论学科的现代化研究中仍存在下列问题:第一,对"现代化"的含义认识模糊,对现代教学论的界定存在着大的争论。第二,对现代社会的未来发展关注不够,不能以发展的眼光预见性地考察教学论研究的社会背景,因而对教学论的未来发展认识不足。第三,对教学论学科现代化发展过程的复杂性认识不足。教学论的现代化发展不是一个线性进步的过程,而是一个充满变化的复杂发展过程。教学论学科的现代化发展是传统与现代相互作用、相互融合的过程,思想的碰撞、文化的交流等都是这个过程中不可或缺的组成部分。第四,对教学论现代化发展的关键认识不清,思维方式的转变是教学论学科现代化发展的根本。突破二元对立的思维方式,转向一种整体有机的思维方式是教学论学科现代化发展的核心,否则,不会有教学论学科研究的根本突破。

---

① 周浩波、迟艳杰著:《教学哲学》,辽宁教育出版社,1993年版,第171页。

四、教学论的多元化问题

当今所提倡的多元性是指事物所具有的多样性和灵活性，它表征着民主、自由、开放及宽容，张扬着求异、个性和创新。教学论学科的多元化是其发展成熟的一个表现，也是教学论研究走向深入的必由之路。多元化教学的建构中，不仅具体表现出教学目标构成因素的多元性、课程设置的多元性、教学内容的多样化以及教学形式的多元性，而且更为重要的是这种多元化常常表现为研究主体的多样、研究价值取向的多元、研究视角的变换、研究内容的拓展以及研究方法的突破等。不同的研究主体对教学论研究有着不同的理念，特别是具有不同学科背景的研究者往往具有不同的研究旨趣。因此，教学论研究的多元化还有赖于更多的不同学科背景的研究者的介入和参与。他们的参与会使教学论研究的价值取向、研究视角、研究内容以及研究方法等得到新的发展。我们也看到，教学论学科群的发展与完善必然要求教学论学科多元化的发展，而且教学论多元化发展的一个必然结果就是教学论学科群的形成。

【主要结论与启示】

1. 现代教学中最为根本的特征是教学的主体性，而其他特征则是对主体性的一种保证。因此，必须认识到教育教学活动是人的主体精神的一种发展过程的活动，人的主体性是在教育的内化与外化统一过程中发展起来的。教学的任务不仅要使学生从多渠道获得稳定与不稳定、静止与变化的知识，而且应更加关注培养他们较强的社会适应能力，以促进其生动活泼的、全面和谐的发展。

2. 现代教学的价值取向需要一个更新、更高的视角来审视，在交互理论的作用下，正在向具有内在活力，注重调动介入到教学活动中的所有主体，特别是教师、学生积极性的方向发展，使教学活动朝着展开式的、实践式的模式转化。因此，教学不仅要按照现实存在的物质世界这一外在尺度来塑造人，同时还应该用人的自由心灵这一内在尺度来发展人；不但要实现使受教育者具有谋生手段这一外在的"有限目的"，更为重要的是要实现"超出对人的自然存在直接需要的发展"这一内在的"无限目的"，后一种目的所指向的就是自我创造、自我实现。

3. 现代教学论正由一门经验科学向理论科学方向开拓，它强调调用综合、动态的观点去研究教学现象，这种研究方法的变革归根到底是思维方式的变革。为此，要求研究者应注重自己的知识结构，由过去单一型转向复合型的知识结构，以适应这种发展趋势。

4. 我国教学论学科研究有着悠久的历史传统，这种历史传统是开放的、丰富的、富有生命力的，它是我们进行本土化研究的重要资源，我们在学习和借鉴别国的教育经验时，不能否认和忽视这个本国悠久的历史传统。因此，现代教学论研究方式须从原有的引进式教育研究转向为自我发展式的教育研究；研究内容须从原有的对西方教育教学理论的学习转向为进行本土化教育教学改革的实验。

【学习评价】

1. 现代教学有哪些最基本特征？

2. 阐述现代教学论发展的主要趋势。

3. 你认为我国教学改革实验应如何深入发展？

4. 在现代教学理论中有哪些值得进一步深化研究的问题？

5. 现代教学论发展过程中存在哪些方面的问题，你认为应该怎样加以解决？

【学术动态】

● 20世纪80年代以来，我国教育界曾一度兴起了元研究热，对教学论的影响也十分大。把以教学理论的反思为研究对象的教学论称为元教学论，使教学论研究的重心和基本思路发生了重要转变，突破了长期以来的过程、内容、方法、形式、评价为基本框架的理论体系。这不仅对教学认识基本范畴和原理进行了新的探索，而且也突破了系统、结构、活动、主体性、社会性、非理性等范畴。因而拓宽了理论视野，重新确立了学科发展的新的生长点，逐步建立起了比较系统的教学理论体系。现代教学论发展的趋势及其反思正是基于以上观点而展开的探讨。

● 随着现代人本主义思潮的兴起，人们对主体性的研究日益拓展，人的情感、意志和理念对世界的构成作用得到了普遍的重视，而关于人和人的世界及相关的问题，始终是哲学研究的主题。当代许多哲学家都把目光投向人的生活领域，提出了"生活世界"的理论、"以生活为中心的哲学"、"生存哲学"等概念。正如有学者所言，世界原本没有意义，而人们偏偏要创设许多意义，并把它注入到世界中去，这是一个使人的生活世界变得丰富多彩甚至具有一定神秘性的过程。在这之中使我们不能不加以思考的是，在教育教学视野下生活世界的问题，以便更好地促进教学理论与实践的发展。

● 20世纪60年代以来，在批判和超越传统西方哲学，反思和发展19世纪中期以来的现代西方哲学的浪潮中，后现代主义在众多新的哲学思潮和流派中凸显出来。虽然对后现代主义评价不一，但它作为一种哲学思潮在众多领域里都产生了广泛而深刻的影响。它"志在向一切人类迄今为止所认为究竟至极的东西进行挑战，志在摧毁传统、封闭、简单、僵化的西方思维方式"。[①] 因此它对于我们今天的教学研究方法论具有积极的影响。（1）后现代主义极力批判基础主义与本质主义，消解二元论对立的思维方式；（2）后现代主义对理性至上权威进行了彻底的批判和解构；（3）后现代主义从知识观和研究方法两个方面批判科学主义；（4）后现代主义否定和反对任何具有普遍性的东西，主张多元的文化；（5）后现代主义坚持开放的观点，拒斥封闭性。总之，后现代主义虽然解构、否定、批判多于建构，后现代理论自身也存在着很多缺陷，但它对于我们教学研究方法论的

---

① 王治河：《后现代主义的三种形态》，《国外社会科学》，1995年第1期。

完善和发展提供了一个反思的视角。批判和反思后现代主义将有利于我们对教学研究方法论的突破和创新，以带动教学研究的发展和繁荣。

【参考文献】

1. 靳玉乐、李森等著：《中国新时期教学论的进展》，西南师范大学出版社，2001年版。

2. 李方主编：《课程与教学基本理论》，广东高等教育出版社，2002年版。

3. 李秉德主编：《教学论》，人民教育出版社，2000年版。

4. 谢利民、郑百伟主编：《现代教学基础理论》，上海教育出版社，2003年版。

5. 陈时见主编：《比较教学论》，江西教育出版社，1996年版。

6. 张华著：《课程与教学论》，上海教育出版社，2000年版。

7. 李定仁、徐继存主编：《教学论研究二十年（1979—1999）》，人民教育出版社，2001年版。

8. 陈时见主编：《课程与教学理论和课程与教学改革》，广西师范大学出版社，1999年版。